明德系列 大师传记馆
学术即人生

[法]让-路易·法比亚尼

布尔迪厄传

PIERRE
BOURDIEU
Un structuralisme héroïque

中国人民大学出版社
·北京·

献予

家父让·法比亚尼(Jean Fabiani)、家母多米尼克·比亚济尼(Dominique Biagini)

"卡比尔人（les Kabyles）常言道，引述就是唤回生命。"
——皮埃尔·布尔迪厄，《关于课程的课程说明》（*Leçon sur la leçon*[①]）
巴黎，午夜出版社（Minuit），一九八二年，第52页。

[①] 这本小书实为一九八二年时布尔迪厄在法兰西公学苑（Collège de France）首席课程之开场白，就"关于课程的课程说明"提出问题与解释。Collège de France 创立于十六世纪初，中译往往有二，法兰西学院或是法兰西公学院。为避免与十七世纪初创立的 Académie française（亦译为法兰西学院）混淆，并强调 Collège de France 向社会大众敞开大门但不授予文凭的公开讲学与人人自力求知精神，故以"学苑"一词代替"学院"。——译者注

致 谢

这本书是与多位好友促膝长谈四十年后的心得。首先，我由衷感谢兰德尔·柯林斯（Randall Collins），一九七五年时，他不嫌弃我一口蹩脚的英文，邀请我在圣地亚哥当时他的某一课堂上介绍布尔迪厄的研究。我也不禁想到米歇尔·德·塞尔托（Michel de Certeau）。那是一九七六年春，于圣地亚哥拉由拉区（La Jolla）的海王星路（Neptune Road），我正在厨房准备早餐，他则在一旁谆谆指迷我对布尔迪厄的想法。我亦于此表达对斯特凡纳·博（Stéphane Beaud）和布律诺·奥尔巴克（Bruno Auerbach）的谢意，他们力劝我重新投入一项我个人相当挂念的计划，而我曾因其艰巨而再三却步。我在这里还要感谢弗朗西斯寇·卡烈加洛（Francesco Callegaro）、布律诺·卡尔森堤（Bruno Karsenti）和希理勒·勒米厄（Cyril Lemieux）的支持，他们都是我在法国社会科学高等研究院（Ecole des hautes études en sciences sociales, EHESS）开授的布尔迪厄讲座上敏捷亢直又气度宽宏的伙伴。我曾参与了吉塞勒·萨皮罗（Gisèle Sapiro）主持的《布尔迪厄辞典》（*Dictionnaire Bourdieu*）的编纂，那也正是让我温故知新的机会。自一九七二年起，我即展开与布尔迪厄的对话：那对话既让我感觉如履薄冰，却又如醍醐灌顶。自始至终，我从未断绝这一对谈。

最后，我在此感谢诸多师长友朋经年的支持，即使他们未必赞同我的观点：安德鲁·阿伯特（Andrew Abbott）、斯特凡娜·巴奇奥齐（Stéphane Baciocchi）、索菲·比亚斯（Sophie Biass）、斯特凡娜·杜兰德（Stéphane Dorin）、埃马纽埃尔·埃蒂斯（Emmanuel Ethis）、纳赛尔·苏莱曼·加百列（Nasser Suleiman Gabryel）、达妮埃勒·埃尔维厄-莱热（Danièle Hervieu-Léger）、洛朗·让皮埃尔（Laurent Jeanpierre）、罗丝-马里·拉格拉夫（Rose-Marie Lagrave）、达米安·马利纳斯（Damien Malinas）、弗雷德里克·马东堤（Frédérique Matonti）、雷蒙德·穆兰（Raymonde Moulin）、弗拉德·诺梅修（Vlad Naumescu）、让-克洛德·帕斯隆（Jean-Claude Passeron）、克里斯托夫·普罗沙松（Christophe Prochasson）、雅克·雷韦尔（Jacques Revel）、伊雷娜·泰里（Irène Théry），以及埃尔韦·图布尔（Hervé Touboul）。

序　言

我们今天能否心平气和地讨论布尔迪厄？这个问题比表面所见还要复杂。布尔迪厄视其一生论述如同一项浩大的学术研究之客观化工程（entreprise d'objectivation[①]），他最后一本巨著《帕斯卡尔式的沉思》（*Méditations pascaliennes*）就是最有力的见证。该书分析学究论理（raison scolastique），以及该论理对思想运作造成的束缚。布尔迪厄将自己的社会经历当成是一项社会分析的探索对象，并试图借此抹去一般自传作品中得意自满的笔触，但他似乎因此就先将此传记主人公写尽了，抑或是他试图让自己的身后评价，不至落入与其自身期待大相径庭的境地。布尔迪厄那股做自己的主人的意念是很强烈的，即使一九八一年他终于登堂入室推开法兰西公学苑的大门，他依然毫不犹豫地向世人坦陈那瑜不掩瑕的失落：以为自己在社会中，并非处于自己应有的一席之地而产生的那种焦虑，既深沉晦暗却又触手可及，唯这腔怪异的感受又以深奥的术语来转述，套上了分裂的惯习[②]（habitus clivé）这一概念。

布尔迪厄在百事待举之际，提出了一套整体性理论（théorie générale）：当时大学殿堂仍呻吟着日落西山的伟大叙事，统定于一的范例亦日渐崩解，他则坚持其创见、最终得以征服世人，并试图以三项彼此强而有力串联着的基本概念——场域（champ）、惯习（habitus）与资本（capital），来涵盖社会总体（totalité du social）。

[①] 基于本书主旨不在立论，故译文力求浅白，必要时批注说明，多余或不明之处，但望指陈。读者或可常见客体化与客观化两词。本书中，动词 objectiver、名词 objectivation 都将译成"客观化""使之客观化""变得客观具体（化）""成为研究对象"等等；至于 objectifier、objectification——虽然本书没有这些用语，则视为客体化。简言之，objectifier、objectification 的字义是将人、某些生物体当作对象、事物，有使之物化的意涵，在应用时常流于负面。至于 objectiver 的本义，大致有二。首先是心理学的，将某些东西、状况置换或转变为外在事物（例如，行为），或是以外在现实来加以考虑。其次是在描述某些事物时，赋予其具体可见的外形，或加以定义、塑造，使之变得可触可见。这两种意涵往往被综合成将内在或不可见事物转换成某相对应的外在现实，使之变得可操作、可被研究。言下之意，就有与"主观"相对立的意味。——译者注

[②] 作者于本书第二章即开宗明义处讨论此一概念。——译者注

时下流行的思想主张所造成的限制，都使得布尔迪厄殊异的历史地位变得相当隐晦不明：相对于其他的思想风潮，世人亦在其著作中找到某个知识"品牌"，众人也多少熟练地为他贴上建构主义（constructivisme），或者是后结构主义（poststructuralisme）的标签。随着其国际声誉水涨船高，我们将之捧到经典大师的尊位，这是一种与他对自己在知识场域中的立足点几乎不搭调的现象。他最终成为平凡无奇的研究对象，即学究论理所处理的思想对象：布尔迪厄的研究被重新格式化，成为教学人员的知性诠释能力（entendement professional）中的压倒性范畴，然而知性诠释能力正是他一手打造出来的概念，目的就是用来思考教学裁决中不自觉的固定样式（modalités inconscientes）。当今美国大学主宰着社会科学的发展：布尔迪厄在那里也成为不断推陈出新的研究对象，这未必是因为众人详读其著作故而摩拳擦掌，更不是因为去考察其概念的社会生成（genèse sociale）而产生的自我省思。场域这一术语成为一把万能钥匙，逐渐与惯习和资本的概念应用脱节，然而，其理论强调三合一、缺一不可。坦白来讲，社会学家强行要求其他学科代表必须通过层层考验，并宣称要让这些学科的做事方式和思想风格变得具体客观，但他们对自己的审查则往往是能省则省。社会学者大多在制造出长篇大论的主义学说后，就感到心满意足，而对哲学史家而言，即使在很长一段时间里，他们把重要经籍拿出来做纯粹单一的内在论式（internaliste①）的解读是势在必行的做法，但现在他们根本就不敢如此贸然行事了。

　　本书尝试同时顾及两大面向：一是针对布尔迪厄理论的中心概念进行精确的分析，就其理论力量与气魄而言，这一分析是理所当然的；二是将其概念形成的经过，植入一个深具角力意味的场域中，这一做法必要且符合布尔迪厄一贯的处理方式。这是将布尔迪厄重新整合到他自己创建的分析架构中，这不是为了营造一种套公式的做法，而是为了将之置于透视镜下，并且，若可能的话，检验其限制。《定位布尔迪厄》（*Locating Bourdieu*②）是研究布尔迪厄一生的最佳著作之一。人类学家德博拉·里德-达纳海（Deborah Reed-Danahay）在此书中展开了一项概念轨道的分析工

---

　　① Internaliste 意指在道德哲学的领域内，某些理论主张，道德判断必然同时引起情感表现。相对的是 externaliste，意指道德规则的来源，未必来自人类动机，例如，宗教。本书作者同布尔迪厄，经常使用形态与字义皆相近或双关的词，读者可细心品味、对比 internaliste 与 interne 这两个字可引起的不同情愫与趣味。——译者注

　　② Reed-Danahay. *Locating Bourdieu*. Bloomington：Indiana University Press，2004.
　　德博拉·里德-达纳海是美国文化人类学者，其研究目标往往锁定地方市镇、省县区域、国家、跨国等不同范围，同一研究现象究竟是如何交结连贯。她早年即对法国乡村研究深感兴趣，近年来更将视角扩大到欧美的移民问题，例如伦敦地区的法国移民。——译者注

程，其手法是比对着布尔迪厄的曲折人生，将一般系统论下因有条不紊的方式而经常被忽略的概念，全摊在阳光下：尤其是感性（émotions）这一例子，那正是他当年身为哲学新人（aspirant philosophe①）时，最初的研究主题之一。拙著亦着眼于这种"定位式"（localisatrice）观点，但也尝试在其概念旅程中，勾勒出其人生脉络的层层跌宕：其实，布尔迪厄的一生经历并非不为人知，值得我们注意的，正是他如何在研究工作中开发这些人生经历，而非仅视之为简单的事实经过。我所要梳理的内容并不因此而陷入纯思辨的铺陈，我献给各位的篇章，步步都落脚在脉络化（contextualisation）和反思性（réflexivité②）的行文中：每一中心概念都是情境分析（analyses en situation）的对象，皆加以检视其坚韧程度。因此，布尔迪厄在本书中，就像是置身于场域之中的某一施为者（agent③）。尤其在其晚年，布尔迪厄本人常以那些为场域开天辟地的人来设想他自己的样子，例如，波德莱尔（Baudelaire）、马奈（Manet）与海德格尔（Heidegger）等等，这些人都在掀起一场象征性革命（révolution symbolique）后，让原本的席次重新分配。本书以下的探索将可帮助理解，透过这类再现手法，我们看到的究竟是一种无可救药的**自信**④（hybris incorrigible），还是一纸前所未有的文化史理论提纲。

所以，布尔迪厄从其研究生涯之初就采取的那种"险棋"姿态，将是我以下的第一个议题。他最初发表的一些论文往往流露着讽刺挖苦的论调，偶尔还大开知识分子智力贫弱的玩笑，嘲弄他们自以为在社会中占有一席之地的错觉：无论是一九六七年发表于以英语系读者为对象的《社会研究》（Social Research）中的文章，描写一群醉心于主体（sujet）在哲学研究中的灭绝与再生的学术团体⑤；或是一九七五年时，在《社会科学研究学报》（Acte de la recherche en sciences sociales）中，毫不留

---

① Aspirant 一词指的既是心有所向的逐梦人，也是低阶海军尉官或军校学生。读者可逐渐在本书中发现作者此一用词的多重意涵；本书第二章将提到布尔迪厄某论文标题正是"Aspirant philosophique"。——译者注

② 纵然本书作者多次提及该词，但在第九章末了还是以知识社会学之角度提出简要说明。——译者注

③ Agent 一词的中文翻译不一，诸多学者也往往各加上不同的诠释。就其字义而言，原只是因其本质或以内在固有的力量进行一项行动的生物体或非生物体，与之相对的是，其他的承受此一行动者。例如，在语言学中，agent 指的是施事者，通常就是主语；相对的是承受施事者作为的受事者，往往就是宾语。（"猫把鱼吃了"，猫是施事者，鱼是受事者。）至于社会科学领域内，另一名词 acteur（actor）通常译为"行动者"，字面似乎与 agent 大同小异，但其本义是指参与舞台与电视表演的演员。一般来重强调其主动性质，此可呼应微观理论中个体主动与对主观性的强调，却忽略了该名词原先蕴含的那种与他人同时涉足、彼此互动的意涵。本书中既有 agent 也有 acteur，前者译为施为者，后者译行动者。——译者注

④ 黑体字为原书斜体，以示突出。——译者注

⑤ Bourdieu, Passeron. Philosophy and Sociology in France since 1945: Death and resurrection of a philosophy without subject. *Social Research*, 1967, 34 (1): 162 – 212.

情地连续炮轰其死对头、一群阿尔都塞的追随者①。布尔迪厄他独自一人或是与他人联袂,总之,从来就不在乎学术界的礼数。他向来喜欢抱持一种坏男孩(bad boy)的态度,不屑于流水账输出,回头来,却又因为主流理论纸老虎般的处境而哀号痛哭。布尔迪厄在坦陈生平经历的描述中,严正表达了对于某些巴黎前卫知识分子之独有行径由衷地反感甚至是倒胃。他毫不遮掩地指出:"时下曾拜倒于萨德(Marquis de Sade②)的脚下,并对巴塔耶(Bataille③)和克罗索夫斯基(Klossowski④)等人掀起的性伎俩大为赞叹,都(使之)恶心不已。"⑤

一般评论家很少注意到,特别是晚年时期的布尔迪厄,其生成结构主义(structuralisme génétique)最突出的特征就是,能够顽强地抵抗当年诸如让客体重新归位(relocalisation des objets)、**语言学转向**(linguistic turn)、实用主义等主张,以及,简言之,也在于能够反对种种新发明,或拒绝去拆除那些被笼统地称为伟大范例者。面对整体性理论摇摇欲坠的姿态,布尔迪厄提供了另一条安心保险的出路,否则也着实便利通顺。自一九七九年《区分》(*La Distinction*)一书付梓后,即他声誉如日中天时,他始终意念坚定地去创制一套愈来愈与众不同的体系。该体系并不追随当时的主流议题,也就是,不去唱和那些由于整合模型(modèles intégrateurs)日渐衰落而引发的主题,也不追随自社会之可理解性(intelligibilité du social)的一般基模(schèmes généraux⑥)而衍

---

① Bourdieu. La lecture de Marx ou quelques remarques critiques à propos de "Quelques remarques critiques à propos de *Lire le capital*". *Actes de la recherche en sciences sociales*, 1975 (5): 65 - 79; repris sous le titre. Le discours d'importance//*Langage et pouvoir symbolique*. Paris: Seuil, Points Essais, 2001: 379 - 396.
《读〈资本论〉》(*Lire le Capital*)是阿尔都塞与其他学者于一九六五年共同出版的作品,本书作者在讨论资本此概念或提及艾蒂安·巴里巴尔(Etienne Balibar)与罗杰·埃斯塔布莱(Roger Establet)等人时,将再提到这本书与相关争端。——译者注
② 萨德(Donatien Alphone François de Sade, 1740—1814),后世又称之为萨德侯爵(Marquis de Sade)或是萨德伯爵(Comte de Sade)。二十世纪之前默默无闻,后世评之为浪漫时期的邪恶象征,其作品因爆发的想象力而被列为超写实主义的先锋。——译者注
③ 巴塔耶(Goerges Bataille, 1897—1962),亦被视为突破恶之花巅峰的作家,以写尽禁忌逾越又近乎肮脏污秽的情色文学著称,其独到之处在于急欲将生活与思想都解剖到"大脑皮层"的网点向便人不安。——译者注
④ 克罗索夫斯基(Pierre Klossowski, 1905—2001),一名多才多艺的文人,能导能演又能写能画。其首要风格是造成骚动、使人难安,在世即引起多方不同评价,其文学作品与画作都广受福柯与吉尔·德勒兹(Gilles Deleuze)(本书后面篇章将多次提及此人)的好评,认为其内涵近乎神学,值得深思凝视而非诠释评论。——译者注
⑤ Bourdieu. *Esquisse pour une auto-analyse*. Paris: Raisons d'agir, 2004: 12 - 13.
⑥ Schème 是 schéma 的古字,两者皆因各专业领域而有不同中译,也常混用。必须注意的是,在法文里,schéma 较常用于非特定领域,应用面很广阔;schème 则多属于哲学、思维模式与抽象理论的范围,较不常用,这是它与英文 scheme 相当不同之处。社会学所指的 schème,基模,通常引自皮亚杰的认知心理学主张,意思是个体在反复行动中建立起来的规律性,往往会将之应用于其他类似情境中。另一根据则是哲学的,通常是指感官之现象感受与感知之间所呈现出来的事物。基于上述理由,译者一般不采用如"图式"之译名,该译名接近该词之本义,但与引申义相去甚远。——译者注

生出来的题材。因此，与二十世纪最后二十多年间大多已改头换面的社会科学作风相较，晚期布尔迪厄的主张总是反潮流的：《年鉴》（Les Annales）的批风已开始转向，并自一九八九年某一具宣言性质的刊号启航，而他则敬而远之；对于**科学研究**（sciences studies）的谏言，其批评毫不留情；针对四处崭露头角的新实用主义（néo-pragmatisme），其中部分见解乃由主张相左的门生挑起，他也反唇相讥。他在法兰西公学苑的最后一门课程，后于二〇〇一年汇整以《科学之科学与反观性》（Science de la science et réflexivité①）为题出版，就是最佳例证：在该书中，他向默顿（Merton）和波普尔（Popper）致敬，借此与布鲁诺·拉图尔（Bruno Latour）以及其他科学研究的大将争锋。我们一眼即可认出布尔迪厄立说中与时代潮流大唱反调的才华，故又为其强而有力的理论建构增添一股不愿随波逐流的气势②。

布尔迪厄筑起一套体系，同时也逐渐抹去体系内部可能会产生干扰的成分。例如，他所谓的主观论者的知识模式（mode de connaissance subjectiviste），就他所言，乃深具现象学特征，所以，他进而裁剪又再三检视。另外，鉴于游戏（jeu）概念的说服力逐渐减退，他便以"习惯的生成式"（formule génératrice des pratiques）取而代之，也是一个例子。不过，针对 pratique③ 这一议题之迂回繁杂，现象学家或实用

---

① Science 一词既是知识、学问或技能，也是科学、学科的意思，为避免迷失于多义词之乖张，读者可用知识社会学这一角度来切入该书要旨。另外，布尔迪厄与本书作者在应用该词时也经常语带双关，未必是有意玩弄文字游戏，而是就知识的科学性质与客观立场、量化具体的方法论、可批判可反思等要求而言。为能保有此双重性，译者多以"科学知识"一词代替简单的"科学"或是"知识"。——译者注

② 针对此一问题更深入的讨论，请参见 Fabiani. A propos de Bourdieu théoricien de la pratique. Politix, 2013, 3 (103): 223-233。

③ Pratique 一词，纵有多重含义，其基本字义之一，并单就社会学而言，则是"社会活动"（pratique sociale）——一个人或一群人惯有的行为、习惯，以及固定的做法，并因此引申出经验的含义。布尔迪厄在文中所指，也可从此出发：被观察对象所从事的仪式性活动、表现出来的惯有行为（例如，卡比尔农人的婚姻、贝尔恩地区的单身汉舞会）；科学研究人员一贯的研究假设、步骤、模式等（pratique scientifique）。当布尔迪厄提及某一 logique pratique，便同时包含研究人员、社会施为者主客双方各自在从事某活动时的实务逻辑、实际执行时的程序，即他强调再三的"语带双关"（double sens）：其社会学理论与科学知识理论是一体两面，其社会学理论之整体实为一门科学研究活动的社会学，探究着知识形成之社会条件（此亦本书之重要议题）。因此 Esquisse d'une théorie de la pratique、Le Sens pratique 两书名中的 pratique，虽有名词与形容词两种用法的差异，却都是指社会科学研究人员的科学研究活动，以及研究人员与被研究对象之间的主客关系。基于此双关意涵，译者不采用既有之单一翻译，也就是，不以"实践"为该词的唯一翻译；故书名另题（Esquisse d'une théorie de la pratique 之中文版已由中国人民大学出版社出版，书名为《实践理论大纲》）。至于相关内文之翻译，若无法语带双关，则尽量区分出被研究对象的社会活动或研究人员的科学活动。另外，该词另有特定的宗教含义：一般指教规的执行，通常就是宗教信仰之外在行为表现（例如，斋戒、断食、祈祷、礼拜等等），以复数表达时，则更强调仪式的执行、参与，特别是针对教徒。所以，pratiques 便也可引申出社会施为者反复执行、不假思索的习惯（这也说明了为何 formule génératrice des pratique 全被译为"习惯的生成式"）；译者这一立场也是针对布尔迪厄其实是从民族志、文化人类学转入社会学，而且，本书作者也将在书中陆续论述布尔迪厄大量引用宗教表象与宗教词汇的惯有做法。总之，pratique 的单复数中译有多种可能，并不限于相对于概念或理论层面的实务、实际、实行或实践。更何况该词又可作形容词，除实际应用、实践之意涵外，还有功利的、方便的之意。——译者注

主义者尝试提出种种思考可能，布尔迪厄也并非漠不关心。一九八六年他于圣地亚哥的演讲声名远扬，当时的布尔迪厄展现了近乎是建构论者（constructiviste）的风范，但我们也需铭记，"建构论者"这个名词其实是为了翻译"生成"（génétique）这个一旦译为英文后便颇为别扭的用词。① 在圣地亚哥的演说中，他透过"双重结构化"（double structuration）的概念，重新说明在一九八○年付梓的《实践之道》（Le Sens pratique②）一书中已完成的建构内容，不过，同时他也相当透彻地采纳了以美国学者的研究为参考依据的内容，那也正是之前的理论说明中未曾出现的成分。例如，博纳特·伯杰（Bennett Berger）、阿隆·西科利尔（Aaron Cicourel），至于哲学领域，约翰·杜威（John Dewey）与纳尔逊·古德曼（Nelson Goodman）也皆为指标③。我们不能只是将这一开放手段视为一种单纯的因地制宜、礼尚往来的交际形式。当时布尔迪厄尝试着使其模型更加精致，也企图引进更多象征性抗争（luttes symboliques）中相对的不确定性（incertitude relative）这一面向的可能性，这是他以古德曼发展出来的**制造世界**（*Worldmaking*）这一概念为参考基准的原因。他也没有因此忽略了其整体架构的协调性：那场"建构论者"的演说，仍是以引证巴什拉（Bachelard）作为结尾。

一九九四年出版的《实践理性》（*Raisons pratiques*④）一书的标题，乃是名正言顺地取自当时巴黎一群新实用主义论者创立的学刊，只不过四年后就停刊了。即使

---

① Bourdieu. Espace social et pouvoir symbolique（conférence à l'Université de San Diego de mars 1986）//*Choses dites*. Paris：Minuit，1987：16 *sq.*

génétique 既是名词也是形容词，一般英译往往翻成 genetics 或 genetic。这两个英法文单词都有遗传的、基因的、遗传学与基因学的意思，不过，这是当 génétique 自 gène 一词引申而出时。在人文与社会科学领域中，génétique 通常被视为源自《创世记》（*La Genèse*），所以有开天辟地、从源头发展生成的意味。就此，读者也可注意到其衍生名词相当众多，但中译往往多见"发生""生成"等。——译者注

② 此书中文标题通常译成《实践感》，译者个人对于 pratique 的单复数形态、名词与形容词用法之解，请参见前文脚注。Sens 一词在法文中，除了一般较常注意到的"感官、感觉，常识、常理，主张、意涵"等意思之外，还有"边""向""方向"的意思，近乎中文里具多重意涵的"道"。布尔迪厄应用此词时，依译者个人观察，他往往游走于身体感官/含义、主张之双关。Le sens pratique 一词，在作为书名之外，并非理论名称，而是 habitus 此一概念之前身。因 sens 与 pratique 都是多重意涵的用词，且布尔迪厄同本书作者都是操弄双关语之能者，故视上下文调整译词。书名译为"实践感"，一是为了赋予更冠冕堂皇的标题；二是该书之内容安排，是从批评理论论理出发（该书第一部分之标题为 Critique de la raison pratique，讨论分析社会活动的运作逻辑；第二部分之标题为 Logiques pratiques），然后以具对应性（analogie）的理论分析与实务为尾声，整体有论述着如何履行实施之趣。——译者注【编者整理，也有译为《实践意识》的】

③ 关于这些人与布尔迪厄的关系，读者可参考索引与本书相关章节。——译者注

④ 该书的中译名称往往限于"实践理性"等，此类选择忽略了原文里的 raison 一词乃是复数形态：唯有理由、原因、论证、情理等客观具体意涵的字义方能使用复数形态。Raison 取单数时，字义往往限于单一主体的范围，指一个人的推理能力，乃至个人理智、个体理性。另外，布尔迪厄在该书重申惯习、资本、场域三大概念的理论连贯性，以及应用在国家形成、官僚体制与象征体系等经验性个案的研究成果——已不同于生涯前期、仅朝向科学活动之知识论探求——实际上，无非就是取行动理论一词，另作新解，强调"关系网络方为实在"（le réel est relationnel）。——译者注

未曾明言，布尔迪厄这一著作也更清楚地表达出，他始终挂念着要整合收纳那些可能干扰其结构论的反对声音。这本书也正是以"关于行为理论"（Sur la théorie de l'action）为副标题：行动往往是布尔迪厄敬而远之的字眼，因为在他看来，行动是败絮其内的危险物品，并与实务脱节。塔尔科特·帕森斯（Talcott Parsons）的行动社会学就是一个令人心寒的例子，布尔迪厄亦曾在《社会学家此职》（Le Métier de sociologue）一书中严词抨击。很明显，他和与之相悖的社会学所展开的对话不曾深邃精辟，且随即便以自我独白收场。然而，即使略为牵强，这些努力也都说明了布尔迪厄相当清楚，引进一些攸关其理论的成分并使之在其理论核心产生作用，是必要的措施。

倘若我们参照布尔迪厄所发展出来的社会整体论（théorie générale du social）的内容，那我们就有两种考虑其理论的方式：一是尝试去揭示他构想出来的社会学乃时不我予，故就某种程度而言，其社会学规避其在世时的当务之急，成为某种科学惯习（habitus scientifique）在迟滞（hystérésis）状态下的牺牲品。二是放宽尺度，肯定布尔迪厄确实抵抗了某些反对声浪，但也逐渐使社会学本身的认识论空间变得越来越模糊，而这是因为我们也慢慢地对社会事实（faits sociaux）乃如同事物般（comme des choses）存在着且可加以描述的信念产生动摇。就此关系而言，布尔迪厄和涂尔干（Durkheim）非常贴近，但与他过去的合作伙伴让-克洛德·帕斯隆完全不同。帕斯隆勘探了韦伯认识论的每一寸土地，甚至去质疑社会空间乃具普世论理之可能性。在这两种选择中，究竟应该选择何者，仍言之过早：反省一个整体性理论的许诺则是拙作的核心。然而，若坚持要去回答这个问题，就等同于未曾真正去探究便妄下定论。

像不少前人一样，布尔迪厄自学自修社会学和人类学。这一点常使外国友人感到不可思议，并对其经历好奇不已：他们往往无法想象这个成为社会科学大师的人并无任何博士学位，其履历上只提到他拥有哲学专科的中等教育高级教师学衔（agrégation de philosophie[①]），这表示他通过了中学教育的教员甄试。他是在阿尔及

[①] 近两百年来 agrégation 历经变革，当今作为教师资格考试，则可分成中等教育与高等教育两部门，彼此独立不可相混。就中等教育而言，涵盖各中学科目，此即布尔迪厄、本书作者与诸多出身高等师范学院之重量级学者取得的哲学教师学衔资格。高等教育的范畴则往往只限于法律、政治、管理科学与医学等少数专科学院，且制度各异。本书作者于第三章在分析布尔迪厄的学业经历时，将再提及此一议题：录取名额向来相当少；再三重考方能摘冠，实属常情。另外，虽说是"中等教育学衔"，实为锦上添花的"资格类别"分等，大部分在职的中学教师是没有该资格的；而该制在体制化之后，考试内容深广博，与课堂上的学生水平严重脱节，也未必与教学内容直接相关，长久以来呼吁改革此制之声不断，但总不了了之。二战后起，中学文凭日渐普遍化，中学教师已非知识精英，大学与高等专科学院才是知识舞台，当今这类教师学衔考试虽是广征天下英才，却也提供传统师范学院之毕业生数个方便：免笔试、可申请到大学实习等等。最后，译者添加"高级"一词于教师学衔之前，是为了与 Capes（中等师资合格证书，同属中等教育体制中的教师考试；亦是另一锦上添花又地位暧昧的"资格类别"分等，此亦非在职之中学教师的必要资格）作更明显的区分。——译者注

利亚战争这一特殊的情况下边做边学,他与那个年代的许多其他年轻人一样,被送上了战场,然而,他又由于被分配到隶属于阿尔及利亚战时政府的军事部门下的行政单位而享有某些特殊待遇。那个从事田野研究的布尔迪厄在初试啼声时,并不太像是为了某一理念,也不像是为了转换到经验性的知识技能(savoir empirique)这一跑道而做出折中,而是为了响应某个紧急状况:在解放战争之际,该如何考虑整个殖民局势呢?相较于当时的年轻大学生,布尔迪厄并非公开表达立场的人。在其生涯之初,他并不是站在公共舞台上的学者(intellectuel public),而是恰恰相反,他戒慎恐惧,即使是一九六八年五月学潮刚结束的那几年,也是如此。阿尔及利亚战争期间,他根本难以望当时立场坚定的皮埃尔·维达尔-纳杰(Pierre Vidal-Naquet)的项背。一九五八年时维达尔-纳杰还很年轻,但已出版了一本重量级的《奥丹事件》(*L'Affaire Audin*①),不过,维达尔-纳杰后来成为布尔迪厄在里尔(Lille)和在法国社会科学高等研究院的同事。阿尔及利亚战争时期的布尔迪厄,也比不上态度坚决的热罗姆·兰东(Jérome Lindon②),但此人却是后来布尔迪厄早期几本名声大噪的著作的发行人。年轻时的布尔迪厄,就如他自己的定位一样,是一个哲学新人。他的一些关于阿尔及利亚的民族志研究,不过是表达一名年轻人针对某个情况所做出的反应,而且在那当下,他随即看出这一情况具有历史意义和人类学旨趣。我们大可说他演练的是一项急诊室中的民族志研究,而且,此急就章民族志研究并未被视为一项专业。在《自我分析纲要》(*Esquisse pour une auto-analyse*)一书中,开卷起那五十页,他字字斟酌以描绘其哲学抱负,即使是在阿尔及利亚那段时间,也从未放弃初衷:

> 自一开始,所有的一切都告诉我,我是不会走上民族学或是社会学的道路的,这些研究只不过是暂时的,一旦完成这项具有政治启发意义的工作,我就重回哲学的怀抱[另外,在撰写《阿尔及利亚社会学》(*Sociologie de l'Algérie*)并从事最早几项民族学调查的期间,我依然每个晚上都循着胡塞尔的思路,撰写关于时间经验之结构的文章],那时我死心塌地、不辞劳苦、不计风险,彻底

---

① 皮埃尔·维达尔-纳杰(Pierre Vidal-Naquet, 1930—2006),法国历史学家,专精古希腊史,著作等身,取材丰富,不时撰文抨击时事。这本《奥丹事件》说明的是,奥丹(Maurice Audin, 1932—1957,法裔数学家)在阿尔及利亚大学失踪。他当时是共产党员,支持阿尔及利亚独立。先被当地的法国军方逮捕入狱,后军方宣称他越狱,但如皮埃尔·维达尔-纳杰等人则主张是军政府暗杀奥丹并毁尸灭迹。皮埃尔·维达尔-纳杰回到法国后,以法务部等官方档案为基础展开调查,并撰书说明。——译者注

② 热罗姆·兰东(Jérome Lindon, 1925—2001),自一九四八年起主管法国午夜出版社,致力于发行当时被其他知名出版社拒绝的著作。——译者注

投入一项利害并不只攸关脑力思考的志业中。①

虽然布尔迪厄从未停止且始终结合他在社会科学的投入，以及他对哲学家行尸走肉姿态的批判，况且，他自身的社会条件更让他深刻地体会到这些虽生犹死的哲学冬烘，但是，他从未忘记返回哲学之途。就此而言，他的人生轨道是很贴近涂尔干的，涂尔干也是自修社会学，其学者生涯的绝大部分，先是在波尔多，继而转任索邦大学，都是以教育科学的教授身份在大学讲台上度过的：布尔迪厄与涂尔干都从未放弃哲学理想，也都从未想象到，让他们崛起的领域，一朝将因经验科学而消失。若说他们始终没放弃批评哲学之常规，他们老壮之际的巨作，也就是一九一二年出版的《宗教生活的基本形式》(*Les Formes élémentaires de la vie religieuse*) 与一九九七年出版的《帕斯卡尔式的沉思》，却也都表达了他们希冀用其他手法继续哲学探究的心愿。布尔迪厄是某一悠长系谱中的传人之一，该系谱中人希望哲学家既能献身社会科学，还能同时在他们原有的学科领域中占有体制与专业学识（épistémique②）的一席之地。如此这般立场的可能性，多少是因为社会学很晚才走向体制化的缘故：不再附属于其他学科的社会学学士文凭在一九五八年才诞生，而早期一些专业化的走向，也不过是二十世纪六十年代的事情，这还得归功于《法国社会学学刊》(*La Revue française de sociologie*③) 的创立。布尔迪厄自己从未投入、动员以推动该学科的专业化，也就是说，关于在中等教育制度中开设社会学课程一事，例如，二十世纪七十年代初期才颁订的社会科学的中等师资合格证书（Capes④）与中等教育高级教师学衔等等，他完全置身事外。

有时一些博士生会担心从他口中吐出"博士论文就是废话连篇"之类的话。在其《自我分析纲要》中他提到，曾经希望雷蒙·阿隆（Raymond Aron）能批准他将所有与阿尔及利亚相关的研究合并为一篇博士论文，但这一提议被大师毫不犹豫地否决了："唯恐会让您自降格调。"⑤布尔迪厄在其学者生涯的早期，与其他如雅克·德里达（Jacques Derrida）等同窗相同的是，都选择站在学术舞台的外围，以免受到时下权势的诱惑，并规避因学院体制规模的扩大所带来的限制。他一方面再三重申

---

① Bourdieu. *Esquisse pour une auto-analyse. op. cit.*: 57.
② 该词源于希腊文 epistémê，相当于知识、科学之意。胡塞尔与福柯都曾使用过这个概念，但前者是指相左于 doxa 的科学活动，后者则视之为诸科学、认识论象征、言语活动与种种实证特质之间的整体关系。——译者注
③ 该学刊创立于一九六〇年，首任主编是法国社会学家让·斯塔彻尔（Jean Stoetzel, 1910—1987），后人主张他对于法国民调之方法论贡献卓越。——译者注
④ 全文是 le Certificat d'aptitude au professorat de l'enseignement du second degré.——译者注
⑤ Bourdieu. *Esquisse pour une auto-analyse. op. cit.*: 50.

社会学的学科地位宛如"贱民"或是"收容所",另一方面却又不忌表达他对诸多同事的轻蔑。这一切都说明,他毫不尊重学科伦理。某天晚上,我与他俩人单独在那栋位于拉斯百大道(boulevard Raspail①)上的建筑物的四楼,也就是教育与文化社会学研究中心(Centre de sociologie de l'éducation et de la culture)的所在地,那时他跟我描述着某法国社会学大佬,说这位大佬是"大学时哲学念了四次才拿到学位的蠢货"。虽然他转述的小道消息未必可靠,但却说明了,对某些他坚信在概念与方法论上都黔驴技穷的同事,他不时感到不快。

一九六八年他与让-克洛德·尚博勒东(Jean-Claude Chamboredon)以及让-克洛德·帕斯隆三人出版了《社会学家此职》的首版。实际上,这本书既是与哲学学者的讨论,也是与社会学家的对话,不过,诸多社会学专家都认为这本书枯燥无味,而且对于掌握社会学研究活动的窍门帮助不大。其实,这本书是为了教训乌尔姆街(Rue d'Ulm②)上那群以阿尔都塞为师、醉心于认识论中心主义且为理论而理论的人(épistémocentrisme théoréticiste)的。当时还不成气候的社会学赐给布尔迪厄大好机遇:其学者生涯中最重要的学术机构,例如高等研究应用学院(Ecole pratique des hautes études③)与法兰西公学苑,都使他能保持一种若即若离的立场,而当年阿隆也是如此。后来正是阿隆提拔了布尔迪厄担任索邦大学的助教,又说服他不可忽视马克斯·韦伯(Max Weber)的重要性。在其学术生涯末期,他描述自己是一个"备受恩宠的异端分子"(hérétique consacré④),然后,又将这番自我矛盾的说辞与象征革命的概念串联在一起。总之,这一自我解读,恐有失真之嫌。他描述自己处于高处不胜寒的外围地带,但其实在法国教育体制中,这并非例外,而且这一教育体制长期以来便因一般大学与高等学术机构(grands établissements⑤)这两者的双重结构关系

---

① 即法国社会科学高等研究院(EHESS)的院址所在。——译者注
② 这条位于巴黎市中心的大街往往被视为高等师范学院(Ecole normale supérieure)的代名词,本书作者、布尔迪厄、阿尔都塞与本书提及的诸多学者都是出身高等师范学院。——译者注
③ 这是创立于一八八八年的高等教育与研究机构,当时只有生命与地球科学、历史与文献科学以及宗教科学三大系所,一九七五年成立的法国社会科学高等研究院即是从后来创立的经济与社会系独立出来的。——译者注
④ 本书第九章将再提及该词。——译者注
⑤ 法国史上首座 grands établissements 乃创立于一五三〇年的法兰西公学苑。从一开始,grands établissements 就是兼负科学、文化与专业知识的研究与教育的国立学术单位,本书不时提及的数所高等专科学院(grandes écoles)都隶属其下。自二十世纪末叶起,由于高等教育全球化竞争,以及传统商业学校也纷纷挂上"高等学院"之名,转瞬间法国的高等专科学院似乎数量暴增,也备受争议。故近年重订法规,grands établissements 便仅限于坐拥传统的百年老校,否则便是不授予文凭的学术研究机构。至于法国的大学制度,可追溯至十三世纪初,但始终受教会与神职人员的控制。所以,一五三〇年弗朗西斯一世国王(François 1er)创立皇家学院(后来改名为法兰西公学苑),不仅是为了引进当时的意大利文艺复兴思潮,也是为了抗衡教会力量、削减巴黎索邦神学院与大学的势力。法国大革命后,当年弗朗西斯(转下页)

而更显突兀。当大师夸大自己超乎常人之处,然后再补上几笔以勾勒出叛徒或局外人的轮廓时,其门生的忠贞不渝之心又推波助澜从而使大师的假面俨然成真。布尔迪厄过世后才出版的自我写真②,可让我们与这些泛泛之说保持一定的距离,尤其是书中提及他与乔治·冈圭朗(Georges Canguilhem③)和阿隆的关系。尽管偶尔也因故失和,但他们常年始终保持密切联系。

身处阿尔及利亚那段时间,布尔迪厄立著异常丰富,也是在这段时间,他紧锣密鼓地建立起了个人风格,还有社会调查这一活动的定义,以及"整体经济体系"(économie générale④)的理想:他施展了在学生生涯所练就的专业功力,尤其是现象学的造诣;克洛德·列维-斯特劳斯(Claude Lévi-Strauss)于一九四九年出版的《亲属制度的基本结构》(Structures élémentaires de la parenté),一付梓即引起萨特(Satre)与《现代》(Les Temps modernes⑤)杂志的青睐,布尔迪厄也不吝汲取其人类

(接上页)一世的戏码再度上演,十八世纪起纷纷成立高等专科学院,亦曾一度撤除各大学,主要目的是培养建设现代民族与工业国家的高级公务员、军事人员与教育人员。换言之,法国大学制度与高等学术机构、高等专科学院的双重结构关系,自始就不单纯是传道授业之事,在当代历史,其象征意义不只是资产阶级在主导国家体制之余,既战胜神权,也取代刀剑贵族,还代表着现代科学知识挤下宗教神学与人文知识。当今法国高等专科学院均属国立,也仍是政经商文等精英得以世袭的大本营,其教授课程虽说也与一般大学(自二十世纪末叶起,虽由教育部管辖但经费由地方自主)几乎雷同,但进入高等专科学院必须通过严格激烈的招生考试,而一般大学则无此设置。另外,法国大学向来以培养学术研究人员自重,长久以来,这也是大学与重视实务之专科高等学院的主要差别。但是,除了自创校便只招收硕博士的法国社会科学高等研究院等少数机构之外,其他百年老校如综合理工学院、高等师范学院等等,也在二十一世纪初成立硕博士班,挤入全球硕博士教育的竞争市场,故又使 grands établissements 以及旗下的专业高等学院坐拥一般大学难以企及的学术研究资源与优势。多年来,诸多学者,如本书作者,均主张合并这两大体制,只是这是个遥不可及的幻想。另外,或许如法国人自己的戏言,他们继承了罗马人的作风:与其打倒旧制度,倒不如在旁建一座更崇高雄伟的巨塔,用意在于使之相形见绌、自生惭愧。——译者注

② 《自我分析纲要》一书于二〇〇一年底完稿,以德文撰写,二〇〇二年先在德国出版,两年后方有法文版。——译者注

③ 乔治·冈圭朗(Georges Canguilhem,1904—1995),法国哲学家、医学与生物学家,读者可在后面章节陆续窥见此人在布尔迪厄一生中所扮演的角色。——译者注

④ Économie 一词源于希腊,本义为家庭的管理,即行政、经营之意,因此也引申出诸成分之间的整体布局、结构等协调一致的意涵。鉴于以下章节将陆续出现 économie générale des pratiques、économie des biens symboliques,以及作为一大学学科之经济学等似形同又逻辑相关的词,économie générale 一词便译为"整体经济体系":整体两字强调普遍布局之意;经济两字保留经世致用的色彩;体系一词,则是为了呈现此非 macro-économie(一般冠以总体、宏观等词,且相左于 micro-économie),而是资本主义宰制全球前的人类活动总结,并因此突出此乃布尔迪厄个人思想轮廓之概念体系。另外,鉴于 économie générale 其实也是经济学概论的意思,而布尔迪厄无非是将经济学视为某惯习之场域,主张一般之经济学概念也是社会产物,有重新打造经济学之意图,故保留"经济"一词,以彰显本书作者于后文论及布尔迪厄期望"辅佐朝廷""经世济民"之政治抱负。——译者注

⑤ 这是萨特于一九四五年所创的杂志,往往被视为法国二十世纪五十至六十年代左派知识分子的传声筒与为存在主义立说的工具。——译者注

学主张；他直截了当地操作起实地研究，尤其是与韦伯论著的接触，更让他能够以支配（domination）这一概念切入主题。他结交了作风转向开放的统计学者，这些人让他接触到了数学的天地，而当时绝大多数出身高等师范学院的同侪还不知统计为何物。他抓住每一个机会，然后建立起二十世纪思想史上最突出的研究成果之一。阿尔及利亚是一座前所未有的政治与概念实验室，布尔迪厄以超乎常人的精力，充分利用，共计写下了一九五八年的《阿尔及利亚社会学》，一九六三年的《阿尔及利亚的劳动和劳动者》（*Travail et travailleurs en Algérie*），一九六四年的《背井离乡》（*Le Déracinement*），后被收录于一九七二年的《实践理论大纲》（*Esquisse d'une théorie de la pratique*）一书中的《卡比尔民族志研究》（*les études d'ethnologies kabyles*），还有一九七七年出版的《一九六〇年代的阿尔及利亚》（*Algérie 60*），以及他去世后方于二〇〇八年问世的《阿尔及利亚手稿》（*Les Esquisses algériennes*），可谓硕果累累。如果我们注意到，正是在这段时间，布尔迪厄建立起一套往后生涯从未彻底改变的概念系统，那么，这一段时间就更重要突出。

笔者这一在布尔迪厄离世后才汇整出的作品，尝试将布尔迪厄一生的学术活动放在某一政治关怀的背景之中：正是基于这一考虑，塔萨迪·亚辛（Tassadit Yacine）方可论及，"对布尔迪厄来说，社会科学乃一政治'利器'，以着手进行关于压迫与支配之诸多形式的社会批评"[①]。本书则主张另一更耐人寻味的立场。早期的布尔迪厄是一名致力于法国现代化的改革者，一九六六年出版的《分红》（*Le Partage des bénéfices*）这一集体立论的书即为例证，当时他还是以达拉斯（Darras）这一笔名发表的。这一改革作风仍可见于一九八五年，当时那篇以教育为题的法兰西公学苑报告书，他提交给了正逢结束第一任期前半阶段的法国总统密特朗。另外，他与总理米歇尔·罗卡尔（Michel Rocard）的常年交情也是具体的例子。老壮期间的布尔迪厄更加用心投入左派行动，并且以一种并非毫不犹豫又近乎笨拙的姿态，穿戴起完全知识分子（intellectuel total）的衣冠。他晚年的学生都再三强调布尔迪厄并无可妥协之处：平心而论，他并没有拆穿他们的谎言。他在法兰西公学苑以国家为题而开设的讲座[②]，却凸显了一个坚持"社会民主"路线（socio-démocrate）的布尔迪厄，且任何强辩说辞都无法抹灭这一事实。国家的确有一只向左伸出的大手，

---

① Yacine. Bourdieu et l'Algérie, Bourdieu en Algérie//Bourdieu. *Esquisses algériennes*. Paris：Seuil，2008：13.

塔萨迪·亚辛（Tassadit Yacine，1949— ）是出生于阿尔及利亚的法国人类学家，以柏柏尔人（lesBerbères）研究著称。——译者注

② Bourdieu. *Sur l'Etat. Cours au Collège de France 1989—1992*. Paris：Seuil-Raisons d'agir，2012.

序　言

但未必是列宁作风。拙作旨在多加斟酌布尔迪厄的政治矛盾情愫，绝无指责之意，而是要说明这一矛盾情愫的深度与值得探究之处。他一直捍卫着科学知识的自主性（autonomie de la science）：这是他在法兰西公学苑最后的讲座里几乎让他寝食难安的主题。受外在力量支配（hétéronomisation）的文学场域是他的另一牵挂，并以近乎悲怆的姿态，出现在一九九二年付梓的《艺术的法则》（Règle de l'art）一书的结论中。意欲强将其科学研究计划植入某个政治蓝图中，并不是为其丰富的论说锦上添花，也无法进一步开启其立说中原本就视野广阔的大窗。

或许与他人相较，我很早便有幸能参与分析布尔迪厄著作的限制或矛盾之处。然而，我从未因此认为其论说是落伍陈腐的。但若想拿捏得恰到好处，则是一大难题，尤其是在这个充斥着各类知识"品牌"的世界里，大胆明快的立场往往比承认一套思想之精致复杂更容易受到肯定。阿隆视布尔迪厄为友善的敌人，因为他诚如萨特，"太早就有自己的思想体系"[①]。这是本书的关键问题之一：我们是否可以写出一部持续翻修中的布尔迪厄概念建构史，或者这篇史诗老早就已筑好架构了呢？直接源于现象学的反思性这一概念，是否帮助布尔迪厄去驾驭其研究操作中繁复连续的过程，抑或，竟没有因此产生盲点吗？在历史科学的领域中，可能存在着整体性理论吗？整体性理论究竟是个启发工具，还是阻碍认识通达的绊脚石？

布尔迪厄批判曾以萨特为化身的"完全"知识分子，且其说理与当时德勒兹（Deleuze[②]）、米歇尔·福柯（Michel Foucault）所主张之特定知识分子（intellectuel spécifique）的立场是很类似的[③]。然而，布尔迪厄最终成为法国公共知识分子（intellectuel public）的典型代表：若论到始终让他牵挂不止而且他有意使之开花结果的科学知识的自主性，过去涂尔干曾揭示，社会学应先跟"圈内人"（ésotérique）套好招后方能获得百分之百的科学性，而布尔迪厄则毫不迟疑地揭竿起义。但同时，他也很早就尝试去开发与一般同侪距离遥远的读者群：以写作与图示表达形式而言，他是一位杰出的发明家，也彻底改变了社会科学的表现手法。就其出版活动而言，

[①] Bourdieu. *Esquisse pour une auto-analyse. op. cit.*：48.

[②] 德勒兹（Gilles Deleuze，1925—1995），一向被视为法国二十世纪不朽的哲学家之一，横跨哲学、文艺与科学三界，据闻其授课深具魅力使人倾倒，而且诸多概念都是在讲台上推演而出。本书第六章将再论及此人。——译者注

[③] 知识分子投入公共议题的讨论，或以不同方式献身政治活动绝非法国特有景象，但对当代法国而言，常被视为乃自德雷福斯事件（参见第七章译注）后，大学讲坛上的知识分子方卷入此一漩涡中。无论套上的是何种标签——"完全""特定"或"公共"，必须考虑的不仅是知识分子的社会责任是什么，故牵涉到法国左右派知识分子的立场与角力，还有就是大学教育的体制化、大学教师的专家化等问题，故任一标签背后的主张，都必须对照其时政与知识专业化程度的历史背景。本书第七章将对此问题做更深入的解析。——译者注

我们不应忽略的是，他也试图去扩大读者群，并使其著作能对更多人具有实际意义：他的两本全球最受欢迎的书——一九九六年的《论电视》(Sur la télévision)与一九九八年的《男性统治》(La Domination masculine)，就写作风格与形式而言，都与其一般的理论性著作大不相同。他在圈内人（ésotérisme）与圈外人（exotérisme）之中，挥洒不同的个人技巧，要么动辄援用拉丁文与希腊文，要么就是利用使人瞠目结舌的图表，这些都是其著作强而有力的特征，也应该成为分析焦点。

为了回答这些问题，便应该回到对布尔迪厄诸多概念的探究，但这不能仅流于哲学思辨。就理论探讨而言，最近克洛德·戈蒂埃（Claude Gautier）在其《社会的力量》(La Force du social[①])一书中，提出相当具有说服性的论理。而在此，我想进行的分析，正是过去布尔迪厄再三叮嘱的，应对哲学概念所做的分析：将之植入历史脉络中，分析其流通模式，以经验性的应用可能来检视其效力。故本书分成三阶段：第一阶段，将分析三个基本概念，以及三者同时应用时所产生的修正与困难。第二阶段，针对布尔迪厄独到的方法论与叙事方式展开，这两者既激发出种种概念生机，也导致诸多诠释上的暧昧。第三阶段，则是借着政治活动、痛苦与爱等议题来描绘一位社会学家的生平，以及一名开辟出新天地的知识英雄的主要轮廓。

[①] Gautier. *La Force du social*, *Enquête philosophique sur la sociologie des pratiques de Pierre Bourdieu*. Paris：Cerf，2012.

克洛德·戈蒂埃也是由高中教职取得哲学专科的中等教育高级教师衔后转任大学与高等专科学院的研究者，主要研究领域是道德与社会科学哲学。本书第二章将再提及此"社会的力量"。——译者注

目 录

第一章	枯树生花的多场域理论	1
第二章	惯习——甘冒分崩离析之险?	31
第三章	形形色色的资本	57
第四章	匠心独具的方法论	82
第五章	事件、结构与历史	106
第六章	一曲二咏	129
第七章	从献身公职到公共利益的再考释	152
第八章	世人皆苦,凡人有爱	176
第九章	以英雄之名盖世?	198
结论		218

第一章　枯树生花的多场域[①]理论

一九七二年秋天《实践理论大纲》问世时，当时首批读者总觉得好像错过了些什么：关于作者，该书封底如此写道，"其民族学与社会学研究［例如，《艺术之爱》(*l'Amour de l'art*)、《再生产》(*la Reproduction*)、《多场域理论》(*la Théorie des champs*)］"。若说前两本书的确是布尔迪厄的著作，其中第一本是于一九六六年与阿兰·达贝尔（Alain Darbel）合著，第二本是一九七〇年与让-克洛德·帕斯隆合作的作品，而《多场域理论》一书则未曾在其著作清单中出现过，后来也一直没有出现。我们大可以为，在我们两手高捧的《实践理论大纲》一书中，提及《多场域理论》这一标题的用意，其实是为了点出提倡一套社会空间之统合性理论这一率先性尝试。至于《实践理论大纲》，反正书名也正好冠着"初探"一词，所以，便是在这番恳请捧场、顺水推舟的期待中，作者表明希望透过这本书，"为人文科学的统合做出决定性贡献，同时排除所有错误的二选一做法，例如，**主观论**（*subjectivisme*）与**客观论**（*objectivisme*）的对立，从一开始，这些二选一做法就拖延了人文科学的统合大业，或禁绝其促成"。然而，在当时，理论统合一事并非透过场域之概念应用，而这是因为"场域"这个名词根本没在索引中出现过。相反地，资本这一概念，则是确实地以各种不同类型被引用了三十四次；又，无论是在理论探讨还是在民族志的领域，惯习则出现了五十五次。场域是在《实践理论大纲》的改写版中才出现的，也就是一九八〇年时被布尔迪厄冠上《实践之道》之标题的那本书，不过，相较于惯习与

[①] 本章标题乃 L'impossible théorie des champs，场域一词为复数。综观本书，该词或单数，或复数。前者可泛指一个非特定场域或某一特定场域，如文化场域，也可指以一概全的场域整体；后者复数则是不同场域的总和，却不可化整为零。为能有所区分，复数者将译成多场域。——译者注

资本，在这本书里，场域的分量是微不足道的。

布尔迪厄早期一些重要的人类学论文中并没有场域这个概念，或仅是浮光掠影。就此，我们可做出的解释是，这个概念似乎无法应用于传统社会，而这是由于传统社会中人与人之间或是团体之间的竞争冲突，无法以一种在空间中立足（espace positionnel）的表现手法来转达。《艺术的法则》的作者曾再三强调，十九世纪时发生的事情——一个文学场域的自主化过程（autonomisation）——是文学史上"绝无仅有"的事迹。可是，场域的概念构想，虽是随着《艺术的法则》这本书而成形的，却非仅限于文学领域。《艺术的法则》一书的作者又特别指出，"一九八三至一九八六年间于法兰西公学苑的讲座中，他曾经试着厘清场域的一般属性，并将得出的分析提升到一种高层次的**形式化**（formalisation），而且这些讲义也将于往后出版"①。其实，一九八七年时，在与阿克塞尔·霍耐特（Axel Honneth）、埃尔曼·柯希巴（Hermann Kocyba）、贝恩·施伊伯斯（Bernd Schwibs）的对谈中②，他已承诺将提出一套更先进的理论，而且后来这一场对话还发表在法文版的《说过的话》③（Choses dites）一书中：

> 我非常强烈地感受到，这种被韦伯称为 Vielseitigkeit 者，意即多层面的**多样性**（pluralité d'aspects），它构成了**社会空间**（monde social④）之现实所在，也阻碍了知识的探索。这般强烈的感受，却也大抵是我何以不断地反思着，学者的知识究竟有无极限的原因。关于我正在着手中的多场域理论——可称其为**"多重世界的多样性"**（pluralité des mondes）——这项研究工作的终了，则是去

---

① Bourdieu. *Les Règles de l'art. Genèse et structure du champ littéraire*. Paris: Seuil, 1992; rééd. Points Essais, 1998: 300, note 12.

② 阿克塞尔·霍耐特（1949— ），德国哲学家，被视为法兰克福学派的第三代掌门人。埃尔曼·柯希巴亦是当代批判理论之健将，贝恩·施伊伯斯以法国文学为主要研究领域，二人都是更年轻一代的法兰克福学人。——译者注

③ 这本书于一九八七年付梓，实为对话录与演讲稿集，是布尔迪厄与诸学者针对艺术、宗教与文学等专题的辩论；期望透过演说、辩论与出版，响应学界对其正反批评或逻辑思路之误解。更重要的是，如布尔迪厄所指出以及本书作者开宗明义所言，思维模式也是社会分析的对象；故在该书中，布尔迪厄应用了他自己套在文学现象分析上的方法，犹如本书作者，将布尔迪厄的研究方法论套在以布尔迪厄为研究对象的知识社会学分析中。该书繁体中文版已于二〇一二年由麦田出版社翻译、出版，书名为《所述之言：布尔迪厄反思社会学文集》。Choses dites 的字面意思是"已经说过的话"，但也是一惯用语，用来表达一言为定的意思——布尔迪厄是否希望借此了断歧异？——为延续布尔迪厄一贯的文字趣味，故另取《说过的话》之题。——译者注

④ 本书作者在论及"社会"时，几乎不用 société 一词，且同布尔迪厄一样，往往以 du social, monde social, espace social 等代替，犹如埃利亚斯以"彼此串联、互相依赖的人际网络"来称呼"社会"。正如本书作者将在后文多次提出，伟大学者必先创造新词，虽说各自强调之重点不同，看似不可妥协，然而其实彼此相互关联也互可转译。——译者注

第一章 枯树生花的多场域理论

思考对应着诸多不同世界的**逻辑运作之多样性**（pluralité de logiques），换言之，就是这些逻辑运作之多样性所对应的诸多场域。正是在这些不同场域中，建立了一般常识与陈腔滥调，以及彼此无法化约的论题系统。①

在此，多场域的多样性是以诸多世界的多重面貌作为构思形式的，然而，这一看来前程似锦的构思却无实际的后续。

各自拥有某自主程度之多场域的加成，是不同活动领域的分化过程（processus de différenciation）中不可或缺的要素，并受到涂尔干称之为社会劳动的分工（division du travail social）的影响。在《艺术的法则》一书中，布尔迪厄将法国文学场域的兴起与随后稳定的运作，视为一个现代性（modernité）特征，意即一个社会空间（espace social）的自主过程假定了诸多条件非常明确的生产活动，且必须结合一长时段（longue durée）之资本累积过程以及人才云集两个因素。另外，这些英才彼此之间也需搭起前所未有的社交网络。正是一九六六年时，布尔迪厄在《现代》杂志发表的文章中，首次将文学场域这一概念的应用建成一套系统。② 即便《文学场域与创作者的计划》（Champ intellectuel et projet créateur）一文广受好评，甚至成为布尔迪厄最早被译成英文的论文之一，却也难逃布尔迪厄日后最严厉的自我批评。这不只是因为"计划"（projet）这一概念，严重抵触着实践躬行与惯习理论（théorie du sens pratique et de l'habitus③），个中原因则是，若要使该理论随着游戏之诸多条件随时调整，那它就会变得模糊不清又虚有其表。其实，这更是因为布尔迪厄体会到，空间立足之概念说，应该再多做修润。

我们可以很简单地提出问题，不过，答案就未必简单了：我们所谓的"场域"，是不是某种社会关系的特殊历史形式，它出现并也消失于某些条件或某些社会之中？或者相反，场域指的是一种原初又举世皆然的社会互动（sociation④），并且这一社会化的特征，一是，在火药味很重的特定场合中，人们为了争取支配权而发生诸多冲突，二是，此乃由于某一特定的象征性秩序之再生产之故？布尔迪厄未必提供我们所有的要件，以方便我们用独一无二的方式来解答。惯习和资本的概念，可应用于所有的历史与社会背景中：虽然当时这两个概念，尚未如某一系统之要件般具体成

---

① Bourdieu. Fieldwork in philosophy//Choses dites. op. cit.：33.
② Bourdieu. Champ intellectuel et projet créateur. Les Temps modernes，1966（246）：865 - 966.
③ 这里仅有一个理论，但其名称里有两个要素，一是身体力行的实践、实务操作之意涵，二是惯习。——译者注
④ 一般主张 sociation 是 association 的古字，但前者可有正负两面、或结合或分裂的意涵，后者则只有正面结合的意义。——译者注

型，却也密集地出现在他早期关于卡比尔社群的研究中。与之相反的是，场域的概念，是出现在他往后研究工作中的项目，其定义再三出现变动。惯习与资本这两个概念由来已久，尤其是在哲学与政治经济学的领域里，场域就更明显带着布尔迪厄的个人标记（Champ）①。总之，这是其社会学中最常被应用也最常被使用者糟蹋的概念。

我们大抵会舍弃场域这一概念是布尔迪厄原创的说法，因为就如惯习和资本一样，并不是他发明了这个用词。而且就如经常发生在所有的知识生产领域中的，他只是重新使用了既存之物。当贝尔纳·拉伊尔（Bernard Lahire）说，"布尔迪厄就像所有的社会科学研究者，以非常高超的技巧来打造他的场域概念，结合了众多原属于不同理论范围的理论基模"②，他是有道理的。的确，《区分》一书的作者，难逃诸历史科学之生产者的共有命运：回收、再制、重新调整既存的概念基模，并依此向同侪与公众提供一项成品。布尔迪厄始终坦承，倘若马克思、涂尔干与韦伯这三人各自任一的研究都可用来澄清其他两人的盲点，那么布尔迪厄自己的研究，则可视为这三者之中心议题的原创性糅合。因此，去做场域这一概念的身家调查，用以主张布尔迪厄的概念化是一些原已存在的某一立足空间的再现形式，则似乎是多此一举。有些自诩观察敏锐的人往往论道，场域这一概念乃来自库尔特·勒温（Kurt Lewin）在社会心理学领域所提出的**场论**③（*field*）。由于在法国读过勒温的研究的人实在不多，因此，我们也就更容易去认同这等先后相关的说法。场论这一受到完形理论启发的心理学主张，以非常严谨的态度来看待电磁场的隐喻，而且，曾经以向量空间和拓扑学来处理一个很明确的问题：该如何思考将一个人导向某个目标的力量？④ 勒温的理论也被用来思考团体动力（dynamique de groupe）的问题，然而，布尔迪厄从未将这一团体动力纳入其冲突形式的分析。若说他经常引用"力场"⑤

---

① Champ 这个词源自十一世纪，自现代时期起便常被套用于物理学、数学、心理学与电影摄影技术的专有名词中。在哲学领域内，这也是一个被概念化的常用语，每一提出者的定义都有所不同，在布尔迪厄之前的当代法国哲学家中，以梅洛-庞蒂的应用最知名。——译者注

② Lahire. Champ, hors-champ, contrechamp//*Le Travail sociologique de Pierre Bourdieu. Dettes et critiques*. Paris：La Découverte，1999：23.
贝尔纳·拉伊尔（Bernard Lahire，1963— ），法国当代社会学家，本书作者于第八章将再提及此人。——译者注

③ 库尔特·勒温（Kurt Lewin，1890—1947），德裔美国社会心理学家，亦被视为社会心理学之父。其场论的要义是，人类行为因个体之心理环境而有差异，换言之，自我意识与周遭环境的压力塑造出连续无间的反应。晚期研究着重于团体动力说（group dynamic），以及幼儿于不同的政治体制、领导方式下的人格差异。一般社会心理学将 field 译成"场""场地论"。——译者注

④ Lewin. Defining the field at a given time. *Psychological Review*，1943（50）：293 - 310.

⑤ 原本物理学中的力场是指单一的力，即 champ de force，若如布尔迪厄以复数标明，则往往是在此一力场中混杂了重力、磁力、电力等等。——译者注

(champ de forces)的概念，他的理论绝无任何物理学成分的置换，也无任何拓扑学意味的形式化尝试。布尔迪厄成功地掌握了概念背后的隐喻，却也不以其专长学科以外的意象来表达：被标上立足点的空间，就每方寸而言，都是社会空间。至于拉伊尔在前面所提之论文中宣称，场域概念乃是源自涂尔干与韦伯的说法，其启示性亦是有限的：布尔迪厄很明确地自诩为这两位大家的传人，但这不代表涂尔干在《社会分工论》（一八九三年出版）中所分析的诸功能之社会分化，是一种"隐而未明的多场域理论"，也不意味着韦伯概念中不同的活动领域各自相对的自主性，就是布尔迪厄概念化过程中的主轴。布尔迪厄将古典社会学进行过多次改造，未必一眼即可认出。论到场域，他曾建议应再三详读韦伯的宗教社会学，这可帮助我们理解结构论者的取向所带来的新气象，也正是在这一结构论基础上，他指出该如何解读韦伯的宗教社会学。

我们就从一个多场域的理论所可能呈现出来的样貌下手吧。但必须注意的是，布尔迪厄虽常提及该理论，却从未因此提出一套"理论性"公式（formulation théorique），更遑论将可使诸法则或某个形式统一又简单明了的原则，应用在某一现实领域。多场域这一理论最大的不确定性，其实在于其有效领域的范围太广。究竟场域可用来做什么？是牵涉到所有形式的社会组织，且与该组织的复杂或自主程度毫无关系，还是牵涉到在一个长时段的生成过程（processus de genèse）后才能被认出来的特定组织形式？这些问题曾被两名文学史专家慎重提出，一位是阿兰·维亚拉（Alain Viala）——法国古典时期的专家，另一位是丹尼斯·圣雅克（Denis Saint-Jacques）——魁北克文学史家暨文学社会学家[1]。其实，《艺术的法则》一书的副标题是《文学场域的生成与结构》（Genèse et structure du champ littéraire），故乃一具普遍性格的主张：我们大可想象，文学场域涵盖了一套均质的结构轮廓，足以激发出形式各异的历史或地理事实。若说场域这一概念，能应用在所有可被指认出来的文学形式，那它就应该如同可用来研究法国文学般，也可用来研究塞尔维亚或阿根廷文学场域：事实上，数名布尔迪厄的门生做过这样的移植，他们以既具生成又具结构意味的概念为基础来建立其分析对象，就同其恩师透过操作法国个案而导出其概念一般。更何况，布尔迪厄的书名所指，正是法国十九世纪文学场域的生成与结构。前述论文的两名作者指出，布尔迪厄的文学场域先后对照着两类历史时段不等的类型。在《艺术的法则》的第一部分，被列入考虑的是短暂时段，例如，罗伯

---

[1] Saint-Jacques, Viala. A propos du champ littéraire. Histoire, géographie, histoire littéraire. *Annales HSS*, 1994, 2 (49): 395-406.

特·达恩顿（Robert Darnton）曾分析的十八世纪波希米亚文学。① 这并不能被视为一种文学场域的初始形式，理由则是因为十九世纪才是一绝对初端：可讨论的是，这或许是一种彻彻底底的历史不连续性。至于《艺术的法则》的第二部分，正如丹尼斯·圣雅克与阿兰·维亚拉所指出的，对应的历史时段则是十九世纪之前的文学纪事。在此被列入考虑的，毋宁是长时段的时间，这也更接近一种连续叙事，尤其是当布尔迪厄以意大利巴洛克或文学共和国②（République des lettres）为参考对象时。

虽然布尔迪厄一向主张任何概念如任何社会形式一样，都必须将之历史化（historicisation），但是他很少关注其历史社会学的成立条件（conditions de félicité③）。《艺术的法则》一书存在着两个层次的不同时间，并不被认为应该重新检讨。也因此，场域便始终有两个面向。第一个面向将场域视为在时间中缓慢生成的结果，也就是涂尔干［社会分工与个体主义（individualisme）］、韦伯［理性化（rationalisation）与官僚化（bureaucratisation）］，以及埃利亚斯［生活习惯的文明化（civilisation des mœurs④）］等所分析的漫长过程。第二个面向则倾向突然发生的范围与象征力量的冲击：它预设了言出必行、与过往决裂的诸形式，且包含了施为者因属于另一截

---

① Darnton. *Bohème littéraire et Révolution*. trad. Eric de Grolier. Paris：EHESS-Gallimard-Seuil，1983；rééd. Tel，2010.

罗伯特·达恩顿（Robert Darnton，1939— ），美国知名学者，曾任哈佛大学图书馆馆长，主要研究领域是启蒙时期思想、法国封建时期的文化，尤其是透过书写而表达出来的交际形式及其流通，例如，当今数字时代关于书写之地位的论战。——译者注

② La République des lettres 的意涵向来杂博，若根据一九三八年安妮·巴恩斯（Annie Barnes）所著之 *Jean Leclerc（1657—1736）et République des lettres* 的定义，则这是由诸欧洲国家的文艺之士与知识分子组成的理想天地，又由于在此共和天地内，某些知识分子之主张的重要性胜于诗人，所以在某些欧洲国家又称之为知识分子共和。尽管众说纷纭，但其共同的基本主张是，在这个虚拟国境里个人出身、国籍、宗教等不再具有任何决定性，而知识修养则成为判决基准。另外，这个理想国里的交流语言——先是拉丁文，后为法文，其构成的书信与书籍交流网络扩及全欧洲。文学共和的主张有其欧洲背景基础，尤其是共同的天主教历史，但一般认为是在文艺复兴时期形成具体主张，且以人文主义者为健将。——译者注

③ 该名词起自英国语言哲学家约翰·奥斯汀（John Austin，1911—1960）的言语行为理论，日常对话可区分成多种类型，其中之一是 greeting（祝愿，与之相对的则是致歉类型）；而后美国社会学家戈夫曼又专文讨论相关概念，该文之法文译名就是 "*La Condition de félicité*"（condition 一词乃单数，felicity's condition）。简言之，félicité 原是宗教用语，意思是至福、极乐，不只是 greeting 所包含的赞扬、致意之意，故本书作者之援用有弦外之音。另外，当代法国语言哲学用到该名词时都以复数表达：意指具有行动意涵或必须以行动之执行来加以表达的某些言语论述（相对的，则是仅具描述性的论述），都必须有某些先决条件的配合。这些先决条件就是 conditions de félicité。——译者注

④ 严格说来，civilisation des mœurs 是只存在于法文的表达方式。埃利亚斯以文明进程之理论著称，其思想精华于一九三九年以上下两册出版，法文版直至一九七三至一九七五年才问世，且各自冠上与理论名称几可混淆的书名：一是 *La civilisation des mœures*，二是 *La Dynamique de l'Occident*。书商此举在法文界造成严重影响，尤其是让很多人以为文明进程理论只是 *La civilisation des mœures*——但似乎世人也往往如此简单地、"道德情操般"地解释文明化进程，完全忽略了民族国家兴起、内部整合的层面。——译者注

第一章　枯树生花的多场域理论

然不同的场域而拥有的尖锐意识。在《艺术的法则》与往后的论文中，特别是关于马奈的讲座①，都是短时段领军，并以诸象征性革命的贯彻性质来借题发挥。这一选择让人以为，可能布尔迪厄对他所宣称或他所相信的那些生成过程的呈现，实则兴致索然，况且这些生成过程还假定了在长时段内资本之逐渐累积的某些形式。不仅如此，或许布尔迪厄也拒绝去思索这两种时段之间的可能联结，亦即否定费尔南·布罗代尔（Braudel）在一九四九年《菲利浦二世时代的地中海世界》（*La Méditerranée et le monde méditerranéen au temps de Philippe II*）一书中所提出的方式。这说明布尔迪厄并非真正关注如何建构一套历史社会学，他只是运用了特定的历史时刻来让他的理论着眼点变得合情合理。因此，我们可以判定，场域的概念被不完全地历史化（incomplètement historicisée）：总之，它不能从一个特定的历史个案中完全抽离出来——例如，十九世纪的法国，但同时，它又可被移植到其他的历史情境中。布尔迪厄从不提供可让概念移植（transposabilité）的万能钥匙，或者，就如圣雅克与维亚拉所言，布尔迪厄从不论及概念如何可被"转译"（traductibilité）到其他的历史或是地理情境之中。场域这一概念便注定游移于两大可能性中。一是，人、时空背景等条件都充分（déictique）的情况，此即帕斯隆赋予场域这一名词的定义，用以描述诸历史科学之操作性概念②；另一是，法则之所以为法则（nomologique）的概念，实则更接近布尔迪厄的认识论立场。

布尔迪厄曾多加辩解其品味社会学（sociologie du goût）具有普遍性质，但是，该学说乃建立于某些特定地点的研究。《区分》一书之所以吸引人，理由之一当然是这本书写的是法国。例如，可扫空好几盘青豆荚的大胃王、标致端庄的法航空姐，以及正举刀切肉的肉匠，他留着两撇胡须又顶着巴斯克地区的软呢帽，我们可注意到，这些都是某特定文化的特征，有见识的外地人第一眼即可认出。总之，区分理论的立基点筑于一种强烈的地方特色之上，这一个问题未尝不是其作者曾多加留意之处。一九八四年时《区分》在英语世界问世，这正是布尔迪厄与其理论赢得全球赞誉的起点，在那令人叹为观止的序言中，他提到以某一国家为立基点来进行社会学论证之难题，甚至还必须用白纸黑字写出。他提出的论点具有双面性。首先是一个回复异议的答案，那是纯逻辑的："进入事物的独特之处，却不因此放弃提出普遍性命题这一构想，是可能之事。"③必须注意的是，至此，布尔迪厄始终不曾关心是

---

① Bourdieu. *Manet, une révolution symbolique. Cours au Collège de France（1998 - 2000），suivis d'un manuscrit inachevé de Pierre et Marie-Claire Bourdieu*. Paris：Seuil-Raisons d'agir，2013.
② Passeron. *Le Raisonnement sociologique*. nouvelle édition. Paris：Albin Michel，2006［1991］.
③ Bourdieu. *Distinction*. Cambridge：Harvard University Press，1984：XI.

7

否该去解释，究竟是哪些做法足以让他将其研究提升到普遍性高度，因为该书也从未提出，究竟如何选择研究背景等认识论问题，更遑论案例的代表性问题。

针对其理论建构之着眼点是来自某地方特性而激起的反对声音，他的第二个答案则指向另一普世性质之类型，且这不是就逻辑，而是就历史的观点而言的。那就是，沿袭自宫廷社会的法国文化模式最终征服了全世界，且其案例特性，因其国际盛誉而构成了整体性理论的经验性保证。最终说来，该研究对象很可能被用来作为一种脱离了地方背景之品味的概念化工具基础，但此在地因素又是偏好之所以受肯定的原因。出现这种情况是由于这个研究对象众人皆知，这未必是因为公众拥有相同的社会经验，而是因为该文化模式远近驰名，持续地吸引众人的注意力，而且，纵使这一热潮背后的缘由并未成为分析对象，也无大碍。布尔迪厄曾描述："巴黎的生活艺术这一版本始终莫名吸引着'盎格鲁英语'世界，又扩散到赶时髦的圈子与上流社会之外，因而达到一种普世性。"[1] 另外，他又堂而皇之以他与欧文·戈夫曼（Erving Goffman）关于法国的一场对话作为其论点基础。换言之，《精神病院》（*Asiles*）一书的作者的权威性，使布尔迪厄回避了去思考这一文化模式传播方式的问题。我们大可以十九世纪的法国著名作家或画家的身份发出相同言论：其示范性光辉使之具有普世性质。

由特定过渡到普遍的关键，就是场域概念。若想有效地呈现出这一概念的建构性原则，那就要去检视，究竟布尔迪厄是如何将之运用于文学场域的个案中的。换言之，这一文学研究个案既特殊但也具范例意味。以十九世纪中叶的巴黎文化空间为例，这可说是一种特殊情境，也极可能是独一无二的，但以此作为立基点，则可让布尔迪厄设想一套可应用于任何其他情况下的行动逻辑。在《艺术的法则》一书中，对这一特殊文学社会空间形式的分析，也给布尔迪厄提供了回到理论和方法论等问题的机会。在一篇近乎狂热的文章中，他大肆抨击其绝大多数同侪的理论基础贫弱，随后，他便积极说明，场域这一概念是透过哪些应用而成形的。据他所言，生产社会科学理论的困难，主要是由于往往在其学科核心引入文学、艺术或哲学等场域中最具代表性的价值，就好像社会科学的自主过程是难如上青天似的。自从一九六八年首版《社会学家的职业》发表以来，他便不断重申他个人就场域这一概念的省思，以及他这些反省是来自他的观察，并让他体验到，场域概念所面对的特定障碍，就是一些反对建立某种名正言顺之社会科学场域的声浪。布尔迪厄始终没有提出所有相关要件，好让他人明白究竟他试着建立的领域有何特殊困境，否则，也只不过是点

---

[1] Bourdieu. *Distinction*. Cambridge：Harvard University Press，1984：XI.

出一种让人只见树木不见森林①（prégnance）的学院模式；但往后，这一学院模式的客观化问题却成为他晚期研究的中心议题。涂尔干曾借教育体制之研究，批评世人对于学校教育之原创性（originalité scolaire）的推崇，在《艺术的法则》一书中，布尔迪厄也观察到，淹没了整个社会科学之理论性混淆的洪水，其源头亦在这一崇拜中：

> 就理论继承的（这种）现实关系而言，社会科学处于很不利的立场：**原创性价值**（valeurs d'originalité）皆属于文学、艺术或是哲学场域，也都持续左右着我们的判断。在一种传统的延续中，并在这一集体作为下，去取得特定生产工具的意图，被毁谤成是卑躬屈膝或是依样画葫芦，这种意愿也掀起一阵孤注一掷、虚张声势的旋风，而一些没有本钱的职业玩家巴望着将他们的名字挂在一个制造品牌上。②

我们必须注意的是，我们可称为"布式病态"之物，并没有被布尔迪厄真正整合到其场域理论之中：若仔细研读，我们会得到的结论是，场域将会受到某种可能干扰，也就是，那些没有充分资本以施展抱负的人，最终还是会上场去一展身手，而且至少在短期内，他们依然可能夺得桂冠。受到他自己动辄引起争议之作风的影响，布尔迪厄没有意识到，他那"虚张声势的旋风"之概念也紧扣着某些东西。这些东西，一方面威胁其理论可在场域、惯习与资本三者间"随时"（spontané）调整的简易性质；另一方面则相反在理论中加入了一些拐弯抹角的成分，抑或谎言、厚颜无耻的东西，而使理论更难被摧毁，即加入那些在社会生活中见怪不怪却少见社会学专题研究之的事物。

对布尔迪厄而言，场域就是一项建立研究对象的原则：将一整个既定的交际网络质化为场域的做法，往往假定我们是居于经验性背景中。与诸多当代美国社会学家相左的是，他并不相信理论本身足以构成一自主天地。因此，唯有能用田野调查加以检验证明时，多场域理论才是有价值的。为了回复"场域是什么"这一问题，他往往以高等教育机构为例，并以此为开端。每个教学机构，"很吊诡的是，唯有被放置在与其他所有的教学机构所构成竞争空间里的**客观关系系统**（système des relations objectives）中，方能显露出其独有的真相"③。在这里，有两个词必须加以斟酌，一是"系统"，二是"竞争"。第一个用词，反映了组成布尔迪厄整体分析架构的关系模式思维（mode de pensée relationnel）。终归说来，场域就是一整个结构关系网络，每

---

① 这是法文中的外来语，源自完形心理学，意思是眼睛看到的某一结构之力量与稳定程度多多少少影响着当事人的判断。——译者注
② Bourdieu. *Les Règles de l'art. op. cit.*：296.
③ *Ibid.*，p. 297.

一更新都促成单位分析（analyse des unités）之先决条件的兴起。与众多同侪相左的是，布尔迪厄与结构主义始终藕断丝连，场域这一概念就是最清楚明白的写照。这是因为其社会空间被视为涵盖着诸关系的一个系统，且这些关系会受到具有多样形式的既定倾向①（惯习）的影响，或受到程度不一的备用资源（资本）的左右。第二个用词，应是更值得注意的，这是因为它将结构视为诸施为者之间或众体制机构之间的竞争空间。场域在这里是被以市场的含义看待的。我们大可想象，在某些社会结构中，由于竞争而展开的搏斗并无任何意义可言，或仅有偶发作用。例如，在涂尔干模式的社会里，人与人之间或是机构之间的竞争并没有被刻意凸显出来。然而，对布尔迪厄而言，正是竞争这一意涵建立并保证了共同的生活空间，而这就是场域。

艺术与学术天地乃至前资本主义时期的经济运作，都有高度的竞争性，没有人能够否认这一点。根据兰德尔·柯林斯（Randall Collins）的定义，知识分子都是"动辄与人争辩的人"（highly argumentative people），他们兴致勃勃，且无论是在古希腊还是在加州校园中都一样。② 辩论是所有学术团体的焦点。当布尔迪厄在其科学活动之结构社会学这一尝试中承认，"若有真理可言，那就是真理乃冲突之关键"③时，他便是将抽象的对垒视为知识史中的唯一规范。不过，光明正大地击败了不久之前仍占支配地位的科学共识意象，未必就因此豁免了反其道而行的过度行为，意即，未必能制裁那些反对刻意对前辈手下留情的声浪。我们对于科学争论的分析，应该考虑到这个事实。布尔迪厄的社会空间是一个烽火连绵的世界，而场域则如同一个竞技场（Kampfplatz）。所以，问题就在于，我们是否能借一种竞争基模（schème concurrentiel）来思考所有可能的社会场域。结果是，我们很难在《艺术的法则》一书所发展出来的模型里，去想象携手合作的可能性。场域的定义，先是透过冲突的普世特征而建立出来的，更何况，布尔迪厄又强调冲突的经常性特征。冲突的关键，终归就是战胜对方。布尔迪厄很清楚地将自己视为韦伯与阿隆的后人，但也以较不明显的姿态，自居于马克思与恩格斯之后，并将暴力置于历史研究的焦

---

① 该"倾向"即disposition。该词可指以某规则或方式来安排、布置人或物，并因此引申出听候他人吩咐或用以处分他人之书面决定等的意思。这个词也指一个人的某种倾向、一件事的某种趋势。换言之，在布尔迪厄笔下，就有人的主客观、主动被动之倾向的双重含义；对照的是，场域空间中的position、espace positionnel等客观化用语。译者不采一般惯用的"秉性"一词，因该词具有天生之意味，在中文的历史哲学与宗教传统里往往涉及人性、天性、本性等争议，而社会学倾向根本舍弃自然天成之类的观点。——译者注

② Collins. *The Sociology of Philosophies. A Global Theory of Intellectual Change*. Cambridge：The Belknap Press，1998.

③ Bourdieu. *Leçon sur la leçon*. Paris：Minuit，1982：16. Voir aussi. Le champ scientifique. *Actes de la recherche en sciences sociales*，1976（2-3）：88-104；*Sciences de la science et réflexivité*. Paris：Raisos d'agir，2001.

点位置。尽管如此，那种视场域为纯粹的竞争空间之观点，并不能用来设想所有个体之间的交际关系，除非我们认定，竞争统筹着社会交换的总和。我们也无须论证那种彼此各退一步之社会空间的看法，人类历史便断然否定这一可能，然而，我们却可设想出种种建立集体生活之合作或互助的情况。以竞争概念来导出场域与市场间之相似性的做法，结果也是问题重重的，尤其是诸多人际网都拒绝以商品形式来自我定义，例如，至少直到不久之前，大学机构都还拒绝这一定义模式。

布尔迪厄针对场域所先后提出的最具"理论性"意涵的诸多定义，总是坚持着场域概念之所以能成为场域的一些规则面向。其中之一且后来不时提出又从未确实修订过的定义，就是在《诸场域的某些属性》（*Quelques propriétés des champs*）这篇被冠上令人不解之题的短文中所言者。在由文献学家和文学史专家组成的听众面前，他断定"多场域的一般性法则"（lois générales des champs）是存在的。由于他引借了流行、中世纪宗教以及十九世纪的哲学场域为实例，所以，场域概念便可用来思考形式各异的社会关系。如此，场域就很明显地与他先前主张的历史实例断绝关系，也就是在十九世纪中叶特别是在当时的文学世界里，场域便因此成为一个社会组织的普世法则。

两大不同层次的现象构成了场域。首先，不同的位置（positions①）都井然有序地布置在某一空间中，且该空间赋予这些位置某些属性，但当我们分析这些属性时，却大可不顾及这些定点本身的特征：正是这一属性保障了该空间类型的结构性力量。布尔迪厄也用"职位"（poste）一词来形容这些定点，这使人以为，场域这一概念可用来研究官僚现象。或者，由于官僚组织的形态看似是某种社会关系的原型，所以，这也使人以为，官僚组织的垄断性让场域概念变得混浊不清。每当布尔迪厄试图让场域概念变得更具体时，其以大学机构作为参考的比例之高，令人诧异。因为在前述之简短讲座中，他必须去说服一群文献学专家，所以便以大学机构为例，其实大学并非唯一的例子。另一构成场域的现象，就是包括诸多互动类型的一般性模式（modèle général），该一般性模式在特定的历史实例中，能够产生或多或少的不同类型，但其一般性质的内容正是"在跃跃欲试者与支配者之间产生冲突"。所有的场域都是以竞争此独一无二的原则构成的：新入场者总试着颠覆那些让在位者的支配性条件得以复制延续的保障。"我们知道在每个场域中都存在着冲突，所以我们必须在每次冲突中去探究其特定形式，尤其是在企图炸毁进场门锁的新手与试着保卫其独占权并排除竞争可能的支配者之间的特定形式。"②

---

① Position、(espace) positionnel 等词均非理论性概念本身，故依上下文做调整，以"立足点""定点""一席之地"等形容之。——译者注

② Bourdieu. Quelques propriétés des champs//*Questions de sociologie*. Paris：Minuit，1981：113.

若如之前所言，场域之定义与物理世界的对比是极有限的，力量这一概念却处在关键地位：场域的结构始终就是由施为者之间或体制之间的权力关系（rapport de force）造成的。这一权力关系也一直处于角力状态中。这是为何不时有人批评布尔迪厄，论其社会空间之再生产的观点，乃是建立在一种反复不断的支配原则上。至此，我们可以明白，至少就理论中心而言，场域结构中积极活跃（dynamique）的面向是布尔迪厄再三强调之处。结构被视为一套转变系统（système de transformations），而之所以发生冲突，则既是为了保留结构，也是为了改变结构。场域是一套权力结构（structure de pouvoir），且在其中施为者各有不等的资源，各自投入捍卫或是抗议某个被定义成"合法暴力的独占者"（monopole de la violence légitime）的合法权威（autorité légitime）。总之，就是不离权威、合法性与独占权这三点。布尔迪厄的语言多来自韦伯的术语，以至于我们不免质疑，场域难道不是以结构语言来阐述的支配效应（effets de la domination）之同义词？唯有当我们让力量的效应发挥在一社会空间中，且此空间是由诸多相对于权力都各自有其观点之定点构成时，我们方能理解力量的效力（efficacité），尤其是就此效力的象征层面而言。实际上，场域对全部拥有一席之地的定点都有牵制力量，且不论居支配地位的定点所拥有的力量程度如何。其实，我们也可宣称，支配者也会反过来受到场域的压制。场域的效应，就是力量运作所造成的现象。这股力量就是场域的力量，它已不再是涂尔干所谓的社会加诸个体并压制着个体的力量，亦非具有外在约束力的普世性质。一九九二年，布尔迪厄与洛伊克·华康德（Loïc Wacquant）提及，"当我说到知识场域时，我非常清楚，就如同在磁场中般，我将会找到一些受制于引力与斥力的'分子'（先暂且让我们以为这涉及物理场域）。若要论及场域，那就是优先去看待这一客观关系系统，且远在钻研诸分子本身究竟为何之前"①。正是场域力量，它为由诸定点组成的空间（espace positionnel）带来某股结构力量与某种结构形式；也是场域力量之故，地形测量学并不足以用来为场域下定义。若说万有引力的模式是清楚明白的，这却无法澄清场域力量晦暗不明之处。就这一点而言，布尔迪厄的结构论是一种彻底的结构论，以至于诸多读者都以为他从未设想过施为者本身的能力大小。虽然众多场域概念的使用者，对于用它去描述一个布满定点的空间都还算满意，然而，那往往是一

---

① Bourdieu, Wacquant. *Réponses. Pour une anthropologie réflexive*. Paris: Seuil, 1992: 82; nouvelle édition corrigée et augmentée sous le titre *Invitation à la sociologie réflexive*. Paris: Seuil, 2014: 153.

洛伊克·华康德（Loïc Wacquant, 1960— ）是一名跨诸多研究领域与学科的美国社会学家，尤其是刑法与社会组织的关系，社会、地理、建筑与心理学之间的对话等等。他往往被视为布尔迪厄的友人，也自居为涂尔干之具统合性之社会科学的传人。——译者注

第一章　枯树生花的多场域理论

种极端对立的铺陈。一般而言，在其分析中，他们都忽略了应将场域作用在每个个体上的效应本身纳入考虑，更何况，这些个体也同时处于该场域中。

安德鲁·阿伯特（Andrew Abbott）在针对布尔迪厄的批评中，便很清楚地区分出布满诸定点之空间与场域这两者之间的差别。在认定他提出的键连生态系统（linked ecology）这一概念与场域具有诸多共同点后，特别是以一种关系联结的方式（manière relationnelle）来思考社会施为者之后，坐拥芝加哥大学的阿伯特便强调这两个概念之间存在着差异。与一般所见相左的是，阿伯特并不着墨于物理学的模拟这一做法，而是强调布尔迪厄的概念中无所不在的经济学隐喻——资本、继承以及抽象事物所构成的经济体系（économie des biens symboliques[①]）都是这类指标。至于阿伯特他自己则偏重生物学模拟（例如，诸多物种之间的竞争与共存），并结合与法律和政治领域相关的策略分析（analyses stratégiques）。因此，他得出结论："我的隐喻世界比布尔迪厄的隐喻世界还广阔。而且，我从未让某单一隐喻在我的思想中占中心地位。"[②] 他的生态概念乃来自早期芝加哥大学将城市视为一整个分析空间的社会学学派。另外，阿伯特也不厌去对比，一方是充满静态意味、完全以支配为中心而发展出来的场域概念，另一方则是生态学概念的动力观，可分析过程、兴起乃至于瓦解与重组等现象。在他与布尔迪厄的相左中，他清楚意识到两大知识传统：一是欧洲的，以黑格尔—马克思传统为中坚；二是美国传统，以实用主义为主。

为了能更深入地分析布尔迪厄对于诸多韦伯概念的改造，尤其是就社会空间中力量运作这一问题，在布尔迪厄诸多精辟的论文中，值得重读的一篇是在结构主义风潮汹涌之际撰写的。那篇论文于一九七一年发表在《法国社会学学刊》，该文处处展露其学识锋芒，气势磅礴莫不使其同侪望尘莫及。在往后生涯的第二阶段，他就不再运用这类技巧，而是强调其论述中颠覆的一面。这篇论文更具价值之处，在于它与《实践理论大纲》同期，然而在这本书里，场域居次要地位。这篇文章题为《宗教场域的生成与结构》（Genèse et structure du champ religieux）[③]，实乃哲学家让·伊波利特（Jean Hyppolite[④]）于一九四六年所发表的《黑格尔〈精神现象学〉的

[①] 这是布尔迪厄于一九九二年至一九九三年间在法兰西公学苑的讲座主题，该名词指的是在前资本主义时期几乎无所不包的交换行为，如馈赠与回礼、婚姻、艺术文学乃至宗教等场域，共同特点在于刻意压抑金钱利益的追求，价格因此成为禁忌，整个经济体系也是暧昧不清的。——译者注

[②] Abbott. Ecologies and fields. http://home.uchicago.edu/aabbott/Papers/BOURD/pdf.

[③] Bourdieu. Genèse et structure du champ religieux. Revue française de sociologie, 1971, 12 (3): 295-334.

[④] 让·伊波利特（Jean Hyppolite, 1907—1968），法国哲学家，曾任法兰西公学苑教师、高等师范学院校长，是二战后法国研究黑格尔与马克思思想的先锋，本书多次提及的德勒兹、德里达以及福柯等都是他最有名的门生。——译者注

发生与结构》（*Genèse et structure de la Phénoménologie de l'esprit de Hegel*）这本有名著作的翻版；在二十世纪五十年代，伊波利特的这本著作是诸多哲学中人的典范。尤其，这也是往后被布尔迪厄名之为"生成结构主义"的前身，并以一种具有历程意味的动力（dynamique de processus）来设想他自己的理论建构。布尔迪厄这篇有关宗教场域的文章，便深蕴着这一历程动力之意涵。以韦伯的宗教社会学为强力基础之后，他在宗教场域的建构中透视到救赎等福祉的管理（gestion des biens de salut）被一专家体制（corps de spécialistes）独占的过程将可能导致的结果。这一领域之劳动分工的发展是建立在能否进入某一特定能力的窄门内，且该特定能力又与某一信仰受到垄断力量的肯定继而被打入俗世这一冷宫后而被剥夺的所有事物密切相关。一如韦伯在《儒教与道教》（*Confucianisme et taoïsme*）一书中所指出的，伟大宗教所提供的世界观，是来自在社会中占有特殊地位的团体（亦如儒家大学士或婆罗门僧侣），且无法不与究竟是谁塑造了这一世界观，又是谁吸收了该世界观等问题相纠缠。① 这甚至是宗教社会学的主题：重新拼凑出神圣事物之断然分明的形式（forme déterminée de sacré）在社会生活中建立其合法性的过程。在世俗的社会表征与宗教表征之间，总是存在着某些扭曲，且宗教表征不曾是社会表征的反映。然而，列维-斯特劳斯主张的那种纯智性（intellectualiste）观点的神话，试图抹杀所有超自然信仰与社会活动（pratiques sociales）之间的关联，令人无法苟同，因为这忽视了可区分出神圣与世俗的历史性历程（processus historique）。

在布尔迪厄这篇关于宗教场域的论文中，我们可见其概念精华之样本。场域被定义成如同一套具有诸客观属性的结构，而不是从崎岖的现实整理出来的结果。因此，场域概念就无法与文化专权（arbitraire culturel）的概念②一刀两断：承认某象征性权威就是假定了去接受在受制于该权威的特定社会空间中才拥有意义的语言与符号，这也意味着，教士乃至先知，也都完全信从他们自己的作为与言论，且往往就是用来划分神圣与世俗、纯洁与不洁的界限。这也可以用来说明宗教的消费者，一方面，他们被彻底地剥夺所有直接通往神性的承诺，另一方面，也被敦促去享受那些专业的中间祈祷人之高效率服务，这是为何他们毫不迟疑地接受了提供给他们的精神服务。所以，宗教场域是建立在某一公约上的，而且我们可以在史上所有其他场域找到相同特征。

---

① Weber. *Confucianisme et taoïsme*. trad. Catherine Colliot-Thélène et Jean-Pierre Grossein. Paris: Gallimard，2000 [1916].

② 这应是布尔迪厄于一九七〇年出版的《再生产》一书中提出的概念——教学行动中存在着专横权力（pouvoir arbitraire）与文化专权（arbitraire culturel）两大权威，并因此构成一客观的象征暴力。——译者注

以韦伯与涂尔干的共同语言来说，场域可用来代表在历史上因劳动分工复杂化而产生的活动范围（sphère d'activité①）。某一特定社会空间的相对自主性乃是分化过程（processus de différenciation）的结果：这正是涂尔干在《教育思想的演进》(L'Evolution pédagogique en France）一书中关于教育制度的研究所得到的启示。中世纪的大学逐渐脱离孕育其养成又紧密控制它的天主教会：随着纯学术权威的形式逐渐获得认可，功能的专门化（spécialisation des fonctions）便使得天主教会的控制逐渐失效。② 布尔迪厄充实了活动范围的概念，关键在于使之局部地脱离功能分化（différenciation fonctionnelle）所带来的限制。构成场域者，从来就不是一项纯粹单一的功能，即使那总是牵涉到某种物质的、抽象类型的对象，或是服务的生产与认证。就场域的结构化来源而言，总是存在着某种文化专权：例如，教士讲的那一套，其实大可另做解释③；我们认为诸知识学科的分工是合情合理的，然而，它们却可以组成其他不同的知识链接。与功能或是体制紧密相连的权威，在很重要的层面上，乃是奠基于使之得以成立的专横权力。布尔迪厄以象征的有效性（efficacité symbolique）的语言来重新组织支配性权威，但也扭曲了支配性权威：支配性权威的权力来源包括能够结合专断命令，以及遵从该命令、丝毫不敢不满的必要性服从这两个层面。在宗教场域里，根本不需要去证明自身权威何在这件事是最清楚明白的。布尔迪厄使用了错位技法，且无论是在其诸场域理论还是在惯习的理论中，该技法都扮演了重要的角色，他也在所有的社会场域中引入了文化专权的概念，并使之成为支配的动力来源之一。

宗教场域的启发性面向不只表现在其历史生成的逻辑或是另一独占性权威的施展中。就它透过自身符号以及与其他领域的划分而产生的效力，我们同样可一眼认出它对维持社会秩序（ordre social）的贡献：如果各大宗教是这类形式的主要旗手，那么掌旗人其实也活跃于其他场域中，尤其，若关键在于操作影像或是文字，例如，教育或政治沟通等场域。所有的场域都与权力场域（champ du pouvoir）保持着一种特殊关系：若说由于对某一不容置喙的世俗权威必须表现出最高限度的服从，故使宗教场域在世俗权力之再生产中的贡献显得平凡不起眼，那么我们依然必须正视其相对范围内的自主性，否则场域就无法存在了。对场域的整体而言，与权力场域的关系是一种现实考验，这正是布尔迪厄在后来关于大学与新闻业的研究中指出的重

---

① 此一词组看似无奇，实则源自物理学，意指一个因子处于界限分明的空间，故其行动能力便被限制于该空间范围内。——译者注
② Durkheim. *L'Evolution pédagogique en France*. Paris：PUF, 1938；rééd. Quadrige, 2014.
③ 教士在布道时往往以教会的观点阐述、评论某一时事，特别是以宗教伦理为道德标准，呼吁教友应如何反应等等。故读者大可想象，一旦裁判标准改变，"教士讲的那一套，其实大可另做解释"。——译者注

点。但主要原则都在关于宗教的这一篇论文中完整地表达了。当一个场域之状态已达到诸多资源的历史累积状态时，其所有权威都会在某个时刻，适逢某种最集中的权力类型，并使其自主之相对性范围这一特性受到挑战。

其他同样明显出自韦伯研究命题的成分，则都是由宗教输出到其他场域。这正是正统（orthodoxes）与异端（hétérodoxes）这一标准对立的例子。在宗教研究之例中，该对立拥有非常严谨的意涵，它也是诸宗教的历史动力来源，不只诱发出各分门别派，还不时由于新生异端之浮现而高潮迭起。在布尔迪厄的著作中，正统与异端这对双胞胎则有其他的配对形式，且是完全世俗化的，即在位支配者/新入场者（dominant/entrant）。不过，正统-异端的模型仍持续地应用在其他非宗教的情况中，特别是大学与艺术等领域。最后，韦伯曾分析过的先知（prophétique）或是魅力（charismatique）人物形式，也很可能被布尔迪厄重新利用，尤其是在艺术领域，后来关于马奈的研究著作即为一例。正是在那篇关于宗教场域的论文中，布尔迪厄首次使用了"象征性革命"的概念，并在往后发扬光大。埃尔万·迪昂泰伊（Erwan Dianteill）曾强调，即使布尔迪厄一生不曾对宗教多加着墨，其著作也"几乎就是一部宗教社会学'通论'，宗教以一种范例般的姿态展现出所有**象征性活动领域**（*sphères d'activité symbolique*）的共同属性"[①]，所言的确精辟。

布尔迪厄一生著作中重复出现的宗教用语所带来的问题是，在一般社会的历史发展中，宗教这类体制的地位究竟如何。我们是否应该视之为一种场域原型，其往后的世俗翻版则是后继无力的复本？正是在宗教这一领域中，专权与权威都表现出赤裸裸的样子，而且象征性力量就是权力运筹与角色分配的动力。布尔迪厄从未清楚地解释为何引用这些宗教隐喻。有时他会提供某套讽刺版本，在《艺术之爱》（*L'Amour de l'art*）一书中，他介绍了针对参观博物馆的公众所做的调查，就是一个例子。一翻开这本书，眼前即是一篇关于艺术与文化拥护者的戏谑："艺术这一宗教亦有其激进分子与现代主义者，不过这些圈子凑合起来后，便掀起了以**恩泽**（*grâce*）的语言来述说**文化救赎**（*salut culturel*）的议题。"[②] 艺术社会学预设了一套不可知论（agnosticisme），目的在于客观地审视信徒的热忱，以及他们无力将其教条灌输给不在乎艺术殿堂的人这一事实。

[①] Dianteill. Pierre Bourdieu et la religion. Synthèse critique d'une synthèse critique. *Archives de sciences sociales des religions*，2002（118）：5.

埃尔万·迪昂泰伊（Erwan Dianteill，1967— ），法国当代人类学与社会学家，以非洲、美洲等地之宗教与政治两者的关系为主要研究领域，曾任博物馆期刊总编辑。——译者注

[②] Bourdieu, Darbel. *l'Amour de l'art. Les musées d'art européens et leur public*. Paris：Minuit，1966：3.

第一章　枯树生花的多场域理论

然而，除了旨在破除宗教权威的嘲讽外，布尔迪厄笔下大量的宗教模拟，仍是令人不解的事实。就某层面而言，这很可能是以文化政策的正当地位来借题发挥：时值一九六六年马尔罗（Malraux）文化部部长的生涯高峰，各地兴起宛如现代大主教教堂的文化中心，且它们又广受好评。尽管如此，关于马奈的讲座依然充斥着神圣意涵的引据，并以宗教美学（esthétique sacrée）与宗教性爱伦理（éthico-sexuel sacré）两大主题为参考根基。① 布尔迪厄以违抗宗教的语言来讲述对于美学规范的违反。但他并不是第一个在社会学分析中挪用宗教语言的人：涂尔干与韦伯都曾循此途径。这两人皆以一套宗教理论来说明其研究导向，承前启后的布尔迪厄却未曾有此考虑。就此，我们只能这样总结：宗教场域是某种场域原型般的事物，而这是因为在某一范围内，它汇整了一整个场域的构成原则。例如，某一相对范围内的自主性过程、与权力的关系、支配者与被支配者之间普世又持续不断的冲突这一特征，以及某些我们可名之为象征（符号）有效性的优先顺位（primat de l'efficacité symbolique）。

既然整个模型如此简单又有效，我们大可就此罢手。如此我们便大错特错了。要让一个场域运转，仅靠着我们至今已检视过的成分是不够的，我们尚需其他对象，一些不太容易客观处理然而无疑又包含了些许神秘不可言的东西的对象。虽然布尔迪厄从未将其赛局隐喻发挥到淋漓尽致的地步，但他不时加以引用，借以说明场域的运作方式。为了让"场域启动"，参与者必须能够辨别出那些将敦促他们进场出击的条件："要让一个场域运转，就必须有利可图，还有一群准备出击的人，而且这些人的惯习，一是认识游戏本身的内在规则、关系要件等等，二是对之心悦诚服。"② 被布尔迪厄称为**幻觉**（illusio）者，正是这种随时可上场的倾向。他保留了拉丁文的写法，以凸显某特定用法，其字源是动词 il-ludere（jouer dans，在某处登场），并延伸了约翰·赫伊津哈（Johan Huizinga）在一九三八年出版的《游戏的人》（Homo Ludens）一书中的省思。③ 虽然与拙著欲加检视的三大概念相比，对幻觉这一概念的分析是很有限的，但它却在布尔迪厄晚期研究中扮演了愈来愈重要的角色，甚至成为

---

① Bourdieu. *Manet. une révolution symbolique. op. cit.*, notamment：36，54.
② Bourdieu. Quelques propriétés des champs. *loc. cit.*；114.
③ Bourdieu. *Raisons pratiques*. Paris：Seuil，1994；151.
"赫伊津哈在《游戏的人》这本有名的论著中提及，我们可以一种错置的字源学手法，将 illusio——其字根为 ludus 这一个拉丁字，当成是投入竞赛之中并严以待之似的意涵。"针对这个概念的深入研究，请参见 Costey. L'illusio chez Pierre Bourdieu. Les (més) usages d'une notion et son application au cas des universitaires. Tracés，2005（8）. 赫伊津哈（1872—1945）乃荷兰二十世纪最伟大的史学家。原先专业为荷兰文学、东方文明与语言，后因缘际会转到欧洲中世纪与现代时期的心智史学、感情、文化等富含美学与想象因素的领域。他视游戏（activité ludique）为一种文化因素，主张其内涵包括了梦想、趣味、无特定动机、不求报酬等成分，与一般经济学依循理性计算之行为原则而得出的竞赛模型截然不同。——译者注

《帕斯卡尔式的沉思》一书的焦点。无可置疑的是，幻觉是调和惯习与场域这两者的要角。且如布尔迪厄一贯的处理方式，幻觉涵盖了自动自发与前反思（préréflexif[①]）调整等要件。入场比赛并不是深思熟虑后的结果，而是惯习与布满诸多定点之空间彼此交汇后的演出。幻觉不过就是"面对游戏竞技时，感到欢欣鼓舞的契合之意，且这一比赛，正是智力结构与社会空间的客观结构之间本体论般的共谋关系所产生的结果"[②]。

布尔迪厄针对一般人类学之理论性论证的批评，犹如在《实践之道》一书中所铺陈者，乃是以"多场域的逻辑"（logique des champs）为基础，目的在于终结主观论与客观论这一仅具表面意义的对立，然而该对立却始终是社会科学的焦点。以人类学为例时，场域的概念在其初期研究中几乎不见任何踪迹，后来则被用来思索实务逻辑（logiques pratiques）的本质，用以主张该逻辑不能被化约为唯经济主义（économisme）之唯理性（rationalité）。原因则在于，一般的唯经济主义都以唯理性之意图与外在限制这两者的交锋来替习惯/行为（la pratique）下批注。社会活动之整体经济体系（économie générale des pratiques）的想法舍弃了算计，但保留了利益这一主张。这一做法，是透过幻觉或**承诺**（commitment）这些包含着实事意味的用词而重新定义，换言之，利益乃表现出一种前反思般的投入（investissement préréflexif）形式。场域逻辑的雏形，就是这一投入空间（espace d'investissement）。因此，有多少特定的整体布局，就有多少充斥着冲突抗争的场域，并且这些场域之间的区别，"既在于场域之间激发出来的利害与稀有性，也在于投入的资本"[③]。一九八〇年时布尔迪厄部分改写了《实践理论大纲》，并将场域植入一般人类学的范围。就这一通论性质的程度而言，场域的竞赛空间意味更胜于布满定点之空间意味。布尔迪厄所设想的竞赛，向来就不可被意识到，也不能以算计等词来表达。这一概念彻彻底底地被实事求是之天罗地网所贯穿。

正是存在于参赛者与社会空间结构这两者间的协议，使幻觉成为可能，但该社会空间，在诸参赛者达成协议前便已存在。当然，此等协议从未明文化，却也可被视为顺理成章之事：此即民族学方法论（ethnométhodologie）所谓的**理所当然**（taken for granted）或是**隐性知识**（tacit knowledge）。我们可利用胡塞尔的现象学来掌握这些顺理成章的现象，此等现象让我们以为周遭事物似乎都是自然而然的。能够持续地维持攸关利弊的价

[①] 此为现象学之专有名词，一般定义是指在某种意识状态中，意识不是去思考它本身，然而却深刻地意识到它本身。若思考（或，反思）是指认识者（connaissant，例如，身体、我等等，这对应着行动反应者——agissant）面对着已知之物，那前反思就是展开思考之前的状态。——译者注

[②] Bourdieu. Quelques propriétés des champs. *loc. cit.*: 115.

[③] Bourdieu. *Le Sens pratique*. Paris: Minuit, 1980: 86.

第一章　枯树生花的多场域理论

值高低之信心（croyance en la valeur des enjeux）的首要条件，就是非文字协议。以为协议无法达成，乃是某事先协议之故，这类预设想法实则是根据一个悠长的哲学传统。而且该传统随着如赫拉克利特所说的彼此相关的对立（unité héraclitéenne des contraires①）而前进，也在新柏拉图学派之哲学家、库萨的尼古拉（Nicolas de Cues②）这位被恩斯特·卡西尔（Ernst Cassirer③）视为文艺复兴思想的典型代表所提出的**对立统一**（co-incidentia oppositorum）中，找到清楚明白的陈述。因此，场域理论是推着满车悠久深博的哲学史卷；纵然偶尔提之，布尔迪厄却始终未打破那尽在不言中的寓意。至于共同参赛者之间具体实在、假戏真做的**默契**（collusio）这一主题，乃其理论最复杂的成分之一。若说该默契是整个定点空间之所以存在的必要条件之一，则此空间又预设了参赛者对于竞赛争夺之利害所在乃是心照不宣的。不过，该默契之定义却又非全然一致。一方面，幻觉与心照不宣的协议都是彻彻底底地以集体信念（doxa④）这一观点来设想的：

> 冲突往往假定了一项存在于所有敌手之间的协议，攸关该协议的就是，到底是什么东西值得让大家如此争锋对峙，而且这些东西看似理所当然、完全由舆论大众来决定。换言之，就是所有那些构成了场域本身、赛局、关系利害，所有由于进场投入赛局之故，而不知不觉、默然接受的先决条件。⑤

---

①　héraclitéenne 这一形容词来自赫拉克利特（Héraclite d'Éphèse），他是约公元前六世纪、前苏格拉底时期的希腊哲学家、物理学者，毕生致力以逻各斯（logos）来解释世界的构成法则、语言是否可表达存在一事等。Unité des contraires 乃其重要主张之一，往往被用来对比中国哲学之阴阳传统。——译者注

②　库萨的尼古拉（Nicolas de Cues，1401—1464）是德国哲学家，力主放弃二元对立思维、烦琐的经院哲学，以观察与经验，配合书籍撰写与印刷出版来促进精神生活与多文明间的对话。——译者注

③　Cassirer. *Individu et cosmos dans la philosophie de la Renaissance*. trad. Pierre Quillet. Paris：Minuit，1983 [1927]。
恩斯特·卡西尔（Ernst Caissirer，1874—1945），德国哲学家，其思想力图统整社会科学内各不同学科的主要论述，尤其是在其生平中兴起的人类学，其语言研究对日后诠释学与诸结构主义之发展贡献卓越。——译者注

④　这无非又是一个译名繁多、让人疑惑的名词。先以当今一般定义而言，该词源于希腊文，原义是一个社会或是一个团体的所有内部成员都协同赞成的意见，但另一方面，他们往往也会因为该相同意见而做出某种一致的行为。不过，这些想法未必是透过公开讨论而产生的。所以，就哲学而言，这是柏拉图所谓的一种范围广阔的信仰，而且是与科学即哲学，完全相左；而索绪尔则利用这个字来表达某种主观又不中立的信仰或是主张。就此，法文往往将之译成 opinion——意见、舆论。随后诸多哲学家都曾引用，尤其是胡塞尔，重点都放在与生活方式、日常生活经验紧密相关却又顺理成章、不假思索的前反思状态。至于布尔迪厄的应用，则加入了诸多涂尔干社会学成分，例如，人的常识经验往往是社会中一些正反对立之成分被内化后的结果，换言之，加入诸多人类学中将宇宙诸成分归类、配对、排序等的内容。基于在布尔迪厄的理论中，该词并非基本的理论概念，而是被提及的社会现象、被借用的语言工具，故译者酌情做更动，必要时标出原文。另外，读者可参考本书第七章：该章几乎可视为是以"**公共利益**"为题来诠释该名词在当今法国学界与政坛的应用，特别是在布尔迪厄于其理论中赋予该词一个"政治与社会公益舞台"之后。——译者注

⑤　Bourdieu. Quelques propriétés des champs. *loc. cit.*：115.

因此，所采用的语言是具实际意涵的，也是集体的信念，是暧昧不清又毋庸争论的。但另一方面，在上述段落之后，关于新入场者的处境，布尔迪厄却使用了另一完全不同的语言，那种心知肚明的算计、对于关键利害已深思熟虑的体认："新入场者必须**为进场付出代价**（*payer un droit d'entrée*），目的是让他们接受游戏**竞赛的价值**（无论是受人青睐或自我推荐者，都密切注意着加入赛局与资本投入的指标），并让他们认识到（实际层面之）**竞赛的运作原则**（*principes de fonctionnement du jeu*）。"显然，这段话的确切程度，乃因"实际"这一形容词被放入括号之内而有强弱之别。他甚至在随后的段落中补充，这一身体力行的体认（connaissance pratique）是众所周知、无须言明的。但是，身体力行而得的知识未必就是无须争论或无须言明也能众所周知的；它往往是经过符号化（codification）洗礼的对象，并再三以具体实在的表达形式塑造出来的：布尔迪厄在解释这一整个概念时，参照了"竞赛的运作原则"，尤其是"**进场权利**"（*droit d'entrée*）的主张，于是便使加入赛局不再是想当然的事情了。也是在这些段落中，我们遇到了布尔迪厄所谓的含载着实务层面之理论的所有难题，而且是最难以解析之处。我将在以下章节中处理这些问题。在此仅集中于探讨究竟这些有待厘清之处如何使构成场域的过程本身变得困难重重。若说存在于惯习与场域之间的那种毫无自觉的关系，是定位空间中所有的当事人都忠于岗位之故，那么又该如何处理那些纯然出于策略考虑而发出的进击，而且这些出击并不是装模作样，而确确实实是真心诚意地根据竞赛的运作原则而有的作为？在这同一篇论文中，布尔迪厄点出了不同场域之间某单一法则的可能性：当事人"都由于场域之别"而对激发出攸关利弊之价值高低的信心，做出"多多少少的完整"贡献。所以，也就有了场域与场域之分，某些场域将可能由于信心程度不一而显得更加突出，而且，若将这些程度不一的信心标尺加以调整，则将敞开让场域概念愈加复杂化之窗。布尔迪厄的论文戛然而止，这是因为就理论所高倡的统合使命而言，实不容许场域存在着多元形式。

布尔迪厄在其某些最大胆的断言中，力图提升场域概念的普遍性程度，并宣称场域是社会理论的中心概念。正是定点空间这一概念，使我们得以掌握所有的行动模式，且无论这些模式所涉领域究竟为何。尽管说明多场域的普世性特征仍是有待努力之事，而且它还不时地被讥讽应该置于一个有待建设以使之更具说服力的空间内，但多场域之普世性特征的说明，仍不免是理论系统的关键所在。场域乃是人的诸多倾向自我调整以吻合其诸立足点的地方，并因此期待能在冲突之关键地带出击，更何况，战略原则是四海皆同的。相较于先前的著作，在《艺术的法则》一书中，布尔迪厄以一种较不抽象的手法提及该研究计划：

> 我期望有朝一日能够具体说明经济场域的理论，而且，即使它并非基础模型，

但一切条件都容许假定,经济场域的理论大抵是多场域之整体性理论中的特殊个案。至于多场域之整体性理论,它透过以经验为之背书的理论性归纳,正在逐步成形中;另外,多场域之整体性理论,虽能使人明了诸转渡现象的有效性既丰富又备受牵制,而韦伯曾试图掌握某一转渡形式,但该整体性理论也鞭策我们,特别是在参照文化生产之多场域的分析成果后,去思索经济理论的诸多先决要件。①

在提出宗教场域的启发性面向之余,布尔迪厄又加入了文化场域,或可说是用以取代之。毕竟,整个局面未必清晰。当布尔迪厄指出将提出一个具有通论意味的理论模型时,他正是就文化场域提出绝大部分的个案研究的。也正是从诸文化生产场域中,他尝试导衍出所有之场域属性。然而,在其一生著作中,文化之中心地位(centralité)这一问题从未被提出说明。文学场域的范例性却是无可争议的,这不只是因为布尔迪厄在该领域投入了相当心血,而且因为在知名的社会学者中,这是颇不寻常的:若说以文化作为研究对象,与宗教或经济等曾吸引社会学大师的议题同样值得关注的话,那布尔迪厄应当就是让我们都认识到这一点的人。其著作中存在着一种可称为象征(符号)至上(primat du symbolique)的现象,这使他可与马克思有所区分,却又不至于在与马克思相关的议题上缺席,另一方面,他又提出了一套整体性理论。

相对于包纳了所有社会活动之整体经济体系,一般严格定义之经济学也只不过是其特殊案例之一,换言之,就是诸多场域中的一个可能罢了。此外,该整体经济体系,从未成为布尔迪厄笔下一个规矩的研究对象,但它曾是其理论建构中的一片新天地。整体经济体系是可用场域的观点来表达的:在所有的互动行为中,定位空间乃一举世皆然的形式。若以此普世性质之程度高低为基准,场域的概念就历史观点看来并不具有说服力,而其生成也不过是次要事件。所谓的整体性理论就意味着,所有在此发生者,在他处亦然。可是,就场域概念所能处理的研究对象之多样性却指出,场域的确能够涵盖人类史上诸多彼此各不相同的情境与建构模式,然而,彼此之间却毫无共通性。若以整体性理论为参考,而且即使该整体性理论看来只是纯纸上作业的,却也都暗示着,应可用相同的术语来分析所有的历史与社会研究对象,尽管总是在西方现代性这一背景中去选择使理论生效的研究领域,甚至还只是文化领域这一背景而已,但这些都不应构成障碍。

犹如涵盖多场域之整体性理论这一承诺,诸社会活动构成之整体经济体系是与在本章节已讨论过的场域概念中形式最严谨者共存,也就是象征性事物之分析所能揭示的那种范围狭窄的内容。布尔迪厄曾在《艺术的法则》一书中,谨慎细密地分

---

① Bourdieu. *Les Règles de l'art. op. cit.*: 301.

析，究竟众多特定场域与场域这一概念的关系为何，而且似乎在这一讨论中，他重拾了早期关于莱布尼茨的研究，其中说道，诸多单子（monades①）彼此言无不尽又洗耳恭听（s'entr'exprimer）："由于其功能与其运作的特性（或只不过是就所牵扯到的信息来源），每个场域都以差不多清晰的方式释放出与其他场域共有的属性。"② 某些场域看来很特殊，却由于其内部审查较不严格，所以较能表现出一般属性。也因此，布尔迪厄提出各个场域之客观化倾向将各有高低的研究命题。"更甚于其他领域的是，高级服饰这一场域让我更直截了当地认识了所有文化生产场域的最基本属性之一，那就是，在将创作者与产品视同偶像的生产过程中，那种实在令人感到不可思议的逻辑。"③ 若将此言推演到极致，一套处理多场域的理论，则很可能会变成某单一场域的理论。于是，所有的场域，无论使其特点显得更突出的个别形态为何，例如，无论是民族传统还是社会的发展程度，都可套用相同的概念标准。

不过，正是文化生产孕育了最充分的研究，并似乎位居范例般的地位。依布尔迪厄之所见，创作作品的历史具有不凡地位：就它可能拥有的某唯一解释性原则而言，这段历程拥有的场域逻辑是，其场域范围之大小正是诸生产者间的竞争空间，而其场域定义，则是透过具体实在之关系网络的筛选。就像在模型中一样，每个定点都可在其立锥处去定义它与其他定点的关系。场域的结构过程总是受限于不同类型"资本"的分配。严格说来，不可能存在着其他的叙事，即使其他因素都可由于场域运作这一中介作用而被纳入考虑。之所以能用效应的观点来提出以上之解释，则是由于存在着诸象征形式的更新模式，而且该模式只随着施为者之"策略"（stratégies）而发挥作用。作品的意涵将因利益冲突的白热化而大大减少，但此白热化冲突的特有形式，则是场域结构所造成的。整个论争的动力完全在于，作品空间与诸创作者所组成之空间中这种对应关系（homologie）的假设要求。

我们总是可以宣称某类型作品正符合某类型作者，例如："自由诗体被定义成——与**十二音节诗体**（alexandrin）以及其他所有包含了美学乃至社会，甚或是政治的事物大唱反调。"④ 于是，迥异的体裁、形式、手法等等，都是来自彼此互相陪衬的作

---

① 本书将多次引用该词，其单数形式源出古希腊哲学思想，意指有形体或是无形体之生物的最基本、最原始单位。莱布尼茨之引借（依然以单数形式），则指涉所有生物体与非生物体的最简单却也是终极单位，不受外界行动干扰，然而彼此之间却相互感染，并因此产生内部变化。而后，该词被诸哲学家广泛应用，引申为个人意识、个体性之特征各有独到观点，不受他人之意识或他人之个体性的影响，仿佛可自给自足般。——译者注

②③ Bourdieu. *Les Règles de l'art. op. cit.*：300.

④ *Ibid.*，p.339.

十二音节诗体（alexandrin）即每行包括十二个音节的体裁，另也极尽要求感情之细腻与文字之雕琢须相称合一；因在亚历山大城特别兴盛，故以此为名。——译者注

者。虽然两结构之间的对应关系是研究作品的必要与充分条件，但其代价则是，将一幅作品减缩成表达一名创作人之立足点的载体。社会学家的任务则是，在作品与创作者这两个空间中来回穿梭，且在此过程中，"相同的信息却以看似相异的样貌表达出来"①。就此而言，可彼此调换的原则正是理论四处皆然的关键所在，是毫不虚假的。此外，若就该可对调的观点而言，文学史就是一篇始终到处充斥着新入场者与已占好位子的人、已安身立命者与局外人、正统传人与异端分子等等之间的竞争冲突史诗。所有结构的改变都将回归到某单一程序，也就是，在建立例行化过程（routinisation）与打破例行化（déroutinisation）这两者间的唯一戏法。在这里，值得我们注意的是，以结构主义的语言重新诠释韦伯概念的做法，依然是这一整个概念化的动力来源。而且，在倾听了以马奈为题的讲座之后，这番印象明显将会更加深刻。正是这一模型的简易性质，毫不费力地赋予了使文化生产之诸场域的一般属性得以更新的可能性。有鉴于在权力场域中这些文化生产场域皆居被支配地位，我们便可去设想，这些场域自始至终就承受着一连串的经济与政治规则的考验。这种支配效应的运作，最主要是透过某种介于外在强制原则（hétéronomie）与一己自主原则这两者间的压力；至于此外在强制原则，那正是以"小资产阶级艺术"的胜利来表达的经济或是政治逻辑，而自主原则则以"为艺术而艺术"的逻辑为最佳诠释。折射隐喻（réfraction）排挤了反射隐喻（reflet），结果却未必真的更实际，但其目的是思索所有外在限制放在场域中重新诠释后可能产生的特定形式。测量一个场域的自主程度往往以场域内外之间抽象的权力关系为指标。而场域的外在限制，则会随着数个世代的努力而累积成之象征性资本的大小而变化。

就此而言，我们大可主张，布尔迪厄以他自己的语言，例如，场域、惯习和数种类型的资本等术语，来描述西方历史中颇具独特性的长时段过程里，由于外在限制渐行渐远之故，而逐渐诞生了与手工艺匠（artisan）截然不同的艺术创作者②。诸多学者都曾对这一历程提出分析，埃利亚斯即其中之一，而且，他也不曾排除时间过程的不连续性（discontinuités）与倒行逆施（régressions）等现象。③布尔迪厄则很明显地与这一类型的解释保持距离。他拒绝一种文学场域乃单一线性发展的模式。

---

① Bourdieu. *Les Règles de l'art. op. cit.* : 383.
② 手工艺匠的一般定义是从事手工技艺、机械技术操作者，往往须达到一定的专业程度或须遵从某一典型的做法与风格。另外，手工艺匠是自由职业者，不受雇于他人，通常也与同业者组成工会，而且只有注册于该工会者，才被认可是该技艺的专业艺匠。手工艺匠在马克思与韦伯的学说中都是不可或缺的历史要角。——译者注
③ Elias. *Mozart, sociologie d'un génie.* trad. Jeanne Etoré et Bernard Lortholary. Paris: Seuil, 1991; rééd. Points Essais, 2015.

那该如何思索文学风格的改变呢？首先，这一变化乃归诸简单的结构效应：这是支配者与被支配者、老一辈与年轻一辈、正统与异端等之间永无休止之冲突造成的结果。改变往往就是那些必须靠着一股蛮力或是突击行动才能打下江山的新入场者一手造成的。随着时间的流逝，既然自主过程便意味着作品的规则化属性愈来愈受限于场域的演变过程本身，那结果之一就是，文学生产中的改变，就愈来愈与社会的整体变迁脱节。尽管如此，最高程度的改变，例如，造成美学革命之类的改变，只可能是场域的内外变化这原本彼此大致无关的过程，互相重叠后才会发生。另外，又该如何思索外在因素的特有效能呢？文学场域中的新入场者，唯有以聊胜于无、锦上添花之名，才能使其观点获得肯定，例如，爆发革命危机或是出现不同以往的消费者时。

因此，若法国十九世纪发生诸多文学革命是可能的事情，那么也只有在这些革命是倚赖外在改变时才可能，并且，这些改变主要就是由学校教育普及使得潜在读者群扩大促成的。然而，这一宏观因素，与诸文学派别互相争锋而构成之微观因素，很难建立起关系，而且，若真要赋予该宏观因素一个具有解释分量的角色，又似乎很棘手。于是，美学之革新，看来就像是某一群人之组成形态改变（changements morphologiques）后的产物（教育进步促成众多希冀以艺术维生的年轻人聚集在一起），但也像是，在同一时间，由某一魅力人物一手开创出来的结果。因此，由某单一创作者打造出一个场域，是的确可能发生的事情。这正是波德莱尔（Baudelaire）的例子，他"在历史上首次建立了商业著作与前卫著作这两大分野，也因此导致与作家场域相对应之出版商场域的兴起，同时又让走在时代前列的出版商与作家搭起千丝万缕的结构关系"①。针对上述两大结构因素之位阶问题，布尔迪厄并没有给我们提供任何工具，更遑论精确指出两大元素之间可能存在的关联模式。生成结构主义便成了结构主义的一剂毒药。②

在布尔迪厄针对海德格尔的研究中，我们马上便可观察到一个他少有的做法，那就是，布尔迪厄成功地将该施瓦本地区之哲学家的心智结构（structure mentale）与德国哲学场域结构串联起来。而且，针对海德格尔的著作，布尔迪厄也提出了一种双重解读方式。意即，去思索其诸多社会空间之双重性（dualité），以及在这些空

---

① Bourdieu. *Les Règles de l'art. op. cit.*：117.
② 这句话的原文是 le structuralisme génétique est un structuralisme héroïque。另外，"un structuralisme héroïque" 又可见于本书的副标题。固然 héroïque 是衍生自"英雄人物"或是"故事主角"，通常用以形容英雄般的壮举、勇气、功绩等，也引申为一种文学体裁，但是，另有两层含义，也都可为这句话、该章节与整本书的要旨另做诠释：一是，某些现象、领域（例如，电影、汽车业）或技术、艺术、学科思想等的"草创时期"；二是，有剧毒的药物。——译者注

间内，究竟海德格尔是如何经营其生涯的。所以，布尔迪厄这一解读既是政治的也是哲学的，他甚至主观地操作起身为提笔人之海德格尔，以及海德格尔玩弄文字游戏，使之在政治与哲学两个空间中穿梭等之暧昧性。布尔迪厄暗示，他将开拓各种方法以期思量"哲学风格之文本效应"①。文本效应，即哲学写作本身之功能所能产生的效应，充斥于海德格尔所有表述的双重立场中："其思想中最不平凡的特征与影响的来源，在于其参考对象的双元性，所以，对其之适切解读便假定了，我们应以脚踏实地又有条不紊的方式，来操作海德格尔的政治本体论在实际作为中建立起的双重关系，他的政治立场是仅以哲学手法表达出来的。"②

因此，这就牵涉到以客观化此等理论工具去复制海德格尔作风之所以是海德格尔作风的戏法。布尔迪厄称之为书面手法（méthode littérale③）。"海德格尔就是这么说的，我们必须一字不差地列入考虑。"④ 这一复制海德格尔风格的努力与海德格尔本尊的差别在于布尔迪厄身为社会学家的自觉程度以及海德格尔这一哲学家的自觉程度：若就布尔迪厄从其他研究所发展出来的理论观点视之，这就是社会学家以自身之警觉、亦步亦趋的方法来从事哲学家他因应着惯习与场域之间的关系而进行的活动。诸论述之不确定性的相对可能范围，便来自意识形态之效力高低；这是由于种种基模所具有的弹性，可让论述与意识形态两者互补，也可能让论述主题在不同场域中流转。

就何而言海德格尔可被称为大师？他所有的哲学立场都是基于一个既定空间：哲学场域乃是种种政治立场"改头换面"的可能之处。海德格尔在此哲学空间中发展出一项老练技术，可将某一场域语言转译成另一在其掌握之内的场域语言。如同其他布尔迪厄所分析的人物，尤其是波德莱尔与马奈，这些人都老练地掌握着诸多不同立场倾向与不同场域之间的关系，于是，便可能发挥不可轻视的力量（coup de force）。他们可能就是重塑场域的人；如此说来，海德格尔便是那个在哲学场域中让

---

① Bourdieu. *L'Ontologie politique de Martin Heidegger*. Paris：Minuit，1988：11.

② *Ibid.*，p.13.

③ 这并非字面直译的意思，而是类似解数学几何证明题时，以文字说明题意、提出公理或假设，又以文字列式论证的方法与过程；这其实也是法国中学生在撰写议论文时所用的方法：先解释题意，为关键词下定义，然后依此提出一个问题（problématique），更重要的是，文中的讨论分析都不应超出提笔人自己抛出的题意解读、关键词定义与研究主题。同样的方法也应用在法律文件的解读中：这套解读技术假设了该文件足以充分反映出法律提案者或是撰写人的用意，解读过程在于有条不紊地找出每个用词，裁定其一般定义与在句中所指。反言之，该书面阅读与写作技术或可称为语法技术，通常假设了作者在使用每个字时，都是再三斟酌或是依据正确字义与句法规则的。另外，其实这套技术通常应用于其他书面或非文字数据不足或是牵涉之书面文件不是很清楚明白的时候，就现代西欧历史而言，基督教《圣经》是首先被套用的对象。——译者注

④ *Ibid.*，p.15.

新的可能得以立足的人，"相较于这一新选择，其他既存者便可能重新自我定义"[①]。在布尔迪厄看来，这股不可轻忽的力量有其社会性解释：海德格尔平步青云的历程，使他能够轻松地在不同的社会与精神空间中来回穿梭。纵使海德格尔如鱼得水般在社会与精神空间中营销其乡间文集（corps de paysan[②]），但这就能完全以惯习理论来解释吗？布尔迪厄所提出的"贵族式的民粹主义"（populisme aristocratique）这一想法，未尝不是一种包装观察所见的高级手法？这一问题，终究回归到以社会学分析架构来处理例外事物的困难，而这是由于社会学分析往往是以常规或是一连串事物之揭露作为基础的。

在以马奈为题的讲座里，布尔迪厄的数据分析基础，不过就是怀特夫妻（époux White）（指哈里森·C. 怀特和辛西娅·怀特夫妇）二人合著的《油画与事业》（Canvases and Careers），还有阿尔贝·布瓦姆（Albert Boime）的研究，特别是《学院体制与十九世纪的法国美术》（The Academy and French Painting in the Nineteenth Century[③]）。整个议题牵涉到的是，一方是组成形态改变（transformations morphologiques）的效应，另一方则是，那种象征性力量特别集中于某人身上，甚至到粉碎其他场域结构的程度。这两者之间的压力偶尔会衍生出不可轻忽的后果。提及此研究困难，布尔迪厄说道：

> 我还没有把这些因素做很好的联系，但是我会再回来处理这个问题，然后证明（这我得马上跟各位说明，否则我会很为难），所有这些因素都是彼此相关联的。至于如何解释我们由之前互相排斥的系统过渡到另一系统呢，这是由于所有的改变因素都是彼此相关联的……另外，也存在着某种驱动力量，以及，某一套系统即将**窜起**（émergence）的征兆。"窜起"是一个非常重要、绝不可轻忽的词，因为这正是用来说明某系统过渡到另一系统的用词：这不是加法或是

---

① Bourdieu. L'Ontologie politique de Martin Heidegger. Paris：Minuit，1988：57.

② corps 此多义词，亦包含了文集、汇编之意。另外，若依本书作者援自布尔迪厄的研究方法论、布尔迪厄套用于海德格尔的书面手法等"你中有我，我中有你"的写作风格，布尔迪厄强调身体力行面的实践理论，还有本段落之上下文，或许可又让人想到一九五七年恩斯特·康托洛维茨（Ernst Kantorowicz，1895—1963）出版的《国王的两个身体：中世纪政治神学研究》（The King's Two Bodies. A study on medieval political theology），所以，无疑地，这句话又可理解成"纵使海德格尔如鱼得水般在社会与精神空间中伸展其农家身段"。——译者注

③ Harrison C. White, Cynthia W. White. La Carrière des pentres au XIXe siècle. Du système académique au marché impressionnistes. trad. Autoine Jaccottet. Paris：Flammarion，1991［1965］；Boime. The Academy and French Painting in the Nineteenth Century. Londres：Phaidon，1971.

怀特夫妇一为哥伦比亚大学的社会学教授，另一为艺术史学家，该书旨乃十九世纪法国画坛的三大转变：学院训练环境与画家生涯；画商体制直接促成印象派的成功；绘画技巧之改变直接影响到画家培训与生存方式。阿尔贝·布瓦姆（Albert Boime，1933—2008）乃加州大学艺术史学家。——译者注

第一章 枯树生花的多场域理论

集合，不是1＋1＋1…＝10；这是某一套所有因素都彼此相关联的系统过渡到另一套相关因素以另一类方式相串连的系统。①

至于这一相互串联的现象，布尔迪厄并未在后续篇幅多做交代。

前述那不可轻视的力量，将扩大为"象征性革命"。据布尔迪厄解释，"象征性革命"这一概念就是，它一旦完成，便"颠覆了我们的认知结构"，这也是为何这一概念"特别不好掌握"。针对这一点，布尔迪厄让迈克尔·巴克森德尔（Michael Baxandall）所著的《十五世纪之眼》（L'Œil du Quattrocento②）来为他背书，不过，却是用一种抽象手法——或应说是空洞的技巧。这是因为，他所宣称的认知断层（rupture cognitive）究竟为何物，布尔迪厄从未进行过任何研究。若说这一认知断层的确是成功的，那我们实在无法明白，为何美术爱好者中受过良好教育的那一群人，就如这几年我们在法国观察到的，他们竟然会觉得值得甚至兴趣盎然地去观赏亚历山大·卡巴内尔（Cabanel③）或H.保罗·德拉罗什（Delaroche④）的画展。布尔迪厄经常公然丑化他所谓的奥赛美术馆里半调子历史主义者（historiciste）的主张。菲利浦·马里（Philippe Mary）的著作以电影界的新浪潮运动为题，他视该运动如"艺术革命"⑤（révolution artistique），这本书值得一读；细读之，则可看出布尔迪厄提出之对应模拟所面临的困境：那些被称为革命的事迹与其中之英雄人物，他们在赢得集体佳绩后，也继续去制作就叙事结构而言与他们的前辈所为根本没有丝毫差异的电影［例如，弗朗索瓦·特吕弗（Truffaut）、克劳德·夏布洛尔（Chabrol）］，或者他们不断在残存的前革命形式中看到自己的前生，就如让-吕克·戈达尔（Jean-Luc Godard），他再三向克林特·伊斯特伍德（Clint Eastwood）致敬。我们该如何拿捏这些事实呢？

这项象征符号革命，不偏不倚，就是现代艺术革命，也大抵是根本的构成形态

---

① Bourdieu. *Manet, une révolution symbolique. op. cit.*：384.

② Baxandall. *L'Œil du Quattrocento. L'usage de la peinture dans l'Italie de la Renaissance.* trad. Yvette Delsaut. Paris：Gallimard，1985［1972］.
迈克尔·巴克森德尔（Michael Baxandall，1933—2008），英国艺术史学家，其《十五世纪之眼》颠覆了整个艺术学院之符号叙事内容，并成为各大艺术学院的教科书。——译者注

③ 亚历山大·卡巴内尔（Alexandre Cabanel，1823—1889），法国画家，当今往往视之为法国第二帝国与第三共和国时期的御用画家，但此一评价忽略了其在绘画技巧上的贡献，尤其是肖像描绘。——译者注

④ H.保罗·德拉罗什（Hippolyte de la Roche，1797—1856），又被称为Paul Delaroche，法国画家。就技巧风格而言，往往被列为浪漫派健将；就其主题而言，则更显示出其个人诗意——伟大历史人物面对时不我予之悲怆、小人物无可挣脱命运之戏弄等，因而被称为画坛的仲马。——译者注

⑤ Mary. *La Nouvelle Vague et le cinéma d'auteur. Socio-analyse d'une révolution artistique.* Paris：Seuil，2005.
该书的要旨是新浪潮开启商业与作者论电影（film d'auteur）之别。——译者注

改变后之效应。就这一点而言，很显然，布尔迪厄是力持涂尔干式的观点。但是，若某一特殊人物没有累积出不可斗量的资本，或布尔迪厄若不交代由某一阶段过渡到另一阶段的关键，我们便很难去设想这一观点的内容：

> 这是很值得追究的社会悖论：在整体的社会秩序中，又存在着一些具有某种相对自主程度的领域——我称之为场域——而且在那里，很稀松平常的一件事情就是，革命人物都是天之骄子（privilégiés）、富家子弟。马奈即是一例，而且可确定的是，马奈**种种的革命态度**（dispositions révolutionnaires）与他是个幸运儿的事实是有关联的，甚至与他所揭示之革命风潮也不无关系……若不是资本雄厚，其揭竿是不可能成功的，至于资本，就不只是拥有某学派风格且得到学院体制的认定，也包括了社会资本、交际关系，也就是与友朋相系的象征性资本等等。①

诸革命态度的表现，几乎是完全建立在一个大逆不道（transgression）的问题上的。针对《草地上的午餐》（Le Déjeuner sur l'herbe）这幅作品，布尔迪厄主张马奈犯下"一连串的错误，违背正统又尽是半吊子美学"。论到违反道统，这便涉及两个层面：一是违反宗教美学；二是违背了宗教性爱伦理。实际上，布尔迪厄的书中充斥着宗教模拟，并视之为**无可置喙**（taken for granted）之因素的典型。至于美学这一点，半吊子的问题，则主要在于不同体裁之间的界限被模糊了。布尔迪厄忽略的是，马奈所处的风潮，是远比为艺术和通俗文化搭起桥梁还更复杂的事情。这正是托马斯·克洛（Thomas Crow）很明白地指出的，马奈经历的是，在现代艺术与流行文化或是大众文化的素材等之间，一种持久不变的关系［即**始终不懈的投入**（continuing involvement）］。不过，托马斯·克洛的著作并没有被布尔迪厄收录在参考书目中。②在《大众文化中的现代艺术》（Modern Art in the Common Culture）一书中，马奈的确是被放在一整个参考架构中，不过，这是用来思考文化范例改变之影响的，并且是远远超乎某种简单的个人历险的。斯特芳·马拉美（Mallarmé③）那篇关于马奈的文章，布尔迪厄只对其做了局部解读，然而，在克洛的著作首卷中，它则是主要的分析来源之一。至少就研究素材而言，很吊诡的是，我们往往在艺术史学家的著作中挖到更多社会学的宝藏。也正因如此，在布尔迪厄有关马奈的一书中，还可看到

---

① Bourdieu. Manet, une révolution symbolique. op. cit.：18.
② Crow. Modern Art in the Common Culture. New Haven：Yale University，1996：3.
托马斯·克洛（Thomas Crow, 1948— ），美国艺术史学家、艺术评论家，其著作陆续被译成法文，每每都能开启新的研究方向。——译者注
③ 马拉美（Etienne Mallarmé，1842—1898），又名 Stéphane Mallarmé，是法国诗人、艺术评论家。——译者注

其他反常现象。

将诸场域的逻辑置于历史脉络中，肯定是布尔迪厄的论证弱点之一。一般而言，这是整体性理论的通病。然而，不仅如此。建构一个十九世纪的文学场域，若没有某种程度的神秘性，几乎是不可能的。布尔迪厄原本始终坚持着，要让科学之理性主义（rationalisme scientifique）来为其社会学事业背书，但关于法国文学场域窜起的关键性阶段，也就是特定社会空间的建构这一问题，例如，正是就此特定空间福楼拜搭建起其世界观，他则断定"朝向自主的诸多途径错综复杂，否则就是无迹可寻"①。不过，他又正是以过程的客观化这一点去提出解释，也就是，艺术家透过此过程客观化之手段，本着其正当性，去向那些权高位重者使出浑身解数以取得生存资源。就马尔缇德公主（la princesse Malthide②）主持之沙龙而言，其影响力在布尔迪厄所描述的过程中处于关键地位，布尔迪厄解释此乃由于诸多作家都从中捞到不少好处。可是，这并不是很有说服力的说明，原因在于，马尔缇德公主的慷慨只是她与欧仁妮皇后（Eugénie③）在权力场域内互争高下的结果。详细解读《艺术的法则》一书，可让我们理出诸场域之自主过程的三大原则：

第一，这是牵涉到所有智性生产活动的固有倾向（disposition inhérente），而且，是在一种与权力相抗的虚拟状态中形成的。这一说法可用来解释，若倾力去寻找一个载有年月日的原点以作为场域的诞生标记，其实是毫无用处的。相反，却有可能去找到一个场域发展高潮的历史性时刻，例如，文学场域在十九世纪末叶"完成其任务"④。不过，若要去找出一个萌芽点，那就错了。在将场域的概念彻彻底底地历史化后，阿兰·维亚拉便将布尔迪厄的立场中可能产生的疑点一笔勾销，不过，却也可能制造出其他问题。事实上，阿兰·维亚拉区分了两种结构不同的场域状态：文学场域的初期（即一六三〇—一八三〇年）与现代文学场域（一八三〇年至今）。⑤ 全部又可分成七大阶段。至于其处理方法，他并不使用所谓的场域效应或场域的引力等概念，而是将其分析范围限定在对某一定点空间的描述。因此，整个过程便被植入一个能做阶段性切割的历史内。布尔迪厄在他关于文学的著作中则采用了定义更加严格的概念，意即去

---

① Bourdieu. *Les Régles de l'art. op. cit.*：92.
② 马尔缇德（Malthide Bonaparte，1820—1904），出身拿破仑家庭的法国公主，其名言之一是：若非拿破仑一世之故，她铁定是在科西嘉岛街头卖柳橙。——译者注
③ 一般写成 Eugénie de Montijo（1826—1920），乃拿破仑三世的皇后。——译者注
④ Bourdieu. *Les Régles de l'art. op. cit.*：423，note 61.
⑤ Viala. *Naissance de l'écrivain*. Paris：Minuit，1985.

区分两件事：一是，某一可问鼎中原之机制浮出水面；二是，真正诞生一名不假外力的作家。前者往往就是古典时期，后者却是很久之后的事情，而且还是带着全新面貌上场。实际上，那些推动历史高峰的机制为作家带来新的资源，却也让作家对资助人的依赖变成常规，于是，便彻底违背了原文学场域的自主原则。

第二是牵涉到相关人口的组成结构改变。就此，我们可认出这是一个涂尔干式的议题。例如，十九世纪中叶左右学校教育制度的快速发展，导致从四面八方聚集了一群向往以艺术维生的年轻人。

第三可牵涉到某种个人壮举的结果，就如之前已提及的波德莱尔，被称为"大破大立者"（nomothète）。

我们所面临的主要困难在于，布尔迪厄从未提供将这些不同因素作顺位排列的方法，因此，我们也无法掌握窜起、稳定或是解体等微观与宏观两个层次如何衔接的问题。一方面是建立涵盖多场域的整体性理论以用来思索社会互动的所有形式这一企图，另一方面是布尔迪厄本人要撷取场域的某些历史形式时所采用的那种一丝不苟的应用方式，在这两个层面间存在着一段距离。更何况，他举出的例子多半缺乏场域概念应包含的所有建构性原则。于是乎，场域的力量本身是虚说胜于实际分析，且一旦可供分析的资源匮乏，布尔迪厄便又不吝去借用妙不可言的主张。

在本章节接近尾声之际，我们或可明了，为何多场域的整体性理论从未问世：立说企图与解析能力两者之间的差距过大。就此而言，纵使借用文学与艺术领域朝向自主化之固有趋势，布尔迪厄也不否认该领域有其独到之处，不过，文学与艺术这一研究领域的选择或许不是最好的决定。承诺要在个体惯习的心智结构与社会空间的客观结构这两者间建立对应性，或许是社会学使然之**傲慢**（hybris sociologique）。以下便将视角转向"惯习"这一概念，以继续我们的解析之路。

第二章　惯习
——甘冒分崩离析之险？

布尔迪厄并没有发明"惯习"（habitus）这一概念。他是古代哲学之伟大传统的继承人。不过，他大量翻新了这一概念的应用，并随其生涯发展使之更加烦琐，甚至最终让此概念可用来掌握个体与生活世界之关系的双重性（ambivalence[①]）。至于悖反的惯习（habitus clivé）——该词出现在布尔迪厄后期的著作中——则是用来表示在个体与社会空间的第一关系以及他们最终完整的人生这两者之间的落差，而且这一落差往往是不容小觑的。此外，布尔迪厄自己就是这类惯习的最佳个案：

> 为了避免在现有分析上加上永无止境的堆砌，我打算今天加快脚步处理以我目前的反思程度而言看似最重要的一点，就是赢得学术贵族的推选，以及出身平凡又来自外省（其实，我很想说的是：边陲乡间）这两者之间极不对称的巧合，实为形成一种悖反惯习的主要原因，也是各类型矛盾与压力的来源……相对于场域中一些对立阵营而言，如支配者与被支配者之间，这种双重性也是双方**差距加倍**（*double distance*）的来源。[②]

[①] 该名词是指两价值、两成分，彼此或对立，或毫无对立之意。本书翻译取中性双元之意。——译者注
[②] Bourdieu. *Science de la science et rélexivité*. *op. cit.*：214 - 215.
Double distance 疑是借自摄影技巧之词——布尔迪厄曾任《平庸的艺术——论摄影的社会常规》一书的编辑：*Un art moyen—Essai sur les usages sociaux de la photgraphie*，1965，Le sens commun，édi. Paris：Minuit. 此摄影要诀是，若希望最靠近镜头前方的物体以及最远之处的景物这两者的清晰程度相同，则先把摄影机本身之感光组件的位置当作基准点（A），然后，目测决定某一最靠近镜头之前景物体（B），再者，对焦点则是（B－A）×2；另外，光圈亦是越小越好。故此技巧可称为前景距离加倍对焦法。布尔迪厄之借用却不无暧昧，原因在于，摄影时方向（近景、远景）都是单一的，但布尔迪厄应用在两股彼此方向相反的势力上。——译者注

布尔迪厄欲借惯习之名而加以阐述者，就是古典社会学所谓的社会化（socialisation），但他区分出数种类型，主要是早期的学习经验（初级社会化），以及日后反复灌输（inculcation）的形式（次级社会化）。布尔迪厄从未在其研究中使用社会化一词。不只在阐述涂尔干的思想时是如此——身为《道德教育》（L'Education morale）一书的作者，涂尔干在其书中论及"年轻子弟按部就班的社会化"①，甚至将之视为社会约束力量的运作——在论及帕森斯提出功能主义色彩之社会化时，亦是如此。即使帕森斯的强调重心完全是锁定了人格培养与适应社会环境等问题。

社会学既有的术语，是随着该学科走上体制化之途而逐渐形成的，布尔迪厄却舍弃不用，此事非同小可。他为社会学加进的个人语言，大多是借自拉丁文和古希腊文，且在其社会学应用里，这种个人语言不仅深奥又极尽复杂之事，这又与他晚年起身反对学院幻觉（illusion scolastique）的行为完全不相称。惯习这一词语的选择，其中一部分原因在于，他公开舍弃在二战后引进法国的美国功能学派社会学，而当时涂尔干学说正走向颓微之路。法国社会学的体制化虽姗姗来迟，美国功能学派却在此时叩门，然而，这对当时年轻的哲学家布尔迪厄来说毫无诱人之处。原因在于，他即使取道经验科学，却也没有放弃对于概念之严格要求。

布尔迪厄对专用术语的选择，应有助于提升其日后的国际声誉，往往也让人第一眼就可辨别出其学说。为了明了其选择，我们不妨利用他自己打造出来的工具，也就是，重新拼凑他一生经历所穿越的那些可能空间（espace des possibles）。在《自我分析纲要》问世之前，就何以会走向人类学与社会学之路的问题，他自己曾提出数种说法。其中最值得探究的内容之一，就在《哲学新兵》（"Aspirant philosophique"）一文中。蓬皮杜艺术中心（Centre Pompidou）以二十世纪五十年代（Années 50）为题进行展出，布尔迪厄受邀演说而改写出这份稿子。他强调："选择哲学的理由，与那些在竞争激烈的选拔考试中取得最优秀成绩的学子在矿业学院（Les Mines）或是财政稽核学院（Inspection des finances）中做决定的理由，其实大致相同。一个人之所以成为'哲学家'，乃是因为被栽培，然后自己又献身巩固哲学这一学科神圣不可侵犯的地位。"② 既身为哲学传人，布尔迪厄乃如神宠英才受惠于

---

① Durkheim. *Education et sociologie*. Paris: PUF, 1966 [1922]: 92.

② Bourdieu. Aspirant philosophique//Christian Deschamps (dor.). *Les Enjeux philosophiques des années 50*. Paris: Edition du Centre Pompidou, 1989: 17.

矿业学院（Les Mines）即创自一七八三年的巴黎矿业学院（Ecole des mines de Paris），近年改制后名为巴黎国立高等矿业学院（Ecole nationale supérieure des mines de Paris）。财政稽核学院（Inspection des finances）可溯自一八〇〇年，成员不仅是高级公务员，亦隶属"法兰西共和国体制中的高级官员"（grands corps de l'Etat）。——译者注

该学科体制，原因也只在于学科排序顺位。这是为何后来在关于教育的研究议题中，他自己正是学科排名研究的最佳分析员。他的抱负能有多远大，其实就相当于他在高等师范学院内的排名。布尔迪厄属于有正当理由想象自己是教育系统之天生选民的那一群人。然而，在诸多描述一己求学生涯的文章中，有一点他从未多加着墨。那就是，若套用他自己的语言，正当性的抱负能有多远大，以哲学这一学科而言，爬得越高就可能摔得越重，无论献身者资质如何，皆是如此。

布尔迪厄首次准备参加中等教育高级教师学衔的考试时，日后被他视为启蒙导师的乔治·冈圭朗上呈一份报告，主题是哲学这一学科与教师考试的关系。这篇文章题为《论哲学出路》（*De la philosophie comme débouché*），一九五四年发表于教育部的官方学刊中，冈圭朗分析了"一个遍及全法的现象"：哲学之路存在着特别值得注意之处，他所谓的"出路"问题，在现实体制所需与参加考试的考生人数间，制造了一个"路人皆知的逆差"。据冈圭朗之见，该学科何以如此诱人？首先，哲学教学只限于高三这一年级。他写道，这些高三班级，"推动了学科排名顺位"①。其次，无论是要成为唱作俱佳还是深藏不露的教师，大学里的哲学系都是最简单的：

> 对众多学子而言，哲学修养宛如身历桃花源之事，似乎闲来翻书即陷入神思微醺。大家都以为躺在沙发上抽根香烟就是搞哲学。因此，究竟评审委员该如何将此学科导向正途，这总是让他们犹豫再三，到底考生是认真严谨还是有待努力，是很难辨别的。②

冈圭朗的结论诉诸二十世纪五十年代的思想背景，"还没接招就先哀号"③。身为督学的冈圭朗，在报告中分析了哲学教师体制结构后，又根据数据说明，由于其地位特殊，该学科之教学需求并不高，教员甄试的结果完全满足现实需求。因此，雀屏中选者少之又少。无论是一九五〇年还是一九三五年，综观考生人数，都是每13名应试考生中录取一名。在一九三五年，154人报名，119人应试，录取9人。在一九五〇年，342人报考，297人应试，录取23人。舆论主张由于考生素质大为提高，故应增加录取人数，面对此压力，冈圭朗以一种行政人员的口吻加以回应，并不时加上社会学观点的评语。总之，哲学之途依然是格外崎岖，即使是对高等师范学院的毕业生而言，也是如此，往往他们也得重考两次方能摘冠，这也是布尔迪厄与帕斯隆走过的路。

这种神宠般高高在上的自负，布尔迪厄总不厌其烦地述说着，但在此应考虑另

---

①②③ Canguilhem. De la philosophie comme débouché//*L'Education nationale. Organe hebdomadaire de l'enseignement public*，1954（10）. rééd. in Œuvres complètes，t. IV，*Résistance, philosophie biologique et histoire des sciences 1940—1965*. Paris：Vrin，2015：601 - 609（citation p. 603）.

一个他从未提及且反其道而行的因素，那就是，这一哲学竞赛充满着高度的不确定性，而且这是毫无言外之意的。若论及幻觉，它赐予自视甚高的新人满满的信心，但却应再加上几点算计：晋身哲学大雅之堂的机会究竟有多大，未来在外省中学执教的日子不可逃避，却又遥遥无期，如何才能脱颖而出呢？这是所有的哲学新人都会提出的问题。而且，这份质疑其实能够用来修正布尔迪厄的模型，也就是那假定在场域中参赛者义无反顾地拥抱（adhésion préréflexive）使人占上风之规则的主张。这是为何——如布尔迪厄当年的做法——去讨论一个拥有诸多可能性的空间很有必要。他自己曾借用这个源自现象学的概念，并添上好几笔社会学色彩。众人皆知，对胡塞尔而言，想象是去设想"可能性的样子"，且至少，这是就其潜在而言。① 安娜贝勒·迪富克（Annabelle Dufourcq）则指出，所谓的可能，总是"在现有已知的地平在线"②。可能性可被视为比真实更具原创性。循着胡塞尔的步伐，梅洛-庞蒂则提出"诸多可能性的场域"（champ de possibles）之说。③

布尔迪厄正是从这一整幅现象学远景出发以构想可能空间的概念，却又从未赋予操作型定义。对于一个充满各种可能性之空间的感受，首先端赖于当事人在社会空间中的位置：他看到的是什么？他最远所见为何？胡塞尔假说中的那个立体方块，我们眼睛看不到的那几面是何模样，他能想象吗？对某些哲学新人而言，并无哲学以外的任何空间。所有的可能都被收纳在该学科遥指的远景中。哲学以外的另一道路是无法想象的事情。更何况，抗拒哲学天命，等于是犯忌。这一视哲学窄门非他物可拟的断腕心理，其实随着时间而有所调整。尤其是在外省中学任教时，当事人往往考虑其他途径，若非报考财政稽核学院，就是投向玻利维亚丛林中与切·格瓦拉（Che Guevara）一起打游击战。④ 实际上，就过去看来，哲学逃兵奔向其他领域的比例是忽高忽低的：我们可断定的是，此乃随着哲学教师在社会空间中任教条件的相对价值高低而波动。

当布尔迪厄着手打造其首批人类学研究对象时，年轻的哲学家远离哲学天地以献身其他社会科学，已非罕事。在法国的思想史上，哲学家另起炉灶是一个名副其

---

① Husserl. *Recherches logiques*. 3 t.. trad. Hubert Elie *et al*. Paris：PUF，1959 - 1972 [1900].
② Dufourcq. *La Dimension imaginaire du réel dans la philosophie de Husserl*. Dordrecht：Springer，2010：130.
迪富克乃法国新生代哲学家。——译者注
③ Merleau-Ponty. *Notes des cours au Collège de France 1958 - 1959*，*1960 - 1961*. Paris：Gallimard，1996：51.
④ 格瓦拉（Ernesto Rafael Guevara，1928—1967），又名 Che Guevara 或 le Che，出身阿根廷的国际共产主义革命行动家，献身二十世纪五十年代的古巴革命。又，作者虽未指名道姓，但读者可参考——雷吉斯·德布雷（Régis Debray，1940— ），一九六〇年时为高等师范学院入学甄试的榜首，一九六五年时摘得中高等教育教师学衔的桂冠，同年被法国教育部任命为哲学教师，却启程往古巴与玻利维亚追随切·格瓦拉。一九七三年回到法国，在密特朗总统执政时期主持国际关系事务委员会。——译者注

实的文化特征,且自埃斯比纳斯(Alfred Espinas)起即是如此。埃斯比纳斯拥有中等教育高级教师学衔,是涂尔干在波尔多时的前辈,一八七八年时其博士论文的主题是动物群居生活。然后,这一趋势由两大知名人物涂尔干与列维-斯特劳斯延续后,又交棒给马塞尔·莫斯(Marcel Mauss)、弗朗索瓦·西米昂(François Simiand)[①]、雷蒙·阿隆、让·克洛德·帕斯隆与雷蒙·布东(Raymond Boudon),现今则由菲利浦·德斯科拉(Philippe Descola)、皮埃尔-米歇尔·芒杰(Pierre-Michel Menger)[②]等启后。因此,以哲学为跳板已不再是违逆之道。更何况,自涂尔干起,转向社会学这一志业都是以科学创建者自居,也从未使之脱离哲学家的圈子。涂尔干于一九一三年在法国哲学研究协会(Société française de philosophie)发表《宗教生活的基本形式》时正身居巴黎,他可说是该协会的活跃成员。他的演说受到多数同事的赞许,唯独朱尔·拉舍利耶(Jules Lachelier)[③]例外,他反驳道,涂尔干并未讨论真正的宗教,而只不过是"街头的神明"[④]。同样,布尔迪厄在其理论被认定的确具哲学真意之前,也与哲学同事继续保持活络关系。《批评》(Critique)学刊曾以布尔迪厄为专题,克洛德·戈蒂埃也在讨论布尔迪厄的哲学概念建构[⑤],都是有力的证明。若要完成这一幅布尔迪厄之可能空间的草图,我们必须质疑的是,在不同阶段中,远离哲学的代价究竟有多高?在他改换跑道时,大逆不道与触犯天条的代价其实是很有限的,当时诸多卓越哲学家都另寻他途,即是最好的例证:这正是帕斯隆、罗贝尔·卡斯特尔(Robert Castel)[⑥]、罗歇·埃斯塔布莱(Roger Establet)[⑦]等

[①] 弗朗索瓦·西米昂(François Simiand,1873—1935),自高等师范学院毕业后即追随涂尔干,投入让社会学成为一门大学专修科学的志业。——译者注

[②] 皮埃尔-米歇尔·芒杰(Pierre-Michel Menger,1953—),法国当代社会学家,法兰西公学苑院士,专研艺术与创作等主题。——译者注

[③] 朱尔·拉舍利耶(Jules Lachelier,1832—1918),法国柏拉图学派、唯心论之哲学家。——译者注

[④] Fabiani. Métaphysique, morale, sociologie: Durkheim et le retour à la philosophie. *Revue de métaphysique et de morale*,1993,98(1-2):175-191.

[⑤] Bourdieu. *Critique*,1995,n° 579-580;Gautier. *La France du social. op. cit.*

[⑥] 罗贝尔·卡斯特尔(Robert Castel,1933—2013),法国社会学家,其两大研究课题分别为精神疾病与劳动阶级,前者呼应主观的心理机制,后者彰显客观的社会机制,巧妙地汇整了二十世纪六十年代的诸研究典范。另外,当今学者主张其两面向之选择,多少与其生平有关:家庭与社会环境的"改宗"。其父为公路局雇员,在妻子患病离世后自杀。卡斯特尔由家庭其他成员接济,后工专毕业;但因法文成绩突出而受瞩目……一九五九年取得中等教育哲学专科的高级教师学衔,然后阿隆推荐他到索邦大学任教。本段说明是为了呼应本书关于布尔迪厄之社会出身与生涯经历的对照补充。——译者注

[⑦] 罗歇·埃斯塔布莱(Roger Establet,1938—),法国教育社会学专家。他曾参与一九六五年出版的《读资本论》(*Lire le Capital*)一书的撰写,布尔迪厄曾冷讽热嘲此书,读者可参见本书前言批注,以及下文:Bourdieu. Le Sociologue en question//*Questions de sociologie*. Paris:Minuit,1984/2002:55。——译者注

人的故事，另外，该学科改宗之可能都应归功于高等教育机构的收容，连布尔迪厄也不例外。

当布尔迪厄论及他所属的二十世纪五十年代中期这一可能空间时，往往仅限于哲学此单一范围。若欲对该可能空间有一更完整的透视，则应该同时考虑与哲学相关的其他学科。纵然没有哲学享有的崇高地位，这些学科在思想天地中也愈来愈重要，而且，若以哲学角度观之，也从此占有一席之地。其中可供参考者，不外乎萨特所创立的《现代学刊》。无论是布罗代尔的《地中海》专论，还是列维-斯特劳斯的《亲属制度的基本结构》，都曾是该学刊之专题。萨特本人为《地中海》撰文，后者则假手西蒙娜·德·波伏娃（Simone de Beauvoir），以此可见布罗代尔与列维-斯特劳斯的重要性。历史学科在二十世纪五十年代突飞猛进，从此被视为一门社会科学。一九四七年，高等研究应用学院成立了第六系所；一九四九年，布罗代尔被推选为法兰西公学苑的院士。在这十年间，历史学家累积了丰厚的资源。经由布罗代尔多年与福特汽车基金会的协商，一九五九年时更促成了法国人文科学之家①（Maison des sciences de l'homme）的创立。布尔迪厄的学者生涯初期，实多方受惠于这些对具原创性之社会科学研究的鼓励。

布罗代尔在法兰西公学苑的首席演说中，难掩建立一颗征服全球之法国史学的野心，但也指出了团队工作的优点。此乃与哲学活动差距甚大的知识追求方式，原因在于哲学活动往往是由阅读文本、个人省思出发。在二十世纪六十年代彻底垮台之前，萨特的权威便已悄然消逝，结构主义登上舞台后更加速其瓦解。一种新的知识活动风格骤然兴起，它同时结合了经验性证据与概念上的企图，更吸引年轻世代，冈圭朗的说辞中，那种躺在沙发上叼根香烟翻弄哲学的样子，其实丝毫不诱人。更何况，众人皆知，布尔迪厄并非瘾君子。存在主义者推出的哲学版本，倾向排除诸多技术性限制以方便吸引全球名流。居帝王之尊的哲学这一学科的颇为反常之处在于它并无任何门槛："它既不像语文或是古典文学，要求语言或是文献研究技巧的学习，也不要求异国生活经验，更不像历史学，要求漫长、抽丝剥茧般的研究过程，或是得上知天文、下知地理。"连冈圭朗都叹道："对众多学子而言，哲学修养宛如身历桃花源之事，似乎闲来翻书即陷入神思微醺。"② 布尔迪厄旋即奔向另一空间。

在他面前立即浮现出"启蒙导师"之面孔者，除了冈圭朗之外，布尔迪厄还指

---

① 当今的法国人文科学之家统合了诸地方大学与中央科学研究院中人文与社会科学领域的研究资源，力主协同地方研究与国际交流。——译者注

② Canguilhem. *La philosophie comme débouché. loc. cit.*：603.

出另外两名与社会科学毫无交集的哲学家：一是朱尔·维耶曼（Jules Vuillemin[①]），二是 M. 吉罗尔（Martial Gueroult[②]）。我们若细加考虑吉罗尔后来在哲学社会史上的贡献，他被点名则是很令人诧异的事情。二〇〇一年，在法兰西公学苑的告别讲座《科学之科学与反观性》中，布尔迪厄决定以朱尔·维耶曼为专题，以表达对其离世的追思。他将之描述为一个"伟大的楷模"，让他在犹豫不决时，仍能继续追求其科学抱负与哲学理想这两方志业。在《自我分析纲要》一书中，他论及维耶曼在一九五五年出版的《康德的物理与形而上学》（Physique et métaphysique kantiennes），宛如他求学期间两大参考书之一。若说维耶曼位居康德批判哲学的后期之林，为之提出新解，但其真正贡献则是，在一段颇为黯淡的时光里，为法国哲学研究引入诸多分析哲学（philosophie analytique）议题，尤其是为罗素（Russell[③]）、卡尔纳普（Carnap[④]）与蒯因（Quine[⑤]）等人的论著加注。至于吉罗尔，在《自我分析纲要》一书中，与其他极少数的学者一样，也帮助他躲过了萨特代表的存在主义所掀起的学院与流行风潮的影响。布尔迪厄将之列入"一股受压迫的思潮"，认为这股思潮实乃更具技术操作取向的哲学思考，也对科学活动付出了更多的关怀。吉罗尔不仅是他的指南，也是其研究对象的来源。就此，布尔迪厄写道："一段与诸科学史密切相连的哲学史。"而吉罗尔的著作，如一九三五年出版的《莱布尼茨的动力说与形而上学》（Dynamique et métaphysique leibniziennes），就他而言，宛如"标准典范（prototype）"[⑥]。

这些反面示范可让布尔迪厄在巩固他自哲学撤出的策略之余，辩称社会学乃是以其他方式来撰写的哲学延续体，而且他设想中的科学活动与法国国家科学研究中心（CNRS[⑦]）从事的那种借自美国社会学之风的流水账作业，截然不同。另有一人物，遥遥相照，不可不提。一九四九年，《亲属制度的基本结构》一书掀起另一种以

[①] 朱尔·维耶曼（Jules Vuillemin，1920—2001），被视为法国二十世纪最伟大的哲学家之一，以认识论等研究为著，一九六二年继梅洛-庞蒂在法兰西公学苑主持哲学讲座。——译者注

[②] M. 吉罗尔（Martial Gueroult，1891—1976），哲学与哲学史专家，曾在法兰西公学苑主持哲学体系的历史发展与技术。一般认为其专长为十七世纪、十八世纪初期的哲学，其关于笛卡尔之研究论著乃学者之必备工具书。——译者注

[③] 罗素（Bertrand Russell，1872—1970），英国数学家、哲学家、文学家，且擅长逻辑、认识论等领域，一九五〇年获诺贝尔文学奖，后为英国议会议员。一九二〇年曾在梁启超等人力邀下到北京大学讲学将近一年，后著有中国问题等专书。——译者注

[④] 卡尔纳普（Rudolf Carnap，1891—1970），德裔美国哲学家，维也纳学派的大将、逻辑实证主义之代言人。——译者注

[⑤] 蒯因（Willard Van Orman Quine，1908—2000），二十世纪最具影响力的美国哲学家、逻辑学家。——译者注

[⑥] Bourdieu. *Esquisse pour une auto-analyse*. *op. cit.*：21.

[⑦] 全名为 Centre national de la recherche scientifique，一九三九年创立。——译者注

数理模式为参照基础的人类学研究之风。此书不仅搭起了与法国传统中的某些成分之间的桥梁，例如莫斯立下的传统，也使人类学换轨到另一科学大道。一九五五年《忧郁的热带》（Tristes Tropiques）问世，则又将列维-斯特劳斯的权威推向另一更具文学意味的体裁。在书中，列维-斯特劳斯提到，哲学是他的学术生涯起点，之所以背弃，原因在于其教学活动不过是反复的练习。而该时间点，正是布尔迪厄开始在穆兰镇（Moulins）担任高中哲学教师之际。[①] 若说涂尔干有幸针对十九世纪末的哲学教学方式提出批评，其社会学之举却从未使他放弃哲学。实际上，他也无力做出其他选择，因为当时社会学尚无任何制度规模，涂尔干的社会学教学活动仍寄生在他原初的哲学领域内。列维-斯特劳斯以一种近乎轻佻的口吻与位居宝座的哲学挥手告别，也从此开启了新的可能空间。后生之辈在他身上既观到一楷模之风，也望见一坐标的建筑，所有针对列维-斯特劳斯而提出的大胆评论都可用来提升提笔人的个人声誉。这是为何布尔迪厄与雅克·德里达在其年轻时期的著作中都曾公开挑战列维-斯特劳斯的结构人类学主张。

身为《神话学》（Mythologiques）一书的作者，列维-斯特劳斯打造崭新的人类学研究手法，既应用其他方法，也引进其他词汇，这些都使他能与知识生产的最高形式——例如数学——展开对话。他也深入到一个已近乎完成的空间：他以马塞尔·莫斯为师，又重新编纂莫斯的论文，处处尊崇大师，这些在其生平中崭露无遗，也正是此空间已几近完整的说明。另外，相对于大学院校里墨守成规的流程，列维-斯特劳斯的著作的确是以一种不受外力影响的方式完成的。乔治·古尔维奇（Georges Gurvitch[②]）曾主持索邦大学，营造了一种为理论而理论又死气沉沉的社会学风气；列维-斯特劳斯身载结构主义之权威，又顶着到亚马孙森林从事田野调查的光环，这两人在二战期间避居纽约时已产生的敌对关系在当时愈演愈烈。洛朗·让皮埃尔（Laurent Jeanpierre）曾就该对立形势提出相当精辟的分析。[③] 这一对峙，对当时年轻的布尔迪厄而言，自构成一可能空间。列维-斯特劳斯既是伟大的学者，也是一名作家，其自传一问世即造成轰动，更何况他还是知识活动的企业家。他于一九五九年被推选为法兰西公学苑院士；在其社会人类学研究室内，由于布罗代尔的支

---

① 穆兰镇全名乃 Moulins-sur-Allier，位于法国中部。布尔迪厄任教之高中乃 Lycée Théodore-de-Banville，但仅限于一九五四至一九五五年间，随即他便因军召前往阿尔及利亚。——译者注

② 乔治·吉尔维奇（Georges Gurvitch, 1894—1965），俄裔法国社会学家。一般主张其知识社会学乃师承莫斯的"整体的社会事实"（fait social total），并为法国引进了美国社会学。——译者注

③ Jeanpierre. Une opposition structurale pour l'anthropologie structurale: Lévi-Strauss contre Gurvitch, la guerre de deux exilés français aux Etats-Unis. Revue d'histoire des sciences humaines, 2004 (11): 13-44.

第二章 惯习——甘冒分崩离析之险？

持，他接收了全球最重要的民族志数据库样本，且是全欧洲唯一一份人类关系区域档案（Human Area Files①）。布尔迪厄照样仿制此三身份，却塑造出了全新样貌：科学活动的护航人、作家（以一种更委婉又暧昧的形式）、知识与出版活动的企业家。

为此，首先必须备有一套术语，以用来重新描述社会学的基础概念。基本上，布尔迪厄是从哲学传统中汲取。我们在第一章已讨论了恩斯特·卡西尔的著作对其思想进展之影响。另一与卡西尔不无关系的思想巨擘，则是欧文·潘诺夫斯基（Erwin Panofsky②）。原因在于，潘诺夫斯基乃长期与《符号形式的哲学》（*Philosophie des formes symboliques*③）的作者对话，并将该模式应用到其透视（perspective）概念中。至于布尔迪厄所作的批注，不仅嵌入惯习的概念，也将惯习局限在一种反复无止的灌输形式：潘诺夫斯基于一九五一年出版《哥特建筑与经院哲学》（*Architecture gothique et pensée scolastique*），在布尔迪厄的主持下，该书于一九六七年出版法文版，但他在书末加了一篇分量不轻的后记，这也是首次以正规方式来介绍惯习这一概念。④ 虽说惯习一词已出现在布尔迪厄先前的论文中，例如，一九六四年与阿卜杜勒马莱克·萨亚（Abdelmalek Sayad⑤）合著的《背井离乡》；而更早之前，如一九六二年，则在《单身汉与农人生存条件》（*Célibat et condition paysanne*）一文里，结合了亚里士多德素性（hexis⑥）之概念，并参照莫斯在其关于身体的技巧一文中的想法。⑦

---

① 全名应是 Human Relations Area Files，这是一九四九年起由美国耶鲁大学独立赞助的研究机构，旨在统合调查、整理全球之民族志资料，以供人类学家使用。——译者注

② 欧文·潘诺夫斯基（Erwin Panofsky，1892—1968），艺术史学家，被视为首位以人文科学的手法、人类精神之转承来分析艺术作品的人，他认为艺术作品不只是事件、人物或是作品的延续。另外，德国社会学家埃利亚斯由医学转向哲学、寄居海德堡期间，曾受著名的德国社会学家韦伯（一九二〇年逝世）之遗孀玛丽安妮·韦伯（Marianne Weber，1870—1954）邀请，在其学术沙龙中演讲，他当时的主题也是哥特式建筑：此建筑风格在法德两国形体各异，在德国历史中多是为了表达各地方城市之自傲。又本书书稿修订期间，身载哥特风范之巴黎圣母院大火，修复政策迅即导向法兰西国家与民族认同的做法，或也呼应了埃利亚斯的主张。此外，自一九〇五年政教分离法案后，法国所有的天主教堂等建筑都属国家管辖，亦加强了建筑物与国家认同的从属关系。——译者注

③ 作者即卡西尔，此被视为其最重要的代表作。——译者注

④ 关于该版本，请参见 Déotte. Bourdieu et Panofsky: l'appareil de l'habitus scolastique// *Appareil*. article mis en ligne le 4 novembre 2010, consulté le 16 janvier 2016. http://appareil.revue.org/1336。

⑤ 阿卜杜勒马莱克·萨亚（Abdelmalek Sayad，1933—1998），原籍阿尔及利亚的法国社会学家，曾任布尔迪厄的助教，后任教于法国社会科学高等研究院，主要研究领域是民族国家与法国的北非移民社会等。——译者注

⑥ 其字义有两大内涵：一是占有的状态或行为；二是良好的卫生习惯或是体质、稳定的心理状态、因练习或是经验而得的技能。——译者注

⑦ Bourdieu. Célibat et condition paysanne. *Etudes rurales*，1962，5（1）：32-135；repris dans *Le Bal des célibataires*. Paris：Seuil，Points Essais，2002：15-165. Mauss. Les techniques du corps (1935) //*Sociologie et anthropologie*. Paris：PUF，1950.

布尔迪厄在潘诺夫斯基的文章中看到一个千载难逢的机会，用以将他后来研究中所谓的"习惯的生成式"套上框架，也就是，在诸多样貌不同的领域中都找得到的一个极具生产力的基模（schème productif）。潘诺夫斯基将被视为精神层面的事物转变成分析性原则，并使这些原则都可用来将神学中的相同形式置换到建筑中：

> 《哥特建筑与经院哲学》绝对是至今为止给予实证主义的最强烈抨击。此书宣称，根据由一致的方法所组成之清楚明白的整体，以及其他特征，于是［圣托马斯（Saint Thomas①）的］**神学大全**（*Somme*②）与（哥特式）大主教堂，皆可用来比较局部与具体又明显之阶级间的严明划分。实际上，这就是向世人展现实乃为了吸收接纳，其最佳风范，即"精神的广阔眼界"，是值得众人表达尊崇与戒慎的向往之心。③

潘诺夫斯基试着避免在这一艺术史研究中使用影响（influence④）这一概念：为了达到这个目的，他必须运用一种结构上的对应力量（homologie structurale），且此力量的运作是不需以翻译或复制的过程为中介的。惯习这一概念往往被理解为**习惯养成的力量**（*habit-forming force*），便是这一结构性对应力量之程度高低的概念性转译。实际上，探究惯习的力量（force de l'habitus scolastique）并不需要直接的接触，原因在于其动力来自经常性应用如这一个被反复灌输之单一原则。所以，我们可以将某一文化之时代特质移植到一项具有启动能力的原则。因此，布尔迪厄便将潘诺夫斯基从德国哲学史研究中文化风格这一议题借来的论证，导向法国传统人类学所提供的框架，尤其是当法国传统人类学必须去思索分门别类之基模（schèmes classificatoires）的社会生成力量之际。因此，布尔迪厄可宣称：

> 首先必须提出的问题是，一方面，在拥有学校体制的社会中，让那些受过教育的人能组织其思想的基模（例如，一些论述结构中的法则，它们往往在修辞学的著作中被名之为用词法与修辞法）；另一方面，民族志学者去分析没有学校体制的社会中的某些发明，例如仪式、传说，因而发现的**一些不自觉基模**（*schèmes inconscients*）。非常可能的是，社会中的这两种基模具有相同的功能。

---

① 圣托马斯（Thomas d'Aquin，1224/1225—1274），被视为最重要的意大利哲学家与神学家。——译者注
② 全名为 *La Somme théologique*，乃托马斯·阿奎纳撰写的哲学与神学著作。——译者注
③ Bourdieu. Postface//Panofsky. *Architecture gothique et pensée scolastique*. Paris: Minuit，1967：135.
④ 或可称为"社会影响"（influence sociale），在法国社会学史上，则必然与加布里埃尔·塔尔德（Gabriel Tarde，1843—1904）的模仿（imitation）概念成双。一般研究取向有二：有效影响他人之行动；人际沟通之机制。——译者注

也就是，以涂尔干与莫斯的语言来说，那些**分门别类的原始形式**（*formes primitives de classification*）与拥有学校体制的社会中的思想基模拥有相同的功能；而且，这些原始形式很可能成为不失判断力之研究的调查对象，以及清楚明白、有条不紊的传授内容。另外，利用惯习这一个学术概念来代表透过学校制度的灌输而培养出来的文化时，潘诺夫斯基便具体说明了文化既非一套共同符号，甚至也不是解决某些共同困境的相同来源，遑论为一些特定的并被专门化了的思想所构成的一堆基本轮廓；却毋宁是一整套先前已被吸收了的**根本基模**（*schèmes fondamentaux*），且根据一套与乐音记载几乎类似的发明技巧，这些基模便孕育出成千上万可应用在特殊状况中的**特定基模**（*schèmes particuliers*）。该惯习（让习惯养成的力量）也大可用乔姆斯基（Chomsky）所谓的"**生成文法**"（*grammaire génératrice*①）来加以定义，就如同是**内化了的基模系统**（*systèmes des schèmes intériorisés*），足以激发出某个文化体的所有思想、感受与特殊行为，不过，也只限于这些思想、感受与行为而已。②

透过学校制度而传授的文化形式与将万物分门别类的原始形式，这两者间具有某种对应性，布尔迪厄这一主张并非没有疑义。若无学校体制的力量去传授学术思想，这类思想就不太可能存在。学院这一整个世界，完全是以反复灌输的方式，并透过行为举止的锻炼与不间断的言语操练而组成的。我们能够设想，在没有文字的社会中，如此这般的力量还能发挥作用吗？实际上，在这类社会中，习惯的传授是透过其他媒介，例如入门仪式。总之，若就布尔迪厄所言，象征形式的生成模式（*schème générateur*）在所到之处都是名正言顺，而原本具有千变万化之时空类型的社会化形式与技术之历史，对习惯的养成将从此不再产生任何影响力。换言之，针对这一点，布尔迪厄尝试建立一普世法则，至于其立基点则是：首先，加诸个体之上的那股反复灌输之力，不仅力道一致，而且日复一日，无人能避免之——从无所谓失败的社会化。第二个立基点建立在不知不觉的意识状态下；该过程假设施为者无法察觉这一反复灌输的过程，即使他们处于学校体制中，亦是如此。第三个立基点则是建立在内化之基模所具有的生成能力，与乔姆斯基的生成性语法的唱和便是

---

① Grammaire génératrice［或名之 grammaire génératrice et transformationnelle（Transformational grammar / TG；Transformational-generative grammar / TGG）］，被视为索绪尔学说之修正：掌握语言是可只透过一套清楚明白的规则，也就是生成性语法，亦可用来列举、分析所有的语言表述之过程。——译者注

② Bourdieu. Postface//Panofsky. *Architecture gothique et pensée scolastique*. Paris：Minuit，1967：151-152.

一例。惯习并不是一套汇编目录，更不能因为要模拟 habitus（惯习）与 habit（服装）这两个字，便把惯习比拟成是参考索引的宝库或是寄物处。惯习乃一生成基模，单靠一个纸样便可以裁剪出数不尽的衣服。①

如之前所述，这样的定义至少可从两个方面来反驳。首先就是教条灌输的力量是否恒常。其实该力量之大小是随历史背景而异的；诸多逸事都显示，学校体制在执行社会化这一任务时往往不是稳定可靠的；施为者的个人经历可让他们在习惯养成时产生不同的能力倾向。假若反复灌输的力量已被假设是稳定恒常的，那么就不需讨论力量大小的问题。其次，反复灌输的过程已被认定是不知不觉的，这便否定了我们可在此过程中导入任何反思形式。

布尔迪厄与潘诺夫斯基借来的原始案例是很极端的。那是建立在学校体制之反复灌输力量乃是前所未有的之假设上，而且是以托马斯主义②（thomisme）——一套非常严密的神学主张为基础的。原本布尔迪厄总想将概念都历史化，这里却反其道而行之，他尝试去建立生成基模这一概念的普世性。于是，中世纪学校体制的学习方式便具有独一无二的特点：在那当中所发生的社会化是无任何外在竞争的，仿佛在当代的学校体制中，这也是可能发生的事情，而且，学校中执行的纪律也从未间断过似的。纵然布尔迪厄主张，惯习可否产生无限量的习惯性做法有很大的弹性，但他宣告的惯习有如一股习惯养成的力量，却是僵硬死板的。惯习提供了一个十分盛行的例子，证明了结构之对应性，其应用范围却必然是极有限的。我们实在无法将之应用在所有的背景条件中。不过，在《实践之道》一书中，惯习这一概念之正式说法的主要内容，却是建立在反复灌输力量的极端形式之上：针对这一点，我们面对的是决定论模型与互动论模型的对立，或者是社会化的优先性与以算计为基础之策略行为的优先性这两者之间的冲突。

截至目前，布尔迪厄打造出来的惯常论说（théorie de la pratique）是最强而有力的行动理论（théorie de l'action）。其论述内容强调，一套行为举止的倾向系统乃原先便已被内化，而且，这样的行动的效力是持久的，甚至可让我们用来思量社会活动的所有类型。因此，我们必须回到倾向概念化（conceptualisation dispositionnelle）这一基础理论的形构过程，以一窥究竟：

> 惯习的产生源自与某一特定阶级的存在条件相关联的制约，也就是，惯习

---

① habit 也用来表达女性教士人员进入修会的程序、法兰西学院之院士的绿色院士服，颇有中文里"人要衣装，佛要金装"之意，恰如外表与角色、身份之模拟。——译者注

② 也就是托马斯·阿奎纳在《神学大全》中的主张，其原创性协调了亚里士多德的学说与基督教信仰的要求，背后假定则是肯定了存在乃一普遍事实。——译者注

第二章 惯习——甘冒分崩离析之险？

乃一套为时长久又可替换的**行为倾向系统**（*systèmes de dispositions*）。这一倾向系统就是事先便已设定又建构完成了的结构，其运作又犹如发展中的结构般。换言之，以作为实际活动与表面所见的生成原则和组织原则而言，该倾向系统能够以目标需求来进行具体调整，却无须假设特定的意图目的，也不需要刻意地驾驭任何必要技术以达到预设目的。另外，此倾向系统也确实被"调整妥当"，又"具规律"，然而又不至于变成一味服从规章的玩物。以这一切而言，该倾向系统之整体乃井然有序，而非某交响乐团指挥一手把弄出来的成绩。[1]

在这个不顾及经验检验空间之可能的高度理论化说明中，我们必须记取的是，惯习既是产品，也是生产者。首先，它是已存在之历史条件的产品（而且所有的声明都让我们以为此乃牵涉到集体性条件）。然后，它又因风水轮流转反过来成为历史逸事的制造者。惯习是一套系统，换言之，它是透过一整体都和谐均匀的举止倾向来表达的，但各个倾向又都可回溯到原出发点。存在条件的历史化特质是，一旦内化便无任何修正的可能，这便须假设两大要点：制约是所向无敌的；制约之内容是既均质匀称，又协调一致的。就实际而言，惯习有两大特性。第一是持久性。一旦养成，表现出来的举止倾向就是经常性的。也就是说，存在着一道学习关卡，换言之，倾向系统是牢不可破的。惯习的第二特性是可置换性：由于最初的制约力量既强大又统一，所以这整套倾向系统便可在所有的社会活动领域中都得到淋漓尽致的发挥。透过这简单的置换机制，我们可在众多不同的社会场域中都发现该倾向系统的踪迹，无论是学校教育投资，还是人类与大自然的关系等等，无一例外。

惯习理论中非常重要的一个面向就是，再三强调不假思索乃至走在意识之前（préconscient[2]）的行动特征。我们不需预设行为举止的意图性，并依此来考虑惯习会随着目标而有所调整。其实，这一调整原因在于，任何刺激都只有当它碰到一个"被设定是冲着它而来的对象"时，才能发挥行动一触即发的作用。无须指挥家的乐团组织理论假定了客观实在的结构与主观倾向这两者的对应性。意即该对应性质，在客观概率（例如，获得某物品的机会）与主观期望（例如，动机、需求）这两者密切的相互关系中，建立一套确实无误的形式。该对应性质，乃建基在将惯习定义为客观条件被反复灌输后的产物，于是便引领我们到一套事先已调整妥当（préadaptation）的逻辑：

---

[1] Bourdieu. *Le Sens pratique*. *op. cit.*；88.

[2] Préconscient 的定义是：在有所意识之前、在"我"尚未成形之前，例如，新生儿诸多反应常被认为是"前意识"的。但一般应用时，常用来描述即使尚未出现在当下的意识状态中，但最终仍有所体会，换言之，这并非完全无所意识的状态。——译者注

事实上，这些倾向长期受到存在于客观条件中的可能性与不可能性、自由豁免与必然不可缺、便利性与禁止等条件的反复运作（至于科学，则以统计的规律性，例如，与某一团体或是某一阶层确实相关的概率，来估量这些倾向），于是便刺激出能确实吻合这些客观条件的倾向；某种程度上说，这些倾向事先便被调整妥当以应付这些客观条件的任何要求。所以，一些最不可能发生的具体作为，在尚未被检验之前，便以无法想象之名被排除了；而且，那是基于一股旋即服膺现有秩序的力量、不得不然的态度，于是乎，去舍弃那已被拒绝的或钟情于那不可规避者。①

上述定义就是逆来顺受已烙印在客观结构中又被主观倾向系统照单全收的命运，比起**认命**（*amor fati*）之说，其实既没有更清楚，也没有更严格。更何况，历史不乏这类主观期望与客观概率的落差。甚至，我们可宣称，这一差错正是推动历史的最强大动力之一。布尔迪厄并非没有考虑到这一事实，而为了将之概念化，他则透过迟滞这一借自物理学概念的落差形式，来描写即使促成现象发生的原因已经消失了，现象本身却仍然持续发生的事实。不过，我们仍应补充的是，惯习的观察基础是统计性的：关于这些倾向存在与否的问题，我们所能提出的结论，往往是依据在集体性的实体中所观察到的规律性，至于内化的过程，则依然没有被拿来分析。

因此，惯习理论乃处处与理性行动者之理论相左，而且，无论是与理性选择还是与方法论之个人主义说这些理性强度看似不同的学说，惯习理论都大唱反调。若要大致简述惯习与理性行动者这两大理论间的差异，我们或可主张：首先，行动的裁决是由于对现在这一时间的优先重视；所以，理性便是它在此时此地激荡出来的产物。或者相反，行动在以过往为优先时，才能被激发出来；所以，在与社会空间的初级关系中所养成的倾向，就会变成态度或是立场，且丝毫不需要事先假设是否存在着某种深思熟虑的意识。另外，在几乎无须思索的行动与具有自觉的意图之间，以及在瞬间似有顿悟的调整与策略乃至算计之间，也同样存在着一套对立系统。这种配对之所以在学院间大受欢迎，是由于它们简单明了，又看似极有效率。即使是你来我往的反驳议论，也都规则化了：当我们批评行动者模型时，我们往往很固定地去援引一个抽象不实、不受社会决定论约束的理性主体。至于论及一个被社会化的施为者模型时，我们则抨击唯社会论，即那套始终重复着个体是社会结构与社会体制之玩物等的论调。无论在哪一种批判模式中，行动都是可被固定成形的。至于这些解释性假说的经验效力，则未必受重视，此乃由于：第一个模式经常成为内省

---

① Bourdieu. *Le Sens pratique. op. cit.*：89.

(introspectif)类型的合理化对象，以至于往往赢得相当大的讨论空间；第二个模式则争论着内化基模所拥有的那些模糊不清之可替换性，但又不以为提供具体证据是必要的任务。

在这两套发生于社会中之行动的定义里，的确，其中一方，由于可以轻松地在所有的社会学公设中穿梭，于是便比另一方更"社会学"：就初级社会化处于优先地位的确定说法而言，惯习理论也不过是其中一种极端彻底的形式；但初级社会化处于优先地位的主张，其实是无法与社会学成为一门科学的发展过程割裂开的，涂尔干与帕森斯都赋予这一主张极大的重要性，即可说明此事实。布尔迪厄本人并未明言，但他的确处于这一传统中，且这正是其整体性理论乃专属于社会学的保证。所以，将惯习缩减为一个社会规范之身体力行的议题，很明显是极为不当的；尤其是因为布尔迪厄曾刻意地避免规范这类用语。他也曾试着去解决施为者与外在世界的个人关系以及客观结构所制造的压力这两者之间的矛盾（antinomie）。在社会科学领域中，举止倾向等内化是社会学的专属之地，尤其是众社会学者都严格把守这一阵地，以免其他学科前来叩关。而理性的行动者这种原子论般的理论，则往往被包装成是反社会学的。例如，其倡议者往往必须自己归队到经济学说之林，或者他们不得不大肆抨击那些从集体意识的假定上发展出来的论述——或者，采取更简单的做法，去痛击那些单一实体远非诸多个人意识之总和的说法——这些主张往往都具有意识形态上的偏差。这些让学院论战与现实脱节的争吵，并非最重要的：无论是原子论说，还是往往只集中于某单一形态化过程的倾向内化主张，它们的共同点是，在面对经验调查的挑战时，都祭出无懈可击的概念化过程作为武器。因此，就如所有的社会化理论一样，惯习依然是个黑箱子。若要一窥究竟，则必须借用社会学以外的知识，例如，认知科学，但这又等同是拆除社会学的家园般。

丹尼斯·朗（Dennis Wrong）曾写过一篇非常著名的文章，并首次敲响帕森斯之结构功能主义的丧钟。这篇文章论及在现代社会学中人往往被过度社会化。[①] 然而，惯习这一理论，或可让我们摆脱此情形。丹尼斯·朗开宗明义地指出，尽管时间流逝，社会学的中心议题始终不变：为何个体会去服从一个集体秩序？涂尔干的解答是：首先，宣称约束是外在于人的，一旦加诸施为者身上，便会产生不由自主的态度，然后，涂尔干以所谓毫无限制的欲念来检验这一态度。这是由于社会是确切存

---

① Wrong. The oversocialized conception of man in modern sociology. *American Sociological Review*, 1961, 26（2）：183-193.

丹尼斯·朗（Dennis Wrong, 1923—2018），加拿大裔美国社会学家，曾于诸所大学任教。——译者注

在着的，是在所有个体之外的、**独一无二的**（*sui generis*），因此，克洛德·戈蒂埃所谓的"**社会的力量**"（*force du social*）若能产生作用，便是可能的事情。个体无时无刻不与这一真实存在的现实正面冲突，最后只能克制欲望，并感叹约束力量之强大。在涂尔干的概念化过程中，正是制裁作用发挥了这股提示性力量，这是为何其著作总强调法律的约束力，这也是为何其法律事实几乎总被套在道德事实上："若要论及道德与法律事实——我们可简言之就是道德事实而已。"① 因继承哲学传统，而且是直接受到卢梭的影响之故，涂尔干在**双面人**（*homo duplex*）理论中，提出两大个体性（individualité）。第一是与生俱来的，自然天成，非社会影响所致，而且不会因集体约束（contrainte collective）的效应而完全消失；第二则是欲望的自我限制，宛如社会力量的个人化表现，该个体形式却可能在那些只能被视为病态的情形中消退，也就是在失序（anomie）、社会力量衰微之际消退。②

所有的社会化理论本身内含的困境在于，必须去设想社会约束之外在性质与内在倾向之力量这二合一的整体是如何导引着人的行动举止的。根据帕森斯所言，涂尔干并没有忽略这一点，并在其生平著作中逐渐修正。帕森斯在《社会行动的结构》（*The Structure of Social Action*）的某一章节中坚持，涂尔干很清楚社会力量不能简化成人生困境。由于受到弗洛伊德之著作的启发，帕森斯便在名为"外在束缚的本质并非一成不变"（The changing nature of constraint）这一章节中建议，应该扩大社会化这一概念，并结合在制裁制度（système de sanctions）中社会化所表现出来的那些调节面向，意即在社会学概念网中引进超我（surmoi）的概念，以扩大其心理面向。③ 从此以后，内化过程便是透过规范的自我压制。丹尼斯·朗指出，这个社会学的超我，最后被视为学习的产物，或是透过约定俗成的**习惯养成**（*habit formation*）而成形。④ 因此，原本弗洛伊德指出的那种澎湃激昂的面向消失殆尽，若想以精神分析为依据，也是于事无补的说法。实际上，对弗洛伊德而言，超我越是深入人心，当事人就越容易由于罪恶感与焦躁不安而感到痛苦。但在功能主义之社会化过程里则完全相反。如果个体的所作所为不符合内化的规范，那他就会深感罪恶，整个过程最终则是，个体由于符合要求而喜乐舒畅。

帕森斯引进了超我，却忘了本我（ça）、本能般的生活，以及此本能生活的冲动

---

① Durkheim. *Leçons de sociologie*. Paris: PUF, 1958 [1922]: 42.
② Durkheim. Le problème religieux et la dualité de la nature humaine [1913] // *Textes*, 2. *Religion, morale, anomie*. Paris: Minuit, 1975: 23-59.
　Anomie 是涂尔干发明的词。——译者注
③ Parsons. *The Structure of Social Action*. Glencoe: The Free Press, 1949 [1937]: 378-390.
④ Wrong. The oversocialized conception of man in modern sociology. *Art*. cité: 187.

第二章 惯习——甘冒分崩离析之险?

性。涂尔干并没有读过弗洛伊德,但比起帕森斯那般摩登又不痛不痒的用语,他却很可能比帕森斯更清楚地考虑过外在限制的问题。二战后的西方主流社会学是一整套服服帖帖地接受了社会规范的社会学说。比起同一时期对于悲惨世界完全无动于衷的社会学论著,华特·迪士尼的电影情节更悲观难耐。所以,若想试着拉近帕森斯与布尔迪厄的距离,这并非明智之举。布尔迪厄从未停止大肆抨击功能主义,而且他的研究计划点出了社会空间生产中象征性暴力的中心地位,以及无所不在的烦恼苦痛犹如人类之存在模式般。布尔迪厄期望建立某整合系统(système intégré)的研究计划,但这并不足以用来拉近他与帕森斯的距离。不过,为何我们不能主张,在认命这一概念里,还有在施为者处于其客观条件中所表现出来的那种似有顿悟般的调整①中,有些事物与丹尼斯·朗在其论文结论中所揭示的社会化形式可说是有着千丝万缕的关系?特别是,丹尼斯·朗批评帕森斯赋予稳定性、社会整合过多的重要性,继而打造出一种没有肉身的人性。针对这一点,问题应该还是开放未结的,不过,这牵涉的是社会学整体:即使我们与该学科之一贯作风分道扬镳,但我们难道不是常常过于高估反复灌输机制的社会化力量吗?

我们经常指责涂尔干赋予社会过多的权力而使个体窒息,然而,若更仔细地阅读其著作,便会发现其取向是更复杂的。至于涂尔干的继承人,无论对社会空间抱持何种看法,则往往照单全收社会化这一概念。实乃因为社会化是其荣誉与图腾来源。就此而言,惯习则是最精致的形式,但也无法避免概念本身所带来的困难。例如,是否可以惯习一说来解释恐怖分子的行为呢?是否又可用倾向一词来思索欧洲犹太人大屠杀呢?我们大可反驳说是,我们往往忽略了社会力量的成立条件,或者,在历史上,社会力量的运行并非以单一手段。其实,少有社会学家愿意冒险去分析这类事件,然而,自现代性兴起以来,集体暴力从未停止其暴虐作为,仿佛社会空间的组成就是一整套服膺于强制秩序而产生之标准模式。当布尔迪厄与帕斯隆共同发表关于教育制度的研究成果时,他便经常被指责是听天由命者:他一生从未放弃他以尼采学说而提出的认命说,因此,似乎让人很难想象集体行动可衍生出任何改变。这甚至是二十世纪七十年代在布尔迪厄与其拥护者之间不时掀起的争端。

对于惯习这一概念的哲学来源,犹如其他学者,哲学家埃尔韦·图布尔亦提出质疑。②他主张认命说的源头,并不在尼采的**就说是**(*Ja-sagen*)这句话。图布尔提出的答案是相当具有说服力的。这是由于我们都知道,布尔迪厄的成功多少是拜吉

---

① 即 ajustement préréflexif。——译者注
② Touboul. Pierre Bourdieu et les horloges de Leibniz//Cahiers du Lasa. *Lecture de Pierre Bourdieu*,1992:257-276.

罗尔之赐,而吉罗尔正是热拥莱布尼茨的读者。图布尔毫不费力地证明了布尔迪厄在《实践理论大纲》一书中的理论说明有很多援引自莱布尼茨。无论是社会学家还是哲学家,都想针对世界提出一番说明,但布尔迪厄,一如莱布尼茨,未必需要去歌颂这一尘世本质。布尔迪厄试着去解决社会秩序这一问题,但他不同于一般社会学者,不以霍布斯的语言着手,而取莱布尼茨这一路径。他在圣地亚哥的那场演说开启了他的美国学术生涯,就这一议题,他很明白地说道:

> 的确,透过惯习、倾向与品味,而在立场态度与实际作为,例如,表达出来的偏好与高申之意见等等之间所建立的对应关系,都使得社会空间未必像是一团乱象,未必完全失去了某些不可避免的事物,或因此以毫无章法的方式搭建出来。①

与乱象相反的是,社会空间呈现出紧密的结构,并反映了一套秩序,并且该秩序是透过惯习这一技巧而将社会空间里的不同成分搭建起对应关系后所得到的成果。因此,惯习是秩序操作者,也是调节机制。当布尔迪厄必须去思考社会空间的秩序时,往往援引诸多向莱布尼茨借来的隐喻。其中最著名的便是时钟的比喻,在《实践理论大纲》以及《实践之道》中,布尔迪厄都间接地说道:

> 假设有两座时钟或两块手表,其运转完全同步一致。我们可用三种方法来达到目的。第一,就是让它们彼此产生影响。第二,就是派一名技术高超的钟表匠在每分每秒随时待命去调整它们,使之能够同步运转。第三个方法,则是为了保证两者日后的协调,便以最巧妙的技法与精准的技术来制作这两个钟表。②

除了钟表之隐喻外,还可加上没有指挥家的乐团这一比喻,这说的是同一件事情,但赋予另一影像。惯习的调节所衍生出来的自我组织(auto-organisation),使得造物主的想法成为多余。因此,社会秩序乃是根据惯习间的对应关系而自然生成的。图布尔为惯习与莱布尼茨学说中的单子搭起桥梁,极具启发性。这能让我们去设想,社会空间宛如一个不需彼此沟通而各单位自可和谐融洽的世界:这是由于单子——

> 既无大门也无窗户,但却无法禁止它们彼此互相沟通。惯习的总和从来就不是个体间高度认同所制造出来的,但总是建立在诸个体倾向系统之间的对应

---

① Bourdieu. *Espace social et pouvoir symbolique*. *loc. cit.*:157.
② Leibniz. Second éclaircissement du système de la communication des substances (1696) //Bourdieu. *Le Sens pratique*. *op. cit.*:98 - 99 (*Esquisse d'une théorie de la pratique*. Genève, Droz, 1972; rééd. Points Essais, 2000:271).

关系上,"每一个体倾向系统,都是其他个体倾向系统的另一结构变化,并借着其他倾向系统来表达阶级内部与运作轨道中每一倾向之立足点的独特性格"。①

毫无疑问,《实践之道》所介绍的惯习最完整又最具理论性格:强调的是有条理又各有其位的世界观,于是,大众化的茴香酒与红葡萄酒便与资产阶级之威士忌酒对立较劲。在这里,布尔迪厄的决定论,与莱布尼茨为了思索世界秩序而宣称的充分理由原则(principe de raison suffisante②)是彼此唱和的。也就是说,存在着一些虚无之外的东西,而这些东西的存在并非偶然。布尔迪厄曾在某一对谈中表示,"亦如所有的科学知识,社会学也接受那意味着充分理由之法则般的决定论法则。科学应还原诸事物本身之理,甚至因此假设没有任何事物是没有存在理由的。社会学者又添加了社会这一理由:没有任何存在理由本身是纯社会的。"③ 然而,我们不能因此断言《区分》是一本**社会神义论**④(*Théodicée*)著作,并以为爱好成癖的世界里的每一成分——茴香酒与威士忌、红肉与鲜鱼、芦笋与大葱,都各有其位且遵循着事先已制定又永恒不变的大同轨道。布尔迪厄当然很清楚,他同事中诸多人是饮茴香酒之余又品红酒的。若说阅读布尔迪厄的惯习理论述说后,常会让人以为他有一项社会正义般(sociodicée)的研究计划,或是他拥护一个构造完美的世界,其实他也为具有洞察力的读者提供了一些思考工具,以摆脱那种社会自律自转、人们对其一己作为都浑然不觉的印象。

关于布尔迪厄之惯习说,我们可提出的第一要点就是,大量应用策略一词。我们不需非难布尔迪厄,以为他无法理解"浑然不觉的策略"(stratégie inconsciente)是自我矛盾的。这种一而再再而三地引用策略一词的现象,可解释成是,为了避免他步步为营打造出来的结构论说,因其细密周到而将个体转变成社会机器人。莱布尼茨般的隐喻可能是误导性的:个体可能看起来像是钟表,但个体毕竟不是钟表。我们必须牢记的是,如果策略一词主要是为了说明实际作为的表现,以至于策略与算计是毫无关系的,那就意味着策略未必是毫无自觉的。针对这一点,《区分》表达得很清楚:

---

① Touboul. Pierre Bourdieu et les horloges de Leibniz. *art. cité* (citation du *Sens Pratique*, *op. cit.*: 101).
② 其原义是万物皆有其理由,有果必有因。此为莱布尼茨之形而上学、物理学与伦理学之共同法则,若无理由可言,那世界便是荒谬的。——译者注
③ Bourdieu. Le sociologue en question. *Questions de sociologie. op. cit.*: 44.
④ 这是莱布尼茨在讨论上帝的至善、人类的自由与罪恶的来源时提出的概念,最终用以合理化上帝的至善,即使明知人间是充满了罪恶的等事实与矛盾。于是,在形而上学的领域,就成为以经验和理性来处理上帝的存在与本质的问题。——译者注

再生产的策略，即是所有看似千奇百怪的实际作为。另一方面，毫无自觉地或是心知肚明地，诸多个体或家庭都通过这些作为来保存或是增加资产，然后，连带地去维持或是提高他们在阶级关系结构中的地位。因此，再生产的策略就构成一整套系统。又，由于该系统是依据同一具统合力并促进生成之法则所衍生之物，所以，它便以这般面貌来运行或是自我转换。①

若说策略总是一再被描述成是惯习即某统合法则的单位，如此一来，每单一策略便由于其异质性与多元面貌而各显春秋，于是，这又使诸意识状态呈现出程度不一的景象。虽然在布尔迪厄选择的词中，"**朝向**"（*tendent à*）——他往往偏重这类表达方式，以避免提出过于果断的说法——并不等于"力求"（cherchent à）这类我们期待中的策略性语言，但是，再生产之种种策略的确能够包纳某种意图性。犹如阿兰·德威尔普（Alain Dewerpe）在某篇讲稿中所强调的，这是因为布尔迪厄并不相信策略性用语。② 如果使用策略这一概念，"等同是鼓励激进的谬论，也就是提供一套模型，用以解释真相的存在，进而补足了用以描述真相的模型，但又忽略了'事件过程就好像是'的论调，它总被用来定义理论性论述的自身地位"③，那为何布尔迪厄会持续使用该词呢？根据德威尔普的看法，这是由于策略是一种"很空洞的观念，一种悬而未决的想法，令人进退两难"。所以，策略的要义就是双非策略：既非理性的算计，亦非使个体销声匿迹或矮化退缩。这便使之与其敌手——阿尔都塞的那些学子完全不同，他们往往将个体削减成结构的支架。用策略这一说法，是为了避免将个体化约为一座可当衣架用的雕像。不过，这种说辞也是很危险的，因为我们可以重新植入一些浑水摸鱼般的意图性，乃至算计伎俩。在日常生活中，最稳当的策略就是那些看似不是策略的策略。所以，鹤立鸡群的追逐赛中，便由于此非强求且看似是对钟爱事物不由自主的表现，而变得更有效。但小资产阶级隐约地感觉到哪些可能是区分策略，于是刻意去应用这些策略，以便让自己看起来像是资产阶级。不过，他绝对会失败，而且若套用布尔迪厄残酷的语言，这类小资产阶级注定只能以"**假如我是真的**"（*en simili*）来度日。他无论怎么努力，就是笨手笨脚、错误百出：他老是使出吃力不讨好的伎俩。至于资产阶级，他不挖空心思，却屡战屡

---

① Bourdieu. *La Distinction. Critique sociale du jugement*. Paris：Minuit，1979：145.

② Dewerpe. La stratégie, chez Pierre Bourdieu. Note de lecture. *Enquête*，1996，(3)：191-208.
阿兰·德威尔普（Alain Dewerpe，1952—2015），法国历史学家，主要研究领域是现代工业社会、社会运动等等。其遗作 *Charonne, 8 février 1962：anthropologie historique d'un massacre d'Etat*（《一九六二年二月八日夏隆地铁站事件：一件国家主导的屠杀事件的历史人类学研究》，Gallimard，2006），几可视为其自传。——译者注

③ Bourdieu. *Choses dites. op. cit.*：80.

第二章　惯习——甘冒分崩离析之险？

胜：这是一名不费吹灰之力的战略家。在此对照中，战胜者的无意识状态是好运不断，而失败者的有意识状态却是晦气满天。重新检视其品味社会学，可让我们划出一条一分为二的界限，但实际上，该界限未必存在。布尔迪厄拒绝在有意识与无意识中做清楚明白的划分，不可否认的是，这一选择可让他自由操作惯习那种介乎反复灌输又无可自主的过去与当今生动活泼的技巧之间的切换器作用。如此一来，他便让读者，尤其是那些打算应用其概念系统的社会学者处于进退不得的地步。

在惯习这一复杂概念中，第二个必须考虑的要素就是，个人嬉戏/竞赛（jeu）之性质是有所差别的。众所周知，布尔迪厄眼中的个体，总是随着个体投入竞赛之程度而产生定义差别。若说人生到处都是竞技，这就表示，以 jeu 一词的嬉戏意味而言，这已非儿戏。而原因就在于，真正的竞赛预设了事先准备、练习与计谋，而且包括在场地上的走位路径，都必须仿真到自然而然的地步。布尔迪厄非常熟悉运动这一领域，因此，他必然明白赛事未必完全由参赛者的惯习或资本结构来决定，否则根本就无竞赛可言，裁判在开场之前就可以宣告输赢了。基于对此事实之体认，布尔迪厄接受参赛人大抵都努力奋战的可能性。然而，这对身为橄榄球之爱好者的布尔迪厄来说是天经地义的，但对作为社会学家的他来说，却未必如此。以下摘文出自《说过的话》一书，它流露了在布尔迪厄诸多专题著作中，未必明显可见的妥协性：

> 所谓技巧精湛的玩家，多少是由于形势造就了人，他在该出手的时候适时出击，去做竞赛要求的事情。这也假定了一套**随时响应**（*invention permanente*）的必要做法，以便适应千变万化、绝不可能雷同的情况。因此，便无法总是不假思索地服从清楚明确、层次分明的规定（若规定是存在着的）……其实，游戏规则未必是绝对的；无论是在社会中还是在某运动团队中，对每个人而言，它未必总是公平的。偶尔还根本无规则可言。①

在这里，值得注意的概念就是随时响应的主张。尽管我们事先假定，不同参赛者所备资源是相当的，还有每一场比赛的形势也是绝对不同于以前的，然而，随时响应的说法还是让无法确定输赢的竞赛重新具有不凡的意义。参赛者失误的可能，其实就是比赛的条件本身：布尔迪厄在刹那间体会到这一点，但是他不认为在他的概念系统中必须针对这一点提出更深刻有力的结论。

第三个值得注意之处出现在《实践之道》一书中，并将影响到惯习概念中没有区分清楚的力量，即集体行动（action collective）的问题。布尔迪厄虽然不得不论及

---

① Bourdieu. *Choses dites*. *op. cit.*：79.

此点，"倾向与机会两者间的辩证，作用在每个特定施为者身上"①，但在其研究论著中，其实并不常见。一个人并不会由于拥有某些倾向便必然随时表现出来。时机之波动力会使惯习失效。我们往往会错失良机，而且比掌握它还更频繁。一般而言，惯习与形势两者间的游戏规则是借由迟滞而表现出来的——我将会再回到迟滞这一点。深植于过往中的惯习，往往以一种冰冻三尺的样子表现出来，这是落差的来源，或者以一种机械式语言而言，这是由于无法明了现在以掌握现在，所以产生一种加速却无法启动的窘况。② 这一落差未必是惯习减弱的征象，却毋宁是其冲撞力的表现：由于惯习是完全以过往的经验打制出来的，所以它注定以过去种种来想象当今与未来。在布尔迪厄的理论建构中，落差的定义只存在于倾向与形势间而无其他考虑，所以便不容许产生能抓住机会、与过往告别之策略。换言之，被专研集体行动的社会学者名之为时机结构（structures d'opportunité）之物，正可让窥见者提早应付社会变迁以扭转乾坤，但布尔迪厄却故意忽略这一点。就此而言，惯习理论更适合用来掌握社会再生产的情况，而不是新发明或是分裂局势。

第四点，也是修正版之惯习理论的最后一点，大抵也是最重要的一点：该理论系统只有寥寥几个彼此相关联的概念，但布尔迪厄强调应去做深度开发，或偶尔也去反复检验这些概念间的相关性，因此，若在如此之理论系统中引进一个新的概念，那便是非比寻常之事。悖反的惯习便是其中之一。这一概念极可能验证了以惯习概念来设想非直线进行的人生轨道所遇到的困难，尤其是，当次级社会化中需穿越的社会空间已截然不同，初级社会化的效应便备受挑战，甚至被质疑。

在他晚期的文章里，尤其是在《帕斯卡尔式的沉思》一书中，布尔迪厄逐渐远离其理论系统中最严峻僵硬的主张。惯习与场域之间那种似乎事先就已建立的默契，依然是链接其系统中诸成分的关键，开始被打上问号。惯习不是"可靠无误的本能"③。倾向与客观条件间那种事先便已设定好的适应关系，只不过是它们诸多关系中某一特殊案例。若说以统计而言，则这些调整适应是最常见的例子，但这不能证明此乃举世皆然。惯习既不必然可适用于各种情况，也未必协调一致。针对这一点，布尔迪厄日后所做之修订，已与《实践之道》中那套必然如此的论调大不相同，而且，我们似可预料，通过这一小小的修正，他可能使其理论系统改头换面。针对这一演变，实际上，布尔迪厄援引了一个连在批注中都没有说明的概念，但是，其忠实的长年读者依然可一眼认出，那就是**地位结晶化**（status crystallization）。这是一

---

① Bourdieu. *Le Sens pratique. op. cit.*：100.
② *Ibid.*，p.102.
③ Bourdieu. *Méditations pascaliennes*. Paris：Seuil，1997；rééd. Points Essais，2003：229.

九五四年时，由格尔哈特·伦斯基（Gerhard Lenski）提出的，用以思索韦伯学说中**地位**（*status*）这一解释力实则有限的概念。① 单只是地位，并不足以明白个体在社会空间中的实际处境，因而必须将之拆解成各种不同的属性：其内容的异质性，可达到彼此格格不入的程度，因此导致地位暧昧的可能，并产生不等压力。

尽管引用一个使美国功能论之社会学大行其道的概念是很讽刺的，但我们无法否认的是，惯习的定义由于这一弹性的释出而焕然一新。换言之，惯习不再是单一成型的零件；而且，它被认为可能是个混合物：如果诸多零件能随时互换调整，那么个体也将随之调整其倾向，以配合场域的实务逻辑。相反，若是在某坎坷错落的经历后，各成分间产生对立矛盾，那么就会出现一种**双重限制**②（*double bind*）的局面，并使人烦恼丛生。如其一贯的作风，布尔迪厄仅偏向处理这些悖反惯习中的负面层次：社会生活之苦，以及难以在社会空间中获得立锥之地，都是这类悖反惯习导致的结果。布尔迪厄并未论及，有些个体在社会空间中的经历不同寻常，但他们似乎并没有因此陷入生存危机之中，而是相反，促成其自我更新茁壮：这正是海德格尔的人生经历。布尔迪厄也曾做出非常精湛的海德格尔研究，但是他没有说明的是，海德格尔将其身体力行的农家惯习视为首张哲学王牌。在《帕斯卡尔式的沉思》一书中，有那么几页笔触不凡，布尔迪厄似乎重新加入了他在《实践之道》这本恍如教义说明的书中被排除的成分：学习经历间的偏差、偏好间的冲突，以及调整适应过程中游移不定的特性。社会中的施为者从此脱胎换骨：纵使可能被违逆悖反撕裂，却依然能静坐反思，而在早期《实践之道》一书中，似乎根本排除这一能力。换言之，即席的音乐演奏中也飘着几丝当下反思。惯习所面临的一些紧张时刻及其失败经验，都将带来务实省思的大好良机，而且，这些省思也都将持续紧扣着人的一举一动。

我们不需隐瞒的是，新版的惯习比旧版的更令人满意。虽然新版之优先性依然建立在过往之上，但它却开启了因社会互动而激生之随时修订的可能。一个网球选手大可在发球失误后，调整姿势以修正不良的动作。惯习将随着外在环境而不时调

---

① Lenski. Status crystallization. A non vertical dimension of social status. *American Sociological Review*，1954，19（4）：405-413.
格尔哈特·伦斯基（Gerhard Lenski，1924—2015），美国社会学家，以社会体制、地位身份、宗教、社会流动等研究领域著称，其地位结晶化之概念通常与地位不一致（status inconsistency）一起应用，而且，一个人多面向的地位结晶之间的联系是不堪一击的。——译者注
② 一般主张该说源自格雷戈里·贝特森（Gregory Bateson，1904—1980，人类学家、精神病学家，后转向知识形成等议题）：当一个人接收到两种以上彼此矛盾的信息时，可能产生困惑并感到痛苦；这经常发生在个体间一方乃支配者、另一方为受支配者时。——译者注

整。它不再是非一日之功而砌成的牢房，甚或还幽禁着现在；它从此敞开大门，欢迎门庭若市般的互动往来。如此这般的修订，促使布尔迪厄回头检视他最初的参考基准，也就是莱布尼茨，并从此走上与事先就安排妥当的谐和秩序不太相同的方向。莱布尼茨曾说："我们十之八九的作为都是根据经验法则。"惯习的最初定义所能大致涵盖的行动，正是这些可自动调整之经验性作为的内容。然而，剩下的那十分之一二呢？这关系到的是反思行动形式，它假定了自我修正、调整的能力，且该能力不再是长年养成之不由自主的反应，而是面对自我之余自我检讨的能力倾向，另外还能针对未来先行采取预防行动。在布尔迪厄的晚年，在那现在看来像其教条的遗嘱中，他重新开启了可能空间。这与潘诺夫斯基笔下的圣德尼修道院中的苏杰神父①、与"习惯养成的力量"相去甚远，乃至潘诺夫斯基所述最后看来只像是个反复灌输后的特例。布尔迪厄不再需要援引超自然般的隐喻，以思索惯习与场域之间的适应调整。原本当我们翻开《实践之道》一书中"信念与身体"（La Croyance et le corps）那一章，我们可感受到，在通过体育运动来定义的游戏规则中，布尔迪厄看到的是，"在惯习与场域间，还有在覆载于肌肤躯体上之经历与被视为客观存在之史实间，一种几乎可说是奇迹般组合又差不多精确无误的想象"②。在其晚年，他不再相信奇迹，也不再信服惯习与场域间完美无瑕的合奏。他的理论更具弹性，但是，具统合性之惯习的解释力则开始减弱。

我们能否讨论所谓的惯习之解释力量呢？弗朗索瓦·埃朗（François Héran）在一篇颇具震撼力的论文中，针对惯习之说的系谱学，提出至今依然无人可比的分析。但当时布尔迪厄则相当愤慨，因为他觉得那像是为了攻评他一手发展出来的理论建构之独特性。③ 欧根·芬克（Eugen Fink）曾区分胡塞尔提出的主题概念（concepts thématiques）与操作概念（concepts opératioires）④，埃朗则以此为基础，详加探究布

---

① 苏杰神父（Suger，1081—1151），法国圣德尼修道院（abbé de Saint-Denis）的院长，一般认为他有力提高了皇家宗教的力量，进而加速了中世纪法国国家的统一大业，并且推广哥特建筑，尤其是出于美学之考虑，因而开启建立法国国家文献档案的基础。——译者注
② Bourdieu. Le Sens pratique. op. cit. : 111.
③ Héran. La seconde nature de l'habitus. Tradition philosophique et sens commum dans le langage sociologique. Revue française de sociologie，1987，28（3）：385－416.
弗朗索瓦·埃朗（François Héran，1953—　　），法国社会学、人类学与人口学家，早年于埃及、西班牙与玻利维亚等国家从事与农村社会学相关之研究，返法后曾服务于国家统计与经济研究所，二〇一七年当选为法兰西公学苑院士，主持"移民与社会"讲座。——译者注
④ Fink. Les concepts opératoires dans la phénoménologie de Husserl. Cahiers de Royaumont，1959 （3）：214－230.
欧根·芬克（Eugen Fink，1905—1975），曾先后为胡塞尔与海德格尔之助理，于德国、比利时两国任教，他在现象学之发展过程中所扮演之突出角色最近才开始受到重视。——译者注

尔迪厄的理论尤其是早期版本中惯习一词的地位。在布尔迪厄最初的理论中，惯习之概念组成了理论的主题，而后则不再是一般所谓的研究对象，但在理论中发挥实际作用，并在整个理论系统的链接中扮演决定性角色。正是在这个理论系统之链接的关键上，惯习乃其要件，另外，如我们之前已讨论过的，与惯习相关联的利益或策略也都是链接系统成分的要件。在一番抽丝剥茧后，埃朗证明了"（惯习这一概念应用的）惯有结构乃是建立在我们可称为**中介**（*médiation*）与**切换**（*commutation*）的基模上。惯习隶属于众多学者都曾试着加以抽离出来的'中间性概念'，即介于主观与客观之间，介于个人与体制之间。例如，'异化''态度'或'集体成员的**精神气质**'（*ethos*）等等"[①]。惯习是将过去经验的沉淀翻转成当下的棋子。因此，我们由被动转为主动：在炮轰般的反复灌输中，我们守株待兔；在社会生活中，我们主动出击。由于翻转切换的效应，惯习由产品脱胎换骨为生产者。一九七二至一九八〇年间，布尔迪厄多次根据惯习的典型意涵来澄清惯习的切换能力（force commutative）。埃朗强调的就是（而他是第一个做此尝试的人，当时布尔迪厄的读者尚沉醉于布尔迪厄那既怪异又熟悉的诡辩中。怪异，乃由于这是首次有人将辩术应用于社会空间的分析；熟悉，则是由于这些修辞依然完全以经院哲学的传统表达形式来发挥），虽然布尔迪厄再三重复惯习的典型公式，但他却没说明究竟被动是如何过渡到主动的。针对这一点，我们必须付出更多的努力，以说明究竟经验的沉淀是通过何种过程而变得活络生动的。我们可假定并非所有的成分都随时待命，而且存在着一套筛选原则。如果布尔迪厄有更充裕的时间，就如我们后来在《帕斯卡尔式的沉思》一书中所读到的，他势必能就修正后的惯习定义重新出发，并用以分析那些在犹如电流切换时发生差错而失手的一堆惯习经验；或至少，这些切换机制也会暴露在阳光下。在他层层追加的惯习定义中，惯习是个彻彻底底的黑盒子。若顺着埃朗的思路，则惯习的解释力量似乎是零。就个体与社会间的联结而言，涂尔干提出的原始议题，即社会外在于个人并且常被视为一整套制裁体系，则似乎蕴含着更多的开发潜力，这也正是社会学的中心议题。

就哲学史观点而言，埃朗的解析是非常杰出的，但也可依知识社会学的两大面向来解读：首先，这在于追究，就哲学或其他领域（特别是医学）而言，布尔迪厄赋予的定义，为何是受惠于惯习这个词的历史与该词的使用；而其关于惯习与现象学的关系这一问题更需要做深入研讨。其次，这牵涉到去探究诸多词语的科学定义，它们与这些词语的常识性定义的使用总是密切相关。也因此，社会学原本便总是摇

[①] Héran. La second nature de l'habitus. *art. cité*：393.

摆于到底该对圈内人传授还是该对外公开讲述，所以在面对此现象时，社会学的词汇究竟又是如何被此双重性钳制的。基于此，又由于惯习乃是切换机制与纯策略性之倾向两者交错下的混合体，故若要就布尔迪厄的惯习概念勾勒出一个轮廓，溯及起点的分析便将是重要的试金石。一如二十世纪中叶高等师范学院的文科班学子都经历过的，教条之反复灌输的强大力量在布尔迪厄身上所留下的深刻痕迹，都切换成以覆载于肉身之传统力量为基础的典型样貌。也正是在这一身体力行的传统中，布尔迪厄一生的著作在在彰显着惯有的基模，例如，他急切地想解决二律背反的问题，或者化解甚至传统本身也为之背书的种种错误对立，甚至是，立志建立一套可让先前理论系统之限制从此烟消云散的整体性理论。至于让能手之所以为能手的策略性倾向，其表现就在于局部地整合反对其理论之杂音的能力，而且其中一部分往往是以修辞风格来发挥作用，一如在圣地亚哥的演讲，或者以更具体实在的方式，《帕斯卡尔式的沉思》即为一例。

　　如果惯习可视为多少可用来管理社会机缘的整体资源，那我们现在就应去探讨理论系统的第三要件，那就是以各种不同样貌出现的资本。

第三章　形形色色的资本

某大众化杂志曾这样介绍布尔迪厄的继承者所发展出来的资本概念之各式应用：

> 这一阵子，四处可见冒出各种并非布尔迪厄本人考虑过的新类型资本。例如，有人提出"活动分子的资本"……"社会声望资本"（就大众阶级说来，由于身逢某处、去参加了一个不对外开放的聚会而获得的资源），或甚至是"游击资本"（这是指在都市郊区，在一些暴动局势中可动员的资源：体力、恐吓他人的能力、人际资本……）[①]。

如果详读引用这些不同类型资本的研究著作，我们立即就会发现，其实资本一词是可用"资源""属性""在某一体制中或在当下学成的能力""继承来的事物"来代替的。我们也很容易以为，无论哪种才能都可用相同的方式来描述：我们大可说，一名女大厨拥有丰厚的厨艺资本，如果她开餐厅的话，她就可以轻易地把厨艺资本转成经济资本（capital économique），或者，如果她主持一个电视节目的话，她便又取得了象征性资本（capital symbolique）。形形色色之资本可无止境地扩散，原因在于，终归说来，对职业军官或郊区的年轻人而言，他们各自的游击资本的本质是大不相同的。布尔迪厄本人并非制作这团雪球的始作俑者，而且，与攻讦者所言完全相反的是，他留给后世的著作，也不该被当作是真实无误的信条。资本是一个词，而不是一种方法。然后，其门生又在学院市场中哄抬其

---

① Molénat. Pierre Bourdieu (1930—2002). Une pensée toujours à l'œuvre. *Sciences humaines*, inédit Web, 2 novembre 2015. http://www.scienceshumaines.com/pierre-bourdieu-1930—2002 - une-pensee-toujours-a-l-œuvre_fr_28372.html.

价码，我们大可一笑置之，戏称这犹如一笔布尔迪厄资本。与布尔迪厄本人所强调者截然相反的是，场域、惯习与资本的概念应用往往是彼此割裂的，无法表现出一套系统连贯的面向（dimension systémique）。与经济资本相反的是，这些资本形式都无法进行尺度衡量。例如，郊区的游击资本无法以年轻人私藏的冲锋枪数量来衡量，而这并非只是因为准确数字难以获取而已。这类资本是综合了诸多资源的不同形态而形成的指针（人际网络、体力、占用公共空间等等），但从来就不是依此大杂烩般的样貌打造出来的。这类意涵的资本是一个模糊的概念，几乎完全由研究调查的背景来决定。

若要对这个现象加以检视，那就必须回溯在布尔迪厄一生著作的转折中资本概念的应用究竟有多少面貌。资本是可拆成不同类型的说法的，在布尔迪厄的理论中居核心地位。他也不是第一个将该名词拿来做模版般广泛使用的人。例如，人力资本（capital humain）的概念的产生，远在布尔迪厄功成名就之前：它首见于一九六一年西奥多·舒尔茨（Theodore Schultz）所撰之书，随后自一九六四年起，由加里·贝克尔（Gary Becker）发扬光大。[①] 至于人际资本（capitl social），若说自二十世纪初即有一些零星应用，布尔迪厄与詹姆斯·科尔曼（James Coleman）在同一时期所做的研究分析，则各自表现出相当不同的理论前瞻性。[②]

布尔迪厄早期关于阿尔及利亚的研究乃属练习性质，当时他接触到的经济学，是以阿尔及利亚社会发展极端不平等以及经济资本严重匮乏为主要内容的。若说向被看重的《阿尔及利亚手稿》一书的索引里毫不见马克思的踪迹，但随处可见涂尔干与韦伯，这一现象当然意味深远。当布尔迪厄有意提到经济学时，他倾向于引用

[①] Schultz. Investment in human capital. *The American Economic Review*，1961，51（1）：1-17；Becker. *Human Capital：A Theorical and Empirical Analysis，with Special Reference to Education*. New York：Colombia University Press，1964.

西奥多·舒尔茨（Theodore Schultz, 1902—1998），美国经济学家，以发展经济学著称，一九七九年诺贝尔经济学奖得主，长期服务于联合国等非政府组织；早期研究以美国农村经济为主，并构成其基础思想，例如，舍弃微观经济因素无法应用于农业发展、生产者的选择乃是非理性的等偏见。加里·贝克尔（Gary Becker, 1930—2014），美国经济学家暨社会学家，一九九二年诺贝尔经济学奖得主。以经济学家而言，他是首位将传统诸多社会学议题导入经济学领域者，例如，种族歧视、犯罪、家庭组织、婚姻选择等议题。又，所谓的诺贝尔经济学奖实由瑞典中央银行于一九六八年创立，与瑞典企业家诺贝尔（Alfred Nobel, 1833—1896）本人毫无关系。——译者注

[②] Coleman. Social capital in the creation of human capital. *American Journal of Sociology*，1988（94）：95-120.

詹姆斯·科尔曼（James Coleman, 1926—1995），美国社会学家，数理应用与分析之先锋，深受保罗·拉扎斯菲尔德（Paul Lazarsfeld, 1901—1976，参见本书第四章）影响，主要研究领域是教育社会学，其研究成果对美国教育体制之改革影响深远。——译者注

弗朗索瓦·佩鲁（François Perroux[①]）。但若贸然提出以下结论，则是相当不智的：布尔迪厄著作中不见马克思的踪迹，很可能不是因为有意疏忽，而是因为撰写文章时正值战争时期，而且其读者主要是一群行政人员。不过，这几篇初探性文章，却能大致勾勒出年轻的布尔迪厄之思想状况，那时他正在与阿尔及利亚社会这个他毫无准备的研究主题纠缠搏斗。而且，我们也可以看出当时的布尔迪厄是沉浸在什么样的学说中的人，也就是，他是一位不太受历史辩证主义教条感召的高等师范学院毕业生。若说我们可在《实践理论大纲》一书中发现几个参照马克思之处，而且，布尔迪厄的确也在某时或某地引介过生产方式（mode de production）的概念，但这却没有对当时已套上诸社会活动之整体经济体系之名的理论建构产生影响。与一般保守派批评相左的是，布尔迪厄不曾为马克思主义者，他本人也从不隐瞒这一点。在布尔迪厄早期的著作中，涂尔干，特别是韦伯，都在其理论系统发展中占有更积极的地位。不过，对资本概念的分析有助于了解布尔迪厄与马克思的关系，并能帮助我们思考，随着其政治关怀愈加强烈，这种关怀甚至在他离世的前十年几乎将他吞噬，是否可能在其生平论著中观察到某些演变痕迹呢？另外，某种非经济类型的资本，往往名之为象征性资本，则应重新解析。所谓的象征（symbolique），我们可简单地定义为就是那些非物质的或者那些不具实体的，实际上，并非都是自然而然的。

在进入布尔迪厄与马克思的关系以及象征性资本这两大主题之前，首先必须澄清资本这一概念：它究竟可分解成哪些不同的类型，还有，由某一类型转换到另一类型的能力高低。此非易事，原因在于布尔迪厄并没有如对待场域或惯习般为资本撰写等量的说明，然而，他又不断宣称，其分析模式只有在三大概念都聚合时才能生效。因此，我们必须回到那些不同资本的概念是同时存在于某一相同主题的论述；这特别牵涉到处理着卡比尔人婚姻的段落：

> 种种婚姻策略的逻辑与效力，一方面，依赖双方家庭所拥有的**物质性与象征性资本**（*capital matériel et symbolique*），更确切地说，就是他们的生产工具与人力多寡所代表的财富大小。这些人力是同时被视为生产与再生产的力量，却也犹如一股策略性力量，故可视之为象征性力量。另外，婚姻策略的逻辑与效力，也取决于这些婚姻策略的负责人，取决于他们通过这一物质性与象征性资本的灵活安排而让获利极大化的能力。这便意味着，婚姻策略的逻辑与效力，取决于当事人管理**经济的公理体系**（*axiomatique économique*，此乃就该名词的最广泛意涵而言）

[①] 弗朗索瓦·佩鲁（François Perroux，1903—1987），法国经济学家，自一九五五年起于法兰西公学苑执教，对法国经济学的基础科学方法论影响深远，力主对抗马克思主义于法国之主流地位，回归帕累托（Vilfredo Pareto，1848—1923）传统等。——译者注

的实际才能高低，不过，这一能力在无形之中受制于既定的生产方式。①

在这一段落中，资本以单数形式呈现，也似乎以一套统合方式在发挥作用，并结合了以生产工具为代表的经济属性，以及以人力为代表的象征属性。就人力乃策略性力量之化身而言，其影响范围就不只包括生产领域，还包括了卡比尔社会整体。所以，行动模式的检视仍然是通过经济生活进行的：这是布尔迪厄论及"灵活的安排""经济的公理体系""生产方式"等的原因。至于象征性力量，似乎产生着某些效应，因此就可以假定，这些效应在具有"最广泛意涵"的经济范畴中，扮演着巩固强化的角色。最后，不可否认，利益极大化这一主题决定了这些婚姻策略的本质。

所以，在物质性资本与象征性资本之间，便存在着一些互补空间，但我们未必能在实际状态下对其加以区分：至此，所牵扯到的对立面均属于方法论等人为因素。成婚人的家庭在建立婚姻关系之前，通过受委托的中间保证人所做的身家调查都要求实在，而且最主要的是，对方拥有之资本②的象征层面：就此，布尔迪厄论及象征性资产（patrimoine）、荣誉与享有声望者这一资本、婚姻联盟的性质，以及成婚者家庭在团体中的地位等等。布尔迪厄不止一次地以单数形式来表达物质性与象征性资本，或物质性与象征性资产的概念，仿佛是说，在一个全然导向传宗接代的社会中，资本这一事实拥有两张不同的面孔。经济分化（différenciations économiques）之阙如是如此地明显，于是，便为社会关系中的象征性面向腾出了一个重要位置。这也是由于生产工具（moyens de production）往往是集体而无分化（en indivision）的，因此，也没有衍生出明显的不平等，更何况当地农业收成不稳定，实在无法累积出剩余物资（surplus）。我们大可结论，卡比尔社会的特性是物质性与象征性事物都不具分化形式。所谓的象征性，这一个形容词同时对应着两个彼此邻近但意义全然不同的主题：物质的与经济的。象征性这一形容词指的是，所有不具物质形态的社会事实，或者，其物质形态无法表达全部的意涵。文化物品便是这样一个例子。布尔迪厄将文化物品命名为"象征性物品"，于是，这便使之导向一种考虑着这些物品未必全然仅有经济层面的经济分析。这等经济分析涵盖了不同时间点的利润、威望或是安贫乐道等诸面向，也都抵抗着利益极大化的简单逻辑。在采取与唯经济主义的观点相对立的立场后，象征表明，在一个社会中社会事实未必仅来自生产领域，例如，权力与权势均非生产领域所产生。

《实践理论大纲》的结论似乎为某一研究计划拉开了序幕，但最终，布尔迪厄仅

---

① Bourdieu. *Esquisses d'une théorie de la pratique. op. cit.*：163.
② 该处资本乃单数形式。——译者注

第三章　形形色色的资本

以美中不足收场。他持续使用成双成对的形容词（例如，"重要的投资，无论是物质的还是象征性的"），而且，这是由于象征性资本的累积假定了某些时间投资，并因此缩减了在物质生产领域投资的种种可能，所以，他也指出"象征性资本的累积，仅在牺牲与经济资本相关之资本时，才有可能"①。在此分析中，两种类型的资本很明显地区分开来，即使在社会生活中两者之别并非如此清晰。社会施为者未必将象征性资产本身视为象征性资产："因此，唯有将象征性利润的每一个条目都写入账本，我们才能掌握行为举动中的经济理性，不过，唯经济主义则以愚昧之名将该理性全然抛弃；但我们须铭记在心的是，资产的象征性成分与物质性成分是毫无区分的。"② 原初社会之经济活动（économies archaïques）的特点是，就严格定义之经济活动而言，象征拥有优先顺位；如此之优先顺位假定了，人类学家操弄并区分那些对社会施为者来说构成了社会整体的成分。另外，人类学家也以其研究工具，或至少以模拟手段，处理了经济现象的象征层次，尤其是以定义狭窄之经济学说为基准时。这是为何，从此之后，当我们讨论象征性利润时，其实与讨论经济获利时毫无二致。经济学词汇的模拟使用，就因此成为可行之事，不过，很吊诡的是，这却是由于经济学，就生产系统这一定义而言，在社会生活中的分量着实有限。我们是否可因此大胆讨论或许有一抽象的记账法，或是，我们应该在隐喻层面止步？我们实在难以想象，一个调查研究究竟可以生产出什么样的会计账本。

自第一本理论著作出版后，布尔迪厄便建构出一个强大的研究工具，而且还将其应用在现代社会的分析中。然而，在经济资本于生产与再生产过程中扮演核心角色的现代社会中，究竟象征之存在是否仍保有相同的性质这样的问题并没有被提出讨论。同样，象征之经济化过程（économisation du symbolique）是人类学家的一种技术工具，用来打击某些经济学家狭隘的物质主义观点，也就是，那种认为去追求并非来自物资生产的象征性报酬乃是非理性的之主张。《实践理论大纲》的结论引入了资本具有不同类型的概念，也制订了一个可谓呕心沥血但并不只关系着卡比尔社会且远远超出该雏形的研究计划。该书结尾的句子很长，又绕了点圈子，这是由于资本类型的描写有两种不同方式，所以，必须细心详读：

> 社会团体所累积的资本是一股社会机能体的活力——在这里，或许是体能资本……"经济的"资本（例如，土地与牲畜）、社会资本与象征性资本，总是又偶然地与资本的其他类型占有结合在一起，不过，却又可能由于使用方式之

---

① Bourdieu. *Esquisses d'une théorie de la pratique. op. cit.*：368.
② *Ibid.*, p. 370.

别而增加或是减少——社会团体所累积的资本是可能以不同类型而存在的，而且，这些不同类型的资本虽然服膺于严谨的等价法则，也就是说，乃是彼此可互相转换的，却制造出特定的效应。①

在这里，象征性资本既是一种特定类型资本，也是一种可与其他类型资本共同累积出某些效应的补充物。就此，布尔迪厄揭示出一套可彼此转换（convertibilité）或是价值相等的法则，而且该法则随后又在其理论系统中发展壮大。因此，象征性资本被赋予了特定的地位。原因则在于，这一资本并不只是在某一时间点上的累积资本，如这一个可加减得出之整体中的某一成分而已。它是一个累积的加速器，不过，似乎比其他类型的资本。更脆弱。这则是因为使用常规之别，可能使之缩减。这原应该是布尔迪厄针对经济资本或体能资本所提出之分析，而且人们可拿来作掂斤播两之用，而他却绝口不提。《实践理论大纲》的最后一句话又让整个局面变得更复杂："象征性资本是一笔类式转变了的资本，也就是，'经济的'与体能的资本（*capital économique et physique*）移花接木后的样子，它的这个特征，就如它所有其他的特征一样，让它在某范围内而且只有在它掩人耳目时，产生其自身效应。另外，只有在偷梁换柱之际，属于同一笔资本的这些不同'**物质化**'（matérielles）类型，才回到其起源之处，就最新分析而言，便是回到使之产生效应之所在。"② 如果象征性资本是一种类型转变后的经济资本，那它就是某单一独立类型，换句话说，相对于一般资本类型，象征性资本的地位就变得不一样了。这是我们以为在前述定义中所读到的内容，甚至可能让我们产生错觉，以为象征事物拥有一己自主的形式。布尔迪厄将"经济的"一词加上引号的做法，使经济资本与劳动体力和象征事务区分开来，又使得整幅景象更加复杂。"经济的"资本是经济活动的某单一部门的表现吗？然而普通人类学却以偏概全？我们这里所需考虑的是，象征性资本的效应受制于其变色龙特质：其效力实由于不为人知（méconnaissance③）之故。

当他正在把关于阿尔及利亚的研究整理出理论模式时，布尔迪厄也在同一时间与帕斯隆进行着关于教育体系的研究工作，并赢得首次光荣。一九六四年出版的《继承人》（*Les Héritiers*）广受好评，偶尔还被视为一九六八年五月学潮的传声筒。

---

① Bourdieu. *Esquisses d'une théorie de la pratique. op. cit.*：375 - 376.
在此，"社会团体所累积的资本"是单数形态。——译者注

② Bourdieu. *Esquisses d'une théorie de la pratique. op. cit.*：376.

③ 亦有忽略、认识不清的意味，这也是随后段落中，当作者比较布尔迪厄与马克思理论时所采取的译法。在布尔迪厄一贯的双关用法中，该词往往是与 reconnaissance、connaissance 等相对立。此一配对所牵涉者，不只是针对某事实或现象，还有就是知识与科学的形构等问题，于是便如本书第二章所言，是一个认知问题。本书作者在第八章论及布尔迪厄与精神分析的关系时，将重拾该议题。——译者注

第三章　形形色色的资本

一九七〇年出版的《再生产》（*La Reproduction*）则是针对学校体系的支配机制所提出的一项非常具有说服力的新韦伯主义的综合理论评述。这一分析，与法国第五共和国那种技术官僚急欲鼓吹的教育观点大唱反调。而且，当时的新计划政权，为了整合法国的经济发展，组织了诸多委员会，而布尔迪厄与帕斯隆都曾多次拜访这些部会，故对其观点是相当熟悉的。另外，一九六六年时布尔迪厄也于午夜出版社（Editions de Minuit）主编了《常识》（*Le sens commun*）这一系列专著，当时他以达拉斯（Darras）为笔名发表论文；至于达拉斯这一名号，则取自他主办的名为分红（Le Partage des bénéfices）之讲座的城市名称①。在该讲座中，尽是与布尔迪厄交情匪浅的社会学者，以及学科素养精深的统计学家，其中某些是布尔迪厄在阿尔及利亚时的战友。该讲座的主旨是追问，自一九五四年起在法国社会里，究竟整个发展迅速的国内财富是如何分配的。让-勒内·特雷昂托（Jean-René Tréanton）对以此为题而出版的书相当赞赏，但在《法国社会学学刊》中，他写道：

> 虽然团队精神不容许他强出头，但很明显，团队指挥人就是布尔迪厄。整本书的导论、结论、承先引后的文章等等，虽然没有挂名，却都是出自他的手笔。整个讲座的主题呼应着他先前研究的主要关怀，而且，他的文笔既自然又生动。②

在《分红》一书中他自己的文章里，布尔迪厄主张："种种不平等似乎由物质消费领域（即使不同性质的差别并非不存在），转移到象征性消费领域。"③ 随之，他甚至又强调，象征性差别"意指，看起来就像是一个人的主要特质，如同存在是不能化约为物品的，总之，这就像是一种天性，然而，却是修养而成的，也就是，锻炼修养转变成自然天性，亦如神宠与天赋。"这本汇整了讲座论文的专著，以及布尔迪厄与阿兰·达贝尔合著的《艺术之爱》，是在同一时期出版的。达贝尔也是高超的统计学家。在《艺术之爱》一书中，布尔迪厄分析大众参观欧洲博物馆的现象，然后去探讨究竟锻炼修养是如何转变成自然天性的。至于帕斯隆，其少年时期的政治经历比布尔迪厄更左倾，在《分红》出版的同一年，他也与一名学区首长合作出版了

---

① 实际上，该城市为阿拉斯（Arras），位于法国北部，靠近比利时边境。加上 D 这一前缀时，则有"来自 Arras"之趣味。——译者注

② Tréanton. Compte rendu de Darras，*Le Partage des bénéfices*. *Revue française de sociologie*，1966，3（7）：394-396.

让-勒内·特雷昂托（Jean-René Tréanton，1925—2015），早期以劳动社会学为主要研究重心，曾创立或长年主编多份学刊，尤其是《法国社会学学刊》。——译者注

③ Darras. *Le Partage des bénéfices*. Paris：Minuit，1966：125.

一本关于大学改革之专论《继承人》。这是针对教育体系改革这一议题提出的一种于体制内献身改革的做法。[1] 因此，《继承人》一书绝非后生晚辈所想象的那种毅然跳出、燃起战火的作品，而是一份对于教学体系改革的诤言，其视野其实与十九世纪末的共和主义者很相似。《继承人》的两位作者都是"合理公平之教学法"（pédagogie rationnelle[2]）的拥护者，也都相信，如果正确无误地实施，该教学法则可减少社会调查研究指出的文化不平等。至于用来思索这些不平等以及不平等所制造出来的再生产效应的概念，正是文化资本。当时他们两人都反对教育体系中势力庞大的教育解放之意识形态，亦证明，欲使学校教育成功的关键之一，就是通过家庭教育传递某些资源，而且，即使这些资源与校园里的学科无直接关系，掌握这些资源也有助于学习。

在文化资本这一主张提出将近二十年之后，布尔迪厄又挺身说明，当初这是为了对抗那种唯经济论者的教育投资观念。在他往前追溯关于文化资本之三种状态的文章中[3]，值得玩味的是，他对于人力资本理论的不满，远远超过对于天生才能、你我有别这一平淡无奇的观点的不满。如此之态度透露出，布尔迪厄拒绝被视为有意追随加里·贝克尔的步伐，尤其是，当时人力资源理论在经济学中高居核心地位。在此公案中，经济学者忽略了什么？至少，就布尔迪厄撰写该文时来看，经济学者都忽略了文化投资（investissements culturels），也就是，他们仅考虑到货币性的投资与获利，或是，任何可直接兑换成货币的事物。所以，经济学家都无法揭发"教育投资中，深藏不露之物，以及最具社会性决定意涵者，那就是文化资本的家庭传承"[4]。然而，布尔迪厄没有明言的是，这种将指标都转换为货币的选择，实乃受限于经济学分析本身，而且贝克尔也只能如此建议之学科性质。社会学者在这一领域能做得更好吗？布尔迪厄这一短文回复了两大类型的难题。一类难题是他深深感觉到，他提出的理论被视为等同人力资本理论的一环，因为该人力资本理论在布尔迪

---

[1] Antoine, Passeron. *La Réforme de l'Université. Conservatisme et novation à l'Université*. Paris: Calmann-Lévy, 1966.

杰拉德·安东尼（Gérald Antoine, 1915—2014），法国文献学家、语言学家、教育学区之首长，亦数次出任教育部高级委员。——译者注

[2] 简言之，这是《继承人》一书中，与 transmissions culturelles（文化继承）相对应的概念。该教学法则多少是概念性的、计划性的，强调就处于学习劣势之学生而言，应该如何在教学工具、手段、体制等方面做出合情合理的考虑。换言之，是一整套对于社会不平等之运作机制的社会学或教育社会学的纠正主张。至于文化继承，既是文化社会学主题，也是教育社会学之内容，则深究到校园之外，也就是家庭文化的层面，这也是用来证明"书香世家"之继承人与"领清贫奖学金"之优异学子始终存在着差距的研究工具。——译者注

[3] Bourdieu. Les trois états du capital culturel. *Actes de la recherche en sciences sociales*, 1979, 30 (1): 3-6.

[4] *Ibid.*, p.3.

厄的理论提出之前就存在了，拥有国际性权威，并被广大政府机构采用。另一难题则是，我们可以假设，他隐约感觉到，他的学生以一种司空见惯的态度来使用文化资本的概念。所以，在某一期的《社会科学研究学报》中，其中几页特别锁定学校体制，不啻为秩序重整之棒喝。在这些段落中，他明确指出，在教育投资（investissement éducatif）中，文化资本具有支配性。文化资本被清清楚楚地定义成"就社会生活而言，具有优先决定性"，换言之，文化资本比经济资本也比人际资本更重要。

若说文化资本并没有被定义成理论性概念，但其存在模式则使二者相差不远。其存在模式有三：就身体力行的状态而言，文化资本的表现是通过有机体之经常持久的举止态度；在客观实在的状态中，它就像是全系列的文化物品（美术作品、书籍、工具）；在制度化的状态中，它则以学校文凭的样式表现出来。如经济资本一样，文化资本也是可以累积的，只不过，它是随着时间、通过单一躯体进行累积的，且必须躬身奋为之：这是无法购买的。针对这一点，布尔迪厄写道，这与做日光浴是相同的道理。在某一页尾的注释中，他说明道，实在不可能去购买一项与人身无法分离的资本却不买这一肉身，所以，对经济或政治资本的持有者而言，文化资本的使用"困难重重"。只不过，颇令人疑惑的是，这一注释乃是关于文艺资助问题的。文化资本的力量，其落脚之处是具肌肤之亲的，故能抵抗货币兑换之势。

另一个文化资本的特性是，它拥有比经济资本更高超的变脸能力：文化资本的继承条件都是肉眼不可见的；继承而来的属性与习得的品性是无法截然二分的。文化资本是通过一个人的生活风格而显露出来的，因此，无法仔细地解剖出其体质内容。这一属性，使之贴近了象征性资本，而且，针对这一点，布尔迪厄也提出了象征性资本的定义，以帮助我们理解两者的差别。那就是，象征性资本是"不为人知却也举世认同"[1] 的。然而，在其他背景中，两者的差异则是难以区分的。象征性资本是经济性与象征性之单一资本（capital économique et symbolique）的重新组合，至于其组合过程，根据布尔迪厄所言，则是经历了一番经济学者只能袖手旁观的"**社会炼金术**"（alchimie sociale）的锻造。我们大可反驳布尔迪厄，其实连他自己也不得不将这一突变过程交付给某一套社会魔法（magie sociale），而且，终究说来，也实在无法提供更多的分析资源。不过，我们还是因此捞到一个新定义：象征性资本是一笔自我否决式的资本，其基础建立在其他类型资本的转变上，而付出的代价却是无人知晓的[2]。因此，第一类范畴之文化资本的累积，来自当事人的自我努力。相信

---

[1] Les trois états du capital culturel. *Actes de la recherche en sciences sociales*，1979，30（1）：4.
[2] 或可译为"完全被忽略"。——译者注

诸位读者随即想到一个在前一章节已分析过的概念，这是毫无疑问的："文化资本是一项转变成存在的资产，一种具体实在的属性，并成为'人身'的一部分，也就是，一种惯习。"如果我们同意这是文化资本的首要存在模式，而且我们可以设想，对布尔迪厄而言，这是最重要的条件，那么我们也可能承认了，这与惯习是差不多的道理。总之，布尔迪厄是不会否决自己的。我们可说文化资本是惯习的变身之一。惯习养成是与个人或团体都可为之努力的时间投入相关联的，尤其是孩童时期；如此一般的时间投资便假定了必须拥有某种类型的经济资本。理由则在于，无论是提早进行的密集投资，还是后来迎头赶上的努力，都假设了经济资本的投入：那些无法在单一劳动力的再生产之外做更多努力的人，是无法奢望累积文化资本的。

毫无疑问，文化资本的第二种存在模式就没有那么复杂了：由于其中诸多属性终归于当事人的惯习，所以，它可说是出自第一种存在模式。实际上，若说我们可转让形体化之物品或以经济资本购买之，那么其象征性效益却端赖于与人身合一之状态下的文化资本。至于制度化状态下的文化资本，具具体实在的样子就相当于文凭头衔，尤其是学历证书。文凭头衔是非常重要的，理由在于，与身体力行的文化资本相比，文凭头衔这第三种模式可用货币兑换。在无法被取代的每一特定躯体之外，对立着文凭头衔具有的可交换价值，可用来在某特定时间去比较、评等顶着文凭的人。虽然布尔迪厄没有明言，但是学校文凭可被归类于诸如具有不动产价值的所有权物品：这一所有权物品可在市场中交换，兑换率完全依市场状况而定。布尔迪厄又言，处于制度化状态下的文化资本，是能够"在文化资本与经济资本间建立种种转换率，并同时保证某一既定之学历资本的金钱价值"[①]。在其论文的最后几行，布尔迪厄导出另一新类型资本，即学校资本（capital scolaire），并主张在考虑文化资本的第三类模式时，学校资本可以完完全全地取代文化资本。换言之，布尔迪厄自行将化为肉身之资本转译到惯习之列，而制度化状态者，则成为学校资本。至于处于客观实在状态的资本，其意涵与应用常规，则都来自与躯体相关的资本状态。如此一来，文化资本还剩下什么呢？布尔迪厄提出的澄清之语却使概念更加混浊，而且愈来愈难扒搔梳栉。

随后的分析将有助于掌握这些议题，不过，在此我们可先指出两点。第一点，就是资本衡量（mesure du capital）的问题。布尔迪厄在其论文中，于尾声之处才提到这个问题，而且，是当学历证书的参考价值可以用在某一既定市场里、无论涉及何物、"一纸文凭的价值相当于"这一形式来描述兑换成货币的可能性时。我们可区

---

① Les trois états du capital culturel. *Actes de la recherche en sciences sociales*，1979，30（1）：6.

第三章　形形色色的资本

分出三个等级的价值：与躯体合一者，这是无法以尺度衡量的，但可以用感受来证明；具体实在者，这很容易与某一物质价值混淆，且其文化面向，唯有当某一特定躯体伸腰展臂时才会生效；至于制度化的，这是可在市场中交换的。一般而言，布尔迪厄并不赋予度量这一问题绝大的重要性，原因在于，经济学家们无不斤斤计较，却都忽略了最重要的一环：究竟该如何捉住资本的象征性力量。布尔迪厄承认，不得不求助神妙的炼金术、某种社会魔力，一股恍如奇迹的力量，以用来推敲那无法轻易化解成诸多分子的力量，而且这股力量还抵抗着任何要加以数量化的外力。在某一页尾的注释中，布尔迪厄写下了他对于文化资本的度量这一问题最重要的脚注，那种与人体合一的状态："在所有文化资本的度量表现中，可说是最正确的，就是那些以取得时间作为衡量标准的——当然，条件是不能将这一取得时间的长度简化成就学时间的长短，而且必须考虑到，家庭教育这一优势是否存在这一因素。"[①] 因此，我们可以总结，严格而言，文化资本实在没有度量衡可言。原因在于，在社会学调查研究的标准作业中，家庭生活的预算——时间之类的分析是很难进行的，相关计划也是所费不赀的，但终究而言，却也只是比其他分析少些错误而已。

我们可指出的第二点就是，三种不同状态中的文化资本之间的关系是很模糊的。在第一种状态与第三种状态之间存在着一道鸿沟，但另一方面，文化资本之概念力量在于文化资本与学校资本之间的区分。其原因在于，第一种状态中的文化资本汇整了所有在学校环境之外从事的活动，偏偏那又是学业成功的关键，例如，深具艺术涵养、在社交场合举手投足间落落大方、品味独到；布尔迪厄与帕斯隆的教育社会学研究，都很清楚地证明了这些要点。另外，第一种状态中的文化资本可消解于惯习之概念中，而第三种状态中的文化资本却可能被人力资本的理论吸收：经济学家都很擅长以市场交换的价值高低来处理学校文凭的价值问题。在布尔迪厄的论文结论中的说明里，学校资本这一想法的引入也再次证明，如何能前后一致地考虑文化资本概念实为一大难题。布尔迪厄的补充说明丝毫没有解决任何难题。

现在我们可以试着解释另一资本类型，即社会资本；当年在重新检验文化资本后的数个月，布尔迪厄便回头重新探讨了这一议题。[②] 的确，布尔迪厄并非一开始便将社会资本引入其整体布局中。这一概念之起点来自一项观察，那就是，拥有差不多程度的经济与文化资本的人，其回收程度却往往有高有低。主要的解释是动员团体性资本的能力有高低，且无论这里的团体是牵涉到家庭、所属的俱乐部、某某校

---

① Les trois états du capital culturel. *Actes de la recherche en sciences sociales*，1979，30（1）：4，note 2.
② Bourdieu. Le capital social. Notes provisoires. *Actes de la recherche en sciences sociales*，1980，31（1）：2-3.

友会，还是牵扯到任何其他形式的人际网络。社会资本的最简单定义，就是隶属于一个集体，但这不意味着该定义能在一个交际系统（système de relations）内启动（être activée），或受此系统的认可。启动（activation）的想法，是要清楚说明这一资本类型时，最具决定性的主张：实际上，人际网络既非天生才赋也非后天养成，而是"萍水相逢般的因缘际会所发酵出来的结果，例如，邻里或同事关系，甚至是无可选择却也具有选择性的亲戚关系"[1]。再一次，资本累积也搭上炼金术的快车，意即"言词、礼物与女人等等的交换"[2]。这一累积预设了某些特定的能力，例如，熟稔祖宗家族关系、经常性的努力与时间投入，而且与那种身体力行的文化资本相左的是，它很容易就可折价为经济资本。若说社会资本是一种集体资本，团体内每个成员所分配到的资源却是不对等的，而且团体与成员的关系乃因个人资金高低而有差别。社会资本是建立在既非休止亦非虚拟之人际网络的启动上，看起来也像是可活络并维持其他两种类型资本的方法，也就是，经济资本与文化资本。社会资本是回收这两项资本的必要条件之一：拥有文化资本，但若没有结合社会资本，就难以开花结果。

至此，我们共可区分出五类资本：经济的、文化的、社会的、学校文凭的、象征性的。前面两项与第三项之间的衔接正关系到资本启动的研究议题：社会人际关系的优劣可能影响到所累积的经济与文化资源的回收程度。学校文凭这一资本是所有非经济类型资本中最容易测量的。而且因为学校文凭资本与文化资本之间存在着一些间隙——它们从来就无法彼此吻合，所以学校文凭资本也不是文化资本的制度化形式。就此而言，象征性资本便看似一笔超级资本（super capital），其起源于经济与文化这两类资本，尤其是当这两类资本都因鲜为人知的手段而被改造，并以其他不同的面貌重现江湖时。所有的资本，无论是继承而得还是后天所创，都是建立在不断的努力与时间的投资上。所有的非经济类型资本也都难以度量。不同类型之资本间的兑换也可能是不对等的：布尔迪厄所谓的新生策略（stratégies de reconversion），总是借重于这些替换性有限的资本。

因此，布尔迪厄讲述的是复数形态的资本。与马克思《资本论》中的单数形态之资本相对照的话，对我们有任何帮助吗？我们至今所做的分析，可让我们马上解决布尔迪厄与马克思主义的关系这一问题。其实，这所牵涉的，完全是另一码事。

---

[1] Bourdieu. Le capital social. Notes provisoires. *Actes de la recherche en sciences sociales*，1980，31（1）：2.

[2] 言语、礼物、女人都是典型的人类学研究对象，尤其于莫斯的著作中：在一九〇二至一九〇三年撰写的 *Esquisse d'une théorie générale de la magie* 一书中，他也讨论了炼金术、伪科学、信仰与魔法的社会关系。——译者注

第三章　形形色色的资本

然而，拉近两者的距离却是必要的，至少以方法而言也是应该的。生产模式、劳动累积等概念都曾出现在布尔迪厄的研究成果中。有时我们也将认识不清之类的主张与异化（aliénation）或伪阶级意识（fausse conscience）结合起来。① 所以我们不妨放手比较两者之异同。

在他那篇非常著名的关于社会空间与阶级来源的文章里，布尔迪厄毫不迟疑地声明："一种社会空间理论的建构，便假定着与马克思学说的一连串决裂。"② 他甚至断言，在使社会空间理论能更适切的努力中，马克思学说是妨碍进步的最大阻力。这一论点激怒了全世界的马克思学派学者：萨特所谓的"当代哲学"里"无法超越"的地平线，被视为俗不可耐的认识论绊脚石。③ 在这篇论文中，布尔迪厄并未处理资本问题，而是去处理阶级问题。然而，为了定义他暗指可取代马克思教条的人际关系空间（espace relationel），他却从资本定义着手，并用以考虑社会空间分化（différenciation de l'espace social）的由来。

> 足以产生影响力的属性，被视为社会空间建构的动力般，都被拦截下来，它们也都是在不同场域中流通的各类权力或资本。至于资本，它可存在于具体实在状况下——也就是，以形体化资产的形式——或者以文化资本为例，它处于与人身二合一的状态，受到法律的保护。资本代表的是，在场域中发挥作用的力量（在某一既定时刻），更严格说来，它也代表着对过去的劳动所累积出来的事物具有某种影响力（尤其是对于所有的生产工具而言）。因此，资本就代表着可牵制运作机制，它总是偏向维护某一特定范畴物品的生产，并因而对全部的收入与利润产生影响。在充满竞争的环境中，不同类别的资本就像是张张制胜王牌，而在既定场域中，则是决定获利率的力量（事实上，每个场域或次要场域都对应着某一特定的资本，而且犹如权力与筹码，都在此场域中流动运作着）。④

在这一段落中，资本一如既往地被定义成累积的劳动成果，但也深具布尔迪厄

---

① 此处的讨论重心是布尔迪厄与马克思的关系，故 aliénation 译为惯常采用的"异化"：就黑格尔与马克思而言，异化是个体或团体深深感受到其自由与人权遭受剥夺，而原因在于自然天灾或是支配团体等历史因素。另外，aliénation 源于心理学，意思是精神错乱，使人失去某些心智能力；基于此，méconnaissance 一词不再取"鲜为人知"之意，而采"认识不清"之意，希冀能使之更强烈地呼应其他两词。——译者注

② Bourdieu. Espace social et genèse des classes. *Actes de la recherche en sciences sociales*，1984，52-53（1）：3-14.

③ Sartre. *Critique de la raison dialectique*. Paris：Gallimard，1960：29.

④ Bourdieu. Espace social et genèse des classes. *art. cité*：4.

的个人风格，被描写成场域中的一股力量，或是竞赛中的一张王牌。在这里，资本是推动建设的巨轮。至于场域的定义，则是在其王国中，存在着某一类型的资本。在阅读完布尔迪厄全部的著作后，纵然我们假定，在某一场域中，各类不同的资本都是活跃蓬勃的，而且，某一类别的资本是具支配性力量的，例如，文化场域中的文化资本，但都无法排除经济资本或是社会资本的作用。布尔迪厄曾以象征性物品的市场交换为研究主题证明了以上原则。

在美国，但不仅限于美国，最具影响力的布尔迪厄形象之一就是马克思主义之代言人，并且他还将马克思主义延伸到市场与资本的文化、象征等层次。"布尔迪厄使用资本这一来自资产阶级与马克思学派经济学的用语，不过，他扩大了意涵，并区分出**不同类型**（*différentes formes*）的资本。"[①] 若说布尔迪厄始终大肆抨击着诸多经济学者狭隘的唯经济论观点，并且总是视其受到马克思学派思潮之毒害，但这并不意味着他有意将经济学的所有假设扩展到整个社会空间中。相反，由我们之前的分析可看出，对他而言，经济学应当被视为社会空间中的一个场域；又，在此社会空间中，尽管经济资本仅被视为在特定领域里赚取利润的能力，然而它却大行其道，独霸天下。社会空间应被视为能以各种不同的角度来检视的对象。也因此，那种断然主张区分出一个完全由剥夺式的社会关系定义出来的下层世界，以及另一个只不过是由意识形态的泡沫堆成的上层世界，对布尔迪厄而言是非常怪异的。将布尔迪厄视为马克思学派代言人之类的混淆做法是由在教育系统的研究调查里资本这一概念的模拟使用造成的。

就此，正牌的马克思学派学者也没认错人，立刻反击《继承人》一书的两名作者。二十世纪七十年代，阿尔都塞主义的同路人主导了法国的马克思主义，例如，克里斯蒂安·博德洛（Christian Baudelot[②]）与罗歇·埃斯塔布莱两人，他们都曾试着说明，学校教育系统的分析研究仅能通过阶级斗争这一路径。而且既然是作为国家的意识形态工具，学校教育系统的主要功能就在于将学生分成两类：一类注定为无产阶级换血，另一类则专门用以培养新世代的资产阶级。[③]《法国资本主义路线的学校体制》（*L'Ecole capitaliste en France*）一书是为了还击《再生产》，这一出击不免过于急躁，参考来源也不一，故提出的修正极为有限，也颇有为当时中国的"文

[①] Joas, Knöbl. Between structuralism and theory of practice: The cultural sociology of Pierre Bourdieu//Susen, Turner (dir). *The Legacy of Pierre Bourdieu: Critical Essay*. Londres: Anthem Press, 2011: 15.

[②] 克里斯蒂安·博德洛（Christian Baudelot, 1938— ），法国左派社会学家，主要研究领域是法国教育学，与罗歇·埃斯塔布莱自二十世纪七十年代起已合著十多本社会学论著。——译者注

[③] Baudelot, Establet. *L'Ecole capitaliste en France*. Paris: Maspero, 1972.

化大革命"摇旗呐喊之嫌。不过,这本书却也顺水推舟地让布尔迪厄与帕斯隆重新归入韦伯的队伍。该书尤其不满布尔迪厄与帕斯隆两人,与韦伯同出一辙,不以生产关系而以个体的属性来思索阶级现象。布尔迪厄与帕斯隆两人亦被指责赋予了家庭如同社会化温床这一过于重大的角色。总之,在二十世纪七十年代的巴黎学术圈,其实没有人将《再生产》一书的作者视为马克思学派学者。《再生产》开宗明义,声明有意撰写一篇关于马克思、韦伯与涂尔干的综合论述,但结果却明显地偏重于韦伯与涂尔干。

这类将布尔迪厄视为马克思学派学者的说法,大多来自美国与德国的学者,误会却也是从美国开始的。马蒂厄·伊卡路·德森(Mathieu Hikaru Desan)比较了马克思与布尔迪厄两人对资本一词的使用,应该有助于澄清误会。[①] 德森首先便点出马克思的观点,在其眼中,资本是一套生产的社会性关系,其定义与某一特定历史时期的社会形成有密切关联。因此,资本并不是一种事物,甚至,若我们再加上布尔迪厄的可能说法,资本也不是一笔资源,亦非一张王牌或是一种能力,而是一连串的过程:资本是生产关系钉补起来的剥夺关系,且此剥夺关系不只贯穿经济活动领域,实乃串合着整个社会结构。如果存在着如马克思想象中的那种普遍的资本形式(formule générale du capital),那我们就不能以不同类型这一想法来描述资本。在以马克思学派观点来检视布尔迪厄的论著后,德森强调,布尔迪厄关于教育系统的研究,其实并不着眼于经济资本与文化资本间联结关系的确切程度。而且,文化资本也不过是"套在支配阶级之惯习上的说辞,特别是要在某种阶级权力的关系背景中去做一些抽象思索时"[②]。换言之,《再生产》一书中充斥着文化资本,但那不过是资产阶级之种种文化特权的另一说法,况且资产阶级一词也贯穿了《再生产》一书。文化资本看似的确属于上层结构,因此,便很容易让人以为布尔迪厄是站在马克思主义的阵营,更何况,另一方面,支撑着布尔迪厄整个研究的正当化过程的理论(théorie de légitimation),似乎与构成阶级关系的基础脱节了。某些马克思学派学者原应可看出这一研究途径的可能,这甚至明显到德森在其分析中也不再多言,但实际上,马克思学派学者从未提出这一研究策略。布尔迪厄的社会拓扑学着实无法以马克思学派论题来敷衍了事。

在以以资本的大小与种类为条件而产生的分化过程为主题的研究中,《区分》一书应是布尔迪厄曾做过的分析里最深入的。该书的要点虽然是品味社会学,但它却

[①] Desan. Bourdieu, Marx and capital: A critique of the extension model. *Sociological Theory*,2013,31(4):318-342.

[②] *Ibid.*, p.325.

是将阶级关系分析得最透彻的著作。在其中布满立足点之空间布局的建构过程,从未曾以生产关系的存在与否来定义,而是以支配关系的效应来定义。文化正当性这一概念是《区分》一书的理论概念核心。依然以韦伯理论中的合法性暴力为基础思维,布尔迪厄发展出一个非常具有说服力的文化正当性之定义。该定义的应用范围广泛是很明显的事情,尤其,若就其著作而言,这一定义被应用在各不相同的社会空间中;但它又能够根据对等性与可移植性这一双重原则,以模拟方式来处理这些不同的社会空间。在此鲜明的韦伯传统下,当然就是正当的行为表现能够促进权力再生的高低程度,赋予了理论整体一种解释力。正当性的宰制地位正是象征性暴力的根源,但只有在利用着"构成其力量基础的种种权力关系"、一种掩人耳目的手法时,此正当性的效力方能发挥出来。① 终究说来,一项行动或是一桩象征性建设的正当性力量之大小,乃来自借此力量来表达其利益的社会团体之力量大小。

就教育体系的例子而言,尤其是,若我们特别注意法国的案例,且涂尔干也曾指出,教育主管单位的特定关系形式行之已久,那么便会更加暴露出统治阶级的价值与目的在于利用学校体制来复制正当文化的特定社会系统这两者之间唇齿相依的结构性关联(affinités structurales)。论及教学体系,就是去思索某一种体制化组织的形式,它以协调一致的方式与经常性的压力汇整出教育主管单位的不同面貌。经由履历、教学课程、教学活动的体制化,以及教学人员均匀一致的社会与文化修养,学校系统日复一日地更新文化正当性的原则。通过《再生产》一书之研究所提出的教学系统理论,终归说来,只是一个特定的应用案例。反复灌输教条之做法所具有的那种铺天盖地特质(通过教育主管单位之作为表现出来)使得特权阶级的价值与促使正当文化在学校环境中不断被复制出来的特定社会系统这两者间密切的结构性关联得以日日更新(特别是在法国的案例中)。布尔迪厄将这一法则移植到社会生活中其他体制化程度较低的形式中。就如同他将潘诺夫斯基所定义的惯习扩展到全部的社会活动,《区分》一书所归纳出来的模式也假定了,该模式就如借由教育体系之研究而推演出来的法则一般无所不包。这种我们大可称之为布尔迪厄的"学校教育中心主义"(scolaro-centrisme)也就变得更加清楚明白。就此而言,若《区分》的第一章题为"文化贵族的爵位和领地"(Titres et quartiers de noblesse culturelle),则绝非毫无根由。以法国第五共和国的前十年左右法国人的文化偏好为研究对象所暴露

---

① Bourdieu. *La Distinction. op. cit.*:26.

第三章　形形色色的资本

出来的那个时代的阶级关系，其实是可以用等级社会（sociétés d'ordre①）的语言也就是工业资本发展之前的社会形式来加以阐述的。

如我们之前所讨论的，沿袭自宫廷社会的法国文化模式，实乃《区分》一书的主轴之一。毫无疑问，《区分》一书的理论架构乃是受到埃利亚斯针对路易十四时期宫廷体制之分析的启迪，布尔迪厄多次在书中引述埃利亚斯的《宫廷社会》一书即为明证。② 布尔迪厄提出的风格社会学，不时以埃利亚斯的研究成果为借鉴："我们现在以纯美学的观点来审视的这些文化创作，就好像是某一既定风格的种种不同表现，但其实犹如埃利亚斯针对伟大的十七世纪之社会研究所提示的，对当时的人们而言，他们所感受到的，却是某些**社会身份**（qualités sociales）分化到异常烦琐的表现。"③ 因此，法国社会中的品味阶层化之表现，从未被视为资本主义的文化结晶，但以正当性之术语言之，实乃社会空间的结构化效应。这类等级社会之隐喻，也每每以几乎相同的语言出现在布尔迪厄其他针对法国社会而提出的专题研究中，《国家精英》（La Noblesse d'Etat④）即为另一个例子。针对这一王公贵族的兴起，布尔迪厄的构想是完完全全来自体制之仪式（rites d'institution）的人类学分析观点：

> 一旦与社会决裂且排外的过程是众所皆知的，又都被视为正当合理的秩序而被坦然接受，精心选出的代表团便会迁就这一断绝与隔离过程而区分成不同的团体，并且自然而然地孕育出比这些团体本身更重要的象征性资本。所以这一过程也就愈加严苛，更加排外。当独占现象被认可时，独占者就会自我改组为精英贵族。⑤

在这里，布尔迪厄定义出某种资本累积的特殊形式：正是通过种种仪式来构成

---

① 这是相对于阶级社会的社会形构观点或理论［某些学者主张此乃法国历史学家罗兰·穆尼埃（Roland Mousnier, 1907—1993）所提出的理论］而言的。简言之，等级与阶级是相对立的社会学与哲学概念，而现实生活并非如此绝对。前者强调社会由三大主要成分组成，首先是主导宗教的教士，其次是保卫领土的血亲与刀剑贵族，最后是供给教士与贵族维生之物、从事劳动的一般人民。至于阶级一词，则主要出自马克思学说，由工业社会中的经济生产关系与过程而定义出来：掌握生产工具的资产阶级，相对于徒手的无产阶级。阶级社会假定每一阶级均拥有统一的阶级意识，彼此之间的冲突在于各自捍卫其集体利益，等级社会则假定等级关系乃以价值、道德、荣誉等为各自的集体基质，彼此融洽和谐，如同一有机体。——译者注
② Elias. *La Société de cour*. Paris：Flammarion，2008［1939］.
③ Bourdieu. *La Distinction. op. cit.*：251.
④ 该书副标题为 grandes écoles et esprit de corps，即高等专科学院与体制精神。这里所说的贵族，远非法国历史中强调血统纯正与战争武功的血亲或刀剑贵族，亦非以知识或文学艺术等维生的法袍贵族，或后来的工业资产阶级，而是指当代法国的国家官僚体系成员，且如该书所强调的，其成员多来自高等学院体制，而非来自中古神学院系统沿袭而来的大学体制。——译者注
⑤ Bourdieu. *La Noblesse d'Etat. Grandes écoles et esprits de corps*. Paris：Minuit，1989：109-110.

该资本累积的，也正由于如此，才产生了相关团体的势力。在这里，布尔迪厄非常明显地向某一社会魔法借东风。资本之所以由少数几人寡占，正是"神奇地加入"（participation magique）某社会团体的结果。布尔迪厄借用传统人类学的用语——这里就是列维-布留尔（Lévy-Bruhl）在《原始思维》（*La Mentalité primitive*，1922）一书中所提出的"**神秘的参与**"（*participation mystique*①）——的确是令人惊讶的事情。另外，在这本书中，布尔迪厄随即提出一项"等级分类的经院形式"（*formes scolaires de classification*）分析，并且相当明确地以涂尔干与莫斯的**等级分类之原始形式**（*formes primitives de classification*）为参考基准。② 所以，这里便存在着连绵不断的人类学命题，且尽管布尔迪厄主要是应用在研究案例中的象征领域，但马克思提出的资本主义所带来的那种彻底的历史性断裂，便可能因此而画上问号。

布尔迪厄眼中的资本是一种资源，或是捐赠基金：这是为何资本可以被分割成不同类别，否则世间有多少资源，资本便会有多少类别。所以，其门生在创造新类型的资本后，又扩大应用范围，并非不合情理。基于此，布尔迪厄的资本不需要资本主义就能够产生效应：不同类别的资本在不同的社会空间里随着相异的过程而逐步累积。这也正是马克思学派学者抨击之处，他们指责布尔迪厄在商品流通这一领域流连忘返，却对剥夺与勒索敲诈剩余价值视而不见。就如马克思在《资本论》一书中所言，这些马克思学派学者也不时建议布尔迪厄放弃商品流通这一花花世界，因为那不过是座虚幻剧场。事实上，马克思将肉眼可见之物与隐而不现的东西对立起来：

> 让我们同货币所有者和劳动力所有者一道，离开这个嘈杂的、表面的、有目共睹的领域，跟随他们两人进入门上挂着"非公莫入"牌子的隐蔽的生产场所吧！在那里，不仅可以看到资本是怎样进行生产的，还可以看到资本本身是怎样被生产出来的。赚钱的秘密最后一定会暴露出来。③

布尔迪厄针对当代经济活动所做的分析不无吊诡之处。首先，经济活动的架构

---

① 列维-布留尔（Lucien Lévy-Bruhl，1857—1939），与涂尔干同一时期的哲学与社会学家，其思想的主要贡献在于指出以当时法国社会之逻辑思维来诠释没有文字的社会是不妥且危险的。因此，他提出的原始思维其实是对立着文明思维的。此一对照，一方面凸显了所谓的普世逻辑是难以成立的，诸多现象未必可以理性思维来研究，但另一方面，其二元对立性也很快地走上绝路。"神秘的参与"指的是原始社会中，人们经常将某个体或事物与某生物体或非生物体画上等号，例如，将祖先牌位视为祖先本身。后来心理学借用此一想法，发展出投射之概念。——译者注

② Durkheim, Mauss. De quelques formes primitives de classification. Contribution à l'étude des représentations collectives. *L'Année sociologique*，1903（6）：1-72.

③ Marx. *Le Capital*：*Livre* I. 4e éd. allemande，traduction sous la responsabilité de Jean-Pierre Lefebvre. Paris：PUF，1993：197.

第三章　形形色色的资本

看似在探照灯下清楚地显露出其脉动真相；然而，整个理论建构却在围绕着无人认清事实的问题。至于新自由主义中厚颜无耻之徒、坦率直言之士，便如同于十九世纪之际，不再由于以乐观语气自我辩白而感到绑手绑脚，但这正是马克思在《资本论》一书中同一章节里所讽刺的："劳动力的买和卖是在流通领域或商品交换领域的界限以内进行的，这个领域确实是天赋人权的真正伊甸园。那里占统治地位的只是自由、平等、所有权和边沁。"[①] 很可能是因为如此而让布尔迪厄以为，经济活动的范围是透明清晰的。不过，新自由主义的掌旗人从未承诺过天堂将降临人间。更有甚者，无人认清事实的理论是应该摆在生产关系以外的地方。该理论的落脚点以至今仍定义模糊的象征性事物为优先，而且这些象征性事物又无疑是布尔迪厄著作的核心。《区分》与《国家精英》都是最好的例子。

所以，若德森对颇具雄心壮志的《经济的社会结构》（*Les Structures sociales de l'économie*）一书感到失望，就毫不为奇了。该书的标题实有误导之嫌，实际上，其研究是一系列关于塔楼房市的专题研究。就德森而言，布尔迪厄仅揭示了"在几个中介经理手中资本分配的结构"[②]，而若是马克思，则必然会注意到资本的秘密，也就是"剥夺"这一事实。德森的话不无道理。"剥夺"这一秘密，并不是布尔迪厄寻寻觅觅之物。这不仅是因为马克思已经找到了，更是因为布尔迪厄对剥夺这一议题从未产生过兴趣，在其所有著作的索引中，从未出现剥夺这一术语。因此，在关于国家那一系列讲座的专著索引里，"*ex officio*"一词后，随即就是"*famille*"，也就说得通了。其实，从没有人指责布尔迪厄不是马克思学派学者，更何况他是在韦伯传统下，将其理论建构中的潜力发挥到淋漓尽致的地步。我们唯一赞同德森之处，就是布尔迪厄未将马克思模型扩展到人类活动的所有范围，个中原因在于，布尔迪厄从未承认马克思模型具有如此大的有效性。世人混淆的来源在于，布尔迪厄以相当模糊的方式去使用所有的社会活动所组成之整体经济体系的概念，尤其是就资本一词所能发挥之诸多模拟应用。布尔迪厄将批判分析扩展到新的研究对象，特别是教育与文化，这正是德森认为布尔迪厄值得推崇之处。但他也积极主张将布尔迪厄概念马克思主义化，而且认为若将之重新植入唯物辩证的专题中，便可以早日开花结果。

在让布尔迪厄与马克思建立起隔世会谈后，迈克尔·布洛维（Michael Burawoy）

---

① Marx. *Le Capital*: *Livre I*. 4e éd. allemande, traduction sous la responsabilité de Jean-Pierre Lefebvre. Paris: PUF, 1993: 198.

② Desan. Bourdieu, Marx and capital. *art. cité*: 336.

75

也提出了与德森几乎相同的结论。① 美国马克思学派学者的善意与法国马克思主义阵营所祭出的火药剂量天差地别。但我们也必须承认，布尔迪厄身为"马克思拜读巴里巴尔"（Marx lecteur de Balibar②）的始作俑者，教训竞争对手时毫不留情，于是彼此很快就变成仇敌。布尔迪厄的研究计划并非为了改革马克思主义，亦非为了将之延伸到社会整体，而是以另一套整体理论来代替马克思学说。在其学者生涯的第二部分，即进军法兰西公学苑之后，他在其研究计划中加入一系列与马列主张毫无关联也与萨特学说毫无瓜葛的政治策略，某些捕风捉影之举却颇令人诧异，也因此引起误会。让马克思学派学者在其当家理论与布尔迪厄的场域理论间看似搭起桥梁之处，其实是一个可兑换性的问题：他们主张资本的所有来源都在于劳动累积，即使是自我反思也是一组累积成果，而所有类型的资本，无论如何都可以诉诸经济资本。这些马克思学派专家拿布尔迪厄的某些句子大做文章，之前已分析的《实践理论大纲》的结论，便被过度解读。这些主张都是不顾及布尔迪厄诸多关于资本之兑换局限的说明，这也是本章再三强调之处。将一个被歪曲得面目全非的布尔迪厄置于马克思主义的构图中，实在没有任何意义：马克思主义学派学者很早就发展出一套文化理论，其基础，早已在《德意志意识形态》（*L'Idéologie allemande*③）中说得清清楚楚。他们并不需要吸收布尔迪厄。他们的装备已相当充实，甚至，用以解析这繁复的人间社会也已绰绰有余。

迈克尔·布洛维以哲学批评作为《帕斯卡尔式的沉思》与《德意志意识形态》两书的共同基因。但其比较结果并不具有说服力。当马克思批评所谓的哲学时，他是将哲学视为身体劳动与智力劳动两者分工的产物，这也因此让某些思想家误以为理念主宰着世界的走向。通过诸多年轻的黑格尔派学徒的努力，其实是自开天辟地以来所有的哲学活动形式都成为批判的对象，犹如马克思在《关于费尔巴哈的提纲》

---

① Burawoy. Conversation with Pierre Bourdieu. The Johannesburg Moment，2. Marx meets Bourdieu，2008. http：//burawoy. berkeley. edu/Bourdieu/3. Marx. pdf.
迈克尔·布洛维（Michael Burawoy，1947—　），英国马克思学派社会学家，以资本主义、劳动与社会学方法论等为主要研究领域，曾在东非、东欧与俄罗斯等地从事田野调查，亦曾任联合国教科文组织管辖之国际社会学协会（Association internationale de sociologie）之副主席。近年提倡"公共社会学"，本书作者将于第六章再提到这一点，并于第七章做深入讨论。——译者注

② Bourdieu. La lecture de Marx：quelques remarques critiques à propos de "Quelques remarques critiques à propos de *Lire le Capital*". *loc. cit.*
《读资本论》一书之作者群包括了阿尔都塞、艾蒂安·巴里巴尔（Etienne Balibar）、罗歇·埃斯塔布莱，以及其他两名马克思学派学者［雅克·朗西埃（Jacques Rancière）、皮埃尔·马舍雷（Pierre Macherey）］。——译者注

③ 一般研究指出此书由马克思与恩格斯于一八四五——八四六年间合著，但首次出版时间则是一九三二年。——译者注

的第十一篇短文中的声明①("哲学家们只是用不同的方式解释世界,而问题在于改变世界")。至于布尔迪厄,他对哲学家的批评,焦点却是更集中的。《帕斯卡尔式的沉思》开门见山,旋即以最简单明了的方式点出哲学与社会学之间必然存在却又永无休止的紧张关系:

> 如果我决心去提出几个其实我更想留给哲学的问题,这正是因为我觉得,这些问题十分重要,但是哲学却都置之不理;另外,针对社会科学领域,哲学又不断地抛出一些看似无关紧要的问题——不过,哲学却也小心翼翼地去推敲自己抛出之疑问本身的存在理由,特别是其因果,即使这些往往都不具哲学意义。

如果我们逐字推敲布尔迪厄的研究计划所宣称者,我们便不得不承认,哲学并没有在相约之处现身。简言之,哲学已错失阵脚。就这一点而言,布尔迪厄与涂尔干显然是有关联的:作为《教育思想的演进》之作者,涂尔干以一套不同寻常的语言将知识界的知性诠释能力之客观化这一任务作为其研究计划的核心。当时法国第三共和国初期的哲学发展已缩减成一种嬉笑怒骂的学院活动,先前维克多·库桑(Victor Cousin②)在老旧的哲学体系基础上所提出的哲学教育世俗化计划并没有发挥功能,其影响力也因此全部归零。如果我们严肃地看待布尔迪厄的主张,那我们可以说,社会学看起来像是哲学探究的一种彻底积极的做法(radicalisation),并且比取而代之的**扬弃**(*Aufhebung*③)更透彻。无论哲学是采取彻底积极的做法,还是更上一层楼,采取一种它在其现有范围内毫无能力去施行的集中火力之做法(intensification),基于哲学在法国社会中的存在性质与时间限制,它都将陷入自我验证(auto-certification)、称孤道寡(auto-légitimation)的处境。

不过,倘若我们跟随布尔迪厄的脚步,那我们便走上了极端之批判论证(raison critique)的道路。共有三名哲学家被点名出席,并组成布尔迪厄指向的哲学空间之队伍。首先是康德与批判理性(rationalité critique)〔"实际上,我想将学术论证的批判(即康德所谓的批判)推演到某种程度,也就是,提出来的问题仍能保留平庸事

---

① 此即《关于费尔巴哈的提纲》,写于一八四五年,内容是十一篇不同主题的短文。一般主张此书实为马克思对于黑格尔学说的整体批评,尤其是对唯心主义的批评。——译者注

② 维克多·库桑(Victor Cousin,1792—1867),法国哲学家、政治人物,一般主张是,他将哲学视为一门学科,并将其引入中等教育系统中。必须注意的是,当今法国中等教育体系中的高中由拿破仑立法创制,重点是培养新生代的国家精英,取代神学院传统之大学。随后诞生的皇家高中、皇家"初中",彼此亦互较高下,不过皆属特权教育。又,本段落所谓由维克多·库桑主导的世俗化计划,狭义而言,是指他将哲学史引入高中课程,并且让宗教与上帝的成分大幅缩减。——译者注

③ 这是黑格尔哲学中的一个核心名词,大意是超越辩证对立的过程。在此过程中,所牵涉的成分既被肯定也同时被剔除,因此维持了某种妥协状态。——译者注

物的原貌"]。在这一宣言中，我们可辨识出一种理性主义传统的极端形式，而自第三共和国起，在法国的大学里，该传统即以勒努维耶（Renouvier[①]）为代表，涂尔干则是首位借用社会学之名的健将。随即是维特根斯坦（"我原应以那些往往被哲学家视为哲学宿敌的思想家为榜样，例如，维特根斯坦，诸多哲学家都认为他以驱逐错觉为己任，尤其是哲学道统被制造出来后又持续复制的错觉，但他们却又因此视之为敌"）。最后则是帕斯卡尔（"真正的哲学家是不在乎哲学的"）。假若布尔迪厄自己不陷入一种自我否决（"我原应以……为榜样"），也就是不将他自己的所作所为认定成是去追随那些曾经思考过整个体制之虚伪不实的哲学家（例如，帕斯卡尔与维特根斯坦），或者不以为自己与那些将省思推至极端的哲学家是同类，自信在体制内依然能去思考知识体制化后的内容（例如，康德），那么我们就大可将此三合一的参考基准视为一套最高境界的哲学能力认证的做法。但就字面而言，布尔迪厄只不过是，以批判为名，在至少自康德以来的**长青哲学**（*philosophia perennis*[②]）这一传统中增添新章。

迈克尔·布洛维主张布尔迪厄在其生涯之初犹如马克思一样高举着批判理智主义（intellectualisme）的旗帜，但最终走向黑格尔，原因则在于布尔迪厄最后回到**"逻辑的实践"**（*pratique de la logique*）之途，并将之引领到国际知识分子或是民族国家的普世阵营，以采取具体行动。其实，与其将之归入黑格尔主义，更应该论及的是法国理性主义位高权重，包括具有共和性格的新康德主义，以及由巴什拉与康吉莱姆传承的纯法式之历史认识论。布尔迪厄从未停止将自己委身于该道统中，这在其自传中清晰可见。试图将他挂在其他莫名的阵营里，实无必要。

在布洛维的说明中，他又指出，马克思对于支配现象中象征性层面的研究不够充分，所以他认为那是一个可扩大的空间。至于象征性资本，亦多次出现在马克思的讨论中，但是，马克思未曾严格定义之。我则必须在此指出，布尔迪虽然厄兢兢业业地澄清文化资本与社会资本等概念，但却没有对扮演核心角色的象征性资本投入相同的努力。"象征的"是布尔迪厄经常提及的形容词，往往与"资本"并用，但

[①] 勒努维耶（Charles Renouvier，1815—1903），出身综合理工学院的哲学家。在社会科学的领域里，早期侧重圣西蒙思想，其社会主义的主张深具宗教与道德意涵，然而他既是基督新教徒又反对天主教。他主张知识的首要基础是信仰而非科学，自由是建立在历史与社会事实之上，最后也提出并重整近代人格主义（personnalisme）的定义。——译者注

[②] 这是一种看待哲学的观点，而非特定理论。大约在文艺复兴时期兴起，主张哲学源自古埃及、古希腊时期，纵使有对立或决裂，却始终为一"永生不灭"的道统。而自二十世纪起，该主张又被宗教、神学、心理学等吸收改造。——译者注

第三章　形形色色的资本

也常伴同"权力""支配""物品""暴力"与"表象"等等。就如雅克·迪布瓦（Jacques Dubois）、帕斯卡尔·迪朗（Pascal Durand）与伊夫·温金（Yves Winkin）所指出的，"这一语义模糊的术语犹如天罗地网，而其诠释力却是贫弱疲软的"[①]。这个用词，从卡比尔的民族志研究起，便出现在布尔迪厄全部的著作中。有时也会出现象征的与非物质的彼此混淆不分的状况，犹如象征的与文化的这两者亦难分难解。因此，有时假若躯体暴力是不可能发生的，那么象征性暴力便被定义成是唯一可能的描写；而象征性物品也可能成为再简单不过的文化物品。这类状况其实并不常见，较常发生的是，"物质的，以及象征的"或者"物质的，或是象征的"这类成双配对的用法，终究只是物质与非物质的对立。

若说这些用法让事情变复杂了，那我们就必须重新审视，在《实践理论大纲》一书的结论中，象征性资本的**雏形**（princeps）刚浮现时那令人不解的面貌：象征性资本不仅是经济资本兑换来的，也是被粉饰的经济资本。象征性资本是一种反其道而行的产物，犹如过了一段时间才送过来的回礼（contre-don différé），可让交换行为畅通无阻，仿佛那是毫无心机的礼物赠予似的。对布尔迪厄而言，象征性资本在原始经济活动中，例如，在卡比尔社会中，就像是某种集体欺诈的结果。由于象征性资本的累积是随赠礼与回礼这中间的时间差而产生的，所以它直接受到时间的限制。另外，象征性资本也是导入随意借自精神分析之词汇的大好机会，压抑（refoulement）这个概念便是一个例子。象征类型之资本累积的主要条件是疏忽遗忘，或是不为人知。在卡比尔社会里，经济资本无任何角色可言，**遑论**（a fortiori）文化资本，它更是根本不存在，因此，象征性资本是卡比尔社会里最佳典型的资本，然而，它并非卡比尔社会之专利品：只不过，在原初类型的社会中，这是人类学家最容易观察到的现象而已。一般而言，我们可断定，一旦否定或压抑等现象都被铲除，象征性资本就会在瞬间失去权威。象征性资本存在的假定条件是某信仰被制造出来，另外，我们也可在艺术与文化乃至语言的范畴里，找到该信仰的对应形式。拥有象征性资本，就能拥有象征性权力，也就是那种施展于某物而他物则随之服膺的权力。从卡比尔的经验出发后，象征性资本便被布尔迪厄应用到每一社会经验的形塑中，所以，象征性资本是不太容易被视为资本的一种额外类型的。事实上，唯有那些处

[①] Dubois, Durand, Winkin. Aspects du symboliques dans la sociologie de Pierre Bourdieu. Formation et transformations d'un concept générateur. *Contextes. Revue de sociologie de la littérature*, 2013. https://contextes.revues.org/5661.

雅克·迪布瓦（Jacques Dubois, 1933— ），比利时哲学家、文学社会学家。伊夫·温金（Yves Winkin, 1953— ），同帕斯卡尔·迪朗，也是比利时学者，曾任教于比利时列日大学（l'Université de Liège），二〇一四年起任巴黎的工艺美术博物馆馆长（Musée des Arts et Métiers）。——译者注

于驾驭着象征性资本的支配与权威位置的人,其拥有资源的象征效益是可发挥作用时,才有可能让象征性资本的支配力量与权威发挥作用。

《帕斯卡尔式的沉思》代表着布尔迪厄学术生涯之巅峰,其结论亦如《实践理论大纲》一书最后几行,都是以象征性资本为主题。整个人生回路便因此扣合起来。该类型的资本完全建立在正当性的理论(théorie de la légitimité)上,并且在结合不为人知这一疑点后,正当性的理论更加确保了整个回路的完整性。象征性资本与之前便已被区分出来的资本类型并不相同,意即,象征性资本无法被作为像是整体般的资源来分析,也就是说,它不同于一笔金钱、一项身体力行的文化活动、一纸文凭或是一张人际关系网。象征性资本实乃惯习与场域之梦幻组合的产物:它能够用来让三个基础概念,即场域、惯习与资本彼此环环相扣。每个都能凸显其他两者,并可在某一限度内与任何一方二合一:一个惯习可打造出一个场域。例如,在象征性革命的界域中,波德莱尔与马奈最终都一举打造出新天地;另外,由于惯习是随着它能利用之资源中的新成分而变化的,所以,它也会朝向与一笔资本合并。因此,正当性的理论便让社会空间看似重新粉刷,偶尔还可用炼金术或是魔法等概念来形容这一变革。象征性资本的最后一项定义,就写在布尔迪厄一生杰作的结论中,并照亮了由整个理论锻造出来的魔戒。

> 所有类型的资本(例如,经济的、文化的、社会的),(在不同程度上)都倾向于以与象征性资本相同的方式来运作(因此,若严格追究,我们或许应该讨论的是资本的象征性效应),尤其是,当资本获得明显可见或具体实际的认可时。例如,某一惯习的结构方式,乃是根据孕育出此惯习的空间所拥有的种种结构,然后,它又赢得明确又实际的公开认可。换言之,象征性资本(例如,地中海沿岸社会中的男性荣耀、传统中国社会中的乡绅或是朝廷官吏的名声、著名作家的威望等等)并非资本的某一类型,而是所有类型的资本最终都将变成的样子。一旦众人对象征性资本视而不见,不把它当作是资本,也就是,不以为象征性资本乃是一股开天辟地的力量、权势或是能力(无论是当今的还是潜在的),就意味着众人视之正当合法且不以为意。[1]

于此,尴尬之余("我们或许应该讨论的是"),布尔迪厄宣告了两大重点:首先,象征性资本是一种效应;它像是一道方才过滤了种种不同资本的屏障,用来保障布尔迪厄所谓的回收成果,或是象征性效力。象征事物所能取得的认可范围,乃由于众人对其运作方式的陌生而获得保证。另外,象征性资本能够统合不同类型的

---

[1] Bourdieu. *Méditations pascaliennes. op. cit.*:347.

第三章　形形色色的资本

资本，并用来思索权力的统一形式；且终究说来，权力总是会表现出象征性权力的样貌。即使我们再三细读，布尔迪厄在其生涯早期即已汇整、多次修缮且一丝不苟的概念说明，我们还是会不禁以为，象征这一概念保留了秘密的某一部分。关于这个秘密，我们或许可一笑置之，其实也不过就是其理论之象征效力的条件。让我们再回到雅克·迪布瓦、帕斯卡尔·迪朗与伊夫·温金这三位我们现在不能继续视为布尔迪厄之敌手的学者，他们在结束关于布尔迪厄理论中象征事物之研究后，不得不承认：一方面，布尔迪厄眼中的象征有"浮动的意义"；另一方面，社会整体的定义，都可利用象征这一"表面看来，任何'意识形态'与政治的手段都有意否认的力量，这也就衬托出象征是一股极具效力的力量"[①]。

　　布尔迪厄很喜欢引述巴什拉的句子，例如："有所隐藏，才会有科学。"这正是二十世纪下半叶最强大的社会学理论建构的关键所在。一整套理论建构都是为了揭发这个造成强权兴起又坐大不衰的捉迷藏游戏。理论也预设了，社会施为者无法察觉到其自身处境，却又未必因此成为民族学方法论者所谓的社会机器人或"**文化傀儡**"（*cultural dopes*[②]）。身为社会学家，布尔迪厄在泄密之余，还大声叫嚷着自社会空间筑成以来种种不为人知的阴谋，因此，他既是揭发隐而不现之物、掀开神秘面纱之士，却也是社会大迷局的破坏者。解除法术之后会有什么后果呢？又该如何告知智者与众生，这一魔咒解除后的社会空间将可能带来的后果呢？欲知究竟，我们现在就去检视布尔迪厄的方法与风格吧。

[①] Dubois, Durand, Winkin. Aspects du symboliques dans la sociologie de Pierre Bourdieu. *art. cité*: 14.

[②] 此乃哈罗德·加芬克尔（Harold Garfinkel）所提出的反讽概念，最终牵涉的是个体与社会两者的关系，以及社会人之行动所为的意象，本书将于第九章讨论此社会学家。——译者注

第四章　匠心独具的方法论

吕克·博尔坦斯基（Luc Boltanski）曾指出："在同一理论建构中，尝试同时满足社会学研究中缚手缚脚的限制与贯彻到底的批判立场这两大要求者，布尔迪厄的批判社会学应是史上最胆大果敢的例子。"[①] 虽然其社会科学建构就是否满足了证据确凿或符合政治解放蓝图这两大标准而言，其成绩好坏总是相对的，而且评价总是随着布尔迪厄一生而起起伏伏，但其立场之原创性，却是毋庸置疑的。正是他的社会学活动的本色，确保了他以社会学者的身份在城邦内游走闯荡的可能性。科学之所以是科学[②]，就是因为它能够产生政治效应。

如此大刀阔斧地贯通了科学活动与批判性研究计划的任务要求，正说明布尔迪厄实可称为隐而未现的传统（tradition latente[③]）中继往开来的一员。那就是，例如，奥古斯特·孔德在其论著中一再强调的，知识活动的干涉参与本身具有某种效力，并且应视为科学的教育方法，即使孔德离世之后，这一主张依然有着广泛影响。孔德在其《实证哲学教程》（*Cours de philosophie positive*）中论及，社会组织的最新法则，既不能以政治暴力要挟，也不能以通过宗教命令或是某种上帝恩宠的威信等表达方式来玩弄象征符号等为基础的权威形式来强行实施。唯有借着科学知识的普及，

---

① Boltanski. *De la critique. Précis de sociologie de l'émancipation*. Paris：Gallimard, 2009：39-40.
吕克·博尔坦斯基（Luc Boltanski, 1940— ），其学术生涯之初亦可算是布尔迪厄的面授弟子之一，他常被视为法国之实用（pragmatique）思潮的健将；其一生研究对象与方法论之改变，足为二十世纪末法国社会学之典范走向的转变。——译者注

② 亦可译为"知识之所以是知识"。——译者注

③ Fabiani. La tradition latente：à propos des usages de la philosophie comtienne de la science sociale dans l'histoire de la sociologie française//*Le Goût de l'enquête. Pour Jean-Claude Passeron*. Paris：L'Harmattan, 2001：389-416.

第四章　匠心独具的方法论

方能在社会整体生活中传达集体组织的最新指导原则。在孔德眼中，普及大众的历史知识，具有"自然而然地培养社会情感"① 的特质。在法国第三共和国期间，很多人往往不假思索便信誓旦旦地声称知识活动可以不需要任何中介，单就其本身权威，便足以在社会中发挥道德改革的效力。诸多涂尔干学派的社会学者、理性哲学家即是如此，他们动辄祭出"道德"这一用语，也都坚信知识活动的标准在于其社会效应的大小。这个观点代表着，一方面，这是一股公民责任的力量，洋溢着学院中人面对社会时的乐观主张，以为就建立共和、政教分离的过程而言，他们在城邦中的角色乃是不可或缺的；另一方面，这也是一种因错觉而产生的魔力，让他们以为，他们只需以哲学或是社会学的代言人来发表论点，便可倾倒众生。涂尔干的《教育思想的演进》一书即是这类主张的典型：若希望未来的教师能够走向"科学教育"（pédagogie scientifique）的大道，那么面授他们教学系统的演变史，正是最有效的方法。②

因此，在法国便存在着一种可能以孔德为开山始祖的道统。它以非常繁复的方式，一方面联系了对圈内人的密授，其由来，是去保证一门科学自主自律之运作的必要性；另一方面，它又衔接了对圈外人的讲述，所期待的，则是众生万物都能体会学者的用心。所以，针对那个活跃在公共空间中的"政治的"布尔迪厄，我们似乎便可本着该道统之两大面向的交错来举一反三，理出**万变中不变之道**（*mutatis mutandis*）。由此知识传授这一问题也保障了布尔迪厄以社会学家之名来坐镇城邦的正当性。涂尔干倡导一套强调科学中立的教学法则，而布尔迪厄则鼓吹并捍卫男女同性恋之研究③，除了这些一般背景与特定主题的差别外，这两人的情况是极为相似的。另外，这两名学者之入世形态的共同点是都建立在坚信学者发言随即可能产生**不同凡响**（*sui generis*）的效果的基础上，以为其言论能如政治家般扭转乾坤。至少，不可否认的是，集体社会生活中种种被歌颂的举止风度，以及一个从此之后可让我们去思索知识发展原动力的共和社群被肯定推崇后，便构成了某种共同基础；而且该基础容许我们在孔德开启的道统下，树立起法国哲学与社会学的一家之言。这并非意味着我们是沉醉于既往的俎上之肉，或将实证哲学的憧憬视为共和派学者的唯一教条，更何况，无论如何，在孔德与其后人之间明显存在着政治断层。在这

---

① Comte. *Cours de philosophie positive*. t. IV. *La Philosophie sociale et les conclusions générales*. Paris: Bachelier, 1839: 455.

② 读者可注意到，在本书第三章，作者曾写道，"《继承人》的两名作者都是'理性教学法'（*pédagogie rationnelle*）的拥护者"。——译者注

③ Bourdieu. Quelques questions sur le mouvement gay et lesbien//*La Domination masculine*. Paris: Seuil, 1998; rééd. Points Essais, 2002.

一法国独有的现象中，也就是，学者策划着科学与政治间某一不同寻常的联系交合，布尔迪厄应是一个最新的例子。

布尔迪厄的计划是让社会学成为一个专业。他进入社会科学这一领域时，当时的学科研究内容尚未丰富到可称之为一独立场域：整个学科仍以牛步迈向专业之路。在这一半生不熟的领域里，没有任何实地研究经验的哲学家接触的是一批高级技术人员，这些人不经思索便断然应用美国社会学家发展出来的研究工具。另外则是写评论性文章的作家，他们利用门槛极低之便，堂堂进驻又大兴土木。在布尔迪厄与帕斯隆数本关于教育的著作中，他们经常提到，社会学就像是一门"收容所"学科（refuge），救济了那些学校体制未能培养成至善者。总之，他们两人的想法是，通过一套让理论建构严谨有序的综合手法，将社会学改造成一门科学。这两名哲学家不忘固守原先之哲学阵地，但应付这一志业却也绰绰有余，另外，便是发展建立一套田野调查的标准作业流程。不过，其实他们是在边做边学中接触到这类实地调查的，往往也只能利用手边有限的资源。他们两人从未上过数据处理的暑期训练班，也从未接触过货真价实的统计教学。他们必须自修自学的处境，却不一定导致他们去使用一些早已设计完成的分析模型，或是盲目地相信负责生产数字的统计学者。针对研究成果的解读，究竟该使用哪个分析模型的问题，他们两人都了如指掌，而且，他们诸多整合方法论（méta-méthodologique）的发表，亦是他们各自的研究成果中最富深意者。针对这一点，最中肯之处在于，在二十世纪六十年代初期，社会学仍不免是一门七拼八凑的技艺（bricolage①）：当时并没有数据处理软件。绝大部分的计算仍须手工操作：学习社会学的过程之一就是，在成堆的纸张、横竖有别的直线、一连串小方格中作枯燥无味的奋战；要么就是使用穿孔卡（cartes perforées）这一计算功力无比强大的工具。在当时，若偶尔拜访布尔迪厄所主持的教育与文化社会学研究所，即可了解这套既原始粗糙却又深具省思精神的研究程序。而后计算机科技彻底改变了研究人员与研究对象之间的关系处境，使用软件包（software）的方便往往制造出一种驾驭工具的错觉，但其实黑盒子效应仍在持续扩大。

无论就民族学志还是就数据处理而言，布尔迪厄都是在实践中自修学成功夫的。后来，他便不再提及田野调查方法论的问题，至多是让他的学生自行参考农村社会民族学家马塞尔·马热（Marcel Maget）所著的《文化行为的第一手研究指南》

---

① 在社会与人文科学的专业领域里，应是列维-斯特劳斯在《忧郁的热带》一书中首先提出此概念的，用以说明技术发展中一批业余的、七拼八凑的玩家（bricoler），然后，他又用来对比已无任何神秘色彩的科学与技能匠师（ingénieur）。而后该词赢得诸多领域内不同"圈内人"的响应，从此这一平凡用词染上了正面的色彩。——译者注

(*Guide d'étude directe des comportements culturels*[①])，即使这本书在当时已经落伍了。另外，关于二十世纪九十年代的论争，布尔迪厄也完全置身事外。我们不得不强调的是，布尔迪厄主张的田野研究方法，乃是诉诸一个其实已凋零的过去。在北非当时那般殖民战争尾声的背景之下，他的研究工作十分紧急，并非一般模式可言，所以也实在不需多加追究。不过，布尔迪厄在卡比尔的研究，总是透露出一些批判传统民族志研究的色彩，只是未必为人所察觉。在布尔迪厄的田野调查中，这个解构民族志传统定位的起点是两个既相近却又距离遥远的研究对象。第一个对象是卡比尔地区。对此，他本人其实毫无准备，只是因为他身为法国军事单位的下属，所以该研究主题就在这种他处于殖民战争的边缘地带的状态中诞生。在卡比尔地区，他必须在很短暂的时间内同时处理研究对象与研究方法，更何况，他与当地的居民无时不因战争之故而愈加交恶。至于第二个田野研究对象，乃其故乡贝恩亚（Béarn[②]），是他熟悉之地。这是一般的民族志方法论的教科书绝不会拿来当作教材的例子，就连启蒙了布尔迪厄的列维-斯特劳斯风格的人类学，也是不会欣赏这样的选择的。

因此，我们可看出，布尔迪厄研究生涯的早期处处充满矛盾。一方面，他违反了古典民族志研究要保持距离（éloignement）的规则：他告诉世人，我们可以研究近距离的比邻者；研究者与研究对象两者间的文化差异，并不能保证研究者便以远距离来遥测研究对象。然而，这种咫尺可及的实地调查，却总是附带着一整套保持距离的研究方法，而且，他也会不时强调这一点。另一方面，针对卡比尔的研究，他也毫不顾忌正统方法论的要求。他不但用尽各种方法，也抓住每个机会。再者，他也不是正规的人类学者。当时他还只是个年轻小伙子，服完兵役后执起教鞭，在一片混杂与殖民巨轮日薄西山之际，他发现世界尽是错乱失序。若说关于贝恩亚的研究是布尔迪厄的著作中最令人叹赏的篇章，这并非由于这些段落隐约藏着一些自传笔触，或是不可避免地滴落着几把同情之泪；其实是因为这些文字给了他将家常点滴（familiarité）这一特质客观化的机会，并且也让他用来分析他与这一社会空间原始质朴的关系。古典人类学所要求的距离，并非以海里的里程数来测量的到研究地点的距离，也不是那些可令人感觉慰藉或偶尔让研究人员吃尽苦头、五味杂

[①] Maget. *Guide d'étude directe des comportements culturels*. Paris：CNRS，1962.
马塞尔·马热（Marcel Maget，1909/1914—1994），法国民族志学者，除在大学任教之外，亦多次为传统艺术相关领域之机构首长，是二十世纪初期少数专书讨论田野调查之研究方法论的学者。——译者注

[②] 贝恩亚（Béarn）指的是当今法国比利牛斯山西北方的地区，十七世纪初期被法兰西王国收编，在此之前，自第九世纪起即为一独立王国。布尔迪厄曾针对这一地区的农民做了一系列研究。——译者注

陈的异国情调。正是在此卡比尔—贝恩亚的关系中，布尔迪厄首次感受到那个与研究对象的关系究竟为何的问题：家常事物（familier）只有在被视之为一种当事人身体力行的范畴时，才能被拿来研究剖析，而且也只能是在这一熟悉事物通过了客观化检验的时候，以便把我们从这个距离相近又视之为理所当然的世界连根拔起。

就这一点，德博拉·里德-达纳海指出，布尔迪厄关于卡比尔与贝恩亚的研究都有着与列维-斯特劳斯的自传性杰作《忧郁的热带》大唱反调的气势[1]，这并非毫无道理。她很清楚地说明了布尔迪厄既是局内人也是**局外人**（insider/outsider）的双重地位所展现出来的认知弹性。这不仅可见于布尔迪厄在贝恩亚与卡比尔这双层关系中，也可在他与教育系统的关系中看出。他是教育体制内的成员，却由于他并非出身学术世家[2]而处于边缘地位。另外，就某种程度而言，他也是卡比尔社会的一员。原因在于，他相当清楚卡比尔这个陌生世界，而这多少是通过他从小对家乡山区之农村世界的认识而建立起来的一套分析标准。针对这一点，我们也可感到遗憾的是，布尔迪厄并未就他与故乡的关系而表现出更客观中立的态度。有些读者，特别是法国以外的读者，都因此以为布尔迪厄是贫农子弟。实际上，他的父亲是名邮政局长，在整个法国第三共和国时期，位居邮政局长一职的人也不在少数。他的父亲对于社会与政治议题都深感兴趣，本身学养丰富，也对爱子寄望深厚。

毫无疑问，布尔迪厄因其社会出身吃了不少苦头。我在此指出这一点，并不是要否认这一事实，更何况，即使其学术生涯已如日中天，当我们与他交谈时，他对此也毫不隐瞒。只不过，我们必须就事论事，其出身经历究竟有何特殊之处，必须小心翼翼。换言之，布尔迪厄的研究论著可说是超群绝伦的，但当我们将之与当代其他学者的学成经历比较后，便可发现，其人生旅途未必孤绝不寻常。首先便是帕斯隆，他自幼失怙，母亲是外省的小学教师；再论到德里达，其父亲是在阿尔及利亚首都执业的会计；还有毕仰高（Lucien Bianco[3]），他出生于于日讷（Ugine）专售葡萄酒与煤炭的家庭；热拉尔·热奈特（Gérard Genette），其父是巴黎的一名工人。

---

[1] Reed-Danahay. *Locating Bourdieu*. op. cit. : 70.

[2] 这句话的原文是"il n'est pas un héritier"，直译则是：他不是某某的继承人。自从布尔迪厄的《继承人》一书付梓且获得好评之后，héritier 俨然成为一陈腔滥调，法国学界与政界都用它来代指不靠家世、人际关系等天生地位而取得成就者。——译者注

[3] 毕仰高（Lucien Bianco, 1930— ），著名的法国史学与汉学家，主要研究领域是二十世纪的中国农村，其成名作《中国革命的起源——1915—1949》（*Les Origines de la révolution chinoise*，一九六七年出版）已译为中文。于日讷是地处阿尔卑斯山区、邻近瑞士日内瓦的小镇。至于热奈特，请参见第九章批注。——译者注

第四章　匠心独具的方法论

另外，布尔迪厄的家乡拉瑟布（Lasseube）这一小镇，距波城（Pau）不到二十五公里远；波城虽是规模中等的城市，但在十九世纪下半叶则已因观光发展而改头换面。①若要使中立客观这一过程达到更彻底的程度，那么布尔迪厄就应该考虑到已让他置身农村之外的距离这一因素，虽然那不是天地之遥，却也真实存在着。也正是在这一距离中，中立客观的过程能争取到一个可能空间。一般而言，必须是当观察者已不再是观察对象的成员之一时，该中立过程方有可能。另外，将卡比尔与贝恩亚混为一谈也是颇为勉强的：在卡比尔的农人与贝恩亚的农作者之间，距离遥远是铁的事实。即使我们在法国民族形成史中引进内在殖民（colonialisme interne）的想法，阿尔及利亚的法国殖民也完全是另一回事：这一殖民是以非常强大的镇压机器为基础的，且自始就建立在不可忽视又重复不断的暴力制裁上。贝恩亚与卡比尔这两个社群，各自的生活水平是相差悬殊的，各自与政权世界的文化距离也是不可相较的。

以上这些批评与布尔迪厄在人类学领域内所做的彻底改造并无太多关系：在采取将局内人的观点引入异国的田野调查，以及将局外人的观点纳入日常范围的研究等做法后，他强烈地撼动了人类学。这一学科之主题向来围绕着与他人的关系展开，并以此作为学科基础。同时，他也粉碎了社会学与人类学之间的学科分野，证明了这一界限并无任何认识论基础，而不过是人际、事物与研究工作等殖民分工造成的结果。换句话说，这意味着应该消弭这一学科界限，即使这一意识形态偏见深入人心，甚至延续到后殖民时期。一九六○年时，布尔迪厄别出心裁，既以民族学的研究工具（例如，关于卡比尔地区的论文，尤其是家居生活，都是最典型的作品②），也以劳动社会学〔例如，《阿尔及利亚的劳动和劳动者》（*Travail et travailleurs en Algérie*）〕来研究阿尔及利亚。他研究证明了人类学与社会学两大学科在认识论与方法论上的相似性，即使是半世纪后，在这一进展缓慢的领域，他依然是先锋。

若说布尔迪厄是叛逆的，这实是因为他在所到之处都点燃火花。在他眼里，相较于在战争紧急时期知识建构这一要务，方法论道统的崇敬，实是次要的问题。一九六○年时，他尚未开始钻研那左右着研究人员该如何拿捏其研究对象且偶尔颇具破坏力的社会基模之力量。但是，他当时已经感受到，科学性质的外在迹象并不能构成科学。他只有哲学训练的基础，然而，很快他将成为其他人的导师。这些人中，

---

① 马克·博耶（Marc Boyer）在其讨论法国南方观光市镇的兴起的书中，曾以专章介绍波城的例子：*L'Invention de la Côte d'Azur. L'hiver dans le Midi*. La Tour-d'Aigues, Edition de l'Aube, 2002.

马克·博耶（Marc Boyer, 1926— ），法国史学家，专长领域是观光业，尤其是以温泉或是海水之"疗效"著称的观光小镇。又，波城是紧邻西班牙的比利牛斯-大西洋省的首府。——译者注

② Bourdieu. Trois études d'ethnologie kabyle（1966—1972）//*Esquisse d'une théorie de la pratique*. op. cit.

首先就是一批在阿尔及利亚的统计学者。他们当时与布尔迪厄一样年轻，全都是这场他们百般痛斥的战争的见证人。另外，他们也都兴致勃勃，希望利用其军役之余，发展出社会现象的新知。所以，他们与布尔迪厄之间，既有世代之亲，亦有智识之交：他们几乎都是从综合理工学院毕业后投考了国立统计与经济管理学院（Ecole nationale de statistique et d'administration économique，ENSAE[①]），布尔迪厄很快便与他们建立起一套共同语言，而该语言应是其一生著作中最鲜明的特质，且直到他晚年转向另一意识形态主张前，都持续发挥着强大的作用；一直到晚期的研究中，他选择的表达工具才变得较质朴。

阿兰·德罗西埃（Alain Desrosières[②]）的研究生涯起点，正落在由布尔迪厄所促成的社会学与统计科学的交叉点上。在一篇缅怀文章中，他指出，这一学科合作计划的火花，都是在阿尔及利亚激发出来的。他提到，"在阿尔及利亚，二十世纪五十年代末期，以及当地战争接近尾声之际，布尔迪厄结识了一小群法国国家统计与经济研究所（INSEE）的统计人员，例如，阿兰·达贝尔、让-保罗·里韦（Jean-Paul Rivet）与克洛德·塞贝尔（Claude Seibel）"[③]。后来《阿尔及利亚的劳动和劳动者》一书付梓，都须归功于当年的这场风云际会。在这本书中，德罗西埃看到的是，统计学家与社会学家对其前所未有的合作形式发表的宣言。哲学上的论证能力，以及奠基于数学知识的工程师技术，这两项法国独到之才智资源的结合被视为天经地义，而且大有将深受保罗·拉扎斯菲尔德（Paul Lazarsfeld）启蒙之哥伦比亚大学的社会学团队之研究成果重新改写的潜力[④]。结束在阿尔及利亚的兵役后，布尔迪厄随

[①] 这所高等学院创立于一九四二年，最初是著名的国家统计与经济研究所（Institut national de la statistique et des études économiques，INSEE）的附属训练学校，独立后又成为综合理工学院毕业学生的出路之一。换言之，截至今日，即使已多次改制，要进入该学院就读仍必须通过入学考试，但除了专门学科为应试资格要求外，其他高等学院的文凭亦是不成文的资格要求。——译者注

[②] 阿兰·德罗西埃（Alain Desrosières，1940—2013），法国统计史学家、社会学家。——译者注

[③] Desrosière. Bourdieu et les statisticiens: une rencontre improbable et ses deux héritages//Encrevé, Lagrave. *Travailler avec Bourdieu*. Paris: Flammarion, 2003: 209.

克洛德·塞贝尔（Claude Seibel，1934— ），如本段落所言，由综合理工学院投考国立统计与经济管理学院，现为国家统计与经济研究所的督察。早年其个人出版物中着重于教育改革，尤其强调失学或是学业不佳并非绝路，近年则转向失业问题。——译者注

[④] 保罗·拉扎斯菲尔德（Paul Lazarsfeld，1901—1976），原籍奥地利，与罗伯特·莫顿（Robert Merton，1910—2003）均可谓二战后美国最具影响力的社会学家。其一生的经历或许比布尔迪厄还曲折，但其实也深受当时欧洲与美洲之间与各自内部的政治局势、战争，以及欧洲人移民美洲的可能，还有美国大学急聘大量人员这一特殊时代背景等因素的影响：他原本在奥地利的文凭是法学、经济与数学专科，很快又走向经济心理学。身为社会主义的积极分子，因为战事与政治迫害而逃往美国。随之立即放弃社会主义与马克思学派的经济学主张，投身哥伦比亚大学的媒体研究，特别是实证走向的调查研究方法与选举研究、投票倾向预测等等，即所谓的"影响"，以及影响在团体与个体间的关系。此一整个研究风潮与发展几乎成为当时哥伦比亚大学的招牌，也与美国政治文化的发展与实务作为密切相关。——译者注

即在国立统计与经济管理学院教授社会学。尽管在最初的合作作品中,社会学与统计学各自的角色划分得都不是很清楚,例如,《艺术之爱》正是他与达贝尔合著的,而《分红》则是与一群统计学者联手的代表作;在这两个活动之间,其实依然存在着无法跨越的鸿沟。而且,随着布尔迪厄发展出自己的理论系统,并指出将以该系统作为收集来的数据之唯一分析基准,这一鸿沟便愈加扩大。

布尔迪厄的学生往往无法拿捏,在测量诸社会团体之间的经济和文化不平等这种统计学者的家常便饭与布尔迪厄所宣称的象征性支配之理论这两者间无法衔接的现象。文化不平等的现象一旦持续发生,甚至愈演愈烈,往往就被视为布尔迪厄之整体性理论强大有力的证据。实际上,事情更加错综复杂。且如德罗西埃所指出的,其实在合作之初,究竟该如何看待事物,双方便已有差距,只不过,这并没有打击到双赢的合作机会:"从一开始,我们就可以观察到,布尔迪厄与其统计伙伴之间,那远非词汇的个人主观问题所能说明的现象:这些统计人衡量计算的'不平等',正是布尔迪厄要具体客观化的'支配'形式,尤其是之前从没有人感觉到的文化与象征性支配。"[1] 支配这一说辞便套在测量不平等的术语之上,却也没有因此以新韦伯学说的标准来解读统计成果。布尔迪厄是拿着描图用的半透明纸来套用新韦伯学说。

通过法国独有的社会职业类别(nomentclature socioprofessionnelle[2]),统计学者与社会学家的合作逐渐扩大,且该职业类别的使用几成惯性。正是通过这一资源的密集使用,我们一眼便能认出《继承人》(一九六四年)、《艺术之爱》(一九六六

---

[1] Desrosière. Bourdieu et les statisticiens: une rencontre improbable et ses deux héritages//Encrevé, Lagrave. *Travailler avec Bourdieu*. Paris: Flammarion, 2003: 211.

[2] 社会职业类别(La nomenclature socio-professionnelle)约发明于二十世纪五十年代,几乎可视为国家统计机构的基本测量工具。其根本的分类逻辑是蓝白领或劳资双方,然后再细分类别;这一做法,至今尚未被彻底舍弃。大致说来,先是经济与统计学家,后是由布尔迪厄之理论领军的社会学说主导这半个世纪以来的规划与应用,然后在二十世纪九十年代,又因法国社会学说之阵营重组而有调整。例如,传统所谓的社会阶级,若要加以测量,已逐渐失去实际且具体的代表性物质化基础,无法满足实务要求,也无法回馈社会科学。换言之,这一整套职业类别的设计并不只是技术层面的测量问题,也必须能够响应社会科学演变及其哲学假设,还有认识论想象。例如,家庭,已不能仅以一男一女之组成为假设单位,即使这是民法原先之设定内容或一般的民间想象;这一职业类别若要成为有意义的统计工具,就必须让个体与社会的关系,也能够通过家庭这一中介表现出来,故改写其中的家庭之定义便成必要。一般而言,布尔迪厄、劳伦·泰弗诺的社会学说与该职业类别的设计、定义与应用的关系最密切:在二十世纪七十年代之前的使用通常是无过多社会科学理论之涉入,"中立、弹性"乃其基本立场。而后便可称之为布尔迪厄之改造年代(refonte),读者可通过本书窥见大概,至于改变之内容。例如,记者、作家、艺术家等若以收入为归类单位,通常被列入中产阶级;若加入布尔迪厄的文化、象征性资本等概念,这一批"非体力劳动者"却可列入"智力阶层"。近期该职业类别之修正则更加细致。例如,艺术家或医生律师等自由职业者,其实背后均有国家、学院体制与职业公会等撑腰,简单的收入或支配/受支配模型都已相形见绌。本书作者以下段落之讨论将有更清楚的说明。——译者注

年)、《再生产》(一九七〇年)专有的研究方法。就某一程度而言,《区分》(一九七九年)也是受惠于该统计工具,不过,后来就受到布尔迪厄功成名就后所推出的另一强大武器,也就是几何分析(analyse géométrique des données)的排挤。后来被德罗西埃称为"社会学家与统计学者交会后的首要遗产",最终在国家统计与经济研究所内攻下滩头。在那里,阿兰·达贝尔于一九七三年出版了每三年一期且深受布尔迪厄观点影响的《社会数据》①(Données sociales)。在隶属于法国教育部的统计部门内,弥漫着同样的数据之考虑,而且同样由与布尔迪厄有深交的统计学者主导,且这些人往往就是当年阿尔及利亚团体的成员:二十世纪七十年代达贝尔进驻后,在八十与九十年代,克洛德·塞贝尔与弗朗索瓦丝·厄夫拉尔(Françoise Œuvrard②)也都先后各领风骚。另外,众人皆知的是,一九七三年由奥古斯丁·吉拉尔③(Augustin Girard)在文化部主持的法国文化活动全国调查,乃是受到布尔迪厄创立的方法论的启发,最明显的影响之处就是,以社会出身、教育程度与文化才能这三者的关系为研究主轴。

德罗西埃亦指出:"在这些不同的案例中,直到八十年代末期为止,社会职业这一指标被大量采用(尤其是以'父亲的社会类别'来衡量社会出身,此乃拥戴布尔迪厄的第一笔资产者,忠贞不贰的变项)。"④ 二十世纪七十年代所有受教于布尔迪厄的社会系学子,只能倾倒于父亲的社会职业类别这一盲目的指标,即使是在外省最不成气候的市政府里开讲的哲学的历史社会学研究(sociologie historique de la philosophie),也以角逐父亲的社会职业类别这一圣杯为旨趣,便是一例。⑤ 自八十年代末期,社会职业类别的主宰地位便逐渐式微,后来居上的是,具有强大解释力的收入与教育程度两大项目。另外,隶属于公共部门的统计学者也逐渐放弃资料分析(analyse des données),而改用经济计量学之回归方法(méthode de régression économétrique);即使是那些与布尔迪厄交往甚密,或以布尔迪厄的方法来进行统计工作的工程师,也都曾是资料分析方法的拥戴者。

在与阿兰·达贝尔携手合作下,针对变项社会学(sociologie des variables),布

---

① 据阿兰·达贝尔本人所言,此期刊无疑是对数字之意义与应用的多元思考,内容之编排有三大重心,正是当年之研究导向:一是劳动与经济市场,二是生活方式与文化水平,三是社会冲突与犯罪等所谓社会和谐(équilibre social)的问题。——译者注
② 法国教育部教育研究部门的社会学者,出版研究多以检讨学校体制为主题。——译者注
③ 奥古斯丁·吉拉尔(Augustin Girard, 1926—2009)主导了文化部将近三十年的调查研究,其研究单位后改组为历史研究委员会。——译者注
④ Desrosière. Bourdieu et les statisticiens: une rencontre improbable et ses deux héritages//Encrevé, Lagrave. *Travailler avec Bourdieu*. Paris: Flammarion, 2003: 211.
⑤ Fabiani. *Les Philosophes de la République*. Paris: Minuit, 1988.

第四章 匠心独具的方法论

尔迪厄也发展出一整套非常成熟的批评，他们所采用的回归技术就是最好的例子。一般着重于自变项之"单纯效应"（effets purs）的研究取向（其论点是"此外，所有的变项都具有相等效力"），一开始也是布尔迪厄钻研之处，但自一九六六年起，布尔迪厄与达贝尔便认为，这实不足以用来考虑整个社会结构对个体之态度所产生的作用。若说我们可以假设，在《分红》一书中，从《马尔萨斯主义的尽头》（*La fin d'un malthusianisme*）这一章节摘要提出的重点，强调的是拟共线性（quasi-colinéralité）最终无法被超越的特征，这个结论其实多是由于达贝尔的缘故；另一方面，我们必须指出，正如弗雷德里克·勒巴龙（Frédéric Lebaron）所言，这种具有前瞻性的批判观点深含着统计学的论证，却是布尔迪厄力倡的结构性观点带来的结果。弗雷德里克·勒巴龙说："更广泛而言，他们两人在社会科学领域开创出更具'结构性'因果关系的概念，而这未必是目前为止人口学或是量性经济学的那种'变项社会学'的概念。这意味着，去探究错综复杂又彼此相关的结构所产生的整体效应，而且，这一整体效应是无法简化成每一个自变项的'单纯效果'加总后的结果的。"[①] 具有决定性的社会因素是无法单一处理的：其分析应该紧扣着某一既定的社会团体中那种隐约可见众多因素盘根交错的结构。

在布尔迪厄问鼎统计三十年后，安德鲁·阿伯特提出了相同的意见，不过，理由却来自芝加哥学派传统里互动论者与实用论者的交锋，换言之，是与结构主义毫无关系的。[②] 阿伯特在《院系与学科》（*Department and Discipline*）一书末尾，针对社会科学方法论的未来走向提出质疑：那种检验不同变项之间的依附关系，并因此建立且定义出来的因果分析，就如同线性回归能揭露出来的因果分析，在阿伯特眼中，实在无法刺激社会学想象，也为社会空间的构成方式带来诸多错觉。所谓的"变项革命"，在为六十多年前的社会学写下新章的同时却成为一连串误解的主要内容，不仅导致因果分析走向冷漠无情之途，因此产生一种"写实"版的因果分析，而且该"写实"版本并无任何其他的合理化形式，却比表面看起来更有说服力，以至于最后制造出一种社会学的"科学"特征。在过去，一般变项往往被视为固定不变的整体，然后，又因为社会空间完全符合我们选择的组成变项所拼凑出来的切割结果，于是乎，这类由变项构成的范例也被视为理所当然。但是，该范例自二十世纪

---

① Lebaron. Statistiques et AGD dans l'œuvre de P. Bourdieu//Lebaron, Roux（dir.）. *La Méthodologie de Pierre Bourdieu en action. Espace culturel, espace social et analyse des données*. Paris：Dunod，2015：45.
弗雷德里克·勒巴龙可谓新生代学者，跨足经济、社会、欧洲政治与统计分析。——译者注
② Abbott. *Department and Discipline*：*Chicago Sociology at One Hundred*. Chicago：Chicago University Press，1999；*Time Matters*：*On Theory and Method*. Chicago：Chicago University Press，2001.

末期便遭多方质疑：针对这类狭窄的社会学而提出的诸多批评，都先后指出该变项范例之研究过程中的多种限制，且这些限制的主要结果就是，使社会行动与环境背景脱节，也使社会互动形式背弃历史条件。我们无法否认的是，布尔迪厄与达贝尔都曾察觉到他们所操作的技术实有限制，依之提出的诠释所带来的结果也是有漏洞的。

布尔迪厄在国立统计与经济管理学院任教时，不断重复说道："想要看得透彻，就得摘下有色眼镜，然后仔细端详。"他想避免的是，往后的统计学者误以为他们手中的分析架构是中立客观的，或以为在用来掌握真实事物时，这些分析架构并不会产生其他效应。不可否认，布尔迪厄对方法论的贡献，最突出的就是将分析范畴（catégories d'analyse）放在一个历史过程中，并且不忘检验公立统计机构的社会生成过程。针对这一点，在布尔迪厄的生平研究中，我们看到了其反思面向；这也正是德罗西埃所主张的，也就是布尔迪厄在方法论这一领域中留给后人的第二笔遗产。虽然该反思取向不再吸引那些在布尔迪厄早期著作中曾携手合作的统计学者，尤其是在阿尔及利亚所结识者，但却赢得了另一世代之统计学者的青睐，也就是阿兰·德罗西埃与罗朗·戴福诺（Laurent Thévenot[①]）等人，他们都更加关切现实世界的社会建构过程所产生的问题，在政治态度上，也对国家机制更谨慎警觉。这一对于统计学的省思促成了一九七九年到一九八二年间社会职业类型分类的修订：这一修订很清楚地表达了布尔迪厄在方法论与理论建构上的关切重心。针对这些布尔迪厄所关切的主题，我们可在沃克雷松（Vaucresson）举行的那场标题为《论统计学的一段历史》（*Pour une histoire de la statistique*）的演讲中找到例子。[②] 这场演说时逢正开始席卷社会史研究的危机。这是由于直到那时为止，社会史研究向来将其论点建立在一长串的数据基础上，而此危机则使之体认到生产方式的多样性与人类创作的特点。也是在那一时期，布尔迪厄某些门生发出不同的声音，暂时地或是从根本上放弃这类量性分析的取向，并选择其他的研究方式。

若说布尔迪厄对于统计数据的批判是相当敏感的，就如同民族方法学那种力鞭统计资料的姿态，但他从未高举应将数据放在历史背景中这一针砭利器并用来反驳量性分析的基础原则。而且，事实正好相反。他曾多次邀请阿隆·西科利尔（Aaron Cicourel）到巴黎。西科利尔写的第一本书是《社会学的方法与测量》（*Method and*

[①] 罗朗·戴福诺（Laurent Thénovet，1949— ）与波尔坦斯基两人经常合作，也都被视为法国实用主义的健将。该思潮不只席卷社会学、人类学，也深刻影响了经济学与法学的走向，所以也有大小分支、流派之别，但整体并非一均质的理论。——译者注

[②] *Pour une histoire de la statistique*. Paris：Economica，1987 ［1977］.
沃克雷松（Vaucresson）位于巴黎市西面近郊。——译者注

Measurement in Sociology），主题正是量性数据分析，结论也是颇具攻击力的，然而布尔迪厄从未直接套用。[1] 即使是在其后半生涯，布尔迪厄也从未彻底丢弃他早期与统计学者合作之成果。就如克洛德·塞贝尔在一篇缅怀致意之文中所指出的，《区分》一书，由于应用了几何分析之故，往往被视为在方法论上另辟新途的代表作。但实际上，这本书捡了许多现成的便宜，大量应用了国家统计与经济研究所的统计数据，特别是法国家庭消费行为的主要类别。我们不得不指出的是，这本引用了丰富数据的著作，让布尔迪厄的民间、国际与学术声誉均扶摇直上（此书付梓之后不久，他便被遴选进入法兰西公学苑），但其实该著作并无太多反思成分。诸多法国市场调查公司如索福瑞（Sofres[2]）以及法国民意调查中心如伊佛普（Ifop[3]）的调查结果亦收录其中，尤其是当这些数据可用来补强国家机构的不足时。克洛德·塞贝尔开玩笑般说道：

> 所有这些分析项目都被综合绘制成同一张有两个空间向度的图表，即"社会地位"与"生活风格"。虽然这张印在140～141页的图表的表达方式是暧昧不清的，但写在图表前的批注却是很清楚明白的：这两大标题并非来自诸多统计学者经常使用的"**对应分析**"（*analyse des correspondances*）里的两大轴线。在那一段期间，布尔迪厄常被指责使用这类统计数据以及晦涩复杂的表达方式，然而，这一手法却还是逐渐普及，甚至经常见于《社会科学研究学报》中！[4]

---

[1] Cicourel. *Method and Measurement in Sociology*. New York：The Free Press，1964.
阿隆·西科利尔（Aaron Cicourel，1928—　）往往被视为民俗方法学之健将，后期则转向认知科学。其研究个案包含医疗、市场营销等决策过程，但以语言社会学为底，例如，病人与医疗人员之间的互动，特别是双方互动在特定专业与日常生活之间的差异。法国某些学者也认为布尔迪厄与他是惺惺相惜之友，两人均非出身书香世家之"继承人"：阿隆·西科利尔幼时住在洛杉矶郊区，时遭暴力威胁，和布尔迪厄在阿尔及利亚的生活一样艰辛。——译者注

[2] 法文全名为 Société française d'enquête par sondage，创立于一九六三年，公司改组之后，于二〇一六年又改名为 Kantar TNS，是法国首屈一指的市场研究与民意调查公司。——译者注

[3] 法文全名为 Institut français d'opinion pulique，创立于一九三八年，是法国第一家市场研究与民意调查公司。——译者注

[4] Seibel. Les liens entre Pierre Bourdieu et les statisticiens à partir de son expérence algérienne//Bouveresse，Roche（dir.）. *La Liberté par la connaissance*. Paris：Odile Jacob，2004：118.
关于这张图表，横跨原书140～141两页，就视觉而言，应是一张图而已，但布尔迪厄冠上两个标题，以黑色加注的标题是"图五：社会地位之空间范围"（graphique-5：Espace des positions sociales），以红色列出的标题则是"生活风格的空间范围"（graphique-6：Espace des styles de vie）。读者可参见该书之中文版，由麦田出版，该图乃在原书第二章"L'espace social et ses transformations"里的"Un espace à trois dimensions"一节。本书作者将陆续提到《区分》一书诸多别具一格的写作手法与编排技巧，译者在此补充一点：其目录将三大部分、八大章、结论与索引等都以印刷粗体强调，而章别以下的"节"通常在冠上页次后，没有以数字来表明先后顺序，但是某些被加上粗体的则保持"原貌"。就整体视觉而言，第一与第二部分里，以粗体强调的"节"占少数，第三部分则是章与节全以粗体强调。那是否说明第三部分更重要？——译者注

《区分》一书促使我们针对布尔迪厄在方法论上的创意提出一个相当棘手的问题。若说他是于一九七六年首次应用了数据的几何分析，却是在一九七九年《区分》这一被视为布尔迪厄的代表杰作中，几何分析的技巧方谓成熟。对弗雷德里克·勒巴龙以及其他诸多数理分析专家而言，几何分析的使用是布尔迪厄的方法论标签，理由则是，布尔迪厄借此工具来表达社会空间的概念，尤其是让场域这一概念与用来呈现场域的工具彼此相辅相成，达到完美流畅。弗雷德里克·勒巴龙又说道："也是在二十世纪六十年代晚期，布尔迪厄义无反顾地奔向数据分析，这很可能是因为他从中感受到数据分析与他自己的结构性理论有着一股奇妙的亲和力，而且他的结构论也愈来愈有一种空间布局的倾向。"① 实际上，这整件事情的时间顺序未必如此：几何分析之父让-保罗·本泽柯瑞（Jean-Paul Benzécri②），与布尔迪厄一样也是毕业于高等师范学院，但本泽柯瑞就学期间未必认识布尔迪厄。所有在二十世纪七十年代参加过布尔迪厄的专题讨论的人都还记得，在某一讨论会上，布尔迪厄对本泽柯瑞发表了大不以为然的批评。而那时候，本泽柯瑞正奔走于不同领域的研究单位介绍他的统计工具。不幸于一九七五年早逝的阿兰·达贝尔，是布尔迪厄与帕斯隆两人的挚友，也是量性分析的顾问。也正是在一九七五年这一时期，而非六十年代末期，搭起了这一类型的分析与场域理论的桥梁。不过，若要继续钻研整件事情的来龙去脉，则实无必要。几何分析的密集使用是在一九七六到一九九三年之间，也就是《世界的苦难》（La Misère du monde③）付梓为止的期间。至于《世界的苦难》这本书，则尽是质性分析工具的应用，与新闻从业人员的调查极为相近。

也是在《区分》一书出版时，布尔迪厄早期的几个合作成员离开团队；这些人再也没有采用几何分析，也因此让这一分析工具成为后来坚守布尔迪厄传统之新世代的主要标志。该分析工具有多变项统计的取向，是让-保罗·本泽柯瑞在钻研对应分析之际发展出来的工具。其主要内容是，一个数据就是一个黑点，全部的数据合起来就像是一团团的云雾，依此可产生各种诠释可能。简言之则是，点与点之间的距离越接近，个案之间的相似度就越高。根据弗雷德里克·勒巴龙与布里吉特·勒鲁（Brigitte Le Roux④）的看法，"数据几何分析在于建立这些如云雾般的丛密小点，

---

① Lebaron. Statistiques et AGD dans l'œuvre de P. Bourdieu. loc. cit.：48.
② 让-保罗·本泽柯瑞（Jean-Paul Benzécri, 1932— ），法国统计学专家，尤擅数据分析的统计工具研究，例如，（多元）对应分析。——译者注
③ 读者可参见中文简体版：世界的苦难：布尔迪厄的社会调查. 北京：中国人民大学出版社，2007.——译者注
④ 巴黎第五大学应用数学系的研究员，主要研究领域正是几何分析。——译者注

第四章 匠心独具的方法论

从中去找出主要的轴线，并去研究那些围绕着主要轴线、散布在次级空间内如云彩般散开来的点"[1]。而后，《社会科学研究学报》的读者对这类图表的表达方式都习惯了，他们往往也视之为场域概念的变形。

拙作之格局并不容许做更深入的技术讨论。然而，值得我们深思的是，就科学争论而言，坚持这类分析的拥护者与其众多诋毁者间的对立，究竟为何。让-保罗·本泽柯瑞提出的几何分析，除了打进医学领域尤其是市场调查外，其实并没有被大量采用。但是，与其将这一挫败归咎于该工具本身的特质，以及其使用条件的限制，其促销团队则散播某种法国与"盎格鲁-撒克逊"（严格说来，就是美国）科学传统相对峙的主张，而且，还不能仅仅归诸语言隔阂的关系。也就是说，他们主张我们必须求助某一科学帝国主义，方能理解这一统计工具无法外销的缘由。菲利浦·博内（Philippe Bonnet[2]）甚至毫无理由地将让-保罗·本泽柯瑞的挫败，比拟成法国教授吕克·蒙塔尼耶（Luc Montagnier）和美国教授保罗·加洛（Paul Gallo）两人到底谁是艾滋病病毒的第一发现者的对立事件。[3] 不过，若提及数据分析，没有任何人将本泽柯瑞的方法占为己有，而这正是令人感伤之处。我们在此也很难做更深入的讨论，这是因为对于布尔迪厄在二十世纪七十年代中叶的方法论选择，他自己从未多言，但总让人以为那只是一种表达手法的抉择、一套可视化的策略，而未必是真确无疑的方法论转折点。我们在此也只能做简短的引述，例如以下这段，出自他在法兰西公学苑最后的专题讲座，其遗言般的色彩是难以磨灭的："熟知对应分析法则的人，将可掌握到这一数理分析工具与场域理论思想两者间的类似性质。"[4] 以此作为研究方法论的专题论述，显然是有些薄弱。大加恭维统计几何分析之士，往往以一种视死如归的口吻来阐述他们自己的抉择，或加以描述其他多数处于美国社会学传统阵营者，即选择统计回归模式的另一方。所谓的社会学，乃处于一种认识论的无政府状态中，我们实在难以指认到底哪里是居于优势的研究中心，或者什么又是一统江湖的方法论。所以，主张布尔迪厄学派乃是唯一经常采用本泽柯瑞的研究成果者，其实是经不住考验的观点，尤其是，如果我们考虑到，虽然在美国线性回归模式常遭责难，但是这些争论往往不涉及几何分析的范围。这也是为何阿伯特与斯坦利·利伯森[5]（Stanley Lieberson）都曾针对这一主题提出尖锐的批评，但另一方

---

[1] Lebaron, Roux (dir.). *La Méthodologie de Pierre Bourdieu en action. op. cit.*：7.
[2] 巴黎第五大学的研究员，专长是统计学、心理社会学。——译者注
[3] Bonnet. Pour une histoire sociale de l'analyse des données. *Ibid.*：34.
[4] Bourdieu. *Science de la science et réflexivité. op. cit.*：70.
[5] 斯坦利·利伯森（Stanley Lieberson，1933—2018），美国社会学家，执教于芝加哥大学、哈佛大学等学校，曾任美国社会学协会（American Sociological Association）主席。——译者注

面，也都在布尔迪厄推崇的方法论之外，另辟他途。[①]

为了其利益需求，布尔迪厄的门生们可在不同研究方法之间掀起决然的对立，甚至导致一种对研究工具的愚忠，以及在某种方法论上的偏执。无论是哪个方法论的拥戴者，他们往往都混淆了以软件形式为操作基础的工具设备，以及理论应用、建立其研究对象等面向的考虑。无论是回归分析还是数据分析，两者都不是真实现象的化身，而只不过是用来处理一整个类别问题或解决某个科学谜题的技术工具。这些都不能视为有真实内涵之物（hypostasiés）。另外，对统计学者而言，前述两大研究方法各自锁定的对象并不相同，所以两者之间的对立实是无中生有。多元回归分析的研究技术，可用来确认我们要加以编整的诸群组是能够用来辨别出某一变项本身的作用；而且就所有其他变项而言，每个群组都应该有相同的地位。不过，由于社会科学是不具实验性质的，所以，上述之程序在社会科学里是不可能被操作的。回归技术就等同是去建立能用来检验假设的模型。很清楚明白的是，并非所有的事物都是可被度量的，在某种程度上，某些变项是无法量化的，而其他则是在模型发展之际就完全被消解了。对绝大多数的研究人员来说，多元对应分析比较像是一个用来清理杂物的工具，可让我们在着手分析一大堆数值时，能够看得更清楚明白些。费利西泰·德内图米尔（Félicité des Nétumières）曾指出：“多元对应分析的首要目的，是让研究人员以最简单的方式来考虑研究过程中所面临的一大堆数据，并从中萃取出具有价值的信息。”[②] 所以这类分析是一种描述统计的方法，可因此确定的是，我们也无法从中找到任何解释力量。

在一相当透彻的报告中，阿兰·德罗西埃以语言文法的用词来比较这两类研究方法：经济计量学分析的拥护者所持有的理由，往往是建立在线性回归分析的计算上的，也都朝向一种解释性的语言，例如，"偏向作用与控制"的说法；至于对应分析这一方，则"偏向描述与叙事"。为了能更清楚地形容对应分析这一阵营，身为统计学历史学家的阿兰·德罗西埃提到，"其前身是德国十八世纪隶属于官房学派的统计学方法[③]

[①] Abbott. *Time Matters*. op. cit.；Lieberson，*Making it Count. The Improvement of Social Research and Theory*. Berkeley：University of California Press，1987.

[②] Nétumères. Méthodes de regression et analyse factorielle. *Histoire & Mesure*，1997，12（3-4）：276.

[③] 该词源于caméralisme（kalmeralismus），这是流行于欧洲内陆十六至十九世纪综合经济、政治、哲学与行政管理的思潮，深具福利国家与中央集权之行政官僚性格。至于其起源，则与宗教改革后移植于内陆城邦、国家之路德教派关系密切。换句话说，不只远离中世纪之宗教经济形态，也与当时逐渐兴起的海外殖民之商业经济类型大不相同。最典型的例子是德国萨克森（Saxe）地区，往往也被视为重商主义在德国的变形。至于其名称由来，"官房"一词是指，提出该主张者，是当时各诸侯国国王的私人智库成员，以国王的私人会议室为聚会地点；所以，计臣学派则是另一常见之中文译名。——译者注

(statistique camérale)：它呈现了一种像是在地图上或漫游般的观察视野，而做法则是，在社会空间打上方位点（也就是各项因素构成之主轴）、区块、彼此多少还协调一致的领土，还有一堆聚点，这也就像是那些特别的城市，值得我们流连忘返"①。这些以对应分析整理出来的描述与分类情况，并不能让我们用某些特征来解释其他特征。细加研读《区分》一书便可察觉，该著作很明显地表现出这类叙事性。例如，布尔迪厄便叹道，社会学的申论免不了一些惯有的限制：

> 犹如所有的论述，社会学论述的困难之一在于，它的进展是非常严谨的直线方式。若想避免过于简单的主张、片面的感觉与单面向直觉的错误，那就必须能够就图表上的每一点指出所牵涉之关系网络的整体范围。②

《区分》一书所牵涉的，未必是研究方法的革命，更何况，就此而言，其阐述内容也是很有限的。《区分》牵涉到的其实是让布尔迪厄全身投入的表达问题，这却也不是出自美观的考虑，而是涉及究竟该如何表现出研究对象的样貌。自一九七五年布尔迪厄刚出道起，他便对雅克·贝尔坦③（Jacques Bertin）的地图学研究成果、图像符号学（sémiologie graphique）的表现技巧兴趣盎然，也因此替《社会科学研究学报》配置了一项几可使社会学研究成果的发表焕然一新的武器：杂志般大小的版面，应用大量的插图以说明具体的例证，众多另外框出来的专栏、说明方法论的附件、访谈摘要等等，都足以打破一般社会学论述直线式的文字描述，并让社会空间之多元面向充分展现出来。《区分》这本书之所以杂乱无章，就是因为综合了这些特征，我们也因此可用许多不同的方式来解读它。首先，这本书并无真正所谓的导言，读者翻阅第一章时，也常有种突兀的感觉。封底说明中，则建议读者"本持刻不容缓的简洁之道"（à titre d'hygiène critique），由最后一章开始读起。④ 以浏览一词来形容

---

① Desrosières. Classer et mesurer：les deux faces de l'argumentation statistique. *Réseaux*，1995，13(71)：29.

② Bourdieu. *La Distinction. op. cit.*；139.

③ 雅克·贝尔坦（Jacques Bertin，1918—2010），法国地图学专家，被誉为图像符号学之父。至于图像符号学，是利用语言或是符号、图像、图表等将某项信息以视觉形式表达出来的技巧与规则。——译者注

④ 诚如本书作者所言，这本书的解读途径是多元的，但布尔迪厄本人也常放烟幕弹。虽然原书封底清楚写道，建议读者大可"本持刻不容缓的简洁之道"，先由最后一章（dernier chapitre）开始阅读，最后一章也就是标题为"纯粹批判之大众批评的要件"（Eléments pour une critique "vulgaire" des critiques "pures"）的章节。但若就原书之目次编排而言，"纯粹批判之大众批评的要件"是列于结论之后的跋（post-scriptum），下含五节；真正冠上 chapitre 之名者，只有八章，且都编排在结论之前。另外，又如布尔迪厄在封底所言，此一《纯粹批判之大众批评的要件》的目的是，将康德之美学纯粹批判中所分析的感受、鉴赏等问题，以社会学工具，如社会团体，重新加以审视。若延续本段落之逻辑，我们不禁发问：总冲动地在翻阅过几页小说后就先看小说结局的"大众读者"，有多少人读康德呢？——译者注

此书给人的阅读经验并不为过，尤其是我们可做多层次的漫游，并让读者所有的认知感官都启动飞翔。众所周知，布尔迪厄相当关切前卫文学，他对弗吉尼亚·伍尔夫（Virginia Woolf）或是托马斯·伯恩哈德（Thomas Bernhard[①]）的作品都兴趣盎然，就是很好的例子。布尔迪厄在《区分》这一巨著中采用了不少图示与文学技巧，却又不做任何解释，故使这本书呈现出与一般社会学领域中的主流论著完全不同的气象。这一离经叛道的做法，当然是来自其三思后省。若是单一线性的做法将切除掉一部分的研究内容，也将使社会空间缩减成其诸多面向中的某单一面向。所以，为了让一个表格能呈现出其原有的完整内涵，那就必须动用一个页面上的所有资源。因此，部分地援用多元对应分析是诸多表达策略中的一个可能，而未必是选择某某方法论的结果。原本一些社会调查之结果的呈现，固然也可以挪用典型的表格技巧；更何况，早在布尔迪厄认识本泽柯瑞的研究成果之前，这些调查就已经完成了。最后，这本论著，犹如一本伟大的小说，交织回荡着多重声音。其中，那最精致艰涩的理论性语言却流洒在四处散乱的食物、饮料、图画与残篇的乐曲中；这本左右对开的专著最让人眼前一亮的，就是那篇摘自《费加罗夫人》（*Madame Figaro*）的文章，那是某某部长的嫂子伊莎贝尔·多纳诺（Isabelle d'Ornano），正娓娓述说着她那"温馨又舒适"的闺房。

　　布尔迪厄的研究方法的卓越之处正是其限制，那就是去统合出一个可用来检验诸多文化形式之分析架构。区分理论所提出的研究议题具有普世效力。一般而言，我们往往仅以创作物品的制造或一般大众的评语等观点来看待在同一时期出现的象征性物品；而区分理论则将这些象征性物品所具有的多元性质全都收纳到某一既定的社会生活中。为了能够在五花八门的文化素材上增添些许正当性成分，而且，象征性支配这一中心特征又的确能够将这些文化资料全都放在渐进调整原则一致不变的标尺下，布尔迪厄的方法论抉择便是将这些文化资料混同均质化。针对《区分》一书的批评，诸多都只集中在对此方法论之误解，以及所导致的种种越描越黑之持续效应上。尽管那些与文化正当性理论大唱反调者明确有力地指出，这一文化正当性理论从未明言却也同时假设了两大现象。那就是：一方面，存在着一种无任何限制的象征性宰制力量，其效力以中规中矩的方式施展在所有社会成员身上；另一方

[①] 托马斯·伯恩哈德（Thomas Bernhard，1931—1989）往往被誉为奥地利战后最重要的文人之一，对德国文学与一般的欧洲文化影响极大。其作品常带有人际的晦暗之暴力与残酷，似乎总是步步刻意摧毁人类生存之欲望。评论家认为其作品与作家个人生平关系密切，尤其是托马斯·伯恩哈德之家庭、亲子等复杂又近乎离奇、无情的经历，似乎决定了他深具毁灭性格的自我认同。本书作者将在第九章再次提及托马斯·伯恩哈德与布尔迪厄的关系。——译者注

面，下层阶级对于知识文化所包含的内容物其实是一窍不通的。若说社会中的施为者与某些美学表达的距离是十分遥远的，那么这些美学表达如何能以一种使人戒慎恐惧的方式来持续地对这些人产生教化作用，更何况，这些预期之教化作用对这些施为者而言根本就是无字天书？一个人怎么可能会因让他无动于衷的象征符号而回肠荡气？布尔迪厄的理论从不在乎这一盲点，即使这偶尔也是他斟酌方法论时的一个因素。例如，布尔迪厄曾经注意到，一旦农民与某些文化意涵的距离大到他们提供的意见根本无法处理，那么他们给的答案就很难被列入考虑。

编排在《区分》一书的索引中的那些方法论说明，让读者在翻开书开始畅读卷首的评述时，有种出乎意料的明快感受：在一般的社会调查里，工人阶级总在全部的代表样本中占一定分量，而在该书中则完全相反。这一现象在学有专长的工匠与劳动工人中特别明显，"相当地一致，且比我们设想的比例更低，也就是说，几乎全体都被排除在正当文化之外"。至于农民，大抵看过这本书的读者都不会忘记，他们反正就是被排除在调查研究之外，"基于**前测调查**（*pré-enquête*）所整理出的决定，原先设定的问卷完全不适合这些人，我们必须援用其他的方法，方能掌握这群人的倾向，他们完全与正当文化绝缘，甚至，更重要的是，他们连一般性文化也沾不上边"[1]。布尔迪厄在《区分》这本书中所处理的一些数据，也让许多人注意到，诸多学业有成者，他们可被列入主流阶级中几个不同的圈子，却可能宣称相当喜爱某些不是很正规的歌手，例如路易·马里安诺（Luis Mariano）与佩屈拉·克拉克（Petula Clark）之辈。[2] 关于这一点，依然多少是因为社会施为者与这一文艺活动的关系，促使研究人员去考察这些品味判断行为的效应本身，而不尽然是文化对象的性质所决定的关系。我们不得不承认的是，对读者而言，布尔迪厄书中那种介绍研究结果的方法，并非简单明了。这些表达手法不免促成了此书前所未有的畅销成绩，以及连带产生出来的那些过于简单的看法。一方面，关于该书之轰动佳绩，很矛盾的是，大受布尔迪厄启迪的社会学者都不做任何表示；另一方面，这也必然在扩大文化现象的误解之余，又加深了刻板简单的看法。可是，这也不足以构成当代社会学家无法从容地检视布尔迪厄的研究的理由，或者在将布尔迪厄批评得一文不值之后，跃跃欲试的年轻社会学者也并非不能暂时放弃这类自我标榜的短利。

---

[1] Bourdieu. *La Distinction. op. cit.* : 580.
[2] 路易·马里安诺（Luis Mariano，1914—1970），西班牙裔的男高音歌手，尤其擅长演唱横跨西班牙、法国两国的巴斯克（basque）民谣与轻歌剧。佩屈拉·克拉克（Petula Clark，1932— ），向被视为由英国国家广播电台提拔出来的流行歌曲歌后，自二十世纪五十年代起即奠定在法语演艺圈的地位。——译者注

我想在此指出，《新教伦理与资本主义精神》(*L'Ethique protestante et l'Esprit du capitalisme*) 一书所掀起的后韦伯激辩，可帮助我们理解当今《区分》一书常有的争论所在：其中不少反对的声音在于，彻底地拒绝将美学关系客观化的任何形式；就如诸多神学家一样，就其根本原则而言，他们拒绝韦伯的"不可知论者"之理论姿态。韦伯将宗教完完整整地植入一个社会与经济空间里的做法，就如布尔迪厄将艺术与所有的象征性物品都归到一个社会空间里一样；在一些艺术的虔诚信徒看来，如此作为是亵渎不恭。不过，尚存在着其他属于方法论层面的反对声浪，然而这却将区分理论导向一个更广阔无边的天地。为了激发出可促进区分这一模型拥有普世力量的理论效应，布尔迪厄往往过度开发其数据，而这又由于他将一大部分的由统计行政机制所生产的数据都收录到索引中，而显得更加顺理成章。究竟正当品味（goût légitime）是如何脱颖而出的，是否由于在对照着差不多的格调（goût moyen）、大众口味（goût populaire）之下，早已丝毫不差地筑起别有之洞天？其实是通过分析评论诸多以偏好为题的统计表格这一手法，向让布尔迪厄的讨论重心过渡到品味的一般性理论。在这本书里，"大众口味"被当成是，选择所谓"轻佻空洞"的音乐作品，或是由于流传街头巷尾而身价大跌的高级乐曲，例如，《蓝色多瑙河》(*Le Beau Danube bleu*)、《茶花女》(*La Traviata*)、《阿莱城姑娘》(*L'Arlésienne*) 等，或者，根本就是一些毫无艺术精神或艺术内涵的歌曲，像是路易·马里安诺、乔治·格达利（Georges Guétary[①]）与佩屈拉·克拉克所串唱的。如果布尔迪厄能够肯定"大众口味"的确在大众阶级中广受欢迎，而且又与社会资本的大小成反比（这是这一品味在工商企业主中更胜一筹，或甚至在高级主管之间远比在小学教师、文化公关人物的圈子里更普及的原因），这是因为在由 143 名无学业文凭的大众阶级成员组成的抽样样本中，31％的人宣称偏好佩屈拉·克拉克。然而，在由 432 名拥有初中以上文凭的上层阶级成员组成的抽样样本中，仅有 17％的人有相同的偏好。其实就这类文化才能或文化偏好呈现不均衡分布的现象，我们并不能在无其他考虑之下，就贸然总结出一套关于文化物品消费的品味区分本质之一般性理论。更何况，那些被用来归纳出结论的差别往往比表面看来更复杂微妙。如果我们重新检视这些田野调查，便可以重新思考其效力范围；如果我们从衡量尺度的差异原则出发，或去观察布尔迪厄未曾检视过但更活泼有力之文化消费才能的样本，便可提出另类的观察角度。

布尔迪厄这本巨著更由于其展示内容而更有看头：除了社会活动外，还有就

[①] 乔治·格达利（Georges Guétary, 1915—1997），出身希腊的轻歌剧歌手、演员。——译者注

是人的身体与当事人的态度。这些内容的呈现方式,多少也引起法国或外国读者都能感受到的一些亲切感。212~213页这两对页的内容是最具代表性的:共计七张人物照片(五男两女),合并冠上"做一行就长得像那一行"(Le physique de l'emploi)的标题,也全都安插在讨论着法国人的饮食消费之相关章节中。照片的大小与印刷质量,未必能让我们一眼看出究竟这些人正在忙些什么事,不过其相貌却是相当典型的。我们可认出法航优雅动人的空姐,这张照片直接对比着另一张留着八字胡的肉匠的照片,他戴着一顶巴斯克当地的软呢帽,正忙着切肉。眼观这两页照片,读者能做什么呢?索引里的方法论附录也没提出任何建议。然而,可被称为"布尔迪厄的效应"(effet Bourdieu)者,绝大部分来自读者的解读,他们面对着多层次的语言:从一些最平淡无奇的内容到布尔迪厄口中可将社会空间之繁杂离奇一网打尽的社会学论述。这本书轰动书林,深深触及一般社会学者之外的圈子。虽然没有任何数据研究指出,但我们还是可以假定《区分》这本书激起了多层次的解读。

　　这些问题并非布尔迪厄的论著独有的现象。但由于数类叙事笔调的重叠,还有其方法论主张又多少有意淡化之故,这些问题便在布尔迪厄的研究中显得格外重要。帕斯隆在《社会学论证》(*Raisonnement sociologique*)一书中写了一章令人赞叹不已的《表格说的,以及我们就表格想说的》(Ce que dit un tableau et ce qu'on en dit),他也在其中强调,研究者往往因为受到他所谓的历史学与社会学里各自之"共体般的认识论"(épistémologies corporatives)的影响而难以摆脱某些讹误:"若要使那类依照变项需求的语言而形塑出来的陈述,转渡到另外其意涵必须参照历史背景而斟酌得出的陈述,则存在一定的困难。其中的困难在于,该既定的历史背景是永远无法忠实完整地以科学变项的语言来描写的。"[①] 对所有的统计分析而言,帕斯隆指出的这一点是切要实在的,甚至也包括了那些处理数据几何分析的内容。统计学者与社会学家之间的争执,可帮助我们厘清下列问题:前者因为坚持实验作风而产生错觉(这让他们信心满满地以为,他们是从不处理历史空间,而只接触受物理法则支配的世界),以及,后者由于文字解释的坚持而幻影幢幢(这让他们在相信语言本身可创造出丰富意涵的高超能力时,感到坦荡自在)。之前的段落中,针对《区分》一书中分析的音乐品味而提出的那种回归原有的讨论,便是以这一统计学者与社会学家之争执为出发点。我的目的是用一种"持平的角度"来解读《区分》中的统计表格,并衡量究竟统计表格所能说的与我们想让表格说的这两者间的差距有多大。

[①] Passeron. *Le Raisonnement sociologique*. *op. cit*.: 207.

于是，帕斯隆提出了如何诠释统计资料的原则性问题："在历史学科的领域里，当我们要描述一种具有统计意义的关系时，总是必须去援引那填塞着语言意涵，而且也将内容夸张扩大的操作手续。社会学家若是不愿自己处理这些操作手续，最终则不免问题重重。"① 比布尔迪厄之前的著作更明显的是，《区分》一书的解读，极大一部分必须靠读者自己。数据处理与就这些数据而衍生出来的讨论之间有着很大的差距。虽然整本书的安排是极为出色的，但其基本内容，就一般的写作大纲而言，则是建立在那原本应是可被视为导言的章节却被安置在第二章（《社会空间及其转变》，"L'espace social et ses transformations"）。布尔迪厄以文化活动偏好的研究为开端，然后将焦点对准整个社会空间，这可让读者体验到品味的阶层化现象，然后，这本书便开讲了。有些似乎是来自采访条件均不明确的稿件摘要，例如，《一名懂得生活艺术的主管阶层人士》（"un cadre qui sait vivre"），这是另外辟出的专栏，然而却与不容易掌握的社会学理论探讨编排在一起，而这也是《区分》一书的特色之一。另外，最主要的社会调查所牵扯到的技术选择与处理，其说明全都列于页面下方的注释中。

诸多对于此书的谴责都禁不起考验，这是因为布尔迪厄事先已将它们驳倒了。至于错误又夸张不实的解读，则四处飞扬。这些误解往往是由于某些报道叙事、菜肴的图示（例如，威尼斯牛肝、奶汁肉排）制造出来的那种再真实不过的效果；许多人也将由于关系分析（analyse relationnelle②）的需要而建立出来的类型，视为真实事件，这也使误会剪不断理还乱：很多人都在《区分》这本书中看到了自己，不过，他们往往也看到了自己的左邻右舍，像是顶着软呢帽的小资产阶级、自学求不人的爵士迷、收集卡片的人，或是每个月都要痛饮三大瓶凯歌（Veuve Clicquot）香槟的银行主管。大家都在书中认出自己的邻居，随之哈哈大笑，好像是因为我们很少能捧着社会学书籍开怀大笑似的。毋庸置疑，布尔迪厄有意打破学院撰写形式，他绝不是恶作剧，成果也颇丰硕。然而，这一革新深受欢迎之余，也制造了另一个层面的问题：资料几何分析中的那些密密麻麻的黑点制造了一种仿佛再真实不过的错觉，而且方法与理论之间相依相辅的主张又让这种幻觉更加强烈。支配或是正当化的理论，从来就没有以某某形式来做详细陈述，也没有被尝试着以经验验证方法

---

① Passeron. *Le Raisonnement sociologique*. *op. cit.*：209.
② 这是一个跨越科学与一般常识的老旧用词。以语言学而言，一个人的用词、句子、发音等等的意义，都必须就特定的背景来检视，这些用词、句子、发音与背景间的中介空间就是所谓的关系。通常每一个人都可被抽离出种种不同的特质或是条件，例如，性别、教育程度、居住地点等等。若以宗教为标准而把不同的个体区别开来或串联在一起，也就是为他们建立起一层关系。这似乎是很简单易懂的逻辑运作，读者可细加品味这一用词在此处的弦外之音。——译者注

第四章 匠心独具的方法论

来加以检验。在布尔迪厄的社会调查展开之前,这些理论就已经存在了,随之也被当作是整个调查研究的唯一诠释架构。于是乎,《区分》一书中的插图便被当作证据般来使用。

不过,这本书的地位一直屹立不倒。若说四十多年来,这本书一直是法国或其他国家所有从事文化社会学研究的人的重要指标,是一点也不为过的。若要解释此现象,原因则是,这本书的论证落脚是法国第五共和国这一不寻常的背景;但这样的说法并不足以明确指出其特性,而且也只是故步自封地视之为某个时代背景的见证人。统计论证之不足,或是重复堆砌一些用以吸引读者的成分等批评,都不足以否定整本著作的不凡之处。布尔迪厄本人不寻常的社会出身(特别是,他对于小资产阶级的写照,有时几乎是悲哀低吟,宛如注定永无真实的自我存在,这样的看法很可能是由于他本身际遇之故),并没有造成反效果,也没有妨碍持续沸腾的好评;且无论我们是依循着布尔迪厄的思绪,或者更可能发生的是,反对他的主张,这本书都依然成为文化社会学的首要指标。《区分》刚付梓时,皮埃尔·昂克雷韦(Pierre Encrevé)在《世界报》上写了一篇评述,非常明确地指出,这本书独树一帜,在当时的社会科学领域乃前所未见:

> 为了避免学院语言故伎重施,就像是将距离拉远以否决现实的工具,布尔迪厄甚至也革新了社会学论述的表达形式,因此创造出一种新事物,也就是,一本引领着众人用另一种解读方式来阅读的奇书。布尔迪厄使用了多种语言,在文字旁又堆筑着照片、复制的文件、纲要性的图表、剪辑过的采访等等,但是,却又不使之成为简单的视觉表演,而是让这些配件成为文本的成分:这些不同的文字描述彼此遥遥相望、呼应唱和,且互相印证。无论形式上还是实质上都已被宣判死亡的哲学对立,便因此被迫与总统或健身教练的写真为伍共欢;乘载着饮食习惯分布的统计表格,则因民族志学者对某一民间宴席的描绘而大放异彩。这一布局,实乃整体却让每单一成分相映生辉——原本只是文学技巧惯有的效应——但也只有通过读者才能发挥作用,而最终,也不过是读者自己的趣味而已。①

---

① Encrevé. Un effet libérateur. *Le Monde*,1979-10-12。
皮埃尔·昂克雷韦(Pierre Encrevé,1939—),法国语言学家、艺术史学家,曾与罗斯-玛丽·拉格雷夫(Rose-Marie Lagrave)合著《与布尔迪厄共事》(*Travailler avec Bourdieu*, Champs Flammarion, 2003)一书,见本章前注。皮埃尔·昂克雷韦经常引入在法国仍不为人知的外国学派与著作,乔姆斯基的著作即为一例。就其政治生涯而言,主要贡献是艺术文化的教育推进、行政语言和法文拼字的简化方案等。——译者注

布尔迪厄以文学写作为参照是最重要的一点：昂克雷韦甚至在其文中提到普鲁斯特①。如此一来，《社会学家此职》（métier de sociologue②）又该如何交代，究竟布尔迪厄是从哪里开始落笔的呢？如果读者是被力邀自行在篇章间漫游，那谁来监控诠释的技术呢③？《区分》这一论著表达了作者与作品间最高限度的张力：那种义无反顾地要让社会学发展成为与其他科学并驾齐驱的一门科学的愿望，势必会触犯学院生产中相沿成袭的典章。这种自然主义者的认识论，与我们一般赋予社会科学的研究对象的那种历史性性质格格不入，也与布尔迪厄的启蒙来源之一，即韦伯的认识论方法截然不同。但在另一方面，这一自然论作风的认识论主张与用尽各种表现手法以便掌握社会空间的企图却是同进同出的。在通过本章节简述布尔迪厄的方法论后，我们便更明了，何以布尔迪厄的创意有时会反扑成为撒手锏。阿兰·德罗西埃将布尔迪厄与统计工具的关系分成三大阶段，也因此清楚地说明了布尔迪厄一生的经历令人难解之处。首先，从阿尔及利亚时期到一九七〇年为止，布尔迪厄以国家统计机构之力来建立自己的科学空间。正是在此阶段，他与国家统计与经济研究所的主管人员共同合作。然后在第二阶段，《区分》乃其核心，他让国家机构成为职业分类的制造与控制中心，且坚持统计学的政治角色。最后——

> 由于新自由主义思潮以激烈粗狠的手段打击国家机构，布尔迪厄便不得不将他对国家体制的分析做更细致的处理，即他所谓应加以区分的"右手""左手"两大支派。而且，他的语言更倾向积极的活动分子，而不只是科学家的口吻，也更适合用来动员公共机构里的成员。因此，为了支撑一己的政治抗战，他又兴起以统计学论证为纲的需要。④

在这时候，布尔迪厄不再创新方法论。而造就科学的初衷虽然持续地以强而有力的方式来表达，却在公众人物这一角色的演出中逐渐消退。在这迢迢旅程中，或许至少就某一程度而言，由于数据几何分析满足了场域理论当今眼前（présentiste⑤）

---

① 马塞尔·普鲁斯特（Marcel Proust，1871—1922）向被视为法国当代最重要的文学家，《追忆似水年华》（A la recherche du temps perdu，发表于一九一三年至一九二七年间）则为其一生代表作，其文学技巧不仅有创新的语言、宛如无终点的句式，还有就是让人视而不见的情节、时空与文体的混淆和悖反、人物模糊不定等等。——译者注

② 这也是布尔迪厄早期与帕斯隆合著的书名。——译者注

③ 所谓之技术，是对照原文里的 jeu 之复数形态。Jeu 也有空隙的意思，所以这句话也可以译成：那谁来监控诠释的转圜余地？——译者注

④ Desrosière. Bourdieu et les statisticiens: une rencontre improbable et ses deux héritages. loc. cit.: 218.

⑤ 当今法国学界以 présentisme 为主要的理论标签者，以史学家弗朗西斯·哈托格（François Hartog, 1946— ）为最。在此，作者使用该词，以修辞趣味为主。一方面，回归该词的另一层面，即陈列、表达的意思；另一方面，呼应政治动员之急切性，却将研究对象的历史化任务挤下舞台。——译者注

之层面需求的关系，历史科学便在其研究中退居次要地位。而在布尔迪厄的学术生涯初期，历史学曾以涂尔干与韦伯传人的地位陪伴着他。直到最后，历史足迹终于消失于暮色中，并被一波波席卷而来的紧急动员浪潮吞噬。下一章节便该是讨论布尔迪厄理论中历史研究之地位的时候了。

第五章　事件、结构与历史

如前一章节所述，布尔迪厄相当强调方法论中社会空间的概念，而且，他并未因此舍弃历史分析的取向。我们常以为结构主义就是无历史的（anhistorique），其实未必如此。更何况，结构可被定义成一组转变系统（système de transformations），这便意味着时间动力等因素可被整合到结构中。虽然布尔迪厄提出的社会变迁（changement social）概念并不令人满意，但我们依然可肯定的是，他赋予了社会变迁重要的地位，而且，主要是通过对迟滞（hystérésis）这一概念的运作。另外，倘若以范畴的社会生成这一研究途径来看待其研究成果，我们便可发现，他延续了涂尔干与莫斯的志业，并以百折不挠的毅力，将我们用来处理社会空间时的种种举止态度也都推上历史化的轨道。他的课程很早便吸引了知名的历史学家，尤其是英国学者，例如，爱德华·帕尔默·汤普森（Edward P. Thompson）与艾瑞克·霍布斯鲍姆（Eric Hobsbawn）。他主持的期刊也刊载了不少的历史或历史社会学的论文。许多历史学家都拜读布尔迪厄的著作，尤其是克里斯托夫·夏尔勒（Christophe Charle[①]），他将布尔迪厄的方法应用到他的专门学科，还有就是罗杰·夏蒂埃（Roger Chartier[②]），他不时与布尔迪厄交换意见，虽然未必采用其分析手法。

[①] 克里斯托夫·夏尔勒（Christophe Charle, 1951— ），法国历史学家，擅长比较当代史与文化史，主要研究领域是知识分子、大学教员、作家、剧作家等等。——译者注

[②] 罗杰·夏蒂埃（Roger Chartier, 1945— ），向被视为法国年鉴学派之当代掌门人，但在教学与学术研究之外，他也是国家图书馆之科学委员，并被推举进入法兰西公学苑。一般认为，他除力守年鉴史学、参与创新其研究取向外，亦为之加入其他学科之养分，例如，布尔迪厄之社会学、福柯与阿尔都塞之哲学等等。最突出的研究成果包括以文化史的角度重新审视法国大革命，另外，则是通过作家、文本、书籍与读者这四个成分重建欧洲现代史中的社会空间。——译者注

第五章 事件、结构与历史

就法国社会史的诸多改变，雅克·雷维尔（Jacques Revel）在其省思中指出，他那一代的历史学者都曾赋予布尔迪厄的研究成果以相当的重要性。不过，对这一正面肯定，他也特别指出，这是由于在心智史（histoire des mentalités）研究的第二阶段"很快便察觉到，在社会团体之类别区分与文化倾向中，存在着诸多落差。所以，对于曾在二十世纪八十年代动员了我们之中好几个人的那个观点，我们现在正考虑着是否应该颠覆它，并斟酌推敲着是否种种文化活动也不过是各社会团体互争高下的结果"①。在二十世纪结束前的最后几年，大家都看到结构主义的浪潮退烧，众多方才开始展开学术生涯的年轻历史学者都认为，布尔迪厄提出的模型已过时，而且，就连那顶仿佛社会科学的统一已到来的社会学大帽子，他们也都打算毅然摘除。然而，在美国，**历史社会学**（historical sociology）的改革者往往视布尔迪厄为启蒙大师，例如，《布尔迪厄与历史分析》（Bourdieu and Historical Analysis）这本二〇一三年出版的论文集，几乎云集了所有的历史大家。②

法国历史学者当初捍卫的理由似乎被听到了：布尔迪厄宣称将所有的社会科学都收编到统一旗帜下，甚至往往以单数形态来命名生产出来的知识。还有，令人好奇的是，他也重拾弗里德里克·勒普莱（Frédéric Le Play③）当初用来指称一己专长的用词。这些都是布尔迪厄以统一命题来整编社会学和历史学的作为。不过，依然被诸多历史学家认定为在贯彻涂尔干志业时不可抹灭的特征，却未必在该命题中找到。一九〇三年时，弗朗索瓦·西米昂那篇关于方法论的知名论文，以一种毛遂自荐式的手法来掩饰他收编历史学的计划。④ 雅克·雷维尔提到，"追随涂尔干的学者联手向他们的历史学伙伴们提出一套计划、一种合作风格，以及那种在《社会学年刊》（Année sociologique）创刊号中登场的学术交流模式"⑤。众人皆知，对西米昂

---

① Revel. *Un parcours critique. Douze exercices d'histoire sociale*. Paris: Galaade, 2006: 23.
雅克·雷维尔（Jacques Revel, 1942— ），年鉴学派之大家，也是著名的《年鉴》之编审委员，主要研究领域是欧洲的社会与文化史，尤其是文化活动与历史叙事之撰写，例如，社会科学与历史学的关系，并因此促成他与帕斯隆以个案研究为题合著专书。——译者注

② Gorski（dir.）. *Bourdieu and Historical Analysis*. Durham: Duke University Press, 2013.

③ 弗里德里克·勒普莱（Frédéric Le Play, 1806—1882）应是法国社会学之沿革史中最常被忽略的创建者之一。相继学成于综合理工学院、煤业学院，他除为标准的科学家外，也是出身公务员世家的高级公务员，或许因此让后人给他扣上一顶顽固落伍的大帽子。就社会学之方法论而言，其主要贡献在于，直视社会事实，具体比较现况，例如，以专题方式、量化技术研究煤矿工人之家庭生活与预算，故也被视为社会经济生活与劳工研究之先锋。——译者注

④ Simiand. Méthode historique et science sociale. *Revue de synthèse historique*. t. VI. 1903: 1 - 22, 129 - 157.

⑤ Revel. Les paradigmes des Annales. *Un parcours critique. op. cit.*: 28 - 55.
《社会学年刊》是涂尔干在一八九六年创立的学刊，曾几度停刊，先后有《社会学年鉴》（*Annales sociologiques*）与现今之《社会学年刊》等刊名。——译者注

而言，历史学的各种批判方法并不足以用来定义这门学科的科学性，那不过是一项特定的"知识处理程序"（procédé de connaissance）。即使方法严谨，科学也是不能以某单一经验方法论来定义的：科学依赖的是概念的建构程序，并提出一整套能被公开检视的假设。西米昂的论文是一篇对于历史事实至高无上之地位的冗长批评。尤其是在阅读了雅克·雷维尔的文章之后，我们便可明了，虽然西米昂是那么粗暴地糟蹋着史家汗青，后来的《年鉴》之创始者却还是利用着西米昂提出的计划。因此，雷维尔说道："我们都承认，**历史-问题**（histoire-problème）的优先性，模式的探索，人文科学的汇聚，还有集体研究与调查的邀约等等议题在未来史学研究中的重要性。"①

与西米昂相反的是，布尔迪厄是史学研究的忠实读者。首先是艺术史与文化史，就此，他精心雕琢其《福楼拜》与《马奈》；然后就是政治史，国家之专题讲座恰为正果。② 虽然布尔迪厄并未发展出以历史社会学为研究主旨的研究内容，就如韦伯一贯的做法，或是像涂尔干通过《教育思想的演进》一书表达出来的关怀，但是，布尔迪厄很快便明白在社会科学中打下历史桩木是必要的。他曾指出的好几个关于同步失调（désynchronisation③）的问题，在教育制度中尤为明显，但其实这多亏涂尔干的启发。例如，涂尔干于一九〇四年到一九〇五年间的授课内容直到一九三八年才出版，为此，莫里斯·哈布瓦赫（Maurice Halbwachs④）写了一篇导论，对布尔迪厄影响重大。在这篇文章中，莫里斯·哈布瓦赫提出惯性（inertie）概念，用来描述继承自过去的教学方式与当前的社会条件可能存在着落差。惯性这一概念汇集了好几个重要特征，后来都被布尔迪厄拿来建构迟滞这一关键性概念。他不断重复着涂尔干的教训以供他人参考，**"历史就是不知不觉的"**（l'inconscient, c'est l'histoire），正是这一承前启后关系的最好例子。表面上看来，布尔迪厄成功地将时间这一向度

---

① Revel. Les paradigmes des Annales. *Un parcours critique. op. cit.*：35.
② Bourdieu. *Sur l'Etat. op. cit.*
③ 这原是一个生化名词，而在班级管理的领域里，常见之例就是，当每个学生的学习能力不同，故吸收进度不一时，教师的教学进度该如何统一的问题。——译者注
④ 莫里斯·哈布瓦赫（Maurice Halbwachs，1877—1945）曾在多所大学任教，在因犹太裔身份而被逮捕遇难前的几个月被推举进入法兰西公学苑。一般认为他深受涂尔干影响，但也将涂尔干之概念做更深入具体的研究创新，例如，关于自杀与社会形态等。他早期的研究以劳工家庭之收入、支出、生活水平为题，点出社会行为与社会团体之关联：需求并非被施为者客观中立地对待，而不过是所属社会团体的表现。也因此，其研究向社会意识（conscience sociale）之概念推进，却也更贴近涂尔干的《宗教生活的基本形式》之基本主张，这在其名著《论集体记忆》（*Mémoire collective*）一书中表现得最为明显：个人记忆是烙印在社会人际关系所搭起的架构中的。读者可参见第九章关于皮埃尔·诺拉（Pierre Nora）的批注。——译者注

第五章　事件、结构与历史

整合到社会空间所撑起的分析框架中，但那实非得心应手之举，尤其当这样的成绩是由于数据的几何分析应用时。若说所有看起来都像是为了去推动一场社会学与历史学令人欢欣鼓舞的风云际会，那我们是否还应该更深入地去探究些什么？其实，事情还复杂得多。那种存在于布尔迪厄提出的系统与历史学间的关系，正浓缩了他整个理论的所有困难点。

在其学科发展期间，社会学竭尽所能，以与历史学那具压倒性地位的叙事形式一刀两断。所有倾心于西米昂那篇继往开来之论文的读者，也都认为与叙事之写作形式挥手告别乃一己使命。若想将调查研究升高到宏观层次，或有意视数据之量性处理为优先，则都要求与历史学科之叙事手法断绝关系，而且必须舍弃编年史之强制性，以及对于传记与历史事件之偏好。唯有依照某一假设去严谨地建立事实，然后以经验检验（validation empirique）之流程来断定该事实是否可成立，历史学科方可夸口满足了科学性的指标要求。① 历史学那无法拆解的叙事手法，以及将历史缩减成个别与戏剧性事件的堆积的做法，正是科学与文学的主要相左之处。长久以来，尤其在法国，这一冲突景象占据了历史之叙事方法的生产舞台：三十多年来，随着历史学者与人类学者都再三质疑其研究与撰写方式，虽然目的在于撼动结构主义者的基地，但这些作为都使科学与文学间的冲突重新改装。在法国，社会学几乎完全置身事外。这或许是由于过去三十多年中，在欠缺考虑②的情况下，社会学界最通行的研究形式是处处强调那些凸显出艺术史中称之为"混合技巧"（technique mixte③）的分析手法。而且，在某种结构性的分析框架下，该分析手法又结合了更具传统笔触的叙事方式，以及主要目的在于说明问题的规格化成分。就这一角度，并且也就前一章节看来，最著名的例子，也是最成功的例子，应该是《区分》这本书。

---

　① 然而，这一范例从未取得共识。经验检验的标准，若是以其**严格字义**（stricto sensu）而言，在历史学科中是无法成立的，若非放宽标准，就得另取新意。我们在此可特别提出，例如，马克·布洛赫（Marc Bloch）所指的"考虑要项的变化"（jeu de questions）这类历史研究问题，或是卡洛·金兹伯格（Carlo Ginzburg）发展出来的指标性取向（approche indiciaire）的问题。
　关于卡洛·金兹伯格的指标性取向在法国的回响，可溯自一九八〇年夏天译成法文的 Signes, Traces, Pistes-Racines d'un paradigme de l'indice（《征兆、痕迹、线索——指针范例的根源》）一文，它向来被认为奠定了微观史学（microhistoire）的基础，并与法国年鉴学派的方法论取向大唱反调。然而，该微观史学并未缩减在普遍、整体（global）层次的要求，《年鉴学刊》于二〇一八年之首卷即以自二十一世纪初已渐趋成熟之 global microhistory 为专题。——译者注
　② "考虑"一词所对应的原文是 réflexivité，恰也是布尔迪厄理论之要点之一。——译者注
　③ 在当代艺术创作中，混合技巧是同时采用两种以上的原料、素材、工具或方法等，目的通常是打造更明显的个人化风格与效果，并在"融合、交融"中制造不同材料与工具间的张力。——译者注

若要说明这些疑点，那就必须着手分析布尔迪厄与历史学科交锋后的研究成果：它们往往属于艺术、文学、学校与精神生活的范围，再加上阿尔及利亚与贝恩亚，便是布尔迪厄的经验性调查的主要内容。所以，十九世纪就显得非常重要，但是，我们也大可将《学术人》（*Homo academicus*[①]）一书视为一九六八年五月学潮的历史社会学成果。我们可用两大方式来分析布尔迪厄的研究成果：一是，选择某些特定内容，然后尝试去掌握那大致可称之为布尔迪厄的历史方法的东西；二是，通过其参考与引借对象的安排，去探究他究竟是如何利用历史这一学科的。如此一来，我们就可去评估那拥有布尔迪厄个人风格且围绕着迟滞之说的时态改变（changement temporel）之概念化模式。最后，我们就可试着去评估那些主要是以结构性落差定义出来之历史取向的种种生产条件。

布尔迪厄以下三本著作皆可视为历史社会学的研究成果：《艺术的法则》、《马奈：象征革命》（*Manet, une révolution symbolique*）、《学术人》。我们可在这些著作中观察到一种以结构性逻辑发展出来且形式精致的革命社会学（sociologie des révolutions）。《艺术的法则》《马奈：象征革命》都是功成名就的象征性革命之例，至于《学术人》，则是令人扼腕的政治革命之例。西达·斯考切波（Theda Skocpol[②]）开启了一整个关于革命事件的历史社会学研究领域，但她的名字却从未出现在这三本书中，更何况，斯考切波的研究对布尔迪厄的国家专题讲座可能是大有帮助的。其实，一如往常，为了更加衬托出他自己的分析模式，布尔迪厄与社会学传统保持着距离。针对那向来被称为一九六八年五月学潮的一系列事件，我们该如何着手进行研究呢？我们经常赞美布尔迪厄与其伙伴帕斯隆，以为他们两人相当敏锐地通过《继承人》一书来表达学生抗争这一议题。事实上，学潮危机结束后，铺天盖地的研究随即席卷而来，但布尔迪厄却是等了不止十五年才发表他自己的分析。这一社会运动力量强大却又立即退烧，不免让众多出版业者摩拳擦掌，跃跃欲试。然而，社会学界的反应并不一致。而且该学潮还使社会学界内部彻底决裂。就社会学者面对整体社会运动之态度，某些人在这一学潮中找到了一些可用来合理化其保守立场的

[①] 的确，该书往往被译为《学术人》，这不免流于字面意思，而忽略其内容要旨：这本书不在分析知识生产一事或学究集团等迷障，而是分析大学院校本身的权力关系，例如，如本书所述，大学生——而非"知识分子"，如何"晋升"成为大学教师的问题。也正是以此角度，该书可被视为一九六八年学潮背后深沉的历史社会学作品，布尔迪厄自言乃"最具争议性的著作"。——译者注

[②] 西达·斯考切波（Theda Skocpol, 1947— ），美国政治与社会学家，曾先后在哈佛、芝加哥等大学任教，并主持美国政治研究系所。一般而言，其研究议题、取向与贡献都集中在国家角色与社会政策的关系。本书作者在此所指，应是一九七九年出版的 *States and Social Revolutions-A Comparative Analysis of France, Russia and China*，亦是她在中文世界最有名的著作之一。——译者注

第五章　事件、结构与历史

素材，阿隆与弗朗索瓦·布里科（François Bourricaud）即是如此。弗朗索瓦·布里科曾于巴黎十大授课，深知非命令式教学（pédagogie non directive）的优缺点。[①] 另外一些学者，则就学潮给出了一些社会学诠释，目的在于吻合其概念化假设。例如，埃德加·莫兰（Edgar Morin）便四处宣扬其"世代斗争"（lutte des classes d'âge[②]）这一盛名远播的主张，而原本该说明也是应该能够说明诸多社会现象的。至于克洛德·勒弗尔（Claude Lefort[③]）与科内利乌斯·卡斯托里亚迪斯（Cornelius Castoriadis[④]），在结合哲学与社会学之后则强调，在诸多民主社会都具压倒性的意识形态表

[①]　Bourricaud. *Université à la dérive*. Paris：Stock，1971；Aron. *La Révolution introuvable. Réflexions sur les événements de mai*. Paris：Fayard，1968.

　　弗朗索瓦·布里科（François Bourricaud，1922—1991），如本书提及之法国学术精英，先取得哲学专科之高级教师学衔，在高中任教，然后换轨到大学体系。他也曾出任联合国教科文组织在秘鲁之主管与研究工作；恰在一九六八年学潮前夕，他在巴黎十大执教，然后入阁，随后出任教育部长一职。至于其研究贡献，一般认为有二：一是政治与伦理哲学，二是拉丁美洲之发展议题，特别是针对权威这一典型的韦伯概念。Non-directive 一词源自心理学名词 non-directivité，原义是禁止、不鼓励主动向对方提出建议、解决方式或结论，但等待对方主动提出协助之需要，目的在于让对方能自己逐渐看清处境。这是二十世纪五十年代提出的心理治疗概念，很快便阵亡，然而却在教育学领域复活，一九六八年学潮时重新粉墨登场，却不免被误用，改装成为政治抗议之要求口号之一。例如，"不可禁止（我们）"（Il est interdit d'interdire），或者是所谓的以创造代替格式、以自学取代传达、以开放替换镇压，背后代表的其实是囊括了知识、家庭、学校、工作与政治等的新的人际关系向传统权威的挑战。另外，一九六八年学潮的主要爆点是巴黎十大，故本书作者在此以学潮、大学与弗朗索瓦·布里科之教育主管身份点出社会学家与社会运动之关系并非偶然之例。——译者注

[②]　埃德加·莫兰（Edgar Morin，1921—　）可谓当代产量颇大的社会学家，身拥众多学衔、奖章，经常现身法国媒体，也主持参与诸多电影制作。一般认为，他眼中的社会现象是具有多层次的，另一方面，他又强调人与宇宙、人与自然、人与生命、人与社会、人与文化等都存在着"缺口"（brèche），所以，其研究志业便在于修补重建挪亚方舟。至于其"世代斗争"之主张，可溯及学潮发生后的论文发表，重点则是：青少年、青少年文化与批评宗教之知识分子都是不稳定且具有某种肢体暴力倾向的社会团体；若要研究这些团体，则应朝向一历史现象学的做法，整合在地、社会、国家甚至世界之尺度；这类研究必须避免任何前提，尤其是所谓的阶级斗争（lutte des classes），且须深入到集体情感，以及隐藏在社会"大脑皮质"里的断层、缺口、压力与焦虑。在此，犹如诸多学者，知识分子、年轻学子、大学教育与宗教都成为当时关怀社会现象与事件的假设因素或起点。若说世代斗争不只是陈腔滥调，也是冠冕堂皇的学术名词，人类学家也证明此现象并非现代社会专属，其实在所谓的原始社会也是见怪不怪的。但另一方面，若以"革命"或"冲突、抗争"的角度来看，当今也有不少法国社会学家拒绝这一说法，强调至少在法国当代社会，世代之间和平相处、互相扶持是家常便饭，但众人视而不见。例如，祖父母/外祖父母"免费、热心"照顾学龄前孙子孙女/外孙外孙女，或参与小区、所在地之义工活动等等；近年西班牙、葡萄牙、希腊经济萧条或破产，不少家庭都是依赖祖父母的退休金过活。——译者注

[③]　克洛德·勒弗尔（Claud Lefort，1924—2010），法国政治哲学家，师从梅洛-庞蒂，也多次得到阿隆之提拔，其主要研究议题都是围绕着政治展开的：这并非一个独立的社会领域或名正言顺的思想任务、民主，或是极权等政权形式，而是权力的行使模式与社会人际之常态形式这两者间的关联。——译者注

[④]　科内利乌斯·卡斯托里亚迪斯（Cornelius Castoriadis，1922—1997），原是经济合作暨发展组织（Organisation de coopération et de développement économiques）之经济专家，亦为心理学家，后于法国社会科学高等研究院执教，向被视为克洛德·勒弗尔之伙伴，两人也多次共创要求强烈之政治学刊。——译者注

象中，也就是，针对民主社会常被认为无法再掀起任何革命波澜这一表象，一九六八年学潮劈出一道"缺口"（brèche）。① 另外，"文化革命"（révolution culturelle）的概念，则随着《思想》（*Esprit*②）这一学刊的宣扬而更加普及，不过，一九六八学潮中的象征性意义则不再具有强硬的政治色彩。一九六八年五月学潮是批判思想在社会空间流传普及的历史性时刻。社会学与社会学家也因此备受青睐。这是由于当时某些社会学者认为法国社会已走到令人无法忍受的地步，然而其他社会学者却在这个众人瞩目的时刻对此危机存疑、端详体察。

若说布尔迪厄等待多时，这是因为他对事件本身单纯的进展兴致不高，而且他以颇为严苛的态度来批评这一被他称为"流产的革命"的事件及其主要人物。针对爱德华·帕尔默·汤普森的研究，布尔迪厄表现出来的那种不可思议的态度，却是令人费解的。《英国工人阶级的形成》（*The Making of the English Working Class*）是一本建立了历史学之历程取向（approche processuelle）的著作。③ 但在"社会学通论"这一讲座中，这本书被矮化成是"大休而言，（具有）自发性"的观点。另外，布尔迪厄又强调："马克思学派历史学家爱德华·帕尔默·汤普森将阶级描写成是一个事件、一场爆发、一个突然涌现的现象。"④ 不过，在《学术人》一书的最后一部分，布尔迪厄则一丝不苟地阐述其历史分析概念。他主张历史事件总是蒙着一层幻影，且事件的情感向度又感染了这一幻梦：

> 对**实时性**（*immédiat*）旋即投注的注意力，都淹没在事件与勾起的情感中，更突出了某一关键时刻，也因为如此，全部的注意力本身便封锁了关于这些注意力的解释，但也是在这瞬即转注于实时性的时候，导出了一套历史哲学：这让人想到，在历史上，总有些时刻是非比寻常的，就某种程度而言，比其他时

---

① Morin. *Claude Lefort et Jean-Marc Coudray [Cornelius Castoriadis]*；*Mai 68：la brèche. Premiers réflexions sur les événements*. Paris：Fayard，1968.
读者可注意到在这一段落中，不同社会学家对 brèche 之不同应用与基本态度。——译者注

② 这是创于一九三二年的杂志，向来强调某种左派国际视野，在所谓的放任资本主义与个人主义、马克思主义等之外，寻求新的思想空间。故此杂志之走向深受二战之起落、国际共产主义运动、一九七〇年全球之学生运动、苏联解体与东欧剧变等事件影响。——译者注

③ Thompson. *La Formation de la classe ouvrière anglaise*. trad. Gilles Dauvé et al. Paris：EHESS-Gallimard-Seuil，1988［1963］；rééd. Points Essais，2012.
所谓历程取向，源自 processus 一词（某些法国学者则取 procès 一词中的语言学用法，即"过程"的意思），最初是认知与行为心理学的概念，或被引用到考古、历史等学科，乃至社会学领域。意指相左于量化、变量等"功能、结构"取向，强调施为者与社会团体间的互动、关系网络，埃利亚斯与阿尔伯特都是个中大师。——译者注

④ Bourdieu. *Sociologie générale*；*vol.*1；*Cours au Collège de France 1981—1983*. Paris：Seuil-Raisons d'agir，2015：101.

第五章　事件、结构与历史

候更具继往开来的意义……至于科学关怀，相反则是在于将非比寻常的事件置于一连串的寻常事件中，而且，是就这一范围来说明缘由。①

于是，历史性的解释是可能被收编到一个结构性主张的解释中的。而这一切的起点，则来自大学院校的结构性危机：整个操作系统是由有机体状态（état organique）过渡到危急状态（état critique）；这种过渡首先便可从人数多寡造成的形态转变中得出解释，但这是布尔迪厄与帕斯隆早已于《再生产》一书中向孔德借来的概念。大学教授这一群体的再生产方式之改变导致了继承危机；受聘的助理教授（maîtres-assistants）不再拥有与其前辈相同的社会人口特征，两者也没有相同的惯习，以致这些助理教授无法再奢望与前辈拥有相同的生涯，也就是过去那种学术惯习都系出同源，而且只要完成国家博士论文（thèse d'Etat②）便可寄望的生涯规划。这些新人很快便明了，他们所属的世代是一文不值的。因此，布尔迪厄说道：

> 就差不多长期而言，所有的条件也都汇集了，让那些最不具资格或决定权的新进者，尤其是，原本这些资格和决定权的意义在于让过去几乎所有接受高等教育者都有生涯保障，换言之，无论是三十五岁时原本拥有法文文法高级女教师学衔者成为助理，还是在二十八岁时，社会学学士被任命为男助理，都骤然发现，维持现有的**职业生涯规范**（normes de carrière）（拥有巴黎大学教师资格者在受访时均如此表明），会使得去背叛他们曾经受惠的那套**招聘规范**（normes de recrutement）变成不可能的事情。③

就此而言，解释手法纯粹是招聘规范与生涯规范两者之间的结构性落差。整个体制的解套是，与前人毫无相同特征的新人被大量吸收。然而，一旦涉及新人如何在体制中谋得一席之地，大门很快便又关上了。一个可望而不可即的玻璃天花板马上就浮在每个人头上，且让绝大部分的新人注定在升迁过程中吃闭门羹。

整个体制的构成危机又因为信仰危机而扩大。昔日的招募方式符合了体制的有

---

① Bourdieu. *Homo academicus*. Paris: Minuit, 1984; nouvelle édition augmentée, 1992: 210.
② 也就是为取得国家博士学位（doctorat d'Etat）所需撰写的研究论文。一般而言，在欧陆，授予博士头衔之主管单位，一是国家，二是国家认可、授权的大学院校。在法国一九八四年前，则采用这两种方式之混合：当时的高等教育分成三阶段，第三阶段是为时一两年的博士研究阶段（第二阶段，相当于大四、大五两年，当事人便已开始学习科学研究），由博士候选人所属之院校审核，此即所谓的第三阶段博士（doctorat de 3e cycle），可视为一种"最高学历"资格。国家博士是在此第三阶段之后，为时五到十年不等的研究阶段，目的在于取得国家研究单位之研究员资格，故过程愈加艰辛，审查更为严格。一九八四年时法国这一学制改变连同影响到大学教师与科学研究员之资格体制，使之更加简化，让助理教授之职由 maître de conférence 取代。——译者注
③ *Ibid.*, pp. 190-191.

机体状态，那种方式正是在位优势者在深具潜力的同侪中先行遴选候选人；群体的同构形乃建立在系出同源的惯习上。与之相反，招募方式的改变导致引进比**传统学人**（*homines academici*）的文凭更低、社会生活方式也较不相同的人，但也促使我们明确区分出两大利益团体：一是拥有正式职位的大学教授，另一是体制中具次要地位者。新人从此不再相信大学里存在着整齐划一的群体，不再以为在这个群体里拥有不同的天赋是正常的，或是也不再因为曾有人保证有朝一日新人也会出师，所以老担任某大师的助理也没什么好操心的。在提出其分析内容时，布尔迪厄说明了两项重要性不尽相同的定理。一方面，唯有在历史情境中架上一种分析模式时，我们才能够理解这个历史情境。他称呼该分析模式为"危机的结构性条件分析"。而且该危机还混杂着孔德对于有机体状态与危急状态的区分、涂尔干理论中形态改变的主张，以及布尔迪厄自己提出来的主题，也就是对于一个象征性权威的信仰危机等因素。另一方面，布尔迪厄强调，思考理论性问题时应该像思考历史议题般。这一主张完全符合彻底拒绝理论层次有任何自给自足可能的说法。布尔迪厄自《实践理论大纲》问世起，便不断强调这一点。我们的问题在于去追问，究竟他那使所有概念全面历史化（historicisation totale）的计划是否真的付诸实施了。

似乎最具关键性的解释要点是继承自孔德的有机体状态与危急状态这两者间的对立。危机向来就是整个体制的恒定状态（état homéostatique）决裂后的结果。然而，在社会空间中是否曾有某种状态处于恒常稳定（homéostasie）中，也就是，每一方都处于平衡状态中，同时还能使整体运作四平八稳？我们可确定的是，某些情况是远比其他情况更不平衡的。但是当布尔迪厄以有机体状态来定义过去的教学体制时，他是否有意无意间忽略了，当我们从另一角度出发时，所谓的有机体状态也是可以被描述成一种危急状态的。法国第三共和国的初期往往被描述成教育系统的黄金时代，在那时，体制理想、师生之间系出同门的惯习、就业市场中文凭价值的稳定性等都彼此相符，达到了完美平衡状态。不过，更翔实精细的研究则显示，这一整套制度也是危机四伏，而且即使这些危机是不同于二十世纪末的形式，却未必风平浪静。①

对布尔迪厄而言，这些危机都必然呈现出结构落差的形式。这里的形式这一用词，布尔迪厄往往以斜体标示，以用来强调个体针对体制先前状态的体认而产生的那种理当如此的憧憬，与由整体平衡条件改变所导致的他们手上的文凭可"确保之实际机会"之间的重大差距。众人对这一差距结果的体认，向来就不完全是整齐一

---

① 针对这一论点，更详细的论证请参见：Fabiani. *Les Philosophes de la Républiques. op. cit.*

第五章　事件、结构与历史

致的。教学制度的形态转变这一事实与社会施为者对于实际结果的感受这两者间的落差，我们可用降级（déclassement）这一概念来摘述。纵然布尔迪厄从未开发在其理论中这类时间差距的分析所提供的各种可能性，但是他不时强调结构中的不同层次彼此往往是无法协调一致的。我们大可说在落差之中还存在着落差；如果我们考虑到不同的社会团体及其适应当前情势的能力是有高低之分的，或者如果我们也能体认到每一历史事件都存在着诸多不同的时间点，那么其实并非每个人都会在同一时间点感受到改变。在布尔迪厄身上从未有必然如此的决定论；即使在同一个理论中，诸多不同的差距，以及对于这些差距的体认，都以种种不同的方式串结着，是一件极为可能的事情。正是在此开放性中，他提出了教学这一场域中最切合理的**自欺欺人**（allodoxia①）之效应分析：对于文凭带来的名声，或是在体制中居次要地位，某些施为者仍沾沾自喜。这是由于与他们原先之中下社会出身相比，眼前所有可让他们感到心满意足。而对那些社会出身较高者，可用一种双重意识的方式来看待他们与被贬值这一事实的关系：那些学习成绩不好的年轻资产阶级，都被导向使其社会身份永远模棱两可的升学渠道或职业出路。

要使结构性落差的现象能够充分发挥效力，就必须让结构相似（affinités structurales）的不同团体来将此现象扩大膨胀：若要理解一九六八年的骚动，就要将学生与居次要地位的教师这两大团体的形态对应关系列入考虑。一九五〇年到一九六八年间，高等学院的师生人数几乎保持不变，但排名较低的大学的师生人数却大量增加。根据布尔迪厄的说法，在竞争过程中被淘汰的施为者甚至会去抗议竞争条件本身。就这一点而言，将一九六八年五月学潮的分析纳入一个"**革命历程（processus révolutionnaires）的一般模型**"②是可行的。至于推动整起事件的趋力，则来自因客观机会与主观期望两者间的落差而产生的感受。这股趋力促使受支配者中居较高位者（在这里便是教师与小资产阶级）拒绝竞争条件，投入一场革命性抗争，而抗争目的则在于塑造其他利害关系，然后又通过这些新的利害关系去建立另一个权力场域。于此，我们可指出两点：一方面，革命历程将使幻觉瞬间消失。而我们之前已讨论过，正是幻觉驱使个体进入场域，进而接受竞赛条件本身并展开竞赛。因此，

---

① 这个词是作者自创的，字面意思是挪用或是参考他人的主张并作为己见。allo-前缀源自希腊文，意思是"其他的、不同的"；布尔迪厄自己对 allodoxia 所下的定义往往是，"把甲当作乙，张冠李戴，似是而非"（le fait de prendre une chose pour une autre）。一般认为，布尔迪厄引用这个字是为了说明社会施为者全力献身于某一场域中，却又以为有朝一日场域外某合法正当的力量能使他获得正面回报，或者亦可在另一不同场域取得正果。译者据此译为"自欺欺人"。另外，读者可参考本书第六章引自布尔迪厄之摘文的说明。——译者注

② Bourdieu. *Homo academicus. op. cit.*：225.

革命造成的决裂便促成竞赛进行方向的决裂。另一方面，革命历程中的施为者，从来就不是出身受支配者中居劣势地位者，而是出身受支配者中居较高位者。这一想法与托克维尔（Tocqueville）于一八五六出版的关于法国的《旧制度与大革命》（*Ancien Régime et la Révolution*）一书所提出的悖论说是很类似的：从来就不是受压迫者的底层投入革命浪潮，而是那些居相对位置者，他们再也无法忍受那不高不下的地位。托克维尔提出的基本模式对于美国功能主义社会学影响重大，激起如"**相对剥夺**"（*relative deprivation*）的说法。再一次，布尔迪厄在某一词上加上层层限制，目的却是避免沿用某些社会学概念。

除了落差与相似性外，还有形势（conjoncture）。布尔迪厄相当清楚，结构性成分并不足以解释何以颠覆事件突如其来。要使危机爆发，则必须让一连串的独立因果在整体形势中串起：这便牵涉到古诺（Cournot）；论及此人时，布尔迪厄虽是指名道姓，却又做了些改装。实际上，数学家强调"若要说得清楚明白，就必须只专注在偶然性的概念里基本且不容置疑的问题，也就是，在一连串的因果中**独立性**（*indépendance*）与**非连带性**（*non-solidarité*）等概念"①。对布尔迪厄而言，这个一连串事件彼此毫无关联的问题，乃是在多场域理论中提出来的。如果独立性可因多场域间的相对自主性而得到保障——只不过布尔迪厄是以彼此切割的世界来表达的，那么促成一连串因果交会的就是"就最基本的结构而言，某种相对的依赖——尤其是在经济这类基本结构中……它使得**历史事件**（*événement historique*）的发生成为可能"②。布尔迪厄意不在弃绝个别事件，不过他坚持以结构效应来思考个别事件：单一事件是不同场域互动而产生的结果，这些场域各不相同，但是彼此相连，且受制于相同元素。因此，布尔迪厄以"相关性中的独立性"（*indépendance dans la dépendance*）之说来修正古诺的主张。然而，当初古诺所强调的是一连串事件中的非连带性，而且这才是单一事件的发生条件。即使布尔迪厄承认意外事件具有某种程度的重要性，例如，警察镇压与因此引发的响应，他仍随即指出事件的动力本身的重要性。终究说来，事件还是被布尔迪厄完整无缺地铺放在结构对应性的分析框架中。

唯有考虑到，让触及每个场域或次场域的层层危机都同步化的过程时，我们方能明了，究竟一整个社会运动是如何扩张开来的：那就是，"那些截至目前在不同场域中占据着彼此对应位置的施为者"③，全都卷入同一个竞赛中。于是布尔迪厄便重

---

① Cournot. *Exposition de la théorie des chances et des probabilités*. Paris：Hachette，1843：77.
② Bourdieu. *Homo academicus. op. cit.*：227.
③ *Ibid.*，p. 228.

第五章　事件、结构与历史

拾"中立客观的交响乐团"概念，以用来衡量让危机扩大的那个统合诸立足点之历程（processus d'unifiation des positions）。我们必须注意的是，思考场域之危急状态的方式与思考场域之有机体状态的方式是相同的：惯习的对应性是集体行动的必要与充分条件。而且施为者因幻觉之故，会在毫无意识的状况下，去附和那些操纵着整个场域的规则。或者相反，施为者突然反悔，拒绝参赛，并提出其他的游戏规则。所以，就数学术语而言，这一整个模型异常简洁，而这不过是因为这个模型建立在一个非常简单的公理上：无论是有机体状态还是危急状态，这个世界的所有样貌，都只不过是结构造成的结果。同样，所谓的自欺欺人，倘若是由于对局势的错误判断，便可导致两种彻底相反的态度：有些人，尤其是受制者之底层，可能愿意维持现有秩序，原因在于，他们并未考虑到他们的资本已经贬值了；其他人，我们往往可以很快在小资产阶级中找到他们，他们也可能是已贬值之资本的受害者，却都认为自己在整个社会波动中"有理也好，没理也罢（à tort ou à raison）"①。无论处理的研究对象是哪个，相较于长篇大论的理论，"有理也罢，没理也罢"这一表达方式都更能说明所有整体性理论的内在矛盾。为了能够顾及所有可能的情况，整体性理论不得不同时肯定两大因素：一是因果相串的连续事件中存在着独立性与相互关联性；二是主导着场域运作的规则可能暂时停摆，但在危急状态下，却又持续不断地运作着。另外，就好像自欺欺人是由于错误或是正确的体认（有理也好，没理也罢），整体性理论因此也不得不去思考自欺欺人的效应。我们不得不承认的是，这套革命进程的整体理论代价高昂，尤其是当我们考虑到布尔迪厄曾坦言，一九六八年五月学潮并不是真正的革命。

因此，《学术人》并不完全是一本历史著作。在这本书中，单一事件只不过是躲在层层结构中的一个结晶。如果我们参考美国研究布尔迪厄的最优秀学者之一克雷格·卡尔霍恩（Craig Calhoun）的意见，那么，《艺术的法则》才是布尔迪厄的历史研究中最突出的论著。② 然而，这本书并不是以历史著作的姿态问世的。尽管书中充斥着法国的个案，但作者的期望是远远超乎一本法国十九世纪文学场域之历史专论的限制的。这里所牵涉到的问题，并不在于这本书不是以编年史方式来撰写的：编年史叙事早已不再是历史著作的构成条件。实际上，《艺术的法则》一书中所述的文

---

① Bourdieu. *Homo academicus. op. cit.*；228.
② Calhoun. For the social history of the present. Bourdieu as historical sociologist//Gorski（dir.）. *Bourdieu and Historical Analysis. op. cit.*；52.
克雷格·卡尔霍恩（Craig Calhoun, 1952— ），除在美国知名大学任教、主持研究之外，亦曾为英国伦敦政治经济学院的院长，他力陈社会科学在公共利益之建树，例如，民族学、历史学等研究如何参与政治、文化与社会领域之事务。——译者注

学史,只不过是一个更宏大研究计划中的一环,那是一个有志于将所有的文学研究都收编到社会学旗下的计划。因此,社会学应该斟酌其他也处理伟大作品的学科,以便规范它自己的领域。对布尔迪厄而言,关于"伟大作品的学科",必须自组阵营,并且彻底撕裂文学分析这一陈旧诗篇。原因则在于,文学分析往往认定,作品的一致性与独特性都来自计划之创作者这一说法,而且似乎理当如此。

不过,在《艺术的法则》一书中,布尔迪厄却在萨特身上看到某一具有神话般基础的论调的完成,但他也是通过萨特来揭露该论调的。这一论调就是,将作品先后一连串的发展,解读成是一个别出心裁的计划,而且具有不凡的历史意义。① 在反对将艺术创作者简单化约成是自我完成的创作家这一说法,且将该主张扩大升高到极限时,萨特的例子便能够用来挖掘所有文学分析方法论中隐而不现的内容。也就是,那些将作者生平与作品串联起来,或是以文本特殊性为基础的文学分析方法论,所有的形式主义(formalismes)都是这类例子。布尔迪厄相当成功地以社会学的方式来处理文学议题,从某种程度上来说,是因为二十世纪七十年代初期法语教学面临着重大危机:布尔迪厄提供给这门进入极端混乱时期的学科另一种极具潜力的选择。另外,一开卷,《艺术的法则》这本书即毫不留情地把达妮埃尔·萨勒纳弗(Danièle Sallenave)砍杀一顿;她于一九九一年出版之《亡者的礼物》(*Le Don des morts*)赢得普遍的赞美,但布尔迪厄认为这些溢美之词不过是死气沉沉的学生作业②。就此,我们看到的布尔迪厄,宛如身披胄甲、冲锋陷阵的先知,但绝非试图去规范一套新方法的历史学家。

《艺术的法则》这本书是建立在数个颇有差距而且很松散地串起来的时间点上的。第一个时间点,被当作开场白的是一篇令人赞叹不已的美文,即以结构主义手法分析福楼拜的《情感教育》(*L'Education sentimentale*)。福楼拜这部作品的结构,被定义成是曾经发生男主角弗雷德里克(Frédéric)之种种不凡经历的社会空间,但也是定位福楼拜之社会空间所具有的结构。弗雷德里克是个"犹豫不决的人",却决定着"权力场域的基本法则";至于其他人物,以社会学语言来说,则几乎都以一种"生成公式"来塑造,仿佛如假包换的身份证存根[例如,剃成络腮胡的马蒂农(Martinon)],一开始便向读者预告这些人往后的行为举止。《艺术的法则》的其他部

---

① Bourdieu. *Les Règles de l'art. op. cit.* : 308-314.
② 达妮埃尔·萨勒纳弗(Danièle Sallenave, 1940—),拥有法国古典文学高级教师学衔,一九六八年起在巴黎十大任教,其文学研究则师随罗兰·巴尔特,二〇一一年被推举为法兰西公学苑院士。《亡者的礼物》是一本以文学、书籍撰写为主题的著作,主张书是前人赐予的礼物,无书的人生则是"无父无君"般的剥夺。因此,作者也反对视阅读为抬高自我身价的社会活动,尤其反对某些视阅读为精英主义行为的知识分子的行为。——译者注

第五章　事件、结构与历史

分，整体说来是七拼八凑的。主要的脉络是十九世纪的法国文学场域与艺术家追求自主独立的奋斗过程，时而又穿插着二十世纪下半叶象征性物品的市场状况，或者就是天外飞来一种方法论的问题。令人不解的是，这些方法论问题被安排在整本书的中间。这本书最后则替创作自主辩护，其狂热激昂的文笔宣告了壮年布尔迪厄不安的情绪。

因此，我们必须尝试着以综观取向来重组布尔迪厄的研究计划逻辑。如第一章所指出的，布尔迪厄在拒绝一套文学场域之线性发展模型之后，便试着在其结构分析中重新引入某种历史变异法则（principe de variation historique）。我们可用三项彼此相关的原则来详细说明其立场：

——十九世纪下半叶被定义成是"文学场域的自主性达到最高峰，且从此就没被超越过"①。然而，却无任何事物可用来详细说明，究竟这一自主性高峰是哪个历史进程的结果（理论上，我们可以借用衡量后辈作家所累积的作品数量这一方法）。我们也无从得知，这一自主程度是否是无法超越的，是否这一高张程度亦构成某一客观限制，或者是因为某类因素将一切秘密都摊在太阳下，而使独立浪潮骤然停摆。

——全国性的传统与时代也明显地影响着各个场域。以全国性特色作为参考依据，可以方便思考艺术世界之运作逻辑的多样性，尤其是在以经济发展或整体教育程度为基准时，可比较相近背景下的差异。

——虽然布尔迪厄并未清楚说明自主化过程逆转的条件或环境，但是自主化过程的确是可倒退逆转的。凡事都可能在转瞬间倒转消退。不过，布尔迪厄指出："场域的历史确实是无法逆转的；就这一相对而言颇为自主的历史而言，它激发出的结果都表现出一种**可累积形式**（forme de cumulativité②）。"从这一角度来看，二十世纪末无非是反常的：所有正当艺术的生产［即布尔迪厄所谓的"狭义的生产场域"（champ de production restreinte）］，都处于最大限度的反思中（艺术无时无刻不在自我批评），场域自主从未遭遇过如此激烈的威胁。一方面，美学资源的累积过程漫长，这往往是利用政经权力拥有者的力量，进而施展出来的一连串支撑力量或变异。另外，从离经叛道过渡到受外力压制却是相当快速的。而且前者漫长的历程与后者快速的逆转间，某种矛盾是隐约可见的。只不过，布尔迪厄未必注意到这一矛盾。而且，对于二十世纪末威胁着知

---

① Bourdieu. *Les Règles de l'art. op. cit.*：358.
② *Ibid.*，p. 398.

识分子与艺术家的危险，他从未提出任何解释，要解释也顶多是由于媒体与赞助者改变之故，而产生使之颓废的新机制。事实上，自由空间的征服，乃是依就着经济与政治力量，往往是悖反不一的，而且也总是必须再三上场较量才能固守城池。更何况，唯有顶着纯粹艺术家之桂冠的施为者都拥有自成一家的独立特质时，独立性的维持方有可能。于是，在这里，便勾勒出一个无累积原则（un principe de non-cumulativité），不过我们却很难继续开拓这一文学场域的历史化进程。历史总是在模型前被一笔勾销。

若说《艺术的法则》一书是以多场域逻辑为参考依据的，那相较之下，以马奈为题的讲座内容却似乎不太受结构对应性的束缚。这番看似更加自由自在的印象，或许是讲座形式之故，无疑也是布尔迪厄在法兰西公学苑的讲座中最生动活泼且喜气洋洋的。从年轻时起他便开始思索这个计划：穆兰镇上的高中生都说，布尔迪厄曾以印象派画家为题授课，并向他们展示他们从无机会目睹的画作，那就是《草地上的午餐》（Le Déjeuner sur l'herbe）。当时布尔迪厄几乎收集了最完整的艺术史资料。与文学研究相较，一旦论及艺术史，他便谦虚许多。这仿佛是，一方面，针对艺术评论家的理智主义作风，或者他们无法就其端详之作品提出切要问题等现象，他不厌其烦地一一指出；而另一方面，他又借着他自己这番作为来表达对于艺术评论者因画作图片而展开激辩的现象的某种敬仰之心。布尔迪厄经常在图像分析中冒险犯难：相较于文学，画作分析较不受结构效应的限制，而且布尔迪厄既有社会学者的眼界，也有艺术史学家的慧眼，常能切中要害。他也不时邀请画作专家共同主持讲座：这可让他将社会学论点与事实串联起来，而这一点也正是当初《艺术的法则》一书没有顾及的。整个马奈讲座看似一场漫游，随着提出的问题，在不同焦点上流连驻足并**反复来回**（excursus et retours）。因此激发出来的种种插曲，并不足以让布尔迪厄就马奈提出专题研究，但却促使他去变化出更多的透视法与切入角度。多场域理论并未因此功力大减，反而因为与艺术史学家所强调的正面观点过招而更臻完善充实。若说我们曾经责备布尔迪厄，他总是将接收者（réception）天地看作是生产者世界的一个陈腐无力的孪生兄弟，并且为了看似方便实则不然的对应性，动辄做出让步[①]，他的马奈研究则倾向于打破结构分析的惯有框架。对布尔迪厄而言，这一过程未必总是有意的，他不时刻意地回到学科本身以弥补论证的缺失。

---

① Fabiani. Apres la culture légitime. Objets, publics, autorités. Paris: L'Harmattan, 2007: chap. 2. Sur quelques progrès récents de la sociologie des œuvres.

第五章 事件、结构与历史

二〇〇〇年二月二十三日的讲座从头到尾都无冷场，且就我们现在讨论的要点而言，也是意义重大的。布尔迪厄依据若埃尔·伊萨克森（Joel Isaacson）与让-保罗·布永（Jean-Paul Bouillon）的研究[①]来说明，何以借着断然拒绝学院派的美术主张，艺术家协会便能组织"一个有利于迎接马奈作品的天地"[②]。这些艺术家协会有两大特点：它们通常是营利企业，主要业务是帮助艺术家维持生计，但也是纯粹以美学为宗旨而组织起来的圈子。就此，布尔迪厄论及有助象征性革命的集体行动形式，然而，他也不断地将该革命归功于某人。布尔迪厄笔下的批评家场域也是以相同的手法来进行分析的，换言之，仿佛那是有利革命的助力。所以，将历史因素列入考虑后，布尔迪厄便将其模型更加复杂化，然后又将接收空间（espace de la réception）列入考虑："就某种程度而言，艺术作品诞生了两次（这是一个有点过于简单的说法）：作品是生产者制造的，但也是接收者制造出来的，不过，接收者是个非常模糊的名词。"[③] 就布尔迪厄所指出的这一点而言，其实并没有什么突出的创意，尤其是马塞尔·杜尚（Marcel Duchamp）已明白点出，"美术作品都是看画的人描绘出来的"。杜尚也曾说过，"一边是那些画画的人，另一边是那些看画的人。我给那些看画的人跟画画的人一样的重要性"[④]。汉斯-罗伯特·姚斯（Hans-Robert Jauss）与沃尔夫冈·伊瑟尔（Wolfgang Iser）提出的接收文学理论[⑤]（théorie littéraire de la réception），向来强调每件作品都具有两大面向。然而，布尔迪厄对于作品有两次生产之主张相当不以为然。在后来的课程中，他说道："若说我并不是很赞成接收这个概念，这是因为它软弱无力，如同行尸走肉：这个概念并未进一步说明什么。然而，一件作品之被接受，是来自所有投入艺术场域的施为者在抗争与冲突中的合作。"[⑥] 马奈讲座中很大一部分的内容是，从布尔迪厄手上丰富的历史资料中，筛选出可加强多场域理论的成分。他的论点多少是建立在对研究互动交换的物质性（matérialité des inter-

---

[①] Issacson, Bouillon, et al.. *The Crisis of Impressionism 1878—1882*. Ann Arbor：The University of Michigan Museum of Art，1980.
若说这两名作者都曾在法国或是美国的大学院校执教或从事当代艺术研究并不令人意外，且前者也是专业艺术家，或许值得注意的是，后者也是高等师范学院的毕业生，并取得法国文学专科之高级教师学衔。——译者注

[②] Bourdieu. *Manet, une révolution symbolique. op. cit.*：421.

[③] *Ibid.*, p. 423.

[④] Duchamp. *Ingénieur du temps perdu. Entretiens avec Pierre Cabanne*. Paris：Belfond，1988：122.

[⑤] 汉斯-罗伯特·姚斯（Hans-Robert Jauss，1921—1997）与沃尔夫冈·伊瑟尔（Wolfgang Iser，1926—2007）都被视为康斯坦茨（Constance）文学批评学派之创建人，其主要学说名称有数种说法，或被纳入接收理论，或被唤为读者反应理论（Reader-response criticism）等，但重心都是将焦点移到读者、赏析者、听众等接收信息的人身上，而不再只专注于作品形式、风格或是创作者生平。——译者注

[⑥] Bourdieu. *Manet, une révolution symbolique. op. cit.*：423.

actions)、艺术生活之经济层面的艺术史学者之诸多妥协上的。但是，这些让步总是重新植入一个更广泛的架构中，并因此衬托出某些历史取向，由于某些缺乏结构之类的概念而多有限制。二〇〇〇年二月二十三日的讲座提纲便很明显地呈现出这一主题走向："理念的生产—场域概念的用途—批评家场域：两个面向—批评家的面貌—批评家场域的功能运作—能力原则—以场域展开的分析—马奈，艺术场域的主体与客体。"

在该讲座中，布尔迪厄为创作个体的革命力量打造了一个更鲜明突出，甚至可形容成是更强硬彻底的形象。同时他也持续地，在一个宏观层次上，去结合此创作个体与社会形态转变的力量；并在微观层次上，去塑造某一个体的窜起，而理由则在于，该个体累积的资源达到了前所未有的程度，以至于单凭其"异端"地位便足以导致一场历史剧变。为何是马奈，而非其他的画家呢？这个问题从未被提出。其实，有好几名画家都可作为象征性革命的化身。例如，曾让马奈避之不及的居斯塔夫·库尔贝（Courbet）便是首要人选。在按照成为他日后分析对象的辨认逻辑辨认后，布尔迪厄紧扣着马奈生前与人的争辩，尤其是，马奈相当清楚库尔贝正是他的劲敌。所以，布尔迪厄在马奈身上看到的是，一个原本可能怀着左派思想但又因袭守旧的画家；整体说来，就是一个披着政治进步主张外衣的象征性保守人物。不过，我们也都知道，事情往往不是这么简单，而且，如果我们也来加入这场象征性革命的游戏，我们大可用另一种方式来看马奈，或不妨也赐给库尔贝一顶桂冠。这正是克里斯托夫·夏尔勒在《时态变奏曲》（*Discordance des temps*）[①]书中所为，赋予库尔贝极大的重要性，但我们还可加入塞尚、罗丹等。仅局限于马奈，便是将现代艺术简化成某单一个体的英雄主义，换句话说，便是在一起恢宏远大却又充满矛盾的手笔下，让社会学的雄心缩水。

是否可将《国家精英》视为一本历史论著？如果我们认为这本书的主旨是描述建立在场域、惯习与资本这三大基本概念上的权力理论，答案便是否定的。但如果我们考虑到书中第二章，标题为"一部结构史"（Une histoire structurale），那答案则是肯定的。布尔迪厄面对的是他在《区分》一书中便已遇到的问题：如何让富有一般性理论雄心的论述与足以用来发展这类断言的经验性、统计性或质性资料等之间的关系变得正当合理？我们都知道，布尔迪厄在二十世纪八十年代的出版，是以二十世纪六十年代、涉及辉煌三十年（Trente Glorieuses[②]）这一特殊背景的社会调查为参考根据。在社会科学领域中，这类差距并不令人意外，社会调查本身的一些束

[①] Charle. *Discordance des temps. Une brève histoire de la modernité*. Paris：Armand Colin，2011.
[②] 一般指二战后的三十年间，法国经济重建，社会复苏，几乎全民就业，且重拾国际地位，与随后之众多危机相比，可谓"辉煌灿烂"。——译者注

第五章　事件、结构与历史

缚往往带来一些不可轻忽的时间差。无论是《区分》还是《国家精英》，都与法国个案之特殊性相系着，却也都有意超越理论的概论过程。因此，其概念化与出版日期之间的时间差，便具有时代改变的意义：调查数据的收集是在一九六八年五月的种种事件之前，也是在首次石油危机、失业率剧升以及新自由主义思潮发展之前。于是，针对如何掌握某一特定局势、该如何确定社会空间组织之普遍性原则，以及这两者总是脆弱不堪的联结，布尔迪厄便应该提出合理说明。这一问题往往可能削弱其理论建构的确定性，却常被布尔迪厄轻估。不过，在《国家精英》一书中，他又严阵以待，这便值得我们暂时停驻。他问道：资料是否都已过时了？

一九六七年时针对高等专科学院所做的场域研究，在二十年后还有什么效力？若说今天师范学院的学生已经不太看《新观察家》杂志（*Le Nouvel Observateur*），而比较常去翻阅《解放报》（*Libération*，过去这份报纸是不存在的），或是**毛泽东主义者**（*maoïstes*）已在高等商学院（HEC）销声匿迹，但国立行政学院的明日之星却（很客气的……）拍桌抗议教学内容，这是否意味着，我们的研究也不过是某一逝去年代的历史学描述，或甚至，由于那是建立在旧有数据上，所以便毫无价值了呢？①

很明显，答案是否定的，而且，这还给布尔迪厄一个机会，用来解释他的社会学并未与历史脱节。他也努力地说明，通过一九六七年之社会调查而揭露出来的场域结构化过程，与二十世纪八十年代之压倒性调查的结果，是很类似的。"因此，一九六八年的突发事件，主要的对立现象在二十世纪六十年代末与八十年代间仍持续着，而且，一九六八年五月学潮并没有革新高等教育机构的场域结构，反倒助长了那些倾向于保持现况的个人与集体的反攻。"② 场域结构有所扭曲的现象，也是存在着的，但这主要牵涉到支配阵营与受支配阵营之间的差异被过分强调。另外，在这本关于高等专科学院的专题研究出版后，诸多调查研究进一步凸显了以上现象：跻身这些权贵学府的竞争愈加激烈，于是又扩大了"从大门"与"从小门"③ 进去的差

---

① Bourdieu. *La Noblesse d'Etat. op. cit.*；265.
《新观察家》创于一九六四年，向被认为是左派杂志；《解放报》则是一九七三年时在萨特护航下创刊。HEC 全名是 Ecole des hautes études commerciales de Paris（巴黎高等商学院），一八八一年成立，近年多次改组。就名称而言，似乎与其他的商业学院雷同，但实际上，它向被视为法国唯一的国家级商业专科高等学院。——译者注
② *Ibid.*，p. 271.
③ 所谓"从小门"进去，并非走后门，而是在这些高等学院的入学考试时，给"非权贵子弟"加分。一般而言，只有列于高等学术机构名单中的国立高等专科学院才有这类针对"弱势族群"的加分措施，具有促进"社会和谐"的政治意义。——译者注

123

距。在整个研究调查结束后所做的检验,巩固了布尔迪厄的立场,且使之更加警惕:社会事件的活力极可能误导人。其实,社会总是比新闻记者所赋予的影像来得更迟钝呆板。时间的考验增强了布尔迪厄的结构主义信念,这甚至促使他去提出一套"结构史观"(histoire structurale)——对于无法摆脱事件史的历史学家而言,这仿佛是一帖解药。布尔迪厄也批评专题研究的取向,因为这将体制与周遭你死我活的空间区隔开来,而原本在此空间内,体制虽被全部事件的网眼缠绕着,却也凌驾于事件的支点上:从《学术人》到《国家精英》。换言之,在五年的光景内,一九六八年五月所代表的普遍危机"咸鱼大翻身"。结构从此淹没了事件。历史讲纲的内容是斩钉截铁式的:

> 所谓客观关系,是不同的体制,在根据社会阶层与教育机构排名中的相对位置,以及处于使之彼此相抗的竞争中,逐渐趋于稳定的关系。所以,唯有坚持去掌握这等客观关系的"结构史观",我们才能体会到那些既无变化可言却又必然发生的历程逻辑。更何况,在这一逻辑中,往往我们只看到避无可避却又无关紧要的事件,随着时间的进展成串飘来。①

布尔迪厄继而夸大此结构史观的轮廓:去肯定串联着各起事件的历程具有强大动力,并不意味着从此只去关注,这些事件如何在时间流程的不同时间点上相继发生。大抵而言,拒绝认为历史有如一场历程,可让我们在不冒任何风险的情况下,去确定一套变量恒定之理论的优点,且不需再去衡量编年史的限制,或者是起身反对偶发事件的必然性。然而,书中随后的内容,却又与主要定论中严谨的认识论规则大唱反调。在进行社会调查与专书付梓这段非常短的时间内,产生了重大变化。例如,坐落于巴黎乌尔姆街与位于里昂市内圣-克卢区(Saint-Cloud②)的这两大高等师范学院间的距离缩短了,甚至被抹涂,而原本两者之间的差异,正是教育制度之先前状态所呈现出来的结构性特征;高等师范学院与综合理工学院③(Ecole polytechnique),"也都逐渐萎缩,回到原本培训教师与工程师这些严谨正规的使命"④;国立行政学院后来居上,傲视全部的高等专科学院所组成的场域。所以,我们可明

---

① Bourdieu. *La Noblesse d'Etat. op. cit.*:279.
② 全名乃 Ecole normale supérieure de Saint-Cloud,创于一八八二年,原是为了培训小学男教员,历经多次改革,后于一九八一年成为科学教育之专科学院,亦为里昂高等师范学院的一部分。以现今体制而言,法国高等师范学院共有四所,位于巴黎乌尔姆街者是最早创建的,向来被视为竞争最激烈、学子素质最顶尖者。——译者注
③ 此专科学院创于一七九四年,一八〇四年被拿破仑一世改制为军事学校,至今仍由法国国防部与大学主管单位共同管辖,在目前众多理工专科学院中,是少数被列入高等学术机构内的高等专科学院。法国人往往以字母X代称——X已成其校徽的一部分,犹如"乌尔姆街上的"来代称坐在巴黎的高等师范学院。——译者注
④ Bourdieu. *La Noblesse d'Etat. op. cit.*:283.

第五章　事件、结构与历史

了，若说变化是很细微的，这是因为这些改变并没有颠覆高等专科学院的优越地位。可是，它们整个的场域，或者，也可加上其次场域，则经历重大变动，且这些变动在随后的二十一世纪又不断加深扩大。这正是布尔迪厄在此相关章节的结尾中所指出的，也就是，他以非常适切合理的方式说明，"满足支配者之再生产的单纯升学要求与社会需求"与"发生在经济场域中的重大改变"这两者并非没有关联，且彼此之对立关系又持续地加深。[1] 自从这本关于高等专科学院的著作出版后，整个经济市场的财金化趋势又助长了上述现象。晋身支配者地位这一竞赛的国际化，亦强大到使原本提出的那个扩及全法国范围的结构性分析架构完全肢解。在《国家精英》一书问世后的三十年间，甚至"高等专科学院"所指为何也成疑问，那可能涵盖了招生方式、社会交往形式、与这世间其他人建立联系的策略等等。整个放眼可见的景象已完全不同：尽管为了明了法国的支配阶级与其复制方式的历史，布尔迪厄的分析依然是可贵的，不过，那已是往日云烟。

如我们之前已讨论的，布尔迪厄的历史取向之主要成分是结构落差这一概念。惯习也只不过是自然而然的事情：昔日人们也是嚷着我们如何如何，但是今天的我们并不知道过去是如何如何，这是由于惯习在当下流窜着，并因此让我们在看似自动自发的状态中完成众多繁乱无章的任务。结构本身是堆积着数不尽的故事的大仓库，甚至那种看了似无痕迹的样子，也只不过是惯习在作祟罢了。个体（抑或团体）与结构的调整，并非结构主义赐予我们的经常有效保障。至于《国家精英》一开卷即揭橥心智结构与社会结构间的调整，并不代表两者彼此适应相符，亦非重合相叠。在社会与心智这两者间，落差与看不见的小毛病总是可能发生的，更何况，在这里，心智可说是构成一完整状态的整体。这个深陷于惯习与社会两大泥沼的角落，名之为迟滞。迟滞是一个取自机械学的概念，且如我们之前所讨论的，在布尔迪厄的理论中，这一概念扮演着中心却又隐晦不明的角色。在他广泛应用的希腊与拉丁语用词中，迟滞拥有额外不同的地位。当该名词首现于《实践理论大纲》一书时，便已明白地表现出这一特殊性。当时布尔迪厄并没有为这个名词提出定义便直接采用，与三大基本概念的应用相较，这是相当不同之处；即使是在法兰西公学苑，《社会学的基本概念》（les concepts élémentaires de la sociologie）这一提纲中[2]，也没有该名词的痕迹。然而，迟滞是惯习运作的必要成分："由于迟滞的效应必然会介入惯习养成之逻辑运作中，所以，惯习的行使便总是容易引来**负面的必然后果**（*sanction négative*），也就是，'**反其道而行的第二次巩固工事**'（*renforcement secondaire*

---

[1] Bourdieu. *La Noblesse d'Etat. op. cit.*；324 – 325.
[2] Bourdieu. *Sociologie générale*；vol. 1. *op. cit.*

négatif），尤其当惯习大展身手时真正面临的环境与惯习在过去曾老老实实地调整其步伐时所面对的环境，这两者确实相差太远时。"[1] 这个希腊语用词的字源意义将惯习列入功能不彰或延误耽搁的黑名单，也就是，背负着负面意义的落差。然而，迟滞实非惯习所致的意外事件，而不过是其特质之一：随着个体与社会空间之原初关系的演变，定点布局便逐渐巩固，这可用来回应一连串千变万化的情况。更何况，这些数之不尽的情况与惯习的形成历程密切相关，也就是说，实际上，这就是一系列的社会化历程所编织出来的历史经验。另外，若是透过历史性的改变，那么，如先前所述，就布尔迪厄看来，迟滞首先就是结构的改变。或者，那是生活跋涉所穿越的社会空间，那么，迟滞便是来自伫立在同一时间点上的社会化历程所表现出来的不同历史面貌。客观条件的改变使得惯习与落在场域中的当下经验形同陌路。往日云烟在惯习这一惯性中死灰复燃。

一般而言，所有的惯习都可能是迟滞的，理由则是迟滞乃惯习固有的。但就现实而言，这个现象在受支配阶级中特别明显。他们是历史的真正输家，原因则是他们特别受限于其社会化历程中个人独有的事件。若说布尔迪厄在《实践理论大纲》一书中并未提出任何定义，但他曾就此举例说明：不同世代间的冲突，使得由于世代生活方式差异而产生的惯习彼此相左。这本书再次提到这一主题时，则借着形势概念而让一个更加明确的历史面向显得更突出。就形势这一概念，布尔迪厄提示，"在众多机会与应伸手去掌握这些机会的个人倾向这两者之间，存在着某种结构性落差，而且这个落差是由众多因素构成的。其中一个因素往往造成良机尽失的局面，还有，特别是那些我们经常可观察到的无可奈何之场面，例如，由于各种不同的体会或者由于不只是来自过去经验的想法等所导致的重重历史危机。然而，这一结构性落差中的这个因素，真的是前所未有的吗？"[2] 惯习是历史的守望台，使人无法在现今放眼未来。迟滞在《区分》《实践之道》两书中都具有关键性的解释力，特别是用来思索结构性落差的现象时。我们可在行为举止不符合当下情况时观察到结构性落差，特别是在小资产阶级身上，他们想要壮大自己时，常有一些愚蠢笨拙的作为；结构性落差也常发生在历史局势中，尤其是当我们不禁去重复过去的策略时。布律诺·卡尔森堤（Bruno Karsenti）相当遗憾地指出，布尔迪厄"并没有针对这一概念做出更有系统性或更深入的应用"，他这么说是很有道理的。然后，卡尔森堤又补充

---

[1] Bourdieu. *Esquisse d'une théorie de la pratique. op. cit.*：260.
[2] *Ibid*，p. 278.

道："在整个巩固理论内涵的过程中，理论本身却被降级。"① 的确，迟滞这一概念在书中是若隐若现的，甚至连我之前提到的云集诸多美国学者的《布尔迪厄与历史分析》这本书的作者群也都没有指出这一点。但是，迟滞却是唯一能让布尔迪厄以结构主义手法来处理历史议题的成分。

通过本章的讨论过程，我们不得承认，布尔迪厄的雄心壮志与历史学素养都是超群绝伦的，例如，他就国家讲座所提出的参考书单，使众人汗颜。他打算将概念与社会职业类别都做历史化处理的意图是很明显的，而且也成果丰硕。然而，为何读者往往会有布尔迪厄不时处于迟滞状态中的印象？而且，我们可透过他在钻研巴什拉哲学这一历程中养成的科学性惯习与在其学术生涯中世界的历史洪流所激起的浪花这两者间的结构性落差来观察。迟滞在他的最后一堂课，也就是《科学之科学与反观性》一书中，是最鲜明的。在这本书中，他相当激动地驳斥了科学研究的所有贡献，对他而言且若以其用词来形容的话，宛如负面的必然后果。这就好像，如果科学活动是以如其他的社会活动的方式来处理的话，便是不可忍的侮辱，所以，最后就只能以退席的方式来响应。我们却可在布尔迪厄与科学研究的负面关系中，看到一些仿佛是错失良机的东西。他的惯习概念呆板僵硬，甚至无法拿来裁剪更新。相反，他的伙伴帕斯隆，在排除过去奠定《社会学家此职》一书基础的自然主义者之认识论后，重新回到韦伯学派的认识论，故其思想更见新意。在布尔迪厄的生涯中，曾有某些阶段，他试着去建立一个禁得起经验考验的理论体系，而且，该体系在我们衡量世间洪流中无法被化约的历史性时，毫不退缩；这般企图，毋宁也可视为一套惯习的迟滞形式。

不过，读者很可能会以为，我有意忽视众多历史学家与历史社会学家对布尔迪厄的评价。其实并非如此。什么都无法否定场域理论对后人启示良多这一事实。虽然一九八〇年至二〇一五年间，在所有的历史研究活动中，最突出者都很少参引布尔迪厄的生成结构主义；但这并不意味着，在未来的历史科学研究中，旧有议题被后人陆续拾起或被重新发现的可能里，不会蕴藏着惊奇。在这里，其实我只是想去深入一道难题：这是所有的结构主义在试着思索历程这一议题时，都会遇到的困境。若是排拒所有的偶发事件，或者，坚持一连串毫不相关的事件之间的相关性，就如布尔迪厄在《国家精英》一书中所做的，实是作茧自缚、毫无必要。美国最出色的

---

① Karsenti. *D'une philosophie à l'autre. Les sciences sociales et la politique des modernes*. Paris：Gallimard，2013：249.

布律诺·卡尔森提（Bruno Karsenti，1966— ），法国哲学家，以法国社会学家为主要研究领域，特别是涂尔干、莫斯、孔德等等，二〇一七年起任法国社会科学高等研究院副院长。——译者注

历史社会学家之一小威廉·H. 休厄尔（William H. Sewell Jr.），在承认布尔迪厄的理论价值之余，亦坦然指出，布尔迪厄的模型，打算将所有的社会变动一网打尽，其实是不可能的任务。小威廉·H. 休厄尔也观察到，为了能将所有的社会变动都放进模型内，布尔迪厄先是描写卡比尔家庭几乎从未有丝毫改变，从他们的工作到所有需随机应变的场景，全都被当作是结构的复制。然后，完全相反的是卡比尔人在阿尔及利亚民族革命中的角色，那又正逢布尔迪厄在当地进行田野调查。在小威廉·H. 休厄尔看来，将惯习概念**过度累加**（*overtotalized*）并不适当：在所有的社会中，总有一大部分的行动与表象是无法**吻合**（*consistent*）惯习的。①

或许，针对这一点，必须参考法国最优秀的历史学者之一阿兰·德威尔普的高见。他是这么写的："很矛盾的是，在布尔迪厄的逻辑中，历史性的成分是很少的。"② 三大要点可用来支持其主张：首先，多场域的设计都被当作是因素分析的实验蓝图般，从某一蓝图跳到另一蓝图的改变规则，向来就是不清楚的。其次，制度之所以自我复制，正是由于制度乃一不为人知的对象，而制度的再生产又进一步强化了无知。最后，历史是不确定的，意思就是，连造就历史的施为者（诚如布尔迪厄所言，"这些拜历史所赐的人们"）本身也是不确定的。因此，阿兰·德威尔普总结道：

> 虽然举目皆史，也就是，所有可能的策略都只不过是过去的历史重新盘整种种策略施展之场域的当下状态后所产生的效应。但终究说来，却无任何史迹。原因则在于，历史干涉的动力看似退缩到"暂缓"的最低层级，这正是常言道，必须所有都变动后，才能使全部都处于不变的状态。③

四处皆史，却了无史迹，我们或许可如此言之。这般断言是相当严苛的。布尔迪厄从未放弃在其模型中植入历史。原则上，场域的几何性质并不排除时间性。在最初关于阿尔及利亚的研究中，无论是卡比尔农人，还是都会里的劳工，他都赋予时间一个相当大的空间。然而，可能的运作空间却逐渐缩减，因素分析最终盘踞山头、笑傲江湖。

---

① Sewell Jr.. *Logics of History. Social Theory and Social Transformation*. Chicago：University of Chicago Press，2005：138 - 139.

小威廉·H. 休厄尔（William H. Sewell Jr.，1940—　），主要研究领域是历史与社会理论的交映相涉，他大部分的个案研究都来自现代法国，例如，法国十八世纪的资本主义发展过程中的历史与文化面。——译者注

② Dewerpe. La stratégie chez Pierre Bourdieu. *art. cité*；195.

③ *Ibid.*，p. 201.

第六章　一曲二咏

布尔迪厄自冕为科学知识的创始人，似乎涂尔干与韦伯等功成名就的前辈，也只不过是披荆斩棘的先驱者而已。他以建立社会学的普世理论来看待自己的研究工作。他慢慢地将自己与知识传统的紧密关联一一切断，发明一套新词汇。而且，与涂尔干一样，他也将法国作为其社会学国度里的理想研究对象。这并不是因为他是法国人，而是因为他在法国看到其社会空间理论的完美案例。阅读他的著作，尤其是外语译本，总是一件苦差事。这往往要求兼备丰富的背景知识——横跨哲学、艺术史与自然科学史，以及广博深邃的社会科学涵养。这也反映出一个法国独有的现象。那就是，一群受过最传统的人文科学训练，精通拉丁文、古希腊文与德文的社会学家，与众多出身社会劣势地位、文凭资本非常贫弱的大学生，两者间存在着重大的差距。在不少国家，许多教师指出，他们在教学过程中讲解布尔迪厄的论点时困难重重，更何况，布尔迪厄的推证往往就是冗长又艰深的句子。

然而，布尔迪厄的著作却广受大众欢迎。成为畅销书作者一事，丝毫不减其科学正当性，仿佛他可四两拨千斤地操作他自己那一套信仰理论。论及该理论，我们可区分两类文化物品的生产状态（régime de production）。一是有限制性质的生产，又名为艺术而艺术，其对象是有选择性的，其生产之社会面向也是与创作者息息相关的。至于这些创作者，物质报酬不仅有限而且经常姗姗来迟，不过，就象征意义而言，可最终赢得强烈认可。第二类文化物品的生产状态，则是生命力相当有限的大量生产物品，创作者旋即取得具体确实的物质报酬。但是，他们却也因此生产制度的条件要求而被消声匿名，所以，他们根本无法期待取得因献身艺术而出现的象征性正当地位。布尔迪厄经常强调这两大次场域间的结构性对立，并将自己的志业锁定在最高层次的艺术形式上。

布尔迪厄以学者（savant）之名闯出名号，最终也以公共知识分子（intellectuel public）盖世。然而，他自己曾以严格批判的方式来冷面淡化"全方位的知识分子"（intellectuel total）之形象，特别是透过萨特一生经历的分析。另外，布尔迪厄吸引了面孔不一的读者：教育体制的扩充，以及具中介性质之职业数量的成长，都对打造布尔迪厄的名声极为有利。例如，社会服务与媒体工作者，都在他的读者群中占重要地位。这些人都在布尔迪厄身上看到一个深知其痛苦与焦虑的发言人形象，他们的烦忧都是其场域地位缺乏稳定之故，而布尔迪厄竟可以那么细致微妙地描写出来。不过，布尔迪厄的著作也广受具相当教育程度之小资产阶级的欢迎，他们一眼便看出，布尔迪厄是顶着违逆之名却再传统不过的知识分子。在走出有布尔迪厄与会的辩论会场后，女性高级公务员大可坦荡荡地说："我是因为里面的插图才订了《社会科学研究学报》，我可是爱死那些照片了。"至于洛朗丝·帕里佐女士（Laurence Parisot），也就是前法国企业联盟（MEDEF[①]）总会长，竟然敢在二○一五年十二月十二日的推特（Twitter）上写道："正发生着 COP 21（指第 21 届联合国气候变化大会）这么天大的事情，新闻台还是灌满了足球新闻：实在令人受不了。该重读布尔迪厄了。"众多网友都傻眼了：天知道企业主是如何被布尔迪厄批得狗血淋头的，他们的大才女居然还可能看过他的书？

把布尔迪厄包装成不折不扣的叛逆分子实为无稽之作。阿隆很早便看出布尔迪厄非同一般的才华：纵然他的学术生涯多半是在体制外围打转的，不可否认，这也是最令人惬意的，但其成就的取得速度却也快如迅雷。才三十多岁，他便在高等研究应用学院的第六科系执教[②]，并获得法国巴黎人文科学之家基金会（Fondation de la Maison des sciences de l'homme à Paris[③]）的赏识，与当时的研究员相比，他也因

[①] 原文全名为 Mouvement des entrepises de France，创立于一九九七年，前身是 Confédération générale du patronat français、Conseil national du patronat français。无论名称为何，这都是群聚法国企业主的组织，以争取雇主与企业利益为旨，基本走向都是拥护"自由放任"的"创业精神"、抗拒保护劳工权益之法律条例的修订或是工会力量等等。但另一方面，其组织结构与作为也受政治气候影响，例如，一九四六年的改革，是为了回应战后经济复苏的政治局势，而一九九七年的改组，则是由于当时左派政府推出国营化、降低工时等措施所造成的压力。——译者注

[②] 高等研究应用学院以"科系"（section）来称呼学院与学科类别，第六科系即经济与社会综合学科，后独立成为现今的高等社会科学院。——译者注

[③] Maison des sciences de l'homme 创于一九六三年，受法国高等教育与研究部指挥，旨是在法国国内与国际上支持并推广社会与人文科学知识和研究，首任行政首长是著名的历史学家布罗代尔（Fernand Braudel, 1902—1985）。尽管与高等社会科学院关系密切，但人文之家既不介入也不管理任何高等教育研究单位，亦无任何直属的研究部门或团队。——译者注

第六章 一曲二咏

此取得非比寻常的研究资源：布罗代尔与克莱芒·埃莱尔（Clemens Heller[①]）正领导着这些机构，都相当看好这名后来者，且不吝提拔。布尔迪厄自己也常募到比一般人更宽裕的研究经费。例如，关于摄影的研究调查，后来以《论摄影：一种中等品味的艺术》（*Un art moyen*）为题出版，是由柯达（Kodak）赞助的；后来集结成《世界的苦难》一书的研究，则有预备金存放银行[②]（Caisse des dépôts et consignations）史无前例的支持。他自己也很早便建立起一个"知识的跨国企业"，专注人脉经营，热拥着大西洋岸边的英语国家，但也进军苏维埃阵营。他于阿尔及利亚累积的社会资本，从他一展开在法国本土的学术生涯起，便不断加成。方过天命之年，他便受命于法兰西公学苑，并成为最顶尖的社会学家。

布尔迪厄的自传中并没有提到这些经营之道，这仿佛是说，他认为这是自然而然的事情，或者他自己也浑然未觉。在他主持的研究中心里，他一手发展出来的管理风格，的确也是走在现代管理形式之前。除了他自己的立场外，任何其他人的建言都是不受保障的。研究事务的执行未曾明确过，关于自主性确定与否的问题，则由布尔迪厄自己来裁夺。新进的年轻研究员常是两人一组，并让他们互争风头。布尔迪厄的合作伙伴往往也是他的网民，对于利用这些人的社会出身进行挑拨这一把戏，他则相当老练。以科学知识而言，这可因此挤压出非常正面的压力，但以人际而言，却是难以忍受的考验。那些挟带着丰富的文化与教育资本的人常遭羞辱，在布尔迪厄的讲座中往往被毫不留情地当众棒喝，如坐针毡。出身高等师范学院的年轻人如过江之鲫般前来求教。布尔迪厄要求他们忘掉之前学过的所有东西，这对志向远大的年轻人而言，不免要求过多。另外，这些年轻学子中，出身于遥远外省，又纯朴憨厚者，布尔迪厄则敞开双臂欢迎，也表现出超乎一般的宽容。若说其门人中仍有数人自认有幸获得指导，却未免不是在唇枪舌剑中，许多人至今还难以忘却受教期间的怨气。[③]

布尔迪厄有时会淡淡然地描述他自己的公共生活经历，但未必关心究竟世人是如何看待他的研究成果的。我在前一章节已讨论到，他对作品接收这个问题常有保

[①] 克莱芒·埃莱尔（Clemens Heller, 1917—2002），维也纳人，后转往美国研读历史，二战后在法国与布罗代尔等学者共创人文之家，并在布罗代尔离世后掌管该机构直到一九九二年。一般认为他在冷战时期大力促进法国与苏联以及中国、印度等"阵营"的文化研究交流。——译者注

[②] 创立于一八一六年，受议会管辖，服务对象是国家与地方机构，例如，资助低收入者住宅的兴建、乡镇市政府或是大学机构的发展计划、退休金管理机构乃至社会福利体制等等。——译者注

[③] Heinch. *Pourquoi Bourdieu*. Paris：Gallimard, 2007；Verdès-Leroux. *Le Savant et le Politique. Essai sur le terrorisme sociologique de Pierre Bourdieu*. Paris：Grasset, 1998；Grignon. Le savant et le lettré, ou l'examen d'une désillusion//*Revue européenne des sciences sociales*, t. XXXIV, 1996（102）：81-98.

留。因此，这便值得我们去探究他的读者群，还有，《社会科学研究学报》的超高人气究竟是怎么来的等问题。针对该期刊，布尔迪厄希望打破成规，最终也的确轻易地跳出了学院藩篱。布尔迪厄一生发表的著作，有三种不同写作风格。在他趋近成熟的时期，后面两种笔法是彼此重叠的。第一种写作风格刻画着布尔迪厄作为年轻学子的岁月：他以其哲学造诣为底，不吝表现出他是属于高等师范学院文科班的人。一九五九年时他二十八岁，他呈交给阿尔及利亚社会局的报告结论便充分表现出这般姿态：

> 是否必须总结出，如改善物质条件这么一个简单作为便是农业体制的整体性改革中必要且充分的条件，而且，如此一来，传统主张的经济模式便会毫无阻碍地过渡到竞争性经济模式？就此，我们再次面对着**唯物论**（matérialisme）与**精神论**（spiritualisme）互不让步的古老议题。物质的进步是否足以激发出对于进步的向往，或者对于进步的向往，乃是进步的必要且充分条件呢？答案似乎是，物质条件的改善可让个体达到一个最低限度，而且，从该最低限度起，个体便可琢磨着该如何去掌握未来；不过，可能性不代表着必要性。若稍微修改亚里士多德的句子，我们便大可说出"竞争经济的美德在于，它要求某种宽裕自如"。①

在这一段落中，我们可找到高等师范文科班学生的所有惯有技法：我们可看到四平八稳的言辞，不但在保留所有可能的选择之余，拒绝坚持任何立场（"答案似乎是""可能性不代表着必要性"），而且，他在套用《尼各马可伦理学》（Ethique à Nicomaque）里那句"有某种肉体与物质的宽裕自如"（une certaine aisance physique et matérielle②）的格言时，也让亚里士多德那纯文人气息的引言镀上了一层新意。这一整个信息是渐进的：亚里士多德式的那种相对程度的宽裕自如，当然是阿尔及利亚人在过渡整合到新的经济体制时的条件。这篇文章的撰文目的是纯实务考虑，无任何社会学或理论雄心，却足以显示出当时年纪轻轻的布尔迪厄是如何在其高级哲学教师学衔的文化素养中，又增添好几笔不同学科的光彩的：我们可在其中发现数名人类学大师的名字，例如，罗伯特·雷德菲尔德（Robert Redfiled）、拉尔夫·林顿（Ralph Linton）与梅尔维尔·赫斯科维茨（Melville Herskovits），还有当时之新秀的文章，如日尔曼·蒂利翁（Germaine Tillion）、乔治·巴兰蒂耶（Georges Bal-

---

① Bourdieu. Le choc des civilisations// *Esquisses algériennes. op. cit.*：73.
② 法文原文应是"une certaine aisance dans la vie physique et matérielle"。《尼各马可伦理学》是亚里士多德的三大伦理学著作之一。——译者注

andier)等。① 至于经济学，布尔迪厄则参考了弗朗索瓦·佩鲁。这名学者拥护自由派的资本主义与社会主义之外的第三条道路，也深受天主教会社会教条的影响。另外，还必须点出的是，布尔迪厄对报告主题的相关出版物拥有异常专精的认识。在这一篇文章中，布尔迪厄自我雕琢成一名颇具权威的人物。一方面，借由高等师范生的训练，来保证其字里行间无可挑剔的修辞技法；另一方面，对于发展这一专题的技术性知识，也造诣精深，充分展现其工作才干。举凡历史、地理、经济科学、人类学与社会学，皆倾囊而出，也都有相同的深度。鉴于学院师生间的阶层风气，当时年轻的布尔迪厄仍是处处谦恭揖让。也因此，一九六一年发表于《思想》杂志的那篇著名的《革命中的革命》（Révolution dans la révolution）乃显示出，年纪轻轻的布尔迪厄已深谙名实之术，他三番两次在文中向其导师阿隆致意，甚至写道："这一区分与这些定义，都是援自我方已提及的雷蒙·阿隆的课堂。"② 那时，他依然是谦卑自牧、不抢风头的好学生：一九六一年时，布尔迪厄仍与《阿尔及利亚的悲歌》（*La Tragédie algérienne*③）的作者，也就是阿隆，站在同一战线。年轻的他还寻寻觅觅着，但他深晓应该感激前辈的提携，故处处表达恭敬谦让之德，同时避免在其诸报告中提出不容置喙的结论，或是让这些结论损伤了一个改革派之行政单位的自尊心。

若要再举一个可说是布尔迪厄定型前的例子，那就是发表在《农村研究》（*Etudes rurales*）这一期刊中的那篇长达数百页的文章：《单身汉与农村生活条件》（Célibat et condition paysanne）。这篇文章让民族学志与农村研究等领域的学者对他刮目相看，同时也开启了他在人类学（anthropologie du proche）的篇章，与当时依然独占法国农村研究的那种充满民俗风味的民族志走向大相径庭。这已不是一篇回应形势趋向的文章，而是一名充满抱负的年轻人类学者的初啼之声。整篇文章几乎毫无理论架势，着实令人诧异。行文则以一种颇为艰险的方式来破题：在二十世纪六十年代初期，当地声声控诉着单身未婚的农人是经济危机的受害者，而且，这正是乡村地区的常态；然而，次子未婚却非当时才有的新现象。激起研究动机的问题本身，看似一道谜题："在这些条件之下，应该如何解释，单身汉生活从此被认为是前所未有的悲剧，而且是完全超乎寻常之事？"④ 布尔迪厄丝毫不在意有无事先说明

---

① 日尔曼·蒂利翁（Germaine Tillon, 1907—2008），少数"深入丛林"的女性人类学家之一，在二战期间投入敌后反抗运动；因被出卖，也曾被送往集中营。她是莫斯的女弟子，在阿尔及利亚的偏远乡间从事研究，二战后则在高等研究应用学院执教。乔治·巴兰蒂耶（Georges Balandier, 1920—2016），主要研究领域是中非与西非，探究传统社会中权力形式与政治体制的关系，以及人类学与"殖民权力"的纠缠关系。他不只在中非、西非创了社会学与人类学研究部门，还在法国本土的高等学术机构内创立了非洲研究。——译者注

② Bourdieu. Révolution dans la révolution. *Esprit*，1，n° 291，janvier 1961：27 - 40；rééd. in *Interventions*，1961 - 2001. Sciences sociales et action politique. Marseille：Agone，2002：21 - 28.

③ Aron. *La Tragédie algériennce*. Paris：Plon，1957.

④ Bourdieu. Célibat et condition paysanne. *art. cité*：18.

方法论，直截了当地切入问题核心。整篇文章穿插着以民族志方法取得的信息，以及图表等，简单明了却又可反映出整体研究步骤缜密严谨的描述统计学（statistique descriptive）素材。贝恩亚当地方言的诸多蛛丝马迹也都出现于文中，正表明了作者相当熟悉研究地区。多年后布尔迪厄才以反思技巧来思考研究者与研究对象的关系：在这篇以农村单身汉为题的文章中，即使我们都可猜测到，但研究者并未现身，与受访者的关系，也无任何交代。虽然有时我们会感到，无论是质性还是量性数据都排山倒海般涌到眼前，但理论与方法论之贫瘠并不构成任何阅读上的困难。布尔迪厄想证明自己的能耐，而他也极为成功地通过了农村研究这一关。最后，文中仅有一处提到惯习，也就是在分析跳舞与身体这一拙劣的关系时，那正是那些最没有舞蹈天赋的农家子弟的惯习，他们在婚姻市场上几乎没有任何成功机会可言。这些描述都参考了莫斯的身体人类学（anthropologie du corps），而且莫斯是极少数被提及的学者之一。不过，这些讨论很快便跳开人类学传统的典范，布尔迪厄随即铺陈他自己的解析。在那时他还没读到戈夫曼，看来却已是一名提防着人际交换（interaction）的危险，并警惕着自我写真（présentation de soi）的陷阱等的社会学家。

  这篇年少时期的作品乃一杰作。因为它正显示出作者才华中的气魄，能在融合民族志与以统计学为基底的社会学后，立一家之言，而且这篇研究贯穿着强而有力的论证。研究调查一摊开来就是跨时代的史诗：它能让人亲近不同年龄阶层的单身农人，并且明白何以同样的作为在之前的农村社会里是维护"家族"资本之策略中的一环，也是家族自主的保证，在后来却变成是不正常的、病态的。在农村社会，尤其是在资本来源稀少的背景中，婚姻交换逻辑的每一环节都导向财产的维护。该婚姻逻辑也贯穿着两种对立模式，一是长子与次子的对立，另一是大家族与小家族的对立，而且该大小家族的对立又支配着上对下与下对上的婚姻配对组合。所以，次子未婚是当地婚姻逻辑造成的间接结果，但是，婚姻逻辑也受到经济条件的影响。至于当代的单身汉则是另一番光景，那是农村社会涌向大城市的后果，以及女性在婚姻交换市场上某种相对自主力量催生的结果。从此，在婚姻市场上，农家子弟想要寻得配偶，便遇到前所未有的困难；女性越来越不愿意在婚后住在婆家；宪兵或邮差则都是打着灯笼也找不到的选择[①]；对于向来生活在两性各有天地世界中的男性

[①] 在法国乡村地区，治安等警察权向来由宪兵执行，即使几年前开始将宪兵并入警察体制所属的内政部，且造成诸多合并管理与位阶高低冲突等问题，至今穿梭于法国乡间的"国家治安人员"依旧是身着天蓝色制服的宪兵。所谓的警察，则是专属于城市地区的治安人员。又，自十九世纪起，随着法兰西共和国的兴起与国家体制的强盛，过去直属国家管辖的邮局与邮差便开始进驻法国农村，并成为农村世界里屈指可数的公务人员。近年随着邮局业务的民营化，邮局与邮差骤然成为新的历史研究对象。——译者注

来说，向女人献殷勤示爱是很奇怪的事情，他们表现出来的惯习特征就是别扭难堪。布尔迪厄在这篇研究论文中避免任何理论渲染，其结论也是毫不突出立场，不过，这也是日后我们对他常有的指责。另外，往后某些他所坚持的认识论立场，则似乎已可嗅出：

> 社会学者往往一方面再三努力去掌握并厘清社会事实中**本能般的意识**（conscience spontanée），就其重点而言，该意识是没有反思能力的。另一方面，社会学者以社会事实本身的性质来考察社会事实，这是他处于观察员角色而有的方便，舍弃"**让社会表态**"（agir le social）之后才来思考的做法。因此，他就应该去协调，他在分析调查中接触到的客观资料所呈现出来的真理，以及生活在这些现实情况中的人，他们主观感受到的肯定性。例如，当他描述婚姻交换制度的内部矛盾时，对于那些受害当事人的意识而言，即使这些矛盾本身并不是以格格不入的样子表现出来，社会学者也只不过是以一种专题方式来处理这些人的生活经验，例如，这些根本无法娶妻生子的农人，他们确切感受到的种种冲突矛盾。如果社会学研究者拒绝相信当事人因一己境遇而有的体会，并且也去怀疑当事人提出的解释，那么他便是严谨地看待当事人的意识，并且就此出发去探索真正的理由。①

社会学的志向所在，正是为了让农民的一举一动返璞归真。我们阅读这篇具有创始意义的文章时，往往可感受到一股新气象，这多少是因为该文尚未被整体性理论的枷锁绑住。没有场域，也没有资本，但带着一点点惯习：只有一名从事田野调查的社会学者，善用手上所有可用的工具，以鞭策自己往前进。多年后，专家学者都说，那时布尔迪厄还没建立一家之言。这并未因此意味着陷入一种理论前或是无理论成分的往日情怀。

不可否认，布尔迪厄的第二种写作笔法是最重要，也是最值得注意的。这一撰文方式的特征有二：一种特征是，布尔迪厄努力创造他自己的理论世界，并且与社会学原本平淡无奇的生产方式保持距离。这一套旧有的生产方式，在布尔迪厄出道前的二十多年间，制造了一堆无干科学性的符号，既无风格光彩，往往又以实证主义思潮来背书。布尔迪厄重编术语，并融入哲学词汇。哲学是他在培养其教育惯习时学成的领域，所以也是几乎不可能舍弃的成分。另一写作特征就是，在社会学这一伟大传统的跟前，他于恭谦揖让中又常出言不逊。

一方面，他致力于让涂尔干与韦伯的作品重现江湖。在布尔迪厄投入社会学志

---

① Bourdieu. Célibat et condition paysanne. art. cité：127-128.

业时，去为涂尔干平反是极为困难的一件事情。涂尔干被当成是老气的明星，例如萨特，就抱着这种想法。因此，对《再生产》一书的作者而言，布尔迪厄投入了相当多的心力，才使法国社会学传统之父复活。今天，无论是就哲学还是社会学，涂尔干都再度成为不可略而不论的大师，安妮·罗尔斯（Anne Rawls）、布律诺·卡尔森堤与弗朗西斯科·卡勒加洛（Francesco Callegaro）等人的研究都证明了这一点。但一九六〇年左右的气象，绝非如此。在此，就让我们一起检视福柯的例子。一九六五年时在教育电视台的访问中，他是这么回答阿兰·巴迪欧①（Alain Badiou）的："至于那种涂尔干式的唯实论，已如朽木，那是主张社会是与个体对立的具体物质，甚至个体也是一种被整合到社会深层的具体物质，这套陈腐的唯实论，现在就我看来，是无法想象的。"② 在该访谈中，《知识考古学》（L'Archéologie du savoir）的作者，三番两次鞭尸涂尔干，也不时嘲笑讽刺。在此我必须指出的是，在当时的哲学教学中，这类嬉笑怒骂的行径是常有的事情。一九七〇年十月在东京举行的演讲中，福柯依然再三强调他与涂尔干相左之处。尤其，他说明他自己的方法是，"在一个社会中，在一套思想体系中，在那些被拒绝、被排除者当中"挖掘出值得关注的事物。至于涂尔干，他视每一项禁忌都如乱伦般，"便抓破头想着，当一个社会不接受乱伦时，这个社会肯定的是哪套价值系统呢"③。实际上，涂尔干假定，社会这一整体是均匀同质的，又具有至高无上的特质，所以，相对于福柯关心的重点，这种先设显得很突兀。涂尔干的著作便因此失去了吸引力：在这里，福柯很明显地站在法国哲学传统的肩膀上，并将《宗教生活的基本形式》一书的作者视为该从此束之高阁的化石；倘若让涂尔干重见天日，也只不过是因为他是思有邪的化身。涂尔干的威信荡然无存。

在布尔迪厄让韦伯重见天日的过程中，并没有太多平反之类的事情。在二十世纪六十年代，韦伯的著作并无太多法译本，所以他在法国的名气并不大，《经济与社会》一书的作者至少也因此躲过了那番让涂尔干无法洗刷的耻辱。如果再以福柯为例，我们便可发现，比起涂尔干，福柯对待韦伯时带着更多的敬意。在与朱利奥·普雷蒂④（Giulio Preti）辩论文化问题时，福柯是这么说《新教伦理与资本主义精

---

① 阿兰·巴迪欧（1937— ），法国著名的哲学家、小说家、剧作家，拥护马克思学派思想，深受萨特、阿尔都塞与拉康等人的影响，其学术生命力持续至今，依然可见真尊出现于各大媒体。——译者注

② Foucault. Philosophie et psychologie//*Dits et écrits*. Paris：Gallimard Quarto，2001［1994］，t. I，p. 469.

③ *Ibid.*，t. II，p. 489.

④ 朱利奥·普雷蒂（Giulio Preti, 1911—1972），意大利的知识哲学大师，其认识论主张综合了后康德、现象学与维也纳学派的实证思潮，为当时以历史价值为底的知识与追求科学性的客观真理之间的对立建立对话的可能。另外，他也特别关注当时的实用主义思潮、语义学与人类感官等范畴。——译者注

第六章 一曲二咏

神》的：

> 在我们今天这个时代（我依然是以历史学者的立场来与您对话，虽然我也只能试着作为当今史学家），道德问题仅限于性与政治而已。让我举个例子。在十七到十八世纪这一非常漫长的时期，劳动这个问题，或者没有工作的问题，是（或应该说成，似乎是）一个道德问题。当时那些不工作的人，并不是被当作找不到工作的倒霉鬼，而是被视作不想工作的懒鬼。终究说来，那时存在着一套劳动伦理；我也不需要再强调，因为比起我来，韦伯对这一切说得更清楚。今天我们知道，不工作的人是找不到工作的人、一个失业者。劳动从此踏出道德的桎梏，并进入政治的国度。①

布尔迪厄并不是去替韦伯洗刷罪名，而是将之从右派阵营中，也就是我们往往将之囚禁之处，解放出来。阿隆、埃里克·德当皮埃尔（Eric de Dampierre②），还有于连·弗洛恩德（Julien Freund③），都曾经主张韦伯与唯物辩证相左，并因此打造出一个反马克思的人物。至于手持《实践理论大纲》的布尔迪厄，他以结构主义的观点重新解读韦伯，所以，我们或许可说，这让韦伯的著作去政治化，也让韦伯在社会与政治两大领域的敏锐观察重新浮出水面。总之，过去对于涂尔干和韦伯的解读总戴着有色眼镜，但从此之后，粉饰于他们两人身上的釉彩都被刮得干干净净。另一概念风帆便重新启航。

所以，重回古典传统的怀抱，仅是一种为理论重新整军的手段。如我在本书第一部分中所讨论的，将全部的概念重新加以组织正是这一理论大军的精要。德勒兹与菲利克斯·伽塔利（Félix Guattari④）都曾指出，布尔迪厄往往将某些哲学概念的

---

① Foucault. Les problèmes de la culture. Un débat Foucault-Preti//*Dits et écrits. op. cit.*，t. I, p. 1244.

② 埃里克·德当皮埃尔（Eric de Dampierre，1928—1998）几乎被视为二战后法国社会学的重建人物之一，且从未因此舍弃哲学、历史等古典传统，另外也引入美国的芝加哥社会学，并创立法国出版界新风潮，领导著名的普隆出版社旗下的人文科学研究专辑。当今论者也多半认为他与阿隆等是让法国学界认识韦伯的中介。——译者注

③ 于连·弗洛恩德（Julien Freund，1921—1993），法国哲学、社会与政治学者，著作等身，纵跨政经、宗教、社会科学的认识论、教育、美学等等，他不只以法文发表著作，还经常以德文写作。他也是法国二战时地下抵抗德国纳粹等组织、战后工会运动的健将，故常揭发政治人物虚伪不实乃至公报私仇等行径。——译者注

④ 菲利克斯·伽塔利（Félix Guattari，1930—1992）是重整法国精神分析研究的最重要人物之一。深受少年时期于巴黎郊区所经历的诸多政治与社会运动的影响，终其一生都与法国左派运动紧密相系，其精神分析导向亦非一般学院派作风，深扣哲学、伦理、语言与建筑等学科综合的观点。他与德勒兹合著的共两大册的《资本主义与精神分裂》（*Capitalisme et schizophrénie*）是二十世纪七十年代精神分析风潮中的重要论著。——译者注

特质套在某个学者身上："一开始，论及哲学概念时，都是也总是与某个人绑在一起，例如，亚里士多德的实体（substance）、笛卡尔的我思故我在（cogito）、莱布尼茨的单子（monade）……不过，有些概念被冠上非比寻常的字眼，好让这些概念变得更响亮，有时若不是很不纯正的就是惊世骇俗的用语。另外，还有一些概念，则套上了相当庸俗的俚语……有些是套用古语，另一些却又是时髦用词……"① 不过，在社会科学领域，却又是另一种做法，在这一国度里，默顿曾指出的**借尸还魂现象**（obliteration by incorporation），似乎是不变的真理：那些最重要的概念，一旦变得天经地义，又风行草偃，最终就将摇身变成默默无名的道统。② 尽管布尔迪厄一直以为他已和社会学的惯有做法断绝了关系，然而他为当时还不是很茁壮的社会学带来一股哲学惯习，且影响延续至今，却是不可否认的事实。他相当清楚，无论是对大学生还是对社会大众讲解社会学，均非易事；虽然他是小心翼翼的，但最后还是没有挣脱传统学究的束缚，偏偏他自己又是对此陋习提出最尖酸刻薄的评论的人之一。在法兰西公学苑的第一堂课，他立即宣称，即使是课程这一概念，也需要以"谦冲系数"加以善待。可是，过不了几分钟，三两拉丁语便脱口而出："既然是第一堂课，目的在于试着先让我的授课方式变得合情合理，那我就跟过去知名的演说家所说的一样，以**择善固执**（captatio benevolentiae）之名，允许我自己（套用拉丁文）。"③

之前他指出，学校课堂都曾被最优秀的学生抵制，这个例子正可用来说明他对自己的教学所采取的立场："所有的人都说，一堂课从来就不只是一个过程而已。我希望能消解（neutraliser）教学活动几乎无法避免的抵消作用（effet de neutralisation），所以，我试着让这一堂课能做到船过水无痕，越轻松短小越好……"④ 布尔迪厄相当清楚，他的立场无法让他摆脱他当时的身份，但是，他依然认为，身为社会学者，他可以就地取材，并且主持甚至是关于课程本质的集体反思。不过，另一方面，他也明了，去法兰西公学苑听他讲课的人水平参差不齐，往往与他本身的惯习毫不搭调。就如曾被他一笔一画地解剖的高才生一样，对于那种一板一眼的讲课方式，他敬而远之，却又舍弃不了其基本框架。借着这一整套做法，与那些再了不起也只是把一堂课教好的教师相比，布尔迪厄的出色之处，再次得到肯定。这正是戈夫曼所谓的与角色保持距离（distance au rôle）这一众所周知的主张：在人前人后扮

---

① Deleuze, Guattari. *Qu'est-ce que la philosophie ?* . Paris：Minuit，1991：13.
② Merton. *On the shoulders of Giants*. Chicago：Chicago University Press，1933：312-313.
③ Boudieu. *Sociologie générale*：vol. I. *op. cit.*：12-13.
④ *Ibid.*，p. 13.

演好角色的最好方法,并不是紧贴着角色不放,把自己完完全全地投入人物扮演中,而是相反,与角色保持距离,但又不舍弃其职责。布尔迪厄试着去揭露法兰西公学苑的教师这一地位,也想要消解该地位带来的权威效应。就目前已出版的课程内容看来,可以肯定的是,他多多少少是成功了。即使在授课之初,他便大肆攻讦准备高级教师学衔资格考试的补习课程①,但他也没有忘记,他的同侪中从没有人在法兰西公学苑主持过这类课程。正由于他不因袭一般的授课方式,所以,他以最精彩的手法完成了该机构委托给他的任务:以最清晰的方式来介绍活生生的研究活动。针对学院惯有作风之权威,他在质疑之余,却也从未停止为之添上一笔。

布尔迪厄对于理智主义的批评是有限的,最好的例子就是,他在讲述其社会学理论时,每时每刻都用着古老陈旧的语言。这些用字的选择,从来就不是为了卖弄学问,也只有墨水不够的读者才会以为那是受托马斯·迪亚法里斯②(Thomas Diafoirus)的影响。若说布尔迪厄决定另裁一套新的社会学术语,且绝大部分来自古代的哲学用语,这是因为他想避开一般语言中的陷阱。相对于一般为事物命名的方式,社会学语言的重组应该与之保持距离。在我们日复一日的生活中,为事物冠上名称的权力总被视为天经地义。所以,学者的任务(mission du savant),至少是去消解无法控制的言辞常规所带来的误解,要么就是"赋予在社会中通行的言辞更单纯简洁的意涵"③。所以,创造新的术语便回应了两大要求。首先,这可被视为在场域中的一项策略。年轻时的布尔迪厄面对的是一群以社会学维生的人,他们通常没有布尔迪厄拥有的教育资本,也就是,一名哲学新兵可大鹏展翅的基本条件。他所有的天赋、惯习都与其雄心大志契合,也都让他问鼎中原时可当之无愧:他摊在桌上的,全都是他自己握有的王牌。再者,这些王牌,都是拜其人文传统涵养所赐:思路敏捷,对各种西方哲学经典了如指掌,又熟知学究伎俩,操作个中文字游戏只不过是

---

① 法国高中生在投考高等专科学院时,或是大学毕业生准备中等教育之中等师资合格证书与高级教师学衔等资格考试时,尽管大可根据教育部颁发的应考内容在家自修,但实际上,考生都会去教育部指定的高中与大学上补习课程。而这些指定的学校,以投考高等专科学院而言,都集中在巴黎与大都会;若以教师资格考试而言,往往是坐落在巴黎之大学,偶尔也有外省大学挤上榜。换言之,相对于外省之中下阶层子弟,法兰西国家政权又赐予巴黎地区精英阶级一把进京赶考的尚方宝剑。——译者注

② 这是法国剧作家莫里哀(1622—1673)一六七三年剧作《无病呻吟》(*Le Malade imaginaire*)中的医生之子一角。——译者注

③ 这句话的原文是:donner un sens plus pur aux mots de la tribu. 此乃出自法国诗人马拉美——本书作者在第二章中曾提及此人。该诗句出自向美国诗人爱伦·坡致意的 *Le tombeau d'Edgar Poe*(《爱伦·坡之墓》)一诗。原意是,诗人的语言应该从一般通行的语言下手,但是也应该通过开发词汇丰富的意义,以及让原本单一枯燥的意涵变得繁茂多元或模糊不清等技巧,而让字词变得更纯正。这是马拉美借爱伦·坡之死来描写自己的惆怅,背后牵涉的是十九世纪时诗人的语言不受世人青睐或无法被理解的问题。——译者注

必要的本事，之前提到的"消解（教学活动几乎无法避免的）抵消作用"就是一个例子。他远观这些吃饭家伙，却又客观看待之，这是我们不可否认的事实。咬文嚼字又墨守成规都是学究伎俩的精要，但多少是布尔迪厄之故，我们才承认这一事实。不过，布尔迪厄未必因此舍弃这些伎俩，就如同你我也是如此。理由是，相较于乔治·古尔维奇（Georges Gurvitch）、亨利·孟德拉斯（Henri Mendras）、米歇尔·克罗齐耶（Michel Crozier）这些荣誉满载的守成者[1]，这类伎俩可给新进场的人提供一项优势，特别是在新人开始其生涯时。就此，布尔迪厄将角色距离这一范例演示得淋漓尽致。再来，创造新的术语所回应的第二项要求就是，若就其哲学素养论起，他总坚持力创概念这一原则：拥有远大抱负的思想家都要求将自己的名字与概念名称画上等号。毋庸置疑，在思想界生存的条件之一就是把一个人跟一个术语绑得紧紧的，到几乎无法挣脱的程度：布尔迪厄从未停止反复推敲其中心概念，以让它们灌注到听众的脑海里，甚至是历史的汪洋中。一个在外省授课的门人，在某一讲座中斩钉截铁地指出，我们动辄（à tout bout de champ[2]）就可找到惯习的例子，还自以为用了个很了不起的字眼，实在是大错特错。登上思想大师这一宝座的要诀正在于，不厌其烦地反复重申某个词。如果我们也站在布尔迪厄坚守的术势哲学立场，我们很快便可明了，终其一生他都在使用这一命名策略的伎俩。

然而，我们不该因此延伸这类惯习理论之打造者的解读方式。布尔迪厄表现出来的那种建立科学知识的意愿，应可帮助我们跳出惯常方便之路的桎梏，而且让我们深入到研究计划中具体而微的特征。只修订了一半的字典并不是去发明特殊的语言。布尔迪厄继续以一般语言来与你我对话，也以一般语言讲述社会事件、分析图表或那些如云朵般的小黑点。他跟我们谈论的是从我们出生后便熟悉的事情，也就

---

[1] 乔治·古尔维奇（Georges Gurvitch，1894—1965），俄裔法国社会学家，原在圣彼得堡研读法律与哲学，在斯大林掌权后到法国发展。他几乎被视为战后法国社会学传统乃至涂尔干学派的重建英雄，力抵当时逐渐狂卷法国学坛的美国社会学、德国思潮［例如，韦伯、齐美尔（Georg Simml，1858—1918）等］，战后兴起的明日之星都深受其影响。亨利·孟德拉斯（Henri Mendras，1927—2003），著作等身，亦在如阿尔芒·科兰（Armand Collin）等出版社主持多项计划。其最后论著之一（*Le Sociologue et son terrain*，《社会学者与田野》）于二〇〇〇年付梓，专论量性研究与统计分析等实证社会学，亦被视为美国社会学家默顿在法国的代言人。米歇尔·克罗齐耶（Michel Crozier，1922—2013），出生于高等商业学院之商业世家，以组织社会学，尤其是官僚组织的研究，以及宏观整体论之制度与行动理论等著称。除在法国执教，主持政治学研究院的教学之外，还在美国哈佛大学任教。当今诸多学者都不否认他在法国政坛与商业管理学院的影响力：当今年法国学界"骤然发现"其著作与理论仍畅行于法国的政治学院，这个事实宛如当头棒喝之"打击"。——译者注

[2] 该词组源自中世纪末期，农人在田中耕作时，必须"踏遍"每一寸土地的事实；后来由空间的比喻到处、遍及之义，转成时间的用法，不过，通常用来做负面形容。读者在此可认出，champ 与 habitus 都是布尔迪厄的理论概念，前者容易使人往空间做想象与比喻，后者则往时间上做想象与比喻。但作者这个例子里，若以文字双关的跳跃与加成而言，却有好几层。——译者注

是社会空间。在他撰写的摘述中，我们也可一眼认出。因此，问题并不在于是否利用人工语言（langage artificiel）或彻头彻尾的格式化系统来修订研究草案，以进而打破这个你我心知肚明的默契。在布尔迪厄的语言里，"有学问的"词汇与统计图表的功能大同小异，都是为了打断叙事里那自然流畅又迷惑欺人的流程，并让读者积极投入布尔迪厄提出的社会学论证。所以，doxa① 就是努力去思考 opinion 这一想法之外的东西，就如同 hystérésis，当社会施为者的观点错误以致误入歧途时，它能够另辟蹊径。

更何况，有学问的词汇（vocabulaire savant）有一股打破惯例（défamiliarisation）的魔力，而布尔迪厄认为这是社会学操作的先决条件。在某一场口头访问中，他被直截了当地问到他总是使用读者不熟悉的语言这一问题："为何您总使用令人难以理解的特殊话语，而这往往让您的论述变得对一般人而言深奥难懂？既然要揭发学院中人独占势力的现象，却又在大声疾呼中说着只有老学究才听得懂的话，这不是很矛盾吗？"身为学者，布尔迪厄轻而易举地做出了解答，理由是，他整个学术建设都有一层相当清楚明白的语言学意涵：

> 然而，比起任何其他科学，社会学可能更有不得不诉诸某种人工语言的必要性。为了与和惯用字眼纠缠不清的社会哲学断绝关系，也为了表达一般用语无法说明的事物（例如，所有那些被认为是天经地义的事物），社会学家必须诉诸一些虚构的词——这些词因为是捏造出来的，所以至少可相对地抵抗一般常识幼稚的干扰。这些词也更能防止语意被扭曲误解，理由是，它们自身的"语言性质"足可用来避免草率匆忙的阅读方式（惯习此例正是如此，它让人想到这是学习得来的，或甚至是一种专有属性、一项资本），尤其，很可能也是因为这些新创的词都被安置并包裹在一套强大的关系网络中，所以，其语意逻辑都受到约束。例如，*allodoxia*② 这个字，指的就是很难用简单几个字去说明，甚至是去推敲某件事情——而这是因为我们把一件事情当作是另一件事情，或是因为我们相信某一件事情，但我们相信的内容却与之毫无关系，如此等等。再者，*allodoxia* 这个字，又是被纳入与它有相同字根的网络中：*doxa*, *doxosophe*（自认耳聪目明者），*orthodoxie*（正统主张），*hétérodoxie*（异端想法），*para-doxe*（悖论）等等。③

---

① 关于 doxa 的字义，读者可参考本书第二章的注释，至于其应用，可见第七章。——译者注
② 读者可参考第五章的注释。——译者注
③ Bourdieu. Le sociologue en question. *loc. cit.*：37.

所以，（学者）深奥难解的语言（langage savant）提供了一整套合乎逻辑的反制脉络（réseau de contraintes logiques），可让读者不至于陷入一般语言的陷阱中。当我们使用 *allodoxia* 这个字，而非人尽皆知的"风马牛不相及"（prendre des vessies pour des lanternes①）或是非常简短的"差错"（bévue②）等词时，真的比较好吗？首先，似乎用 *allodoxia* 这个词时，能够帮助我们去思考一个现象的整体。若说"风马牛不相及"会让人想到轻信的、幼稚的或荒诞不经的，"差错"则会让人以为是眼花造成的幻觉。用希腊文表达出来后可反映出整个过程只不过是社会因素作祟，却容易让人张冠李戴。误解的原因既非视觉的，也不是语言的，而是彻头彻尾的社会因素所致。*allodoxia* 这类深奥的用语（mot savant）逼得我们不得不用布尔迪厄的逻辑来思考。另外，借着布尔迪厄提供给我们的基本希腊文词汇，我们就可以按部就班地去思索，何以人们会指鹿为马，也就是说，我们可以拿来与其他现象比较、对照。这类概念脉络具备某种辨认、分类的功能。所以，通过这类打破常规的词汇（vocabulaire dé-familiarisant）所造成的跳跃，我们便可用事物都是处于彼此交错的关系中这样的角度来思考种种事物。

在这个特殊的例子中，我们是用宽容原则（principe de charité③）来看待布尔迪厄的见解的。毋庸置疑，他曾计划要让一般语言变得更理性客观；诸多他惯用的术语都是其他学科的专有名词：惯习是医学与病理学中的常用词，迟滞则属于数学、物理与经济领域。我们也须注意，这些用语并没有导致我们去建立一套描述社会空间的制式语言（langage protocolarisé）。这些词让布尔迪厄在其擅长的学科中创立品牌或甚至对整个法国社会产生影响，却没有构成一套语言，也没有改变一般语言的运用方式：这些专有用语可以偶尔地或是间断地去反制一般语言。我们却也可以假定，布尔迪厄的著作洛阳纸贵，因此，这些用语便会逐渐侵入一般语言的日常运用过程中，那么它们打破常规的力量（pouvoir de dé-familiarisation）就会逐渐消退。

当布尔迪厄论及建立社会学的人工语言的必要性时，他表达的是一种虔诚的心

---

① 字面意思是误把以动物的膀胱充气所制成的气囊当作是提灯。——译者注
② 通常是指因为疏忽、无知而产生的错误，也指在不经意的言辞或撰写文章中所犯下的错误。至于本书作者为何在下文写道，该词会让人以为这是眼花造成的幻觉，是因为这个词是由 vue ——动词"看" voir 的过去分词，以及 bé / bes 组成——源自拉丁文前缀 bis，意思是"两次"，该前缀所组成的法文词往往有负面意涵。——译者注
③ 除了一语双关外，这也是由威拉德·冯·奥曼·蒯因（Willard Van Orman Quine，1908—2000）与唐纳德·戴维森（Donald Davidson，1917—2003）这两位美国哲学与逻辑学家提出的概念，意思是对于他人意见的理解必须赋予极大的理性：当我们要去诠释他人的行为时，我们就应该假设他人是理性的；若说一个人是理性的，那当他提出的见解或做出的行为是前后不一致、互相矛盾的时，我们的解释就可能必须朝向多种不同的方式或是假定等等。——译者注

第六章　一曲二咏

愿。但是，历史科学是无法以此为目标的，这也是帕斯隆在深究韦伯的认识论后明确指出的要点。帕斯隆探究认识论论述的起点，是建立在社会科学之研究对象的历史性这一特征上的。研究对象的经验性本质左右着这些相关学科的认识论之全部特征。去撷取生活世界之信息的基本条件，便决定了历史科学的陈述本质：若说我们希望能宣称究竟历史科学的陈述是真的还是假的，然而，将这些陈述与当初它们被撷取出来的背景一刀两断却是不可能的事情。因此，我们能加以判断的确切程度总是由一连串的脉络化过程来决定的。疏忽这一限制的人，便只是去制造出性别、年龄或所属之社会团体等社会学变量与物理学变量大同小异的假象。涂尔干努力借着先出场去绕了一个"差不多样子的"(quasi) 圈子，然后也去从事具有间接实验 (expérimentation indirecte) 形式的共变法 (variations concomitantes) 分析，以让其专门学科能被赋予实验科学的地位。[①] 尽管如此，我们却还是无法跳脱历史现象的限制，而该限制就是，历史现象的观察与科学实验的可重复性是完全相左的：每一个历史背景的独特性是无法化约缩减的，它也完全不允许我们将之拆解成一组组细薄短小的简单成分。[②]

尽管布尔迪厄熟知韦伯的著作，然而他仍坚守自然主义者的认识论框架，这似乎使他无法去思索历史研究对象的特性，也使他错过时代风云中的盛会。同时，非常令人感到疑惑的是，关于社会学与社会空间中的所有事物都藕断丝连的现实，布尔迪厄又比其他所有人都更敏感。例如，由于使用一套深奥难懂的语言而必须去采取某些预防措施，也制造了某些逻辑上不得不然的问题，尽管如此，社会学名词还是持续地被一般社会抗争绑架以求善价而沽，以致这些名词的使用总是正负两面。他就阶级这一概念所做的提示尤为确切，他指出：

> 只要阶级还存在的话，阶级就永远不会是一个中立字眼：究竟社会阶级是存在的还是不存在的问题，正是阶级冲突的关键。为了让语言的使用能精确严密又不流于滥用，写作这一任务是必要的，但它却很少达到所谓清楚明白的境界，也就是说，让常理中那些显而易见的内容更充实稳固，或是让狂热主张里那些被深信不疑的东西一目了然[③]。

若这个清楚明白的目标没有达成，那又如何呢？唯有研究调查结果锁定的读者拥有与研究者相同的认知特质时，语言的复杂性以及客观地看待研究对象在一般常

---

① Durkheim. *Les Règles de la méthode sociologique*：2e éd. augmentée. Paris：Alcan，1901 [1895].
② Passeron. *Le Raisonnement sociologique*. op. cit.
③ Bourdieu. Le sociologue en question. *loc. cit.*：38.

识理解中呈现出来的样子等,才可能发挥真正的效力。科学活动的动力来源是与同侪团体的对话,而我们也大可假定,这一同侪团体的成员都认可某些像是范例的事物。而且,只要没有例如托马斯·库恩(Thomas Kuhn[①])所指出的阻力(force contraignante),范例便容许划定一个共同天地的范围。然而,我之前已指出,布尔迪厄对其同侪从来就不是宽容大度的:这些人,就其求学经历而言,很少被训练去应付那种以打破惯例的原则来描述一般生活中天经地义又平庸无奇的事物。布尔迪厄冒的风险不小,他主持的这场语言洗礼可能找错了对象。而且,由于这些人犯下那种与迪亚法里斯一样欲盖弥彰的语言错误,因而这场纠正大典又让他们承受更大的痛苦。布尔迪厄可能因为忙着加强控制与束缚的力道,因此,也就完全没有意识到这些现象。若说布尔迪厄并不太在意他人对其著作的想法,也冷眼看待那些经营并注意着读者与作品间关系的社会学者,这也许是因为他依然相信言词具有一股魔力:说话时用 *allodoxia* 或 *hystérésis*,这种做法本身或许就有一种让听众醍醐灌顶的力量,而且就人与社会空间那不自觉的关系而言,可能还有令人耳目一新的好处。

如果我们现在开始思索布尔迪厄的第三种写作方式,也就是他生前最后十年的风格,那么读者这一个问题的重要性就更突出。相较于他在科学活动上的态度,极为明显,第三种写作手法是一套颠覆性做法。虽然他依然倡导着他在《社会学家此职》一书中提出的原则,尤其是与常识一刀两断的必要性,以及小心翼翼地建立研究对象的强制性,但是,他后来几乎不顾一切地投入一连串翻天覆地的作为,则让过去的门人惊讶不已,甚至可以说是目瞪口呆。这一切都发生在二十世纪九十年代左右,正是上下**打成一片**(reaching out),学人走出学术象牙塔、投入大众怀抱的年代。下一章节的讨论主题是一个戴着政治面具的布尔迪厄;而若要让此成真,社会学这一学科的研究对象与处理方式就得彻底改变。《世界的苦难》这一集体著作吸引了一群新读者,正是这一前所未有的方法论与风格的新做法中最骇人的表现。这并不是他第一次大闹天宫:即使是面对最严谨艰深的研究成果,一旦他觉得同事没有尽心做好社会学研究,他也会怒气相对。他也曾毫不忌讳地指出:"有很多人自称是社会学家,也自认不愧为社会学家,但老实说,我很难认同。"[②] 在与第一种写作方式那种恭敬温良的笔法挥手告别后,他便全力集中炮火正面打击同侪,毫不理会学

[①] 托马斯·库恩(Thomas Kuhn, 1922—1996),举世闻名的美国科学史哲学家,一九六二年出版《科学革命的结构》(*The Strucure of Scientific Revoltion*),确定了其基本理论要涵与学术地位。他探讨为何科学信仰是会改变的,并发展出一个科学概念意义的通论,也横跨分析风格与如新康德和诠释学取向的历史理论。他影响深远,尤其是在科学哲学领域:科学革命具有时间与历史的转捩这一现象,也有语言学转折的意义。——译者注

[②] Bourdieu. Une science qui dérange. *Questions de sociologie. op. cit.* : 19.

第六章　一曲二咏

术界的礼数。他这火气却又带着认识论上的合理解释：他实在不是冲着敌人发火的，而是因为他们对待科学的那套恶劣手法。不过，他以第三种写作风格而掀起的变法却完全是另一回事。

在《世界的苦难》的卷首中、告读者书的字里行间，对向来构成其研究特质的科学性要求，布尔迪厄并未暗示将做出任何让步。可是，他却相当清楚，该书选择的版面安排——给一些访谈记录镶上花边后又穿插着方法论与认识论的讨论，将引导那些毫无背景知识的读者去挑选那些最简单的篇幅，且因此感到心满意足。例如，那些论及生活经历的文章，就如同报纸、广播与电视讲述的故事，尤其是那些讨论人际关系或是心理因素的节目。整本书看来无疑就像是一场宣泄：

> 我们在此提供的是一些男男女女向我们倾诉的生活与心酸等真实故事。这些见证的组织与呈现方式是为了让读者能够体会到为何这些人生活不易，且能谅解加诸我们身上的科学方法论要求，另外，也多加包涵这些受访者。这是为何我们希望读者能够采取我们建议的阅读方式。虽然我们也明了，由于这些不同的"个案研究"都被视为生活插曲，因此有些读者便偏好信手拈来的阅读方式，并忽略方法论的阐述或是理论的说明，但是，依我们之见，这些方法论与理论概要却是理解这些访谈的不二法门。①

当布尔迪厄论及个案研究时，这种说法未必妥当：其实那只是经过整理又加上简介的访问记录，相当类似于一般工作态度严正的记者写出的文章。如果我们注意到，这支描述社会悲情的生花妙笔还是挺拐弯抹角的，那么我们便可发现，其实这本书依然是针对二十世纪九十年代初期法国社会的一份相当有价值的记录。这一集体研究亦出动了布尔迪厄主持的研究中心里最优秀的成员，其中某些都已经出版或正在筹备撰写最严谨精湛的作品。整本书的主轴是依照当时的布尔迪厄理念而安排的：国家受新自由主义之意识形态风潮的影响后，自公共部门抽身，并因此造成了法国社会的悲戚与痛苦。通过热拉尔·帕里斯-克拉韦尔（Gérard Paris-Clavel）——法国当时最好的美术设计师编排构思，将悲戚痛苦与国家这两大主题非常巧妙地呈现在封面上。② 整本书的语调是沉沦不振的，丝毫不加掩饰，就如书中某标题一

---

① Bourdieu. *La Misère du monde*. Paris：Seuil，1993；rééd. Point Essais, 1998 [2015]：9.
② 该书封面除了以黑色字体印上作者、编者、书名标题与出版社外，若将整本书摊开，还可看到封面、封底与书背上以红色油墨打上"silence""souffrance""parole""parle"四个字。当读者从书架上拿起这本书时，可马上看到书背与封面上"ce"（即 silence 最后两个字母）、"france"（从 souffrance 一字拆解出来——这个字便因此汇聚了国家与悲戚痛苦两个主题）、"parle"这三个字，且它们共同组成一个完整的句子：这个（受苦受难的）法国开口说话了。——译者注

145

样——"沉沦"(Déclins)。最重要的是这本书的风格，在重塑二十世纪末社会学体质这一功业中扮演了中坚角色，而且无论是在国外，还是对大学生写出的研习报告上，都掀起惊涛骇浪。虽然这本书并非以方法论手稿般的姿态问世，但是我们却可感觉到，它力陈一番新的社会学的作为，与之前《社会学家此职》一书中所提出的谏言，大唱反调。

就这一点而言，我们可窥见一大矛盾之处：二十世纪八十年代时，帕斯隆就意识到，《社会学家此职》一书力陈的那种严苛至极之方法论将是一条死路，所以应该重新回到社会学研究本身。因此，他持续进行着一丝不苟的调查研究，又经常焕发新意。他与埃马纽尔·裴德尔①（Emmanuel Pedler）合作，关于造访博物馆之公众的民族志量性调查《让图表一展身手》（Le Temps donné aux tableaux）一书，便是一例。② 相反，尽管有如惊涛骇浪，布尔迪厄却依然坚持着那令人无法消受之自然主义走向的方法论，同时也突破了建立研究对象之过程中诸多被视为理所当然的规则。《再生产》的这两位作者，你来我往又各自表述的友谊，的确是令人费解的社会学谜题。在今天看来，毋庸置疑，《社会学家此职》是在一个非常特殊的背景下，由年轻的学术战士打造出来的利器。当时他们左右逢敌：一边是那些意气风发、主张理论胜于行动又嘲弄着"所谓的"社会科学的马克思学派学者；另一边是被体制收买的社会学，以死气沉沉的经验论招摇过市。这两名年轻学子却想攻坚夺城，在当时的法国学术界可谓希望渺茫。原因在于，当时的社会学研究调查，主要关注的是由巴什拉哲学影响下的科学精神而引申出来的认识论议题。另外，在二十世纪七十年代，《社会学家此职》一书也掀起狂澜，唤起一群有雄心大志的年轻学子走向社会学。这门可融合严谨的概念与田野调查滋味的学科深深地吸引着他们，尤其是，社会学赐予他们与哲学挥手告别的可能性，同时又不是真的一刀两断。

然而，往后的数十年间，随着相对主义与力倡无政府状态的认识论主张（anar-

---

① 埃马纽尔·裴德尔是法国社会学家，主要研究领域是文化、艺术、音乐社会学，尤其是博物馆、歌剧院等所谓文化要点的相关社会现象与分众，亦以阿维侬戏剧季为题，多次与本书作者携手合作。他与帕斯隆以及本书作者都可视为社会科学高等研究院"下乡"马赛（除巴黎的主要校址外，该校于马赛与图卢兹亦有分校，只是规模有限）后的默默耕耘者。——译者注

② Passeron, Pedler. Le Temps donné aux tableaux. Marseille: Imerec, 1991.
该书的正确标题是 La Sociologie de la réception du musée, Le Temps donné aux tableeaux 实为副标题。——译者注

chisme épistémologique①）日渐风行，而且，诸多巴什拉的概念也深受质疑，《社会学家此职》一书便逐渐成为令人厌恶的丑角。在放弃了狄尔泰风格（diltheyen②）的二元相对论，也排除了那仅仅满足于模仿自然科学又令人捧腹之学究姿态的社会学实证风潮之后，就认识论的立场而言，若要抛弃这种同时去思索这两大明眼可见又大不相同之知识形式的惯有做法，就变得更容易。在同一时期，特别是在美国，另一股批判社会学的风潮也正奋力抵抗着功能主义的经验论作风。在让行动者（acteur）日常使用的资源，而且也是社会科学研究者去动用的资源，都变得模糊难辨后，以一般常识之意义来进行研究工作的能力便获得平反。

《世界的苦难》上架两年后，在一篇极为有力的论文中，诺娜·梅耶（Nonna Mayer）指出一个众多学者都有的想法："不知多少学子在《社会学家此职》这本书中学到，建立社会事实时必须排除先见之明（prénotions），以及看似顺理成章的常识性现象……《世界的苦难》却不遵循这套游戏规则。"③ 的确，这本书的读者很难不去猜测，究竟这六十多名受访者是如何挑选出来的。学界偶尔也有传言说，那往往是与研究人员不期而遇或原本就熟识的人际关系，理由则是，交情能够保证访问过程顺利。皮埃尔正是这样一个例子，他是一名倾向于亨利·菲利浦·贝当与让-马里·勒庞主张（pétaniste, lepéniste④），

---

① 这个名词一般可作二解：一是受政治上的无政府主义思潮影响而升起的政治哲学旗帜，强调思想自由放任、无所管制；二是特定的认识论概念，一般认为由奥地利哲学家保罗·费耶阿本德（Paul Feyerabend, 1924—1994）提出，强调科学与知识的进步是在无任何框架要求的环境中达成的，近乎无政府状态，而不是由条理分明、步骤严谨的方法论导引出来的。保罗·费耶阿本德与波普亦师亦敌，此无政府主张的认识论也是与波普分庭抗礼的例子。——译者注

② 狄尔泰（1833—1911）是德国哲学家，他将当时对于自然科学的批评应用于历史学科，指出人文学科的客观性与限制所在。一般认为是他竖起了历史主义的相对论旗帜，同时他也是在社会科学领域开创出诠释学走向的大将。——译者注

③ Mayer. L'entretien selon Pierre Bourdieu. Analyse critique de *La Misère du monde*. *Revue française de sociologie*, 1995, 36 (2): 358.
诺娜·梅耶（Nonna Mayer, 1948— ）是专研政治行为、极右派、种族歧视等议题的社会学家，其最新研究则是性别政策与社会贫困等现象。——译者注

④ 这是指菲利浦·贝当（Philippe Pétain, 1856—1951）与让-马里·勒庞（Jean-Marie Le Pen, 1928— ）两人。前者是在第一次世界大战期间带领法国战胜德国的陆军将领，随后封任元帅。第二次世界大战初期，因法军作战失利，故被召回率领战事，唯法军作战不力，故与德军签订休战条约，在维希（Vichy，位于法国中部，1940—1944）组维希政权。二战后，贝当本人与其重要将领、官员皆被判刑期不一的叛国罪。近年戴高乐带领法国人自海外抗敌的历史与权威渐受挑战，战后无力统率文人政府、无法有效处理一九六八年五月学潮、罢工潮、阿尔及利亚独立战争等，这些与究竟该对贝当一生作为做整体判断还是一分为二进行评价等议题并非无关，即使它们实都不免沦于简单二分的相对论。至于后者，让-马里·勒庞在二十世纪七十年代创立极右派政党，自一九九五年起，其政见、总统竞选与地方选举候选人等开始夺得实质性胜利，自二〇一一年起其家族要员亦登上政治舞台。该政党在扩张之余也面临分裂重组的考验，甚至创党人本身也被开除党籍。——译者注

又濒临破产的酒商；而帕特里克·尚帕涅（Patrick Champagne①）则绞尽脑汁地要让大家都知道皮埃尔的悲剧，在为他写了一篇文章后，又套上一个极为悲惨的标题："失足"（La chute）。为何选这名记忆力惊人的葡萄酒中间商呢？是因为他竟然在孟戴斯·弗朗斯（Mendès France②）每天一杯牛奶的政策中嗅到自己的辛酸酵素吗？"啊！这个孟戴斯·弗朗斯！那是一场大骗局，他自己就开始在图尔尼（Tournus③）一带盖起牛奶工厂。一九五六年时我就亲眼看到他们盖这家工厂。说是要在学校和军队里配给牛奶，但根本没用。"④ 在这里，这名酒商悲惨的经历是与政府打击酗酒的行动直接相关的：根据这位倒霉鬼的说辞，从戴高乐到基斯卡总统都纷纷祭出甚至是喝果汁的政策，结果只是雪上加霜。所以，皮埃尔的悲惨故事未必是因为他畏缩不前，而是政府之干涉主义政策的关系，不过，这又毫不切合该书主旨。

一般说来，当我们翻阅这本书的时候，我们会有一种感觉，就好像在一些广受欢迎的杂志里，某些访谈之所以被挑出来，是因为主角人物历经煎熬，例如，某名失业女性，在爱子早逝后，又患上重度抑郁症。若说某些访谈是相当可取的，例如，阿布德勒马莱克·萨亚（Abdelmalek Sayad）、弗朗辛·米埃尔-德雷福斯（Francine Muel-Dreyfus⑤）与斯特凡纳·博（Stéphane Beaud⑥）所主笔者，这是因为他们继续在团队合作计划这一特殊条件中从事研究工作，而其他文章，则令人感到疑惑，也让人以为被勉强似的。整本书散发出强烈的民粹主张与悲情主义，不禁让人以为，整个写作小组打算大张旗鼓地为克洛德·格里农（Claude Grignon）与帕斯隆两人合

---

① 帕特里克·尚帕涅（Patrick Champagne, 1945— ），法国社会学家，与布尔迪厄交情深厚，二十世纪八十年代在调查研究方法论等领域贡献良多，早期研究对象以农村社会为多，后转向媒体，尤其是新闻从业人员与其他社会场域的关系。——译者注

② 皮埃尔·孟戴斯·弗朗斯（Pierre Mendès France, 1907—1982），曾数次出任法国地方议员、政府阁员。一九五四年，为解决幼童营养不良问题，祭出在校学童喝牛奶吃点心的政策。对此政策，当今另有解释：当时的小学，尤其是乡村地区的小学，幼童与青少年"小酌"是家常便饭，这不但有碍学习且有助长酗酒之嫌，牛奶不过是替代品。——译者注

③ 位于法国东部，勃艮第（La Bourgogne）南方。——译者注

④ Champagne. La chute//Bourdieu (dir.). *La Misère du monde. op. cit.*：853.

⑤ 弗朗辛·米埃尔-德雷福斯（Francine Muel-Dreyfus, 1940— ），于社会科学高等研究院主持教育与文化社会学研究。——译者注

⑥ 斯特凡纳·博（Stéphane Beaud），主要研究领域是当代法国社会下层阶级如移民、劳工、郊区青少年等。其最具话题性，也最具震撼力的作品之一却是意外之笔：他统整出版某一研究，主题是关于法国高中毕业生高考通过率达到80%，却没有相对的就业出路之矛盾现象。某一在里昂郊区的图书馆当见习生的年轻人无意间读到这本书，感动之余，提笔写信给作者，两人通信达一年之久。后来两人通信内容集结出书，揭露法国年轻人力争上游又无力可施的现实，尤其是移民后代，以及年轻人对于社会、政治等既好奇又深具解析魄力的现象与事实。Amrani, Beaud. *Pays de malheur！—un jeune de cité écrit à un sociologue*（《不幸的国度！——一个郊区年轻人与一名社会学家的通信》）。——译者注

著的《学者与民众》(Le Savant et le Populaire) 背书。① 这本书完全不符合布尔迪厄之前耳提面命的方法论主张，尽是想当然的对答，动辄强调正面积极的策略，处处左右受访者，使之朝向研究人员指出的方向。所有的调查所宣泄出来的情感总如洪流般高涨：开卷有泪之阅读默契正是这本书的特色。读者都应该设身处地去体会这些不幸受难者的感受，然而，这未必是件容易的事情。前面提到的那名酒商，他濒临深渊的经过长达约半世纪之久；他的人生似乎就是永无休止的抱怨、所有战后以来的政府都欠他一笔。我们是否该心有灵犀，干干脆脆地指出，如果他识时务，就应适时离开酒类产品买卖？这番阅读默契与调查人员和受访者之间的关系解码，是很类似的：研究者表现出强烈的同理心后，受访者便不需再去顾忌所有的抽象暴力，继而可痛快地大吐苦水。布尔迪厄思想中情感成分的改变是第八章的主题，在此，我只想简单点出，为了满足让更多人了解他这么一个彻底转变的要求，在方法论与调查研究之认识论上加重的戏码，是不可轻忽的。

就整体看来，布尔迪厄一生的研究工程仍可说是，诉诸让阐述社会空间的论述变得更科学的坚决意志。因此，他的第三种写作手法实为剧变。截至《世界的苦难》一书付梓时，那些一直被他略而不论的读者，就在他人生的最后阶段涌上心头，而且为了赢得爱戴与人气，从此只要做最低限度的付出即可：只消提供附带简介又稍作整理的访谈记录，然后人因自己的情感就会自己去将这些小故事串起来，并在脑海里浮现出诠释指标。在布尔迪厄生涯之初，他曾高举涂尔干的《社会学研究方法论》旗帜，《社会学家此职》正是一把递传而来的圣火："我们认为社会学现在应该——如果可以这么说的话，抛弃在上流社会赢得的光彩，并确立所有科学都有的那种只对圈内人说话的特质。社会学也将因此赢得它将一朝因为人气大盛而失去的尊严与权威。"②

科学就是放弃一时的光彩。科学开启其他形式的荣耀，但往往是否极泰来般的回馈方式。布尔迪厄在他所有关于艺术与文学社会学的研究中，都曾卖力地描述，在那些限量生产的领域中，进场条件究竟为何；同时，他也发展出对利益漠不关心（désintéressement）这么一个研究命题，或至少，也是将利益的追求转向非经济目标，并做一种长久的打算。我们大可主张，跟新闻界取镜的布尔迪厄的第三种写作

---

① Grignon, Passeron. *Le Savant et le Populaire. Misérabilisme et populisme en sociologie et en littérature*. Paris：EHESS-Gallimard-Seuil, 1993；rééd. Points Essais, 2015.
克洛德·格里农（Claude Grignon, 1936— ），法国社会学家，主要研究领域和主题是文化、教育、消费与饮食社会学、社会科学之认识论等。——译者注
② Durkheim. *Les Régles de la méthode sociologique. op. cit.*：102.

方式，与布尔迪厄从未放弃的**求知欲**（libido sciendi）是相抵触的。我们也必须承认，布尔迪厄绝不可能接受他有三种写作方式的说法。相反，他自己看到的是他整个研究工作的连续性，他人生最后阶段也不过是一种解放的表现。在《世界的苦难》一书付梓数个月后，其同事兼好友雅克·迈特尔（Jacques Maître①）出版了《一名偏执狂的自传》(L'Autobiographie d'un paranoïque)。在该书前言中有一段对话，其中，布尔迪厄如此怪异地告白：

> 我想到的是，这般科学精神的压抑无时无刻不在监视着我们，即使在我们的研究工作中最平淡无奇的作为里也是如此，例如，当我们去做访谈这件事情时。想想《世界的苦难》这本书里的访谈就知道了。大家都说访谈是场精神考验，这让我吃尽苦头。我一直对此耿耿于怀，始终放不下。不过，还是有一股实证主义般的压抑在作祟：问卷应该设计严谨，具体客观，公正不阿，绝不该有任何个人因素的投入。我想你也曾经历过这种被视为职业美德的受虐状况。我必须等到这把年纪，以现在的资历，才敢说出这番大不敬的话。②

违逆这类字眼的确是被套上了，然而，其中的断绝与用来区分不同写作手法之断绝模式，却是完全不一样的经验。研究调查的方式与记录规则的改变，都被布尔迪厄描述成原本他从一开始就想用的一套方法，只不过身为社会学家的那种实证主义超我却容不得他。在此，我们可和前卫艺术做对比，在该领域中，颠覆的动力往往是让"惯有技能"（métier）变得一无是处，也就是，将专业同侪以及公众都认可也都相继传承的知识技能（savoir-faire）全弃若敝屣。

我们可用三大方式来分析这颠覆违逆的局面。第一种方式就是诺娜·梅耶所提出的。在一丝不苟地检视书中所有的方法论错失后，她总结道：

> 不知有多少学生只是学到了用一种比方法论教科书里教的还更容易的方法来做社会学研究而已，就去访问自己的朋友、亲人——只不过是因为这更省力。他们跟受访者聊天谈感情，受访者说的每句话都照单全收。然后，他们对访谈内容也没做任何分析，就整个直接公开。这些学生并没有布尔迪厄的"渊博学问"，也没有他的研究团队当靠山，这般苦难社会学很可能只是社会学的苦难写照。③

---

① 雅克·迈特尔（Jacques Maître，1925—2013），法国社会学家，著作等身，主要研究领域是宗教社会学，但不限于一般信徒行为或是宗教人员的分析，尤偏重某些历史人物的精神分析层面。——译者注

② Maître. L'Autobiographie d'un paranoïque：l'abbé Berry（1878—1947）. Avant-propos dialogué avec Pierre Bourdieu. Paris：Economica，1994：XVIII.

③ Mayer. L'entretien selon Pierre Bourdieu. art. cité：369.

第六章 一曲二咏

　　这种已无后路的观点无法使人去设想颠覆作为的潜在优点，以致错过直截了当又诉诸情感地去做人际沟通而得出的社会学观察所带来的可能利益。

　　第二种分析此颠覆违逆局面的方法来自布尔迪厄的学生，他们在这股具解放力量的攻势中看到，挺身作为积极之活动分子的动员理由，但这是否牺牲了科学探索中早已习惯成自然的基本条件呢？我们可在该研究团队中发现这类支持者，然而他们的表达方式却不是很清晰，他们提出紧急社会学（sociologie de l'urgence）的动议，而这正是《背井离乡》①一书的作者布尔迪厄在阿尔及利亚时遇到的难题。

　　最后就是第三种分析，我也于此结束本章。布尔迪厄的一生实非特异突出。这样的人生历程必须铺放在更广阔的汪洋中，而其中途岛，正位于美国领土。各门学科之间关系的改变，尤其一方是经济、法律、政治科学，而另一方是人类学与社会学，都使帕森斯、默顿、阿隆等人的梦想破灭，他们原本以为可以踩着韦伯的脚印，登堂入室为君王的左右国师。但到头来，却是其他的学科知识受各国政府与各大企业的青睐而成为备询来源。因此，干涉公共事务（intervention publique）与动员主张（militantisme）便成为社会科学活动（activité des sciences sociales）的要点，某些大学的社会科学系所也以这些学科的"运动理念"（conception mouvementiste）的传播作为专门研究领域。目前美国最负盛名的社会学家之一迈克尔·布洛维甚至尝试着将动员主张制度化，并因此提出**公共社会学**（*public sociology*）的概念。这是将社会学家的研究技能重新定义，以维护社会运动为己任作为出发点。②

　　布尔迪厄对时势所趋总有先见之明，故早已嗅到这股变天的空气。他改变作风，也只不过是社会科学改头换面的结果；改变是歧异多元的，总之就是与所有的科学性要求挥手诀别。所以，接下来我们就不妨转向"政治的"布尔迪厄这一面孔。

---

　　① 这本书于一九六四年出版，副标题是《阿尔及利亚的传统农业危机》（*La crise de l'agriculture traditionnelle en Algérie*）。——译者注

　　② Burawoy. For public sociology. *American Sociological Review*，2005，70（1）：4-28；trad. fr. abrégée: Pour la sociologie publique. *Actes de la recherche en sciences sociales*，2009，1（176-177）：121-144.

第七章　从献身公职到公共利益的再考释

皮埃尔·卡莱斯（Pierre Carles）曾就布尔迪厄的研究工作拍了一部电影，片名是《社会学是种竞技》（*La sociologie est un sport de combat*，2001年）。其中某片段描述布尔迪厄召集他主要的合作伙伴，整个团队集思广益来探讨所谓的新自由主义[①]（néolibéralisme）究竟带来了多少负面结果。应邀学者都被要求针对这一主题提出几个例子，但他们似乎都不是很感兴趣。几个最兴致勃勃者纷纷提出建议，但尤其像是平均寿命以及所谓的新自由主义造成了什么样的健康问题等都被搬上台面时，治学最严谨者随即大打回票。这段情节让布尔迪厄最早期的专业读者群相当诧异，特别是那些仍牢记着《社会学家此职》一书中某些近乎刻板的教训的人，例如研究对象的建立是不可避免的过程，必须舍弃常识中先入为主的概念等这类训示。在这个**脑力激荡**（*brainstorming*）的场景中却根本不是这么一回事，而且讨论彻底失败。新自由主义从来就没有被定义成一个社会学概念。在场学者都陷入自打嘴巴的窘境，而个中原因在于，他们并不习惯在类似情况下从事学术研究。对于上述画面，一般人总是草率提出结论，而就布尔迪厄晚年那令人惊讶不已的政治热忱，也往往过于急切地提出断言，认定他是彻底改变了。布尔迪厄的国际名声可能让他以为他有某种政治魅力，并因此促使他去掌握这个机会以散播某些革命信息。一些看起来像评论家的专业学者，则套用惯习的悖反这一概念来解释布尔迪厄的转型，否则这个改变就实在令人费解。至于其他人，因为受制于追根溯

[①] 中文的新自由主义可对应法/英文的 néolibéralisme / new liberalism 或是 nouveau libéralisme / social liberalism，但内容所指截然不同。——译者注

第七章 从献身公职到公共利益的再考释

源这一幻觉（illusion rétrospective[①]）的关系，所以，反而在布尔迪厄的早期研究中嗅到他走向强硬政治作风的气息。

当布尔迪厄论及他这项新志业时，总是以义务一词来表达。虽然他承认，比起他的科学论文，他关于政治的文章是稍微薄弱的，不过，他仍将这些文章收入《遏止野火》(Contre-feux)这两册专著中，以期提供"武器给所有那些不得不挺身对抗新自由主义瘟疫的人"[②]。然后，他又补充说，他的写作动机是同时受到"一种正当合理的愤怒"与一股"义务感"的启示。我在此处的说明，并非为了替这些短文套上亦适用于布尔迪厄之科学论文的阅读指南。不可否认的是，这些政治议论的篇章画下其社会学研究的转折点；布尔迪厄在其晚年，以非常类似"专栏"(chronique)的作风来处理社会事物，《世界的苦难》这本书便是最震撼人的例子。布尔迪厄这番投入，正好就在他不断批判理论与方法论等之后。我们未尝不可大胆怀疑，布尔迪厄晚年只撰写了一些攻击短文。《帕斯卡尔式的沉思》是一九九七年出版的，这是布尔迪厄成为批判法国公共议题之主要人物后的事情。他晚年的火气既不代表他放弃科学，也不意味着他推翻自己先前的认识论主张；这把火燃烧着的是他内在翻腾的心境，以及因法国福利国家体制（Etat-providence）备受质疑而产生的一股深沉不可耐的激愤。这解释了为何在《遏止野火》这本书中找不到任何关于资本主义的批评，甚至也没有对于新自由主义作为资本主义当今形式之意识形态的任何深入讨论。他表现出来的愤慨之情，让他言语之间往往带着前所未有的强烈情感。那些中伤布尔迪厄的人总挑剔说，这是因为布尔迪厄猜想着他的生活世界正走向尽头，所以这也不过是一名出身公务员家庭之公务人员的不满罢了；实则不然。即使布尔迪厄从未停止也坦荡大方地去客观化研究法国唯才是用（méritocratie）的制度，但他自己从没有鄙视过这一制度，因为正是该体制让他高居学院顶峰，成为举世闻名的知识分子。

就这一点而言，他在巴黎的里昂车站对铁路员工的致辞便有不凡的意义。一九九五年是最后一次的公共部门大罢工，不仅是公认的社会大祭典（rituel social），也备受支持。这场社会抗争以当年的总理阿兰·朱佩（Alian Juppé[③]）辞职收场，并让

[①] 该哲学概念的最简单定义是：当人们回顾过往时，往往以为是某冥冥中注定的因缘促成个人当下的心境、生活方式与条件等，这类"顿悟"即 illusion rétrospective。一般而言，对此概念提出最多解释者，是法国哲学家柏格森。牵涉的范围则不只是个人的意识、心理、行为或生活经验，亦触及集体生活中的道德与义务，并因而引申出对于德国唯心论、马克思主义之历史主义的反省等。——译者注

[②] Bourdieu. *Contre-feu. Propos pour servir à la résistance contre l'invasion néo-libérale*. Paris：Raisons d'agir，1998：7；*Conte-feux，2. Pour un mouvement social européen*. Paris：Raisons d'agir，2001.
《遏止野火》分上下两册。——译者注

[③] 阿兰·朱佩（Alain Juppé，1945—　），为数任政府阁员，向被视为右派，亦曾任波尔多市长。——译者注

温和左派重掌政权。布尔迪厄对后来由利昂内尔·若斯潘（Lionel Jospin①）领导之左派政府的坚决反对立场，是其中一项让人以为他的政治态度彻底转向的因素。尤其是若相较于十多年前，通过知名的语言学家也是当时总理内阁里颇具分量者皮埃尔·昂克雷韦的撮合，布尔迪厄与米歇尔·罗卡尔（Michel Rocard②）有一场激烈的对话。不过，如果我们更细心地倾听布尔迪厄在里昂车站的发言——虽然引起国际上的热烈反响，我们依然可发现，那是对于法国独有之公共服务部门体制的捍卫与澄清，尤其是那种国家作为利益分配者（Etat redistributeur）的想法。那也正是二十世纪六十年代，也就是我之前已经提到的他在阿拉斯③（Arras）举办一系列讲座的时候，他与行政高层接触时体会到的国家角色。他在里昂车站发言的开场白便是一个毋庸置疑的例子："我来这里是为了表达对于所有正在抗争中的人的支持，三个多星期以来，他们反对去破坏一个与公共服务的存在紧密相关的文明，也就是那个权利平等的共和文明，包括教育权利、医疗权利、学术研究的权利、艺术创作的权利，以及最崇高不可侵犯的工作权利。"④

就诸层面而言，比起身为社会学家、批判教育制度的布尔迪厄，政治作为的布尔迪厄是更温良谦恭的。虽然是间接的，但其实他是正面肯定法国共和国的成绩，特别是二战后的福利国家体制。他视公共服务为文明的成立条件，也就是那种邮差深入穷乡僻壤、年轻学子搭着票价便宜的火车到巴黎求学的文明生活。在里昂车站的发言，布尔迪厄似乎也只是对着公共部门的人喊话，包括"铁路员工、邮差、教师、受雇于公务部门的人、学生、以及其他等等"，那时他手持扩音器，而这支扩音器也成为历史性证物。然而没有人注意到，布尔迪厄在这一动员喊话中，从未提及劳工一词。布尔迪厄的世界是一个公共服务的世界。他的政治涉入范围并未脱离他与帕斯隆在《继承人》和《再生产》这两本书中宣扬的那种极为合情合理但始终停留在抽象状态中的教育计划。这也是为何他替铁路员工构思的政治计划内容是，"让众多公共服务部门的未来……回到……既开阔明亮又合情合理的内容"⑤。他也让科

---

① 利昂内尔·若斯潘（Lionel Jospin, 1937— ）与阿兰·朱佩都是国立行政学院的毕业生，最让人津津乐道的政绩应是制定每周最多三十五小时的工时。二〇〇二年总统大选败选后，退出政坛；自二〇一五年起任法国宪法委员。——译者注

② 米歇尔·罗卡尔（Michel Rocard, 1930—2016）自二战后即为左派重要人物，是与密特朗并驾齐驱的竞争与合作伙伴。——译者注

③ 阿拉斯位于法国北部城市里尔以南五十多公里处。本书作者在前言与第三章都曾提及，特别是针对布尔迪厄的笔名达拉斯这一逸事。——译者注

④ Intervention à la gare de Lyon le 12 décembre 1995. *Libération*, 1995 - 12 - 14; repris in *Contre-feux. op. cit.*: 30.

⑤ *Ibid.*, p. 32.

第七章　从献身公职到公共利益的再考释

学知识变成整体抗争的焦点。在总结时，他说道："事实上，我认为，若要有效对抗这批国内与国际上的科技官僚，唯一的方法就是去打击他们的专属领域，也就是知识这一领域，特别是经济部门的知识。另外，我们应该用一套更尊重人性与现实的知识，也就是每个人都会面对的现实，来反对这些科技官僚鼓吹的那些抽象难解又残缺不全的知识内容。"① 这纸针对广大民众的致辞是可钦可佩的，不过，布尔迪厄几乎只锁定公共部门的子民，这些人也是一九九五年大规模的社会运动中唯一被动员者。

就我们所见，布尔迪厄在里昂车站的致辞并无任何破天荒的启示；那是一名社会学家置身于罢工人潮中感受到的情愫，而这些聚众者，至少看来像是属于公共服务部门。他后来也继续提出合情合理又非常理智的建议，并期待着社会科学在治国之术中夺得重要席次。他大声疾呼，但采取的并非预告天下般的姿态，因为他依然相当怀疑，整个运动是否会扩及全欧洲或整个法国社会。就这一点而言，他实在搞错了：一九九五年的罢工，无疑是一曲跟不上时代之动员形式的挽歌，也绝非日后抗争的雏形。布尔迪厄是十足的欧洲主义者，就这一点，他与被他疲劳炮轰的行政"精英"几乎是同路人，更何况，他还认为法国可被视为动员楷模。就此，他是完全忽略了法国的公务员系统是独一无二的体制，而且新资本主义的意识形态力量就快打赢文化霸权这一战役。他应该已感受到这股新势力，所以我们也可理解他的怒气与道德愤慨；然而，他却不能去想象任何其他不从捍卫公共服务部门借道的运动形式，或是去采取任何其他路径的动员方式，例如为生活困苦的人与失业者请命的运动。

他那么晚才涉入政治领域，他也往往无意间表现出动员之传统形式中的行动特质，因此，我们是否可将布尔迪厄的政治作为视为一种惯习的迟滞（hystérésis de l'habitus）形式？仿佛在这个高速列车（TGV）时代，在这个使用者已经变成是顾客的世界，他依然用左拉的《衣冠禽兽》（*La Bête humaine*②）这本小说中的影像或是让·雷诺阿（Jean Renoir③）的同名电影来思考铁道世界。用布尔迪厄的话来说，二十世纪九十年代上演着一幕幕经济与象征性抗争，一个可让铁路员工的专业技能赢得正当性的舞台。那时法国国家铁路公司（SNCF）的行政部门暗示，要以一套与国

---

① Intervention à la gare de Lyon le 12 décembre 1995. *Libération*, 1995 - 12 - 14; repris in *Contre-feux*. *op. cit.*; 33.

② 法国作家左拉（Emile Zola，1840—1902）于一八九〇年出版的一系列小说中的第十七册，故事往往以火车、铁道、交叉口等为背景。——译者注

③ 让·雷阿诺（Jean Renoir，1894—1979）是享誉国际的法国电影导演，曾改编左拉的《衣冠禽兽》为电影，一九三八年上映。——译者注

铁的企业传统完全不同且不折不扣从国外进口来的"管理科学"模式，来取代当时以行政官僚为基础，并就某种程度而言，始终与工会共同治理的模式。双方对峙猛烈，而改变则是漫长的：直到今天，无论是列车驾驶还是查票人员，都依然坚持传统作风，以至与当今国家铁路公司的商业要求几乎不搭调。旧有的模式在逐渐消退中。公共服务部门或许正是布尔迪厄发挥其信念话术功能的对象（monde doxique），那是挑起不假思索之拥戴情怀（adhésion préréflexive）、以某种自然而然的方式构成的一整套基模：所以即使电子通信已独占市场鳌头，邮差依然是一个文明要素。在法国，这一文明世界的消失，起自二十世纪九十年代初期，但始终带着前所未有的社会暴力。尤其是上述之邮政与电子通信部门这两大例子，不免让一个在公共服务庙堂中增长其智识与道德的人惊慌失措，更何况，他在这一天地的经历，甚至让他以为公共服务部门就是社会空间的全部。布尔迪厄不能坐以待毙，也不希望看到那正在成形中的改变。他却也高估了集体抗争的力量。无疑，他身为大学教授的个人生活方式使他无法掌握到，下层阶级正愈来愈热切地拥抱那种让他看不顺眼、消费至上的生活模式。犹如布尔迪厄的拥护者，他们与布尔迪厄全都是公共服务部门的人，自福利国家步入轨道以来，他们全都过着小康生活。布尔迪厄无法体会到这一备受威胁但还挺立着的公共服务部门世界的外围地带，正展开诸多不同以困苦无依、与文化隔绝为本的生活形式。

布尔迪厄因公共服务而流露出来的敏锐情感，足可用来解释他与国家的关系：就这一关联而言，他与马克思主义者截然不同，对后者来说，国家只不过是资本的帮凶罢了。一九九六年时在希腊劳工总联盟（Confédération générale des travailleurs grecs）的大会现场，布尔迪厄强调国家是个"暧昧不清的事实"[1]。我们向来就不能仅仅视国家为支配者手上的利器，尤其是当所涉及的研究个案中国家的历史相当古老的时候。若说权力可被定义成像是一个场域，那是因为就如其他所有的场域一样，权力也拥有某种相对范围的自主权。就这一事实而言，这就不是那种可描述成像是一部机器运作般、同步均衡的真实故事，而是牵涉到一个抗争空间，况且在其内部，左右两只手永无休止地彼此对打。国家是在其档案中述说着过往反抗斗争的记忆。举例而言，劳工部长就是"社会抗争成为事实的标记，即使在某些情况中，他也可能是镇压工具"[2]。花大钱的政府部门与斤斤计较预算的政府部门是彼此水火不容的，但后者的主要任务，又似乎是为了配合前者的需要而成为有自知之明的裁缝。因此，布尔迪厄便逐渐勾勒出一份真正用来保卫国家的计划书，其中的笔画色调与法国国

---

[1] Bourdieu. Le Mythe de la "mondialisation" et l'Etat social européen. *Ibid.*：39.
[2] *Ibid.*，p. 38.

家独有的历史息息相关。

普遍来说，布尔迪厄的政治建言仍是抽象概念，往往也以"应该如何如何"为开端，不过，还是有两大主题交错着。第一个主题并不是很清晰，那就是在新自由主义如瘟疫般蔓延开来时，于所有力挽狂澜的作为中，法国所扮演的示范性角色。从一开始，无论是教育还是文化制度模式，法国国家模式就在布尔迪厄的理论建构中占有中心地位。虽然法国的政治模式也居其理论中坚，但实际上，这一制度堆积着福利国家的历史尘埃与牢不可破的基石，并且以公共服务在人民生活中的沉重分量来夯实：

> 例如，法国与英国之间的一大差异就是，英国人被撒切尔洗劫后才发现，他们并没有发挥应有的力量来对抗这场浩劫，而其中很重要的原因是，英国人的工作契约是一份遵循前例的**普通法**（common law）契约，而不像在法国，是一份受国家保障的**协议**（convention）。不过，现在非常矛盾的是，在欧洲大陆，我们正鼓吹着英国模式，而在同一时期，英国劳工则瞪着欧洲大陆，然后发现欧洲大陆送给他们的是英国劳工传统里没有的东西，也就是，工作权利么一个想法。①

法国反映出来的特征就是国家确实有一只左手，也正是以此名义，法国可夸口自己会成为未来政治与文化抗争的发动机。

第二个主题则是十足的国际主义者（internationaliste）的主张，这在布尔迪厄的政治干涉行动中极具创意；而且，即使是在他过世后，极左派打出的欧洲怀疑主义甚嚣尘上，依然不减新意。他对社会运动蓬勃的欧洲充满信心，他认为那足以用来反击新自由主义带来的诸多沉沦不振的现象。而且，也是在一个放眼全球的运动视野中，他看到了崭新的动员远景。布尔迪厄向来就对欧洲联盟兴致高昂。他曾提出诸多深具创意的文化建案，其中之一就是名为《释放——国际出版学刊》②（*Liber. Revue internationale des livres*）这一欧洲学刊计划。这是一九八九年至一九九四年间他曾大力投入也得到法兰西公学苑支持的一个集体建设，他尝试借此会集西欧与东欧的艺术家与知识分子。在这项计划中，并无任何欧洲中心主义的成分：主要意旨是，在面对北美文化工业及其挟带而来之意识形态霸权的打击下，保障欧洲文化场域的自主性。在二十世纪末，其语调愈加激昂，也常见忧愤之情，但整个论述的大致方向并没有实质改变。

前所未见的沟通形式、崭新的出版策略，都是布尔迪厄政治转型时的利器；但从更广泛的层面而言，也延续着他不时疾呼的身体力行逻辑。目的则在于，去对抗

---

① Bourdieu. Le Mythe de la "mondialisation" et l'Etat social européen. *Ibid*.，p. 38.
② 名词 liber 出自拉丁文，指的是树木的外皮，即韧皮部。liber 的同音字有 libère（源出动词 libérer），释放、解除、摆脱之意。当然，读者也可联想到字形相似的形容词 libre（自由的、不受拘束的、不拘形式的）、名词 librairie（书店、出版社）等。——译者注

帕斯卡尔所谓的"一知半解的人"（demi-habiles）在智识与政治生活中带来禁锢。

帕斯卡尔提出的概念是很繁杂的，往往引起相互矛盾的诠释。《思想录》（*Pensées*）一书中，"理智的后果"（Raison des effets）这一段落，或可让我们看清楚这些一知半解的学者：

> 凡人对世间都有很好的见解，这是因为他们**自然无知**（*ignorance naturelle*），而这正是人之所以为人之处。科学有两个极端是彼此相接的：一是人自出生之后就沉浸其中的那种纯粹自然无知；另一则是伟大的灵魂所面对的那种纯粹自然无知，他们在踏遍所有人类的求知之路后，才发现自己一无所知，故又回到启程前那种纯粹无知中，然而，这却是**学而无知**（*ignorance savante*）后的自知之明。那些介乎两极端之间者，他们已走出自然无知，但尚未到达彼岸，不知道自己胸无点墨却又自命行家。这些人语不惊人死不休，凡事都妄下断语。**俗人**与**学者**（*habiles*）共组凡界；唯独一知半解者看轻凡界，也被世人看轻。他们凡事信口雌黄，但世人言必有据。①

就这个一知半解者的概念，究竟帕斯卡尔所指为何？很可能是那些不信教的人（libertins），但尤其应该是那些都懂得某些道理，但涵养又未深入到足以提出理性批判的人。也因此，某些科学观察虽然建立在真实法则上，却在探索途中夭折了，仅造就了一知半解的论证。我们也可想到蒙田与其"驽骏不分"（mestis）的说法，这些一知半解的学究（savants incomplets）又制造出另一种无知：

> 或许也可这么说，表面看来，在登入知识殿堂前，有一种**目不识丁的无知**（*ignorance abécédaire*），但在登堂入室后，则有**目空一切的无知**（*ignorance doctorale*）：这是知识造成并使之坐大的无知，就像知识也能根绝并消除那目不识丁的无知一样……朴实的农人都是**正派人物**（*honnêtes gens*），而正派人物就是哲学家；或者，按照当今的说法，他们坚强又利落，而且接受过诸多有用的知识教育。至于那些驽骏不分者，他们既不屑骑上那第一匹**大字不识的驽驹**（*ignorance des lettres*），也挤不上另一匹骏马（所以屁股就悬在两匹坐骑间：我自己和许多其他人也名列其中），这些人都是害群之马，乖张又惹人厌：唯恐天下不乱。②

---

① Pascal. Raisons des effets//*Pensées*. éd. Lafuma. *op. cit.*；83-327.

② Montagne. Essais：I, LIV. *Des vaines subtilités*. éd. Balsamo. Paris：Gallimard, Bibliothèque de la Pléiade, 1962：331-332.

伽利马出版社二〇〇九年版本（collection, folio classique）的拼法是 métis。Mestis / métis 的字义是混合、同时兼具上下文已提及的两个特质。——译者注

第七章 从献身公职到公共利益的再考释

无论是让人驽骏不分,还是一知半解的人,无疑全都是引起争议的概念。布尔迪厄经常使用这些字眼,希望让他的劲敌哑口无言,尤其是一些社会学者,对布尔迪厄而言,他们就是蒙田笔下"知识造成并使之坐大的无知"的化身。蒙田将他自己也列入驽骏驳杂的等级中,这应是求知后不可避免的结果,而未必是隶属于某社会团体之故。

布尔迪厄应该可以体会到,社会学特别容易滋生目空一切的无知,也就是在熟读典籍又晋身知识殿堂等体制后所培养出来的无知。在他先前的文章中,社会学被比喻成"收容所",这一特征原应可让他整理出介于建构完整的概念操作与流行趋势这两者间、一门有着一招半式科学(demi-science)的生存之道。就读者的接受过程而言,这是个不折不扣的认识论难题,他往往表现出厌恶之情。所以,他再三武装文法与词汇的防备工程,避免其论述变成陈腔滥调、一知半解者的利器。只有身为智者的他自己可将其论述摊在令人哑口无言的舆论空间中,并由他自己来做了断。由于担心自己不过是立于象牙塔中,因而他登上舞台公开亮相,而且认为站在越前面越好。他因此成为公众人物,但在其学术生涯之初,他却拒绝扮演公共知识分子的角色。总之,如此一来,他便无法避免目空一切的无知所造成的后果:原本他总不时期待着,能有读者可复制他那艰涩崎岖的逻辑思路,到头来,却只有那种指鹿为马又信誓旦旦的粉丝,这便不再是个良机,而是沉疴重担。

这一负担之沉重,可在他于法兰西公学苑执教后出版的著作中一窥究竟,他不断提到在素质如此不一的听众之前,他难以畅言。这是因为在这座古老学术殿堂的板凳上,不仅坐着与他交情最深久的伙伴——一群研习布尔迪厄的理论概念已长达三十多年的人,还有刚抵达巴黎的年轻人。所以他是在一种煎熬中体会到,在一个他只能触及半边天的世界里,凡人接受一套学术论述(discours savant)后将导致的可能后果。因为通常是听众写下问题、布尔迪厄隔周解答,所以他便可接触到一知半解者领教后的可能后果。正是这些提问反映出其主张与听众所理解者间的鸿沟。在关于国家这一课程中,他也提及:

> ……我想说一下这次教学中存在的问题之一,而且这让教学者很难为,那就是来听课的人水平往往参差不齐……法兰西公学苑授课的主要问题之一,其实既是优点也是缺点,那就是它广集拥有不同专长、学科训练、年龄层等彼此差异相当大的听众,这一差异所带来的负荷也是相当沉重的,尤其是当教学者体会到这一点的时候……[1]

---

[1] Bourdieu. *Sur l'Etat. op. cit.*: 182-183.

因此，法兰西公学苑远非解放天堂，而毋宁是禁锢之地。他试着去执行一项双重任务，但心力交瘁：作为一名伟大的学者，在专长领域内享有举世盛誉，同时又身为民众的导师。可叹的是，他眼前的民众并不像蒙田所谓的目不识丁之无知者那样焕发着那种在接受科学教育的社会化之前的纯朴状态，而是大学教育普及后大量生产出来的一知半解之俗人（peuple demi-savant）。布尔迪厄手握蒙田的概念架构与他自己建构出来的理论，所以他非常明了社会学的教学将导致严重又**无法事先预期的后果**（unintended consequences）。让一整个年纪相同的班级几乎全都通过高中会考的事实，并没有带来期待中的结果。高等教育的普及，既没有带来正当高尚文化活动的大爆炸，也没有提高社会的整体批判能力。大学生成为美国文化工业的忠实消费群，而阴谋论说（théorie du complot①）在高中生间如瘟疫般蔓延开来。这些现象，都不是保守的文化或政治评价，而是完全相反的：这里指出的批评，只是针对让民智大开之政策所带来的非预期后果，尤其是如果我们认为这些不同的知识都将助长蒙田所谓的驽骏驳杂现象或增加帕斯卡尔笔下一知半解的学究。当一名学者也将自己列入他痛斥的驽骏不分之辈时，那他本人就可促使我们去思考，学而无知极可能是求知的非预期效应，但事实上，这也是由于朴实无知的农人从来就没被当作评分对象。

布尔迪厄的社会学也没有跳出如此之悖反后果，更何况，他的社会学既是圈外人难以理解之物，却又向圈外公开传授。布尔迪厄总想让社会学成为无所不往的科学，就此而言，他与涂尔干是站在同一边的；换言之，社会学就是一门不对外公开的学科。另外，布尔迪厄也确实是涂尔干的子弟，例如，涂尔干表明要用社会学来改造世界，赋予社会学社会实用性［身为《社会分工论》（De la division du travail social）的作者，涂尔干曾强调"如果社会学只有拿来高谈阔论的价值，那就不用浪费时间了"］。然而，当布尔迪厄在法兰西公学苑的讲坛上表明要为人民喉舌时，却开始与涂尔干渐行渐远了。他总是将自己的概念建构打制成最不容易被压缩简化的样子，虽然事实上他也从不以为应该再多花心力去做更清楚的说明；然而，最后摊

---

① 该词的原文虽然冠着"理论"，但远非科学论说或假设，而是一个不折不扣、由来已久的社会现象。虽然牵涉范围广泛，但往往都有着"统治世界的人与规则、发生在你我左右的事情都不是学校教的、媒体说的那一套"的隐喻和不满，现今个人化与可视化的电子传输，乃至保守或激进之宗教信条，只不过取代了传统的口耳相传，让现象得到加倍渲染扩散。最典型的例子是，犹太人才是统治世界之王；美国"9·11"事件并非基地组织所为，而是美国情报人员的杰作；美国人并没有登陆月球；某某政治人物不是因车祸身亡，而是被暗杀；等等。当今各大传统媒体以"辟谣"手法来制造新闻话题，也不过是最新反例，但也常是越描越黑。近年法国教育部对此深感忧心，除却政治与道德层面外，多次民意调查与学者研究均显示年轻人更相信阴谋论说，犹如彻底撼动科学教育的危机（阴谋论者相信，地球不是圆的，恐龙的历史只有八千年，等等）。——译者注

第七章　从献身公职到公共利益的再考释

在公众眼前的却是一个再简单不过但即使再三解说也无济于事的理论。布尔迪厄的形象一直就是严肃又近乎悲怆的，这似乎是社会科学始终就是自我矛盾的之写照：用一些没人懂的字眼来阐述世人自认已理解透彻的常理，然后在一对立过程中，那彼此对抗的势力已无人可辨，纵有一股不假思索之冲动，世人欲言又止，只不过，到头来，又争长论短。世间确如我思者，吾身苦难足可印证。

这一困境并非布尔迪厄的专利。安东尼·吉登斯（Anthony Giddens）曾针对社会学专有名词的双重地位提出非常有力的分析：学术建设最后总是被社会施为者挪作他用。社会学家的概念总是在公众生活中赢得新生。例如，戈夫曼的"污名"，原本是在《污名》（Stigma）一书中提出的概念①，然而在当今用来形容社会团体区隔化（catégorisation sociale）现象的用词中，则是被使用最广泛者。这个词已是社会抗争的武器，可用来让世人体会到"被污名化的人"乃是受害者。**标签理论**（labeling theory）原是由互动论社会学者提出的，然而，尤其通过霍华德·贝克尔（Howard S. Becker）的努力，"标签"一词也成为广泛应用的字眼，而且很可能远远超乎原先宣传该词者想指出的内容。媒体的扩张、宛如救助单位般之社会工作的兴起，都在某一范围内说明为何这类用法引起广泛反响，以及为何"被污名化的人""被贴上标签的人"动辄便诉诸此工具。因此，当政治人物与治安单位认为，社会学提供给犯罪者种种脱罪借口（excuses），而社会学家则反驳，他们的专长只是印证了支配者总想一再掩饰的一些现象时，这其实是秀才遇到兵，有理说不清。②

由吉登斯发展出来的"双重诠释学"（double herméneutique）理论可用来分析这类社会学概念被社会大众引用的现象。该理论也提供理解另一方向的可能，即世俗主张转向社会科学这一路径：**世俗概念**（lay concepts）持续又顽强地抵抗着学者想

---

① Goffman. Stigmate, Les usages sociaux des handicaps. trad. Alain Kihm. Paris：Minuit，1975［1963］.

② 法国舆论乃至学界，长期以来视社会学为一种替社会"病态"提出诊断或"医治手段"的技术，或者就是民意调查中心、市场调查公司的谋生工具。于是乎，每有重大"社会事件"发生时，社会学者便成为被热追的媒体明星。例如，二〇一五年法国发生数起骇人的恐怖爆炸、杀害事件，所以，在该年间"旗帜不同、程度不一"的社会学家纷纷出面解说，或是受邀从事专题研究。自二〇一五年十一月底起，当时的总理曼努埃尔·瓦尔斯（Manuel Valls）多次公开发言表示"无须寻找任何借口，无论是社会的、社会学的还是文化的理由"，"我已经受够了那些一再寻找借口，以及文化的或社会学的解释的人"，"提出解释，就已经有点是为（那些人）找借口"，当时报章甚至提出"借口文化"（culture d'excuse）一词。一方面，诸多政客同媒体人著书鞭挞社会学家［例如，二〇一五年遭恐怖攻击的《查理周刊》（Charlie Hebdo）与法国广播电台（France Inter）的前任总监菲利浦·瓦尔（Philippe Val），于同年出版 Malaise dans l'inculture（《未受教化的烦恼》）］。另一方面，学者除发议驳斥外，亦专书分析此"唯社会学主义""反社会学"现象，例如，本书作者多次提及的贝尔纳·拉伊尔（Bernard Lahire），他写作了专文 Pour la sociologie—Et pour en finir avec une prétendue "culture de l'excuse"（《支持社会学——告别所谓的"借口文化"》，La Découverte，2016）。——译者注

要使之变得一清二楚的努力。① 社会科学概念的产生从来就没有脱离过社会施为者，更何况，社会施为者也被认为是社会科学概念的化身，因此，社会科学的研究成果最后便成为这些调查研究想要描述之社会空间中的一部分。前述吉登斯研究专论首版于一九七六年付梓：当时他指出，继现象社会学与民族学方法论的启示后，他将重新检讨应与先入为主之概念断绝关系的涂尔干认识论。能够顾及"双重诠释学"，也就是，去考虑这类存在于社会学与一般社会空间中双重诠释循环的经常性现象，其实并无法解决在处理一个会自我表达的研究对象时将面临的所有内在问题，然而，这却可帮助我们走出由于毅然决然地要与常识一刀两断的做法而导致的困境。

布尔迪厄自己就是将圈内人才懂的言语公诸世人的最好例子，更何况，这些用词也只通过他这么单独一名学者的认定。并非布尔迪厄的所有概念都有相同的命运，不过，它们却都由于新闻从业人员的使用而变成一般用词。场域与惯习都成为惯常使用的术语，而"doxa"这个字已被视作一般用词，在布尔迪厄用这个字之前，谁也料想不到竟会如此。二○一四年十一月三日政治学教授阿兰·加里古（Alain Garrigou②）在《世界外交论衡月刊》（*le Monde diplomatique*③）的博客上表明其个人想法：

> "*doxa*"这个希腊字，先是巴门尼德（*Parménide*④），然后就是柏拉图使用，两人都用来指**意见**（*opinion*），也就是，理性的思想应该去对抗的成见；后来又变成布尔迪厄的一个社会学概念，他用来描述**舆论**（*opinion publique*）的特征，舆论的不同**诠释面**（*doxosophes*），以及由于种种事物之显著性而产生的某类型**世界观**（*rapport doxique*）。而在此之前这个字是没人知晓的，至少，直到政界对这个字产生兴趣之前，都还是如此。

政治评论家加里古跳过了一个关键，那就是，这个概念其实是布尔迪厄向哲学家胡塞尔借来的，只不过，他又加以补强，而当初胡塞尔用它来说明人与世界的某种原初关系。若说这一与世界的原初关系不同于那种与世界的智识关系，那么胡塞尔的"doxa"针对的是，特别锁定一般性事物的基本结构，也因此，从来就不是残缺衰败也不是任何伪意识之物。这与在一般言语中，草草浏览过布尔迪厄的著作后

---

① Giddens. *The New Rules of Sociological Method*. Stanford：Stanford University Press，1993 [1976]。

② 阿兰·加里古（Alain Garrigou，1949— ），身兼历史学与政治学教授，一般认为除了追随布尔迪厄的批判治学的作为外，他也深研德国社会学大师埃利亚斯的社会历史学。——译者注

③ 这份月刊创立于一九五四年，当时是《世界报》（*Le Monde*）的别页，后则独立于《世界报》集团之外。——译者注

④ 活动于公元前五世纪左右、生卒年不详的哲学家，柏拉图曾以此人之名为专题著书，并将苏格拉底列为巴门尼德的嫡传弟子。——译者注

便四处去宣扬"doxa"之负面意涵的做法，是毫无瓜葛的。所以，就如加里古指出的，让-玛丽·勒庞（Jean-Marie Le Pen[①]）还有他的女儿玛丽娜·勒庞（Marie Le Pen）最近竟然都去用这个字，实在让人惊讶。例如，玛丽娜·勒庞说："艾力克·泽穆尔（Ecric Zemmour）[②] 提出的观察是摆明的事实，但毫不符合从一九四五年战争结束之后便已汇整出来的'doxa'，也就是'doxa'推诿取得公信力的某些真相。"[③] 这里很明显的是，政治人物将"doxa"当作那些他主张应视为历史真相却遭有意操作的事实，但实际上，这只不过是他自己的说法。另外，玛丽娜·勒庞在多次发言中都不吝去用这个字。例如，身为国民阵线（Front National[④]）的党主席，她在某次发言稿中评论道："法国总统重新拾起人民运动联盟与社会党（UMPS[⑤]）这一整个种姓团体、极端自由主义的'doxa'来作为他自己的主张。"[⑥] 在布尔迪厄一些以人类学研究为议题的论文中，他建构了一个"doxa"的定义，也保留了某些胡塞尔的定义，尤其是关于身体力行这一问题，言下之意就是，"这个**脚踏实地**（*quasi corporelle*）的企图，它不假定任何组织形体，抑或宇宙天地的表象，更遑论以上两者间的关系，且纵使两者的关系是**属于这个世界所有的**（*immanente au monde*），或世界因此自行决定其**步伐**（*imminence*），也是如此"[⑦]。所以，"doxa"是实践之道的成分之一，游戏经验也是如此：

> ……对参赛者而言，游戏规则就是让游戏带有主观意义的东西，换言之，便因此产生意义、存在理由，还有就是正确意旨、定位方针，以及可展望的未来，以至于参赛者也可在这一游戏规则中看出种种利害关系。（换言之，这就是幻觉，在下注时泛起的，至于利害关系，则是由于游戏而产生的利益，或者在认定游戏的先决条件——*doxa*——之后而兴起的利益。）[⑧]

[①] 法国一极右派政党创始人，请参见前章批注。——译者注

[②] 艾力克·泽穆尔（Eric Zemmour, 1958— ），法国电视名嘴、作家、记者，往往语出惊人也常吃官司，通常都是涉及种族歧视等议题。——译者注

[③] RMC, BFMTV, 2014-10-20.

[④] 此即其父于一九七二年所创之政党的名称，但已于二〇一八年六月改名为"Rassemblement National"（国民联盟）。——译者注

[⑤] 这集合了 UMP 与 PS 两个缩写名词，前者是当时的前任法国总统所属的右派政党（Union pour un mouvement populaire），但已于二〇一五年重组改名，后者则是二〇一二年底左派政府所属的社会党（Parti socialiste）。——译者注

[⑥] AFP, 2012-11-03.

[⑦] Bourdieu. *Le Sens pratique*. Paris: Minuit, p. 111.

[⑧] *Ibid*.

针对这两段引言，原书脉络是，讨论在现象学的活生生经历之意义、结构主义的客观意义这两者以外的出路，所谓的游戏规则，只是一个个案研究的例子。——译者注

因此,"doxa"这个术语并不故步自封于负面意涵中。相反,"doxa"之程度高低正是实践之道的必要元素之一。不过,在往后的应用里,该词有了不同的意涵。这是与当初胡塞尔所给予的定义渐行渐远的结果,因此最后便回到柏拉图思想中几个彼此对立的主题,也就是,大致在《梅农与高尔吉亚》(*Ménon et Gorgias*①)等书里讨论的议题。例如,"doxa"就是一般人或诡辩智者的意见,它对比着**逻各斯**(*logos*, *raison*)与**知识**(*épistème*, *connaissance*)。依此对比关系,"doxa"与错误、捏造是差不多的。不过,当我们去检视每个单一情况时,事情却是更复杂的。布尔迪厄在关于国家这一讲座的尾声,提到宗教与个体重新成为热门议题的现象,然后,他自问:"所有(牵涉到这些现象)的**意见论述**(*discours doxiques*)虽然未必是错的,但难道不是因为它们草率地在一些有几分真实的事情上乱扣罪名,所以才有议论纷纷的结果?"② 如前所述,与其门生不同的是,布尔迪厄向来就不让事情变得简单些。借着他名之为**模糊**的概念(*fuzzy* concepts),布尔迪厄维持了某相对范围内的不确定性(indétermination relative),也让他的研究员任务变得更冗杂。

很清楚的一件事情是,一般政治学教授往往借其学术声誉来试着掌握布尔迪厄之学说的诠释方向,而且我们也不妨大胆指出,他们也都尽量去利用"doxa"这一概念里既有柏拉图色彩却又平庸无奇的一面。因此,虽然这是掌握布尔迪厄之《实践之道》的必要途径,加里古却丝毫不考虑这一概念中胡塞尔所指为何,他也直接把"doxa"当作一个类别,也就是,布尔迪厄再三强调的那种希腊人意味的"告诉"(accusation):"doxa"成为一套错误舆论,与历史科学完全相左。关于勒庞挑战欧洲犹太人惨遭种族屠杀的历史事实这件事,若说加里古挺身反对是绝对站得住脚的,但他实在不应该惊讶于勒庞会不择手段,并反过来利用"doxa"这个字来打击过去把"doxa"视为区分科学与意见之工具的那些人。

针对科学与意见的区别这一点,我们可通过布尔迪厄与吉登斯的研究来理出综合的可能:双重诠释学这一名词就意味着,社会学术语会流入一般的社会空间,并成为一个抗争筹码。应该如何保护社会科学,使之不至于在不妥当的应用中受害,更何况,这些不适切的应用还是来自社会科学本身的概念呢?勒庞那罕见的狂妄自

---

① 梅农(生卒年不详),出身贵族,是诡辩学者高尔吉亚(生卒年约为公元前四八三年至前三七四年间,最古老诡辩学派之一的元老)的学生、朋友。这里所指,实为柏拉图的两本不同论著。《梅农》是模拟苏格拉底与梅农两人的对话,主要是讨论美德的定义、本质、是否可通过学习而修成等等。《高尔吉亚》之要旨是关于辩论艺术,但并不针对技巧或方法,而是在政治与道德等的意义、价值,故也衬托对比出诡辩学派主张辩术是人类艺术的高峰,但在苏格拉底眼中则近乎谎言——关于高尔吉亚等人之认识通常是通过古希腊之哲学著作,都带着轻蔑不屑的态度。——译者注

② Bourdieu. *Sur l'Etat. op. cit.*:584.

第七章　从献身公职到公共利益的再考释

大,让他变成像是给世人上了一堂错误连篇的认识论课程,但我们不应该让这个极端的例子掩盖更多看似更无关痛痒,所以也就更容易掩人耳目的案例。一旦社会学者的主张闯入公众领域,他们的想法就会被肆意踩躏,并成为有心人重加塑造的对象。去揭发这些喧宾夺主的作为,并不足以构成重新打造一组认识论字形的理由。若要妥善利用布尔迪厄的学说,那就得像他再三强调的,绝不要忘记为何他如此这般去建立一整个理论系统。但阿兰·加里古的例子则表明了这是不可能的事情,而且这也不是政治学的教授才会遇到的问题。我们应该接受社会科学如此特殊的社会条件。

与媒体的关系是布尔迪厄之政治计划最不平凡的特色之一。他不惜揭发新闻业垄断法国的智识与政治生活的现象,但其实远在投入政治动员之前,他就已经开始这么做了。这些关于新闻业的想法,正汇集了"doxa"一词之负面意义的大成:这正代表了学究一知半解时的精神状态,胸中既有澎湃思绪,却又无法走到理性推论的尽头。布尔迪厄谴责新闻业时,也针对媒体炒作出来的舆论、知识分子与新闻业携手合作后使知识界的自主性大减等现象提出广泛批判。布尔迪厄笔下的菲利浦·索莱尔斯(Philippe Sollers)与贝尔纳-亨利·莱维(Bernard-Henri Lévy)[①],都只剩面目全非的残骸,这无疑是一场罕见的暴风疾雨。这都只是因为布尔迪厄视他们两人为谋权篡位者,那种装作知识分子实乃服务于支配阶级利益的传声筒。布尔迪厄写道:

> 所有那些装模作样的专家,无时不跟像他们那种人一起打混:当这个人一文不名、一窍不通时,便装作是作家、哲学家、语言学家,要么就是什么都懂的大师;不然呢,就像在那些逗趣的小故事里,那种好像有点墨水却一个字也吐不出来的人,还有就是,当这些人只知道就着伟大作家的风范依样画葫芦时,却也很可能在一时之间让人们唯恐不及。[②]

在这篇一九九五年于《解放报》上刊出的文章中,最令人惊讶的是,布尔迪厄一举便将文学场域理论改装成斗争武器,特别用来对付那些长年游走于资产阶级的前卫派与新保守主义思潮间的投机知识分子。在这篇文章中,布尔迪厄说明的是场

[①] 菲利浦·索莱尔斯(Philippe Sollers, 1936—),法国著名作家,得奖无数,但写作主题与公开发言内容等经常引起争议。贝尔纳-亨利·莱维(Bernard-Henri Lévy, 1948—),有作家、哲学家、电影制作人、戏剧创作家、专栏评论家等多重身份,其发言、写作、创作主题经常涉及当代战争(例如,前南斯拉夫内战、法国空袭利比亚等)、种族身份认同、歧视(例如,反犹太主张)等,除活跃于法国外,也于美国社交界穿梭,近年亦曾官司缠身。——译者注

[②] Bourdieu. Sollers tel quel. *Libération*, 1995-01-27; repris in *Contre-feu. op. cit.* : 18.

域的规范，但就一个特定社会空间的内部抗争而言，也让世人见识到，他的才能学问赋予他广博的知识，并进而精炼出一连串的价值判断。整篇文章不仅有让人一目了然的场域理论分析，也有批评鉴赏的形式：《女人们》①（Femmes）这本关键小说于是便惨遭"文学杀戮"②。提出场域理论的科学家与场域内战战兢兢的守卫员这双重角色便合于一人身上。同样的架构也用来对付贝尔纳-亨利·莱维，只不过，战场不是某某日报上隐晦不明的角落，而是在布尔迪厄最具雄心的著作之一《艺术的法则》一书中。当时该书读者其实根本不解为何在全书架构中会有这么一篇题为《四海皆兄弟》（Pour un corporatisme de l'universel）的后记。这是他出版《世界的苦难》的前一年，布尔迪厄在《艺术的法则》这本书中画下他一生论著中的转折点，并且明显表现出转向规范性的过渡特色："与之前的章节不同的是，在这里，该章节的目的是且希望能够是一种规范性立场的选择，至于该立场之基础则是由于坚信在关于文化生产场域之运作逻辑的知识中，我们有可能整理出一份知识分子集体行动之具体计划。"③ 这是揭竿大将般的布尔迪厄挺身发言：让人以为他是一举杀出十九世纪的文学围城。虽未指名道姓，但他矛头指向的劲敌却是全巴黎都认得的。于是乎，贝尔纳-亨利·莱维便被描述成下面这样：

  这俨然是维特根斯坦笔下的"跑新闻的哲学家"中最典型的一个，在电视上演一出知识分子的故事前，赶忙先将自己化装成波德莱尔（Baudelaire）的样子。然而，就像瓦尔特·德拉梅尔（Walter de la Mare④）笔下的人物一样，他只能看到脚跟高的世界，像是地板装潢用的底板、双脚、鞋子碰得到的地方。所以，他能告诉我们的历险故事，也就是这些他能接触到的可耻之事、背叛之为、下流勾当与卑劣算计等等。⑤

初读《艺术的法则》这本以文学为主题的读者深感困惑之余，可能还是会以为这番言语攻讦是出自某些用意，但最终还是不了了之、无所适从。其实，那只不过

---

 ① 这是索莱尔斯于一九八三年出版的小说，内容是作者本人与一名美国驻法记者针对数名国籍不同、理念各异的前卫女性（主张无政府主义的革命分子、女性主义者、音乐家、媒体工作人等）而展开的对话。——译者注

 ② Bourdieu. Sollers tel quel. *Libération*, 1995 - 01 - 27; repris in *Contre-feu. op. cit.*: 20.

 ③ Bourdieu. *Les Règles de l'art. op. cit.*: 545.

 ④ 瓦尔特·德拉梅尔（Walter de la Mare, 1873—1956），英国诗人、作家，尤以撰写童书著称，但其想象力与魔幻般的人物，并非一般之"童稚"。例如他曾塑造过一个由于隐疾而无法张开双眼的小孩子，所以他看到的神奇世界就是一切都不太齐全并有残缺的人性。法国诗人波德莱尔的传世照片中往往蓄微卷之中长发，贝尔纳-亨利·莱维的发型与之类似。——译者注

 ⑤ Bourdieu. *Les Règles de l'art. op. cit.*: 545 - 546.

第七章　从献身公职到公共利益的再考释

是污辱谩骂，目的在于以往后成为场域科学之艺术科学的名义来污蔑对手。虽然，一般而言，众人都同布尔迪厄般，对于媒体捧出来的知识分子颇不以为然，然而，将科学与媒体炒作混为一谈的做法，未必能博得同情。如果场域理论只不过是场域内秋后算账的工具，那还可说它是有用之物吗？更何况，集体公开动员的号召也没引起多少回响。总之，人们互相辱骂时，并不需要任何理论依据。

贝尔纳-亨利·莱维早在一九八四年时就出现在布尔迪厄《学术人》一书的附录三中，标题是"论法国知识分子的热门排行榜，到底谁来判断这些裁判的正当性？"（Le hit-parade des intellectuels français, ou qui sera juge de la légitimité des juges？[①]）。这篇短文的论证是非常具有说服力的：排行榜名次完全由在各大媒体的曝光率来决定。若说这一论点看似合情合理，却也是经过严格调查的结果。新闻记者习惯先将这些候选人归到产量稀少的类别中，换言之，都是属于场域中自主独立的一端，至于归类指标，则都与用来研究大量生产的施为者相同。这种做法便产生了张冠李戴的效应，"具有屏幕才华的散文家"骤然成为镁光灯焦点；读者毫不费力便可将这满头乱发又衬衫大敞的人列入萨特继承人的清单中[②]，于是，如我们之前已讨论过的，错把臭皮囊当作是光亮的灯笼。这样的分析让人无话可说。不过，读者还是会在接近文章结尾时，由于该热门排行榜内容的揭露而感到有些茫然。[③] 排行冠军是列维-斯特劳斯，且遥遥领先于阿隆、福柯、拉康与西蒙娜·德·波伏娃。布罗代尔保住了第七名的宝座，而另一名不为人知的大学教员乔治·杜梅齐尔（Georges Dumézil[④]）则名列第三十四。所以，位居场域中独立自主一端的施为者，依然榜上赫赫有名。但如果我们仅仅考虑到布尔迪厄的分析中居关键地位、那所谓的张冠李戴这一因素，这样的结果，仍然不免令人感到好奇。让知识分子高居排行榜的前面名次，是不是这些不学无术的媒体工作者向科学之真善美致意的表现？这一整篇文章的痛处，其实应就整个排行名单来看：社会学家布尔迪厄以第三十六名敬陪末座，与皮埃尔·布列兹（Pierre Boulez）、阿尔伯特·科恩（Albert Cohen）、利奥波德·塞达尔·桑

[①] Bourdieu. *Home academicius. op. cit.*：275-286.

[②] 这是贝尔纳-亨利·莱维的一贯造型，蓄中短发，黑色西装配白色衬衫，但往往不扣上胸前纽扣。——译者注

[③] 这篇文章根据的是好几本法国文学杂志、知名周刊等所做的"阅读知名度与影响力"的问卷调查与排行榜。在文中，布尔迪厄不仅分析问卷结果、形式等，也明文列出这些评审的名称，并依其工作性质与职位等加以分类。另外，他还列榜上有名的作品名称、名次，同时摘录相关杂志的报道内容（例如，身为准裁判的某些知名记者认为最重要的十本书等等）。——译者注

[④] 乔治·杜梅齐尔（Georges Dumézil, 1898—1986），出身书香世家，主要成就不限于教学、研究，亦投入典籍翻译，牵涉学科网罗文献学、心智精神研究、宗教史等等。——译者注

戈尔（Léopold Sédar Senghor）等长辈齐名。① 所以，我们大可假设，布尔迪厄在得知他在这一榜单上并没有获得预期的名次时，胸中怒火可能点燃了他的**求知欲**（*libido sciendi*）。对这一知识分子排行榜的事件可做多种解读，读者可自行选择：布尔迪厄的分析证明了他追求知识的意愿是无懈可击的，而且深入到每个细枝末节（就这一排行榜而言，未必只有单一类型的读者群）。布尔迪厄有超人的敏感性，所以我们实应在其高度热情中去细细回味其研究著作的论理推衍。以上的例子也说明了即使是场域中独来独往的施为者，也还是需要某种程度的曝光度来证明其存在，而且只有新闻媒体的认可才可能带来此曝光度。

虽说布尔迪厄与某些新闻媒体建立起了真正的友谊，但他却从未停止抨击媒体对法国智识与科学生活的垄断。一九九六年时，他出版了那本关于电视媒体的小书《论电视》，这是当今他在全球最有名的著作。在这本书中，他的批判精神被发挥得淋漓尽致，却也很吊诡地呈现出某些极限。在这本书中，布尔迪厄继续其颠覆路径，将实地研究与媒体炒作游戏的分野一笔勾销。大致而言，这本小书还广受新闻工作者的好评。凭着布尔迪厄尖锐的文笔与这本书低廉的价格，布尔迪厄的目的是给社会大众提供"关于电视媒体的社会科学研究成果"②。但仔细阅读后便会发现，所谓的社会科学研究成果是不存在的：这本书里并无任何针对某某特殊背景下电视节目制作与收视结果的社会学分析。这也无妨：所有知识场域内的施为者都知道，这本书的写作动机是情有可原的。那是来自作者的一腔怒火，他受邀参加某电视节目，发言时却无法畅所欲言。在这本小书付梓前，他也已经在《世界外交论衡月刊》上发表了一篇功力深厚的社会学分析文章。③ 他要表达的意思是很清楚的：市场逻辑为"新闻媒体场域"带来了持续的压力，然后"新闻媒体场域"则在其他的文化生产部门里针对"纯粹绝对事物"施加持续增高的商业压力。这就如同任何其他方式，其实都是为了揭露收视率的独断势力。如果我们将上述整个推论延伸到极限，那就等同波佩尔（Karl Popper）所言，就现有常规看来，电视已是民主的敌人。④ 针对这一点，布尔迪厄是站上讲坛，声援一些实不需要科学证据，但已世人皆知的抗议风潮。

---

① 皮埃尔·布列兹（Pierre Boulez，1925—2016）是作曲家、指挥家；阿尔伯特·科恩（Albert Cohen，1895—1981）是经常以爱与死亡为写作主题的小说家；利奥波德·塞达尔·桑戈尔（Léopold Sédar Senghor，1906—2001）是诗作大师，曾任塞内加尔总统，也是二十世纪最具影响力的非洲知识分子。——译者注

② Bourdieu. *Sur la télévision*. Suivi de *L'Emprise du journlisme*. Paris：Raisons d'agir，1996，4e de couverture.

③ Bourdieu. Analyse d'un passage à l'antenne. *Le Monde diplomatique*，avril 1996；25.

④ Popper. *La Télévision：un danger pour la démocratie*. Trad. Claude Orsoni. Paris：Anatolia，1995 [1993]；rééd. 10/18，1996.

第七章 从献身公职到公共利益的再考释

在关于电视媒体的这本书中,我们可立即发现一个布尔迪厄晚期研究中常见的主题:知识场域之自主性所承受的威胁从没有像二十世纪末这般大。所以,真正的问题并非新闻媒体的持续垄断,而是社会科学知识超乎想象的脆弱单薄,即使有着"知识论的决裂"(coupure épistémologique)这类强大的辩护理由,社会科学仍可能在转瞬间便失去好不容易才赢得的自主性。科学扁舟嬉皮笑脸地说着,有一道老远就看得到的水流挡住了它的去路!

布尔迪厄这本书有两类论点。第一类牵涉到的是,电视媒体经常处理的新闻信息(无时无刻不以煽情为要求、有严格的时间控制、偏重社会新闻与体育活动),以及社会施为者在面对电视媒体的要求时,各自握有的资源是不对等的。例如,在摄影机前,贝尔纳-亨利·莱维就远比罢工的铁路员工坦然自在。第二类论点则是关于炒作新闻事件的想法,这是更值得存疑的,尤其是事过境迁后。因此,披戴伊斯兰头巾的问题若是存在的话,则只是因为新闻记者冠上了这类词语,所以就产生了某种真实般的效应;如果我们不去追究这类效应,似乎很可能只不过是一个绑上头巾的插曲而已。至于"新闻记者"穷追猛打的批评,我们可简单视为将社会科学也列入自然科学之大本营后这一整个认识论的努力所产生的特殊结果,更何况,当今通行的知识社会学往往认为,它若要与任何其他关于社会空间的论述做人为区分的话,其实宛如痴人说梦。在社会学的发展史上,社会科学与新闻业势不两立的局面并非向来如此:韦伯、芝加哥学派、阿隆、博纳特·伯杰[①](Bennett Berger)都曾强调,新闻工作经验对社会学者的研究工作而言,其实助益匪浅。读者未必需要赞同这些观点,然而读者仍有权质疑的是,当一门从未停止表现出严守认识论之层层规定的社会科学与一场实与攻讦或辱骂无任何差别的论述活动这两者之间的界限逐渐消失时,社会学又赢得了什么?更何况,这场批斗大会,与任何其他我们都已见识过的关于电视媒体的批评都不过是大同小异。或许读者会偏好的是,以场域为切入角度来分析电视媒体:若是诉诸一个铺满立足点之空间建构这类假设,我们就可以不再将新闻业视为一个与其他场域都无任何关系的整体,相反,可视之为被过程经历、事件历史与矛盾对立不断地冲刷劈决的世界。

诸多布尔迪厄的同事都对这本关于电视媒体的小书感到失望,就如《世界的苦难》一书问世时,他们都紧张地张望着,深恐布尔迪厄会放弃他曾付出不知多少努

---

① 博纳特·伯杰(Bennett Berger, 1950—2005)是任教于圣地亚哥的社会学家,主要研究领域是社会变迁如郊区化、青少年文化、美国反文化、小区生活等等,指出所谓的郊区工人文化、青少年文化等迷思。——译者注

力又坚忍把守其信念才建立起来的方法论规则,以及他是否会从此转向一种过去从没见过的火暴作风。他在科学权威领域的论理一丝不苟又猛烈有力,但在另一方面,他诉诸叙事或诠释风格之策略的做法却与日常生活世界中的叙事与诠释策略难分高下;布尔迪厄在这两者间表现出的天渊之别,又让整个社会学研究活动的正当性确认变得更加艰难。《社会学家此职》一书中确实坚守科学阵营的艰辛刻苦便莫名地烟消云散了。无论谁都了解他在有关电视一书中所言为何,即使是资质最愚钝的记者也不例外。这一缩水简化的努力所赢得的荣誉,正是布尔迪厄晚年引起广大社会反响的原因所在。可是,这番盛名与似乎在转眼间就赢得大众认可的印象,也同时显示出,这种对外公开传授的极限,只不过宣传单上从来就不敢真的这么写。总之,政治上的紧急状况从此成为唯一的考虑因素。

虽然改变作风是布尔迪厄晚年之事,但我们依然可将他列入献身公职的法国知识分子这一系谱中,而且,他还是鞠躬尽瘁的典型,即使将他最后颠覆违逆的练达也纳入其形象写真中,亦不改这一结语。

献身公职的知识分子是在第三共和国的初期会聚成群的。当时由专业教师独占专业知识能力的主张逐渐升起,尤其是大学院校中的哲学教授。而且,这些呼吁也呼应了共和主义者的教学制度改革运动。另外,这些改革也由于哲学教学质量的快速提高,教师专业素质显著提高,以及出版市场上琳琅满目的新式书籍,特别是广受数量持续增加之大学生欢迎的学习指南,而明显地改善了哲学教学的工作条件。将原先大学职务的理念转舵改向去坚持一个拥有技术与专业的知识体,便彻底违背了上知天文、下知地理之知识分子的固有形象,也不符合那种文人都是满腹经纶、只在学术圈子里琢磨胸中点墨的一贯做法。知识分子的活动之正当性定义,正是一场热烈激昂之意识形态斗争的主题所在,围绕着新索邦大学①(Nouvelle Sorbonne)的论战,尤其是德雷福斯事件(affaire Dreyfus②),就是最好的例子。另外,对大学教师而言,掀起论战,也正是将他们盖有正字标记的专业能力转变成众人焦点的最好方法。这一过程的目的在于打击属于另一意识形态阵营之传统文人的活动,而这些人,也在这些逐渐兴起的改革风潮中深切感受到生存危机。

---

① 简单而言,索邦大学原本是十三世纪时创立的神学院,但该词也泛指法国大革命之前的巴黎大学,以及十九世纪末的自然科学与文学院。一般若言新索邦,通常是指十九世纪末时整个院校的改建与扩大、分立,也就是,学生与教师群双方数量的增加与质量的改变。——译者注

② 这是发生在十九世纪末第三共和国时期的政治与社会冲突事件,德雷福斯上尉(Alfred Dreyfus, 1859—1935)先被控告叛国,然后被判无罪。读者可参阅下书:伯恩斯.法国与德雷福斯事件.南京:江苏教育出版社,2006.——译者注

第七章 从献身公职到公共利益的再考释

萨特的形象，尤其是布尔迪厄描绘的那种全方位知识分子的模样，正是就这一观点而言，哲学思想活动在后共和时期的新面貌。结合哲学、新闻写作与文学之余，在走出大学校园后便回到咖啡厅，将研究室与图书馆皆抛之脑后，每逢紧要关头便提笔疾书等等，这些行为都构成一套完全不需再向共和体制报备的思维态度。自二十世纪五十年代起，其实萨特的作品都是在大学院校以外生产出来的，却在高中哲学课程中取得不可忽视的地位，这可从他在教科书中的分量看出：阿尔芒·屈维利耶（Armand Cuvillier）的《哲学概要》（*Précis de philosophie*）一书在一九五三年版本中共有二十七处提到《存在与虚无》（*L'Etre et le Néant*）的作者，然而向来最具代表性的古典哲学家，全数加起来也不过五十多处。虽说二十世纪六十年代最知名的哲学大师都表明，要远离萨特那种动辄以知识分子姿态插手过问的作风，但是他们也全都一一走出专业象牙塔，并拥抱前卫文学，改造哲学思辨的传统铺陈形式，更激进者，改写了其学科的思考对象。所以，一边是传统的哲学教学者，他们服膺于一整套可赋予自身权威性的典籍，另一边则是前卫之哲学创作者，他们拒绝承认其学科演变过程中曾存在着任何启蒙教师。双方的对立，逐渐腐蚀着一个牢不可破又协调统一的专业领域，以及对该领域的信仰。但另一方面，哲学专业领域的一致性，却又是来自它在法国共和政治空间内的地位。反体制的情愫风起云涌：哲学家倾向于在剃刀边缘安身立命，而非在奥林匹克山顶上。与既定秩序为敌的颠覆性思想逐渐形成新的专业规范。

若说前卫作风吸引了布尔迪厄的不少同事，特别是在一九六八年一波波的社会事件之后，而布尔迪厄自己则总是与之保持距离。不过另一方面，他也逐渐地将违逆这一作风吸入他作为公众人物的灵魂中，并以此交织出一种与政治的新关系。单只是摆出几个引人注目的姿态，并不足以彻底改变他的立场。无论是他关于国家体制的讲座，还是收录在《遏止野火》这两本书中的一些在公众场合之简短发言，其实都赋予他一种大致吻合了知识活动之"共和主义者"的形象：无时无刻不捍卫着科学自主性与教师的教学自由，与知识名流作对到底，每每为公众利益忧心感伤。这每一项作为都可让我们将布尔迪厄归列于在第三共和国初期形成的某一系谱中，且其典范来源，正是两名生活在国家体制之边缘地带的哲学家，那就是孔德与查理·雷诺维叶。布尔迪厄虽是题为《实践之道》一书的作者，却从来就不是某某党派之御用知识分子。虽说他猛烈攻击出身国家行政学院的政治人物与社会党人，但他却从未对共和体制失去信心。

皮埃尔·维达尔-纳杰曾将反殖民之知识分子的信念加以分类，他自己便很明显地处于法国共和传统中，也让自身作为毫不退却地结合了专业知识："我试着以历史学者的立场来对抗阿尔及利亚战争。"① 我们都不会忘记，《黑色猎手》②（*Chasseur noir*）一书的作者在分析知识分子是如何反对殖民战争时提出了三大阵营之说：他自己栖身的"德雷福斯派"，还有"布尔什维克派""第三世界主张"。德雷福斯派往往是大学院校里的人，也都是因应着某项智识传统以及某种正义主张的要求而表现出坚决的立场。不过，他们通常与任何政治作为都无关。维达尔-纳杰也指出，这些人往往将注意力放在刽子手而非受害者身上。布尔什维克派则很清楚地采用职业革命家的逻辑，而持第三世界主张的人，无法以专业模式为指针来加以分类。虽说他们通常是新闻记者出身，但他们往往也是忧国忧民的人文主义者。皮埃尔·维达尔-纳杰提出的例子说明了交融着动机原则、知识才能与行动框架等因素的共和模式，纵然是在与第三共和国初创时的历史局势相当不同的情况下，也很可能重新启动。

与表面上看来完全不同的是，布尔迪厄所下定义与维达尔-纳杰对他自己的立场所下的定义相差不远。关于国家的讲座，正是布尔迪厄自己与涂尔干、他们两人与国家之关系的不同展望、反复对照。所以，布尔迪厄在开讲之际，便提到涂尔干这位《宗教生活的基本形式》的始作俑者，实是其来有自。然后，他又提到在这本书中"合情合理的整合"（intégration logique）、"道德整合"（intégration morale）这两者的差异。"国家，就我们平时所理解的来说，就是社会空间合情合理的逻辑整合与道德整合的基石。"③ 虽说布尔迪厄的讲课并没有在宣告该定义之后就结束了，但这个定义，其实就是他一整个研究分析的起点。之所以在社会空间中弥漫着诸多冲突，正是因为存在着某一基础共识，但该基础共识的根基，就是这一个国家的定义乃来自国家的整合力量。在整个讲座中，布尔迪厄努力去拉开一名效命公职的社会学者即他本人与国家之间的距离。他甚至在此间距中看到，确立国家如此特殊的研究对象时必然会产生的难题。然而，他又向涂尔干这名效忠国家体制的社会学家致意，并不时表达一己的追随意愿，例如，重新启动涂尔干的宗教社会学和涂尔干就分类后之宗教基本形式提出的概念，其实都是为了搭起他自己关于国家体制的生成等研究。

涂尔干有一篇写得非常好的文章，其中将社会学者升高到国家的层次。这

---

① Vidal-Naquet. *Face à la raison d'Etat. Un historien dans la guerre d'Algérie*. Paris: La Découverte, 1989.

② 这是皮埃尔·维达尔-纳杰于一九八一年出版的巨著，副标题是《古希腊世界的思想形式和社会形式》（*Formes de pensées et formes de société dans le monde grec*），描述了希腊神话中一位年轻人离家流浪、不再归返的故事。整个背景呈现的是边缘生活逻辑，反衬着传统写作与论证中的希腊思辨哲学、民主殿堂理想、伟人英雄。——译者注

③ Bourdieu. *Sur l'Etat. op. cit.*：15.

篇文章指出，追根究底，社会学者做的，就是斯宾诺莎笔下的**第二种知识**①（connaissance du second genre）之所作所为：他制造出一项不再与某一**特殊属性**（particularité）暗中交涉的真理。……犹如涂尔干所言，在某一焦点上，种种特殊真理看来都是独一无二的，而社会学者就是那个能坐视此焦点之外的人。因此，社会学者能够揭示世人从所有的特殊真理锻炼而出的那一项真理，也就是真理本身。一路走来，社会学者便与国家相生相息；在涂尔干眼中，社会学者在不知不觉中成为国家的公仆绝非偶然：社会学者就是那个将**不再偏颇的知识**（connaissance départicularisée）献给国家的人，至于国家，它的功能就是去制造官方真理，换言之，又染上了某一偏颇色调。②

通过这番几乎与涂尔干同感伤怀的情愫，我们随即可看出，布尔迪厄与马克思学派学者的国家理论是天差地别的。以批判社会学的立场而言，一丝不苟地去复制涂尔干的一举一动是很危险的，也因此是一件不可能的事情，但是，即使是那些无关乎国家的内容，涂尔干之整体研究的效用也正是关键所在：国家就是集体的化身；国家可被定义成一个涵盖了所有场域的大场域（méta-champ）。

如此之类推无疑是与法国国家体制的悠久历史和中心集权性质（centralité）密切相关的。一个美国社会学家想必有截然不同的观点。但对布尔迪厄而言，社会科学是**福利国家**（Welfare State）的孪生兄弟。虽说布尔迪厄在二十世纪末时已不再认为，国家公务员若如他者是唯一能够完整表达出个人观点的人，而且此个人观点就是他常常提到的那种依据莱布尼茨的几何观点所构成的模式足以聚合所有观点的观点。③ 然而，社会学家如布尔迪厄者，正是种种抗争之嫡传继承人，而国家的"左手"也在一波波抗争中壮大强实。社会学挺身参与国家体制的建设，而在日后成为福利国家的那个储备着各种可能性的空间内，整体的社会科学也都扮演着相当重要的角色。这些社会科学与各项风险的社会化过程，以及议题的形成，都是紧密相关的，例如，公共议题是需要公权力出面解答的，便是一个议题雏形。而社会学也在公共议题的形成中居关键地位，因此，男男女女都不再被认为应该为自身遭遇到的不幸、老弱残病或贫穷疾苦负全部责任。换言之，社会学这一学科是与某一公共部门的诞生和发展密切相

---

① 简言之，斯宾诺莎眼中的第二种知识是通过理性演绎而得到的，往往具有组成，继又将种种因素拆解、重新组合的想象性关系，例如数学。相对的，第一种知识是通过感官与经验而得到的。——译者注
② Bourdieu. Sur l'Etat. op. cit.：70 - 71. Bourdieu fait illusion aux Leçon de sociologie de Durkheim. op. cit.
③ 所谓的几何观点原是几何测量或是绘图名词，意思是依照尺度与比例而表现出长短宽厚，但是并不将投射角度纳入考虑，换言之，并无所谓的"观点"差异。——译者注

关的。

　　在三大社会学鼻祖中，涂尔干是最常在国家讲座中被提及的。针对该议题，我们原可能期待听到的是韦伯。虽然韦伯也的确出现在支配统治与正当性等概念中，但实际上，则是涂尔干——《社会学讲义》(Leçon de sociologie [①]) 一书的作者，压倒群英。在布尔迪厄所有的发表成果中，国家讲座应该是最具反对马克思主义色彩的。我们可在这波重回涂尔干的风潮中感受到布尔迪厄对于公共利益的无尽关切，但其定义却是以公共参与的不同类别为标准。让布尔迪厄在深入探讨国家生成后感到忧心的是，搭建起共和体制的基石竟快速瓦解。而此共和体制正是那个让他能够登上当代高峰的体制，也就是让他晋身法兰西学院国家之核心，一套在漫长历史中代表着公权力的破茧而出的精深思想。但在另一方面，由于他总以为自己是这一整个共和制度中罕见的例外，所以该共和体制也是布尔迪厄不愿点名戳破的对象。

　　身为批判社会学家的布尔迪厄之笔下世界是一个濒临瓦解的世界：在法国历史演变中，我们很难一眼认出到底哪些东西是为了争取公共利益而进行的漫长抗争所留下的遗迹。首先备受冲击者，就是集体道德——一套由于集体责任的哲学思想而培育出来的公共道德。布尔迪厄对于涂尔干的一言一词所表现出来的忠诚，的确令人惊讶。社会学，至少就传统定义而言，与公众利益的结合就像是再自然不过的事情。因此，国家讲座末了那哀伤的结语并非捏造出来的。课程最后提到众多社会学家自己制造出来的矛盾：一方面他们心知肚明，让公权力消退腐蚀；另一方面，他们的研究学科以其定义来说却是站在集体这一边。当然，这些都是就定义而言的，不过，也只是当我们自居于涂尔干之传统范例时才会发生的事情。一个主张个人方法论者或一名以理性选择为基础的理论家，绝不会事先就假定他们的研究成果是与集体现实之定义紧密相连的。但对布尔迪厄来说，这倒无所谓。某些社会学家联手去拆解历经两个世纪之久搭起的一个集体思维空间，在他眼中犹如背叛之举。在法兰西公学苑，他很痛心地指出："但是，有些人却使尽力气去发展那种违背这一学科之基本公设的社会学，也就是一套与拆除业为伍的社会学，至于社会学的基本公设，那就是所有与公众相关的，以服务公众为使命的，以公众为考虑点的普世标准。"[②]

　　[①] 这是涂尔干于一八九〇年至一九〇〇年间在波尔多大学讲授的社会学课程，结集出版后的副标题是《道德与法律的自然法则》(Physique des mœurs et du droit)，内容共计十八章，关键议题有职业道德、公民道德、国家与个体、财产、契约等。——译者注

　　[②] Bourdieu. Sur l'Etat. op. cit.：583.

老成后的布尔迪厄是忧愤感伤之士，未必是因为世界解除魔咒的历程，而是因为由社会学而生的挫折绝望。这一学科之所以如此，原因则在于，社会学没有在泉源之处灌入社会集体的力量，以致无法锻炼出具体行动，而且社会学似乎兴高采烈地去参与它自己的毁灭大业。我们可就此转向另一主题，即痛苦忧伤这一议题，它在布尔迪厄晚年时期占有中心地位。

第八章　世人皆苦，凡人有爱

布尔迪厄的门人很少提到，在《自我分析纲要》的某些片段里，布尔迪厄脱下战袍，语带感性，细细诉说着与他人之间的交往。所谓自我解析的原则，原本应可定义成反自传的，实际上，并无多愁善感之意（sentimentalité）。[①] 那不过是"捕捉所有就社会学的观点而言适切中肯的特征，换言之，就是所有那些给予社会学解释、增进社会学理解时不可或缺的特征，而且也不过如此而已"[②]。该段落足以说明，无论是对他与双亲的关系还是对他个人的内心生活，布尔迪厄都是很保留的。但还是有些例外。当他提到阿隆时，即使只是蜻蜓点水，却还是相当感人。为了打破一般人都以为萨特与阿隆是形同陌路的印象，他写道：

> 事实上，为何我们总是看不到这两个大人物之间的相似点，而总看到其相异之处（阿隆自己却是很清楚的）？首先，我想强调，他们两人都让我感到异常亲切。尽管如此，我想说的是，他们那种我名之为天真的特质，或甚至是他们那种出身资产阶级、平步青云、始终如青少年般的幼稚之情（若说我并没有目睹萨特是如何功成名就的，我倒是相当清楚也相当敬仰——难道还必须强调

[①] 在本章中，作者大量应用三组词：一是名词 affect、形容词 affectif/affective；二是名词 émotion；三是 sentiment、sentimentalité。对译成中文时，三组词往往大同小异，但简单说来，émotion 的字源最古老，指的是激动的道德与情绪反应，每每引起某些生理反应或失措行为，一般提到集体性的情感研究时，也经常用这个字。Affect 虽有广泛的应用层面，但也是一个专门的心理学名词，意指可通过行为观察但很难具体分析的基本情绪，例如，所谓的焦虑、烦躁难安等。至于 sentiment，则犹如其动词 sentir，指的是通过感觉器官而感受到的印象、感觉，是人之所以为人的本能之一。这个字衍生出来的词最丰富，往往对应着知识、意识，也大量应用于心理分析、现代文学等。必要时，译者斟酌标出原文。另外，sensibilité、subjectivité 等相关词则在本章全付阙如。——译者注

[②] Bourdieu. *Esquisse pour une auto-analyse. op. cit.*：11 - 12.

第八章　世人皆苦，凡人有爱

吗？——雷蒙·阿隆，因此，我有资格说，这名将当代世界描述得冷酷无情又令人幻想破灭的科学家，其实隐藏了他自己敏锐的心灵，他甚至是温柔又多情的，另外，他还是一名对智慧的权力（*pouvoirs de l'intelligence*）相信到五体投地程度的知识分子。①

这番告白是置于括号内的，并以"难道还必须强调吗？"这句话点出，当布尔迪厄要诉衷情时，那是颇让他难堪的一件事情。阿隆是《自我分析纲要》一书的灵魂人物之一，这让"团队"成员也就是布尔迪厄口中的研究生，感到非常惊讶。这是因为在这个属于布尔迪厄的小圈子里，嘲讽《知识分子的鸦片》（*L'Opium des intellectuels*）一书作者也就是阿隆那高傲的姿态，未必是侮慢之举：那些还不算是不得体的字眼是为了说明，虽身为《费加罗报》专聘的社会学家、法兰西公学苑的特派记者，阿隆却是平易近人的。我必须在此强调，布尔迪厄的确是在取代阿隆于欧洲社会学研究所的所长位子后，方组成他自己的班底，理由是利用该机构的联络住址来动员反对一九六八年五月时的社会运动。我们也可以在布尔迪厄描写阿隆时看出他在描绘自我形象时有哪些大忌：不仅两人对于韦伯的评价是一致的，而且因攸关名节，所以也不容他们在公众前流露出任何多愁善感或善解人意的一面。至于天真地崇拜着人类智慧的权力，无疑地，那是自第三共和国时期以来，哲学家与社会学家的最大共同点。我们在前一章节已讨论过，布尔迪厄在晚年表现出来的政治态度明显地延续着该传统：从《再生产》一书中合理公平的教学法，到《遏止野火》中号召知识分子挺身而出，布尔迪厄表现在政治领域中的那份对于人类理性之权力（*pouvoirs de la raison*）的虔诚之心是坚定不移的。

《自我分析纲要》一书中提及的另一桩往事，也充满了款款深情。读者却可能不以为奇，原因在于此乃牵涉到乔治·冈圭朗，而我们都知道，这位长者在布尔迪厄身为哲学新兵与成为社会学者的生涯中扮演着举足轻重的角色。"冈圭朗"——他的同事与学生都是这么称呼他的。虽然学生都对他敬畏三分，但他则让布尔迪厄"感动万分，这是由于冈圭朗本身那欲言又止的善意，深深地植入层层气味相投的惯习（*affinité des habitus*）中，并激起千头万绪"②。冈圭朗当年曾建议年轻的布尔迪厄不妨回到图卢兹（Toulouse），这多少是因为他猜想着，既然这个年轻人来自外省，那他应该会很高兴回乡服务。然而，布尔迪厄眼光远大，自然而然地便盘算着如何留在首都一展抱负。因此，虽然他们俩"气味相投"，却不足以让两人在评估雄心壮

---

① Bourdieu. *Esquisse pour une auto-analyse. op. cit.*：38.
② *Ibid.*，p. 42.

志时也达成共识。冈圭朗对哲学教师一职忠心耿耿、鞠躬尽瘁，更何况，他身为哲学督学，又曾身兼该学科之高级教师学衔的评审委员；只不过，布尔迪厄希望走得更远，飞得更高。维系他们两人的感情关系，其实有着坚实的社会学基础：正是层层惯习的对应关系（homologie des habitus）让我们去思索这一份禁得住风吹雨打的友谊。相反，与阿隆的情谊并无阶层亲和（proximité sociale）的基础：虽然布尔迪厄什么也没说，但我们可根据《政治反思五十年》（Cinquante ans de réflexion politique）一书，也就是阿隆的自传来猜测，他们彼此仰慕着对方的学养，在毫无交集的礼尚往来中纠缠着如沐春风般的情谊。①

我绝无讥讽之意，但我认为，我们大可假设，鉴于这三人的观点各不相同，故他们对一九六八年五月的风风雨雨也各有评价。冈圭朗对此应该最感痛心疾首，布尔迪厄写道："我们夜以继日讨论着一九六八年五月的事件，对他而言，这是极大的考验；他属于那群将一生全献给学校教育的人，因其学生（我这一代）而喜而怒，至于这波学生运动，在他眼中，则犹如浑水摸鱼，否则就是胆大妄为的背叛之举。"②布尔迪厄在其自我解析的冲动中穿插着感情告白。这番话点出了他对大学体制与学校教育中某些灵魂人物的崇敬，这些人正是为教育大业而一辈子兢兢业业、死而后已的化身。就这一点，我们可说，因相知相敬绵延而出的那份知者不惑的情谊（amitiés rationalistes），从未迸发出直泻而下的激情。在《自我分析纲要》一书中，布尔迪厄的感情世界是一个雄性世界，这或许是因为他对晚年生活缄默再三。

至于围绕着布尔迪厄的班底，在《自我分析纲要》一书中，则没有太多情感交流的描述。但是诸多成员往后的陈述，则可让我们猜想，他们之间的交情是相当深厚的。《自我分析纲要》中对这一问题的描述，都是为了驳斥欧洲社会学研究中心内部存在着宗派主义作风的说法，或是为了强调集体研究的优点等等，也往往以涂尔干为例。最后这一点却是值得商榷的。原因在于，涂尔干及其班底并不在同一屋檐下工作，而且他们主要是一群通信好友。③更何况，必须坦白指出的是，这还是一个全由男性组成的小圈子。不过，我们仍可以在自传中某一角落嗅到，他是如何看待整个工作团队的坚贞情谊的。他以涂尔干式的语言来铺陈：

> 若无主持人分分秒秒鼓励着群体团结一致，那就难以否认这股让团队工作其乐融融却又效率高涨的智识与情操二合一的力量，其实根本无法发挥。该主

---

① Aron. *Mémoires. Cinquante ans de réflexion politique*. Paris：Julliard，1983.
② Bourdieu. *Esquisse pour une auto-analyse*. op. cit.：43-44.
③ Fabiani. Faire école en sciences sociales. *Les Cahiers du Centre de recherches historiques*，2005 (36). http：//ccrh. revues. org/3060.

持人，就像乐团指挥或电影导演，抑或是，说得更谦虚些，像体育界所谓的教练。团队成员深切体会到他的"**魅力**"（pouvoirs charismatiques），故热情洋溢之余，也不吝回馈给他这一个头衔。①

总之，该团队是既和乐融洽也感恩动怀；这一高度整合之团队，与那种首领支配着其他成员的样子，是完全不同的。这是由赠予（don）和回馈（contre-don）形成的制度制造出来的结果，这样的制度也让主持人魅力焕发，并糅合着群体幸福洋溢的氛围。如此美好的批注，毫无疑问，正符合布尔迪厄对于他自己在该体制中之作为的观感。外人也以为这样一个团队，非常神奇地不再处于抗争场域中，而是一举置换成一个合作通畅的空间。历史学家日后将为我们说明，这一描述是否符合该研究中心内部真实的人际关系，这里姑且不论；在此我们可强调的是，根据布尔迪厄的看法，在一些社会小宇宙空间中，感情联系往往压制着层层的支配关系。

因此，如前所述，身为乐团指挥的布尔迪厄，与其班底所签订的契约是带着感情成分的。大家都知道，他很早就计划着以现象学的观点来探究诸多人类感性（émotions）之议题。他甚至曾在索邦大学向冈圭朗提出一份国家博士论文的研究计划，主题正是关于感情生活（vie émotionnelle）的时间结构的。他也在《说过的话》的导论中提及此事："我曾投入'感情生活的现象学'相关研究，或者，更严格说来，是关于**内心感情经验**（expérience affective）的时间结构。我想做的是生物学般的工作，目的是同时响应规则严密的要求与哲学研究的企图等等。"② 这一段小故事是很有名的，尽管不只是布尔迪厄本人或是诸多以他为题的专家都未曾质疑，布尔迪厄对该研究主题的兴趣是否曾在他往后的研究工作中发酵——即使那不是以专题形式，而且，这种兴趣也只不过是由于他与社会空间的初期接触，以及他深受现象学影响而产生的一股冲动。他从未隐藏他多次引用胡塞尔与梅洛-庞蒂的理论研究。另外，布尔迪厄的诸多术语实乃出自现象学，而对于时间这一问题的关注，极有可能是他在读过海德格尔的《存在与时间》（Etre et temps）一书后，产生的回应。我们也大可以为，因为二十世纪五十年代的法国当家哲学家萨特曾在一九三九年出版了《情感理论纲要》（Esquisse d'une théorie des émotions），所以，布尔迪厄便兴起挑战之意。就如布尔迪厄在自传中所描述的，他是背着一大袋科学工具进入科学场域的，所以，他大可利用现象学中更专业的新知，以及拜冈圭朗之赐而习得的生命科学知识等，来主演挑战者的角色。试图将布尔迪厄在成为社会学者前对于感性这一

---

① Bourdieu. *Esquisse pour une auto-analyse. op. cit.*：33.
② Bourdieu. Fieldwork in philosophy. *loc. cit.*：16.

主题的研究旨趣，以及他在人类学领域的研究工程都串联起来的学者，就只有德博拉·里德-达纳海一人而已。[1]

在布尔迪厄早期学术生涯中关于卡比尔与贝恩亚的研究里，我们都可看出，他很快便对身体这一议题产生浓厚兴趣，所以，上面提到的问题应该与这个现象联结起来。这些研究旨趣应是受到现象学著作的影响，但就当时的社会学领域而言，却是非比寻常的。我们可在某些论文中看到身体、惯习与感性互相交错的蛛丝马迹，在此联结中，布尔迪厄试着合并一个由现象学改编而来并与社会空间相系的身体关系理论（théorie du rapport corporel），与袭自法国人类学特别是莫斯的人类学传统。身体就像是一个**"实践装置"**（opérateur pratique）[2]般运作着，可让我们明了所有生活中的应用逻辑。他针对列维-斯特劳斯之结构人类学所提出的批评，要点在于列维-斯特劳斯忽略了一个事实，那就是人与世界的关系是通过个人对自己身体的感受（schéma corporel）这一中介，而且，正是该中介组织着人与世界具体实际的关系。在这里，存在着人类学之逻辑至上的幻觉，以至于对列维 斯特劳斯的批评，最终形成一套中规中矩的理论，并用来代替身体的一举一动：于是，体操便可被描述成像是几何学般，只不过，这是在不把体操教练当作几何学家这一再清楚不过的条件下。在与世界的现实关系中，身体的优先顺位是布尔迪厄的理论中最基础的成分之一。这一优先顺位也正是其所有人类学研究的焦点。因此，以句法分析的方法来解读神话，或是以数学手法来处理亲子关系，如果我们都只是视之为一套标记制度，那就还是可取的，但如果我们都视之为描述社会空间的唯一语言，那就可能成为认识论上的难题。原因在于，如此一来，全部的社会施为者都将变成逻辑学家。布尔迪厄将这一观察当作反对列维-斯特劳斯也即他所谓的客观主义者的主要利器。换言之，与周遭世界开拓出来的身体关系能让站在挑战擂台上的布尔迪厄同时去打击居支配优位的哲学家萨特，以及二战后的社会科学英雄列维-斯特劳斯。所以，布尔迪厄去补强实践意涵中身体力行这一首要特征，便是值得注意的事情，我们也可明白，何以最初之雏形即《实践理论大纲》，后来重新改写成《实践之道》这本书。

布尔迪厄这一整个做法是以退为进的：在一种纯然维特根斯坦式的思维演绎中，布尔迪厄将人类学里以数学推理为原型的逻辑主义与理论至上的观念全抛诸脑后。尽管诸多这类诠释都只不过是由于忽略了摇曳生姿又感情丰富的躯体是真的存在的。原始思维的例子是最典型的："如果我们能够想象，魔力与'参与'的逻辑都是，多多少少与感动或强烈的感情（例如，动怒、嫉妒、愤恨等等）这类最稀松平常的经

---

[1] Reed-Danahay. *Locating Bourdieu*. op. cit.：99 - 128.
[2] Bourdieu. *Le Sens pratique*. op. cit.：157.

第八章　世人皆苦，凡人有爱

验有着某种关系，那么对于列维-布留尔的时代千奇百怪的'原始思维'，我们就不至于感到惊讶。"① 身体这一媒介将祭典等活动重新归位到现实应用的必要性这一空间脉络中。若要去掌握那甚至偶尔被布尔迪厄名之为**体现**（*praxis*②）之物，那就必须考虑到与社会空间之原始关系的真正本质，更何况，正是与社会空间的关系扎扎实实地构成一套吸收体现的装置（dispositif d'incorporation）。唯物主义等这类理论起点便是一套以身体为基础的逻辑。一旦牵涉到事先去考虑种种可能时，人的感情便与惯习密切相关。就如我们所知，惯习是建立在一个可能的未来这么一个表象上，"惯习有助于提高偶发率，这是因为惯习是在那个被假定成**应是如何如何的世界的现况**（*présent du monde présumé*）中，去直接辨读偶发事件，惯习也是唯一有此本事的辨认者"③。为了让众人明了这类绝非自然而然之预期行为中自相矛盾的本质，在某一页面下方的批注里，原本是要用来说明那个被假定成应是如何如何的世界的现况，布尔迪厄趁机让感性一词登上台面：

> 关于这类预期行为的例子是极为有限的，例如，感情，那是人类对于**即将到来的事物**（*à venir*）感到慌张失措时的一种**现在进行式**（*présentification*）表现。这些即将到来的事物，就如身体反应透露出来的信息一样，是与受真实情况刺激而产生的反应完全一致的，并且使人活在一种似乎已到来或甚至是早已远去的情况中。因此，"**我死了**"（*je suis mort*）、"**我完了**"（*je suis foutu*）等等——这类其实处于暂缓休止、还悬而未决的未来，便使得似乎某某事物即将到来的感觉变成是必然的、不可避免的。④

在这段描述里，人类那种衡量各种可能之发生概率、冷静客观地提早做准备的行为，被展示得淋漓尽致。感情是一种有程度限制的应用调整，人在付诸行动时，

---

① Bourdieu. *Le Sens pratique. op. cit.*：156.
关于原始思维、列维-布留尔、神秘的参与，请参见第三章批注。——译者注
② 该古希腊词的意思是行动（action）、做出反应（agir）。在一般哲学与心理学定义里，意思是相对于理论、知识等而言，为了某一结果或目的而表现出来的身体或是心理行为，而且往往是具体明显、三思而后行的。史上众多哲学家都曾用该词，现代最知名的应用是在马克思思想中，指人类为改造自然与周遭世界而产生的具体行动与作为，例如，经济行为。——译者注
③ Bourdieu. *Le Sens pratique. op. cit.*：108.
④ *Ibid.*，note 1.
"我死了""我完了"这两句话中的 mort 与 foutu 都是将过去分词当形容词用，但动词本身（être）则是单数第一人称的现在式。就法文而言，其暧昧之处：一是句法与文法上的：若是死了或完了，应是已完成事件，但说话时一切尚未成定数（在中文里，则以"了"这一助词表达完成意味）；但事实上，这类句子往往也不会以未来式表达。二是死亡与完蛋在此是比喻用法，既可以是生理上的，也可以是心理上的，乃至两者兼之，但多少都是夸张的说法。——译者注

感情总仰赖着躯体的一举一动。人类去消化吸收实践基模（schèmes pratiques）的过程，正是惯习的动力来源，然而，基模与肉身合一的结果，却往往以内心感触的样子表现出来。我们其实大可说，这是通过感性而完成的社会化（socialisation par l'émotion）。

《自我分析纲要》一书勾勒出来的布尔迪厄是为情所困的：无论是当他寄宿在鄱城时，他对宿舍冷酷严苛的纪律深恶痛绝，还是在阿尔及利亚战争时"慷慨激昂的背景"（contexte émotionnel）中，那时他最常与阿布戴玛莱克·萨亚德共进出，总是要努力克服烽火连绵下的满腔畏惧。若说这本书并无一些我们可名之为内心情感的一般性理论（théorie générale des affects）之类的东西，但我们依然可看出，热烈的情感与丰富的情怀总是流泄于与周遭世界建立关系的过程中，或是当我们忖度着下一步棋的胜算高低，抑或是，面对社会阶级间的交际关系时，皆是如此：《区分》一书是充满心思情意的，这是因为，品味或厌恶等评价，只要牵涉到现实运作的逻辑，那就会有情绪反应。那种不在其位的感伤，或是无法在适切时机有所作为的感觉，都是建立在这类人际交往的情绪性成分上：布尔迪厄细致解剖出来的那种人际上的为难不安（gêne sociale），与戈夫曼研究中的难为情（embarras）概念，实相差不远。社会空间中充斥着层层感情风险（risques émotionnels），而且，这正是日常生活的基本脉络。人的内心情感位于社会阶级之交际网（relations de classe）的心脏地带。

布尔迪厄生前的最后十年间仍持续地钻研这些问题，并且这些问题成为他的主要关怀。其中两大议题尤受重视：痛苦（souffrance）与爱（amour）。痛苦并不是令人感到惊讶的主题：布尔迪厄总是能够嗅到时下的空气，而无论是在社会科学领域，还是在二十世纪八十年代的法国社会，痛苦这一议题均备受关注。当时劳工阶级因去工业化（désindustrialisation）的结果而跌入士气大落的悲情中；中产阶级则背离了在前一时期培养出来的乐观精神，被淹没在忧郁焦躁的情绪中。我们可观察到一种社会问题的心理化（psychologisation）过程：中下阶层的社会化与动员机构（主要是工会与政党）势力消退，有时还是在相当短的时间内快速发生的。同时，新一代的心理机构出现，前所未见的主题也纷纷上架，例如，工作上的折磨与道德骚扰。一个解决痛苦的市集就此开张：心理支持小组从此成为灾难与危机管理中的必要成分。在此背景下，社会学与其分析成果却如无用武之地的英雄。不过，布尔迪厄很早便察觉到现实运作逻辑中的感情层面，于是便将其研究工作重新导向这些新出现的议题。《世界的苦难》比精神分析家克里斯托夫·德茹尔（Christophe Dejours）的《法国之苦——社会不公不义的寻常化》（*Souffrance en France. La banalisation de l'injustice sociale*），以及玛丽-弗朗斯·伊里戈扬（Marie-France Hirigoyen）的《道德骚扰——日常生活中令人倒胃的暴力》(*Le Harcèlement moral. La violence perverse au quotidien*) 还早出版五年。随着经济危机愈加严重，为此而成立的机构也四处林立，社会关系的研究势必是站在一个千愁万绪的转折点上。

布尔迪厄与其同事的研究工作主要是关于"存在之难题"(difficulté d'exister) 的。就该议题本身来说，这类现象未必因外在环境而有异。生存这门技艺本非易事，而且向来便是如此。社会学调查研究显示出苦难愈加盛行普及的状态，布尔迪厄提出的主要解释是，新自由主义的意识形态风潮、福利国家的危机，以及执政的社会党人无能为力：痛苦不再是一无所有者的专利，痛苦也逐渐成为人与社会空间之关系的一个特征。每个人都有所苦，无论是牵涉到生存条件的卑微——这往往是贫乏的物质条件所致，还是牵涉到立足处境的艰辛，而这通常触及施为者在某一特定的社会空间中所占据的位子（相对剥夺这一来自托克维尔的直觉的相当典型的社会学主题，在此复活）。路有冻死骨的大灾难是相对减少了，但这也唤醒了无数的琐碎愁苦。若说一整个广告牌让人觉得苦海无涯，这是因为所有的调查访问全部累积起来后，便显示出"彼此无法兼容的观点使得对立变得既无让步，也无协调的余地，原因在于这些不同的观点其实都是合乎常理的"[①]。

为了建立一个我们可名之为法国的感情状态（état émotionnel）的大表格，布尔迪厄将情字也放进社会学者的工具箱内。在先前的段落中，我们已经讨论过布尔迪厄在方法论上胆大妄为的作风，那就是他将数个社会访谈全凑在一起，然后配上一篇简单摘述，这样的方式竟被认为是社会调查研究的发表形式中最有效率的。但还不仅如此：调查访谈被视为"**精神锻炼**（exerice spirituel），目的在于，借着**自我的遗忘**（oubli de soi），将生活中诸多不经意的时刻，我们看待他人的目光真正地加以**重新调整**（conversion du regard）"[②]。在这里，我们与一般要求中强调以严格的认识论方法来控制访谈情况的典型做法相当不同：这里牵涉到的问题，不偏不倚，就是去制造心灵交流（communication spirituelle）的经验中触动人心的条件（conditions émotionnelles），而且布尔迪厄将之与斯宾诺莎的智性爱慕（amour intellectuel）相比拟。他并没有提及，是否这一精神锻炼的必要前提是受过某种精神训练，或者若受过半诱导式的访谈、数据的分析等训练，则会是更好的安排。不过，我们都明了，这里的中心议题是感性管理（gestion des émotions）。其实，《世界的苦难》这本书是被假定的，应该引起比阅读一篇惯常的社会调查报告更强烈的反应。我们从此走出冷漠果断的科学世界，进入温馨动人的文学天地。

[①] Bourdieu. *La Misère du monde. op. cit.*：13.
[②] *Ibid.*，p. 1406.

因为这些改写过的访谈所表现出来的代表性、具体化与象征性等优点，还有，这三项特质偶尔可给予读者相当接近文学篇章中的戏剧化张力感受与感情力量，所以这类改写过的访谈都能够产生一种**神启**（révélation）效果，特别是那些能够敞开心扉与受访者共情的人[①]。

非常明显，这些访谈的功能是"触及并感动人心"，并使人重新调整目光而有新的理解。与当初布尔迪厄跟帕斯隆一起从事研究时高呼之合理公平教学法相比，差异是不小的。尽管如此，布尔迪厄并没有失去理智，或因此而疏忽了感性力量内涵的暧昧性；更何况，感性力量也未必会自然而然地导向公正合理的理解。例如，先前章节中提到的那个因反酗酒政策而受苦受难的酒商，长久以来他的选票就是倒向国民阵线，我们是否应该为他的命运伤感落泪？他的痛苦与任何其他人的忧伤都一样真切诚恳。布尔迪厄写道："我们如何能在不同意他的说辞，也不认同他的理由时，仍径自去解释他的言行？"[②] 他不建议众人克制自己的情感，也不提倡为那冷静的目光做事后之明（post factum）的重建：社会学者提笔撰写访谈的导言时，应该就能够防止因潜藏在调查人员与受访人间、文本与读者间的感情负载而产生的层层误解。我之前已多次强调过，布尔迪厄从不担心读者会如何接受的问题，这些将让读者与这一崭新的科学——文学（scientifico-littéraire）研究对象建立起关系的阅读形式，也从没有让他发愁过。《世界的苦难》这本书中的社会学框架与方法论脉络是如此脆弱，以至于我们大可假设，其实绝大部分的读者是把这本书视作寻常的报道，而不是某某精神锻炼出来的正果。

在当今社会中，这类生产类型与某种感情流向（flux émotionnels）的管理状况不无关系，但两者间的纠葛竟从没有成为社会学的研究对象，也的确颇令人惊讶。在这些访谈的感情负载上投注这么多的注意力，是合情合理的吗？身为社会学家，布尔迪厄是否必须向世界的流行脉动折腰，并在这场被伊娃·易洛斯（Eva Illouz）完美命名为"感性的资本主义"（capitalisme émotionnel）的热情演奏会中，也凑上一脚？文化工业号召我们在每一时刻都需心怀感动。这一新兴资本主义已不再是建立于社会关系的理性化过程中，而是分分秒秒都拨弄着感情烈火。感性的资本主义收买了人的内心情怀，并将每一份感动都变成商品，就如同我们都知道的，社交网站

[①] Bourdieu. *La Misère du monde. op. cit.*：1418-1419.
[②] *Ibid.*，p. 1419.

第八章　世人皆苦，凡人有爱

中的施为者就是这么让情字流窜往来的。[①] 我们是否应该为了传播社会学福音，便让自己淹没在这一洪流中？整个论战并未告结，因为，我们尚未衡量诸如《世界的苦难》这类颠覆惯有做法的文本，效应究竟为何。当今人们心中深藏的苦恼与忧伤，就其特征而言，其数量是无穷无尽的，不过，对于社会学研究该如何赋予这些忧愁当今最新的意义，《世界的苦难》这本厚重的著作有绝大的帮助。社会分化使苦楚扩散蔓延到所有的活动领域中，并使之成为人与世界之关系结构中的一个中心成分；而且，即使苦楚并未从社会施为者的意识皮层中浮现出来，此情也不改。于是，一名医治者的形象便俨然成形：若说布尔迪厄并未真的行医，但他的确提供"给那些烦忧者一些可能的妙方：将一己苦痛都推卸给所有的社会问题，并以为因此可获得解脱"[②]。借着苦难的分析研究，社会学疗伤解忧的面向呼之欲出，布尔迪厄也因此给社会学提供了一个新的市场。《世界的苦难》之卖座证明了他的直觉是正确的：苦恼也成为一般常理的类别之一；它能统整所有的心理与社会的不满形式，因此也让心理的与社会的这两者间的分野变得模糊不清。

这本书除了难以不让人议论纷纷的方法论问题外，其实，我们在其中还看到一个难以否认的法国现况，该书出版后的二十多年的法国社会也证明了这一点。再一次，犹如《区分》一书，布尔迪厄的确能为法国社会草描浮世绘。犹如克雷格·卡尔霍恩指出的，法国社会的第一张浮世绘是以法国辉煌三十年为焦点的，那正是一个新兴的小资产阶级兴起扩张的年代。[③] 第二张浮世绘则是去工业化的法国，终日惶恐不安的劳工阶级、感到强烈挫折的移民第二代，以及一大部分的下层阶级面对着那容颜日渐多元的国家，骤然间不知该如何自处。苦楚是唯一的统一因素，足以将诸多不同形式的存在难题全整合为单一的问题。《世界的苦难》一书最值得称誉的一点就是，承认每个人都有理由感到不满意，不仅一无所有的人生活在痛苦深渊，苦痛实乃扩散到社会中的每一个角落。虽然这一议题并没有以单一研究主题的方式提出，但这本书却能彻底告别激进左派祭出的众生图像，也就是，去指定特定的社会团体，让他们先后成为社会变迁过程中的唯一受害者，换言之，先是劳工，然后是被殖民者，再后来就是移民后代。这再一次说明了，布尔迪厄坚守着的一种改革风格的世界观，在其不同著作中其实存在着一个真正串联延续的主轴。这类研究疑旨

---

① Illouz. *Les Sentiments du capitalisme*. Paris：Seuil，2006.
伊娃·易洛斯（Eva Illouz，1961—　）是执教于法国社会科学高等研究院的社会学家，亦曾在美国与以色列从事研究，其研究领域以文化与感性等为主。——译者注

② Bourdieu. *La Misère du monde*. *op. cit.*：1453.

③ Calhoun. For the social history of the present. *loc. cit.*：43-44.

挥之不去的危险，则很明显的是一种普遍的悲情主义。整个研究立场都坚持贯彻着社会关系的心理化，这却可能让社会学知识技能的独到之处全溶解成一缸陈腔滥调，而且，在其中我们也只能看到感性资本主义的各种伎俩（例如，个人生涯发展，或是融合各类不痛不痒之心灵疗程的新界）。《世界的苦难》一书与伊娃·易洛斯的研究成果是非常贴近的，两相比较后也说明了，若只是以诅咒的方式来阐述新自由主义，实不足以用来分析资本主义的多种变身。另外，无论《世界的苦难》中诸作者的贡献为何，其矛盾之处总在于，再三借用了感性资本主义的术语，却又浑然不知。不知不觉中，社会学变得多愁善感，就如所有社会施为者般，专业学者也开始雕琢科学以外的才能（forces extrascientifiques），并让社会学重返旧途。

然而，感性的布尔迪厄在《世界的苦难》中的表达并不是最深刻动人的：《男性统治》一书中的后记（post-scriptum）让读者惊讶不已①，他们习惯的是，布尔迪厄以社会学手法处理尼采的**认命说**②（*amor fati*）。一个对世界的魔力已不再抱持任何幻想的社会学大师怎么会想到跟世人谈情说爱呢？我们也许必须在这个离题的感情问题上，抑或在这种知识分子的**感伤之旅**（*sentimental journey*③）中，去领会继《世界的苦难》之后又一触犯天条的间奏。但无论如何，为何社会学家就不能以社会对应关系、阶级利益、财产继承等角度来讨论情爱呢？《男性统治》这本小书并无任何新意：二十世纪末时**性别研究**（gender studies）已臻完善，布尔迪厄的确是姗姗来迟了。在这本书中，布尔迪厄重新汇整了他之前的研究，尤其是关于卡比尔地区的性别分化（division des sexes）。《关于统治与爱情的附言》（Post-scriptum sur la domination et l'amour）这一章节最见创意：短短五页中，我们可看到《单身汉的舞会》（*Bal des célibataires*）的作者复活。这篇文章一开始讨论的是已被默认的社会学视野，犹如解除魔咒的技术，这门学科告知众人，我们都经历过的那种对某某人一见钟情的感觉，是可用几个变量组合而成的规则来解释的，而且那也只不过是一串社会性决定因素组成的结果。就某种程度而言，布尔迪厄似乎对此戏法感到有些厌

---

① 布尔迪厄再一次挑战常规。Post-scriptum 的字义是，文章完成后另外再加写的短文，也就是跋；通常编排在结论之后，但在这本书中，却是在结论之前。——译者注

② 本书作者已在第二章讨论惯习概念时提及该词组，它由爱与命运两字组成。在第二章，作者强调的是命运这一成分，在此则以爱恋为重心，故翻译略作调整。另外，就该词组，尼采并非主张悲观、被动地认命，而是在逆来顺受中仍然热拥生命。不过，一般应用时，往往导向宿命论，甚至天欲亡我的毁灭观。——译者注

③ 在此作者一改惯例，同时以法文与英文表达，但法文的 excursion sentimentale 未必是斜体英文的 sentimental journey 的直译，因为 excursion 一字尚有"离题"之意。另外，*sentimental journey* 是一九四五年的流行歌曲，时逢二战结束，故成为战后官兵历劫归来之"集体记忆"的表征。走红全球的披头士乐团解散前，也恰巧翻唱过该曲，后人也常以宿命论诠释之。——译者注

第八章 世人皆苦，凡人有爱

倦，所以他便以文学设帐，尤其是借一名女子来包装自己的声音："弗吉尼亚·伍尔夫曾说过，若在这一点上驻足不前，那就好像是在'打破错觉的快感'上止步（而这很可能就是，社会学偶尔有意追逐之而得到的满足），而且也是让自己远离了去追求并歌颂男欢女爱的天地。"① 神奇魔法即将重返人间的远景，似乎就此落脚。然而，与此同时，揭露再生产机制的社会学研究计划却陷入泥沼，因为虽然"极为可能""偶尔"都可使其语调变得更细腻精致，但看来却像是机智游戏的改装货。

同《论电视》一书一样，在《男性统治》这本书中，布尔迪厄并没有提出任何研究计划，而是开宗明义便导向文学的阵营。这样的赌注是很大的：男女陷入情网后所激起的感性状态是否能够暂时地或是永久地一笔勾销搭起社会关系之象征性支配的效应呢？布尔迪厄相当清楚这个议题的严重程度，但他不免也有些困窘。这是因为，一个六十八岁的男人还谈情说爱的，难免有些荒唐，这让他有些不安。因此，他的前进脚步戒慎恐惧，但也昂首放怀，或许这也是因为他可以仰仗着读者终将一无所知的个人经验。《关于统治与爱情的附言》这篇短文言简意赅，引证对比其他两名学者即萨沙·魏特曼（Sasha Weitman）与戴维·施奈德（David Schneider）的研究成果。不过，由于书中无任何批注补充，因此读者未必会察觉这一伏笔。② 书中两大阵营的对比是十分分明的：一是宿命般的爱恋，也就是命中注定的姻缘。在这一状况下，由于她们的男人以及这个男人的肉身，都是别人替她们做的决定，因此，女人便注定热拥自己的宿命。二是纯粹无瑕的爱慕（amour pur），被想象成一连串无间断的神迹。在论及宿命爱恋时，布尔迪厄以他年轻时的民族学田野研究为例，即卡比尔与贝恩亚的个案，但也强调在当代社会风行草偃的内婚制③（homogamie），爱从此被认为是**可接受的支配**（*domination acceptée*）。针对这一点，则似乎过于省略。原因在于，不能自己选择终身伴侣并不意味着受支配命运将会是长长久久的，或者两人便日久生情、历久弥新。我们若要让红线两端各自的情理都站得住脚，那么这

---

① Bourdieu. *La Domination masculine*. *op. cit.*：148.

② 以下都在布尔迪厄的脑海中：Weitman. Intimacies：Notes towards a theory of social inclusion and exclusion//Birenbaum, Sagarin（dir.）. *People in Places*：*The Sociology of the Familiar*. New York：Praeger, 1973：217-238；On the elementary forms of the socioerotic life. *Theory, Culture & Society*, 1998, 15（3-4）：71-110；Schneider. *American Kinship*：*A Cultural Account*. Chicago：University of Chicago Press, 1980［1968］.

萨沙·魏特曼（Sasha Weitman）是执教于以色列特拉维夫大学的社会学与人类学教授，诸多发表论文都以法国历史、文化与社会生活为题。戴维·施奈德（David Schneider, 1918—1995）是美国文化人类学家，以亲属与象征性之研究等主题著称。——译者注

③ 原是生物学名词，应用在社会科学时，又译作"相称婚姻""同质婚""同类婚"，意思是在婚姻对象的选择上要求"门当户对"。例如，双方都有相同或类似的学历、社会地位、收入，或是价值判断、文化素养、宗教信仰等等。——译者注

一个问题是应该被提出来讨论的。这是因为当我们试着去建立双方平等抑或是两情相悦的爱情时，其实都只是拒绝承认科学对宿命般的爱恋这件事是无能为力的事实。至于为何如此，那是由于我们对于鸳鸯枕上的私密其实一无所知。至于在纯粹无瑕的爱慕中，布尔迪厄以历史与神话为例证，而且非常奇怪，他选择了一连串拥有致命吸引力的女人（femmes fatales①），她们往往让男人神魂颠倒、意乱情迷。所以，作为对比的，一边是受支配的女人，另一边则是支配他人的女人。埃及艳后与喀耳刻②（Circé）是两大例外，这两个例外却意在说明，女性支配恐将破坏万物秩序：男人若对女人唯命是从，不仅会失去理智，也会让一身荣耀全付诸东流。另外，布尔迪厄也指出，正是这些形象强化了男性至上的神话故事。

所以，整个背景布置是相当完美的。之后的论证则有些令人费解，这很可能是因为布尔迪厄对于这个新的研究对象有点不知所措。有两大段落都以"但是"作为开头，这是当他看过学生的研究成果后，要提出教训时常用的字眼。第一个"但是"是在无任何实证基础的支持下引出来的，要点则是以上那两个对立的爱恋形象，让我们无法想象抗争终止、统治关系暂停等等的可能，然而，"让力量或是权力关系暂时中止……似乎有助于爱情或是友谊生长"③。再一次，平和又对等之关系的建立被想象成是"奇迹般的停顿"。在这篇文章中，布尔迪厄动辄诉诸奇迹、魔力与玄妙的炼金术戏法：这些技巧可让社会学类型的解释失灵，并转入感性的领域。就这一个社会学失灵，读者其实一筹莫展，既不知这是怎么来的，如何转变的，也不知它是怎么烟消云散的。布尔迪厄只是影射着女性的文明教养力量（"一旦摆脱了她们在社会关系中粗野无礼又马虎草率的作为，女人，这个我们一而再再而三斟酌的群体，便变得优雅贤淑"）。作为社会学家，我们是否可满足于这等刻板印象，而且，随即又在上面堆砌一大堆的论证呢？即使读者依然秉持着宽大为怀的原则，这也还是很难让人接受。

第二个"但是"则引出另一个问题，我们可命名为日常生活中奇迹不断降临：若要让神迹绵延不断，单只是彼此深爱是不够的，更何况，真正的爱情是永续的奇迹。我们大可说，场域势力一旦陷入情网便停止作用。我们不仅可看到支配作用大喊暂停，即使社会学也销声匿迹：爱情犹如一座小岛，与世隔绝。布尔迪厄写道："爱情这座'欢颂小岛'是个自我封闭的世界，又完全自给自足，实是一连串奇迹降

---

① femme fatale 是指魅力十足、令异性难以抗拒的女人。但若深究 fatale 一词，意即宿命的、难以避免的。——译者注
② 她是希腊神话中的女神，善用魔药、巫术，常被视为妖女化身。——译者注
③ Bourdieu. *La Domination masculine. op. cit.* : 149.

临之处。"① 爱情这个圈套的结成是靠着双方彼此的认同,在你来我往中建立真正的互惠关系,还有就是任性这一特质的绝对化——蒙田深知此物,并用以形容他与拉博埃蒂(La Boétie②)的友谊。爱情并不因社会学推论而迷惘。我们可因此提出一个说法,那就是,爱情虽是社会空间与场域法则之外的一道空隙,它却能让社会学大业也就是把社会事实解释成如客观事物般的做法因此关上大门。所以,对社会学理论而言,爱神之箭瞄准的那个魔力罩的世界,其实有相当大的杀伤力。在这篇简短的文章中,布尔迪厄似乎不是我们熟悉的那个样子,好像他有意暂时放下决定论,仿佛他受够了那个他揣摩了大半辈子的社会空间。布尔迪厄描绘出来的模型,是建立在不求回报与无私的奉献之上的,而伊娃·易洛斯在《爱,为什么痛》(Pourquoi l'amour fait mal)一书中展现的,是考察当代爱情市场后而汇整出来的分析,这两者之间的差距确实惊人。③

针对这个差异,其实存在着解释:就布尔迪厄而言,爱情并非人人唾手可得,爱甚至是一个特例。布尔迪厄主张其诞生日期是在不久之前,大约是十九世纪中叶。事实上,纯粹的爱恋与为艺术而艺术是差不多相同的事情,而且纯纯的爱也是在文学领域才可觅得最佳的实现条件:"'纯粹的爱',为爱情的艺术而艺术的艺术,其实是最近不久才有的发明,宛如为艺术而艺术那种对于艺术的纯纯爱恋,'纯粹的爱'与为艺术而艺术,就时间与结构而言,都是彼此相关联的。"④ 在这里,我们又看到了作为社会学家的布尔迪厄:虽然在书中他并未言明,但我们可知,纯粹的爱的诞生未必是项奇迹,而更可能是十九世纪时文学场域自主化的结果。反而是在接受《电视全览》(Télérama)之记者群的访问时,他就此做了更清楚的解释。针对一个关于纯粹的爱的问题,他强调:

> 纯粹,这意味着完全无关乎市场需求或是利益计算。纯纯的爱,就是为爱而爱,是只有爱而没有任何其他期待的爱。对艺术的钟情以及纯粹的爱情,都是十九世纪时一起诞生的社会建构体。我们总是说爱情可追溯至十二、十三世纪时行吟诗人的时代,这没有错。然而,就我们所认识的那种罗曼蒂克的爱情,的确是放浪形骸的生活调子才有的发明,那也正是福楼拜《情感教育》一书的

---

① Bourdieu. *La Domination masculine*. op. cit.:149.
② 拉博埃蒂(Etienne de La Boétie,1530—1563),法国诗人,蒙田的挚友,两人的关系是法国版的伯牙与钟子期、孟良与焦赞。近期研究指出,两人相识不过是拉博埃蒂生前最后四年的事情,且二人对彼此或对所谓友谊的看法未必相同相近;二人关系成为典故之说,应系后人谣传。——译者注
③ Illoz. *Pourquoi l'amour fait mal. L'expérience amoureuse dans la modernité*. Paris:Seuil,2012;rééd. Points Essais,2014.
④ Bourdieu. *La Domination masculine*. op. cit.:150.

全部主题：纯粹的爱情与"正常"的爱情两者水火不容。①

正常的爱情，就是专属于其他正常人的爱。爱与文学在结构上的对等性便推演出一个社会学研究主题，但在《男性统治》一书的后记中该主题似乎被迫撤退。对于该书的读者而言，在文学之爱与一般的情爱之间存在着一段持续蔓延的摇摆关系。针对这一点，布尔迪厄也维持某种含糊不清的关系：当他提及当代恋爱婚姻脆弱不堪，随时有离婚之虞，或者当他肯定女性在这类情爱关系的蔓延与维系中扮演着关键角色时，他便指出，其实是存在着某种社会趋势的。纯粹的爱情，"无论如何，大抵还是存在的，尤其是对女性而言，因此也可架构成一套规范或是理想的做法，就其本身意义以及它带来的稀有经验值，便值得去追求"②。在这里，我们跳出爱是可遇不可求之说，甚至纯粹的爱高贵圣洁的主张，并因此进入一个纯然神秘狂热的特质并没有被抹杀的世界。你侬我侬、声息相通、大方无私都是主要的特征。就如布尔迪厄写道："'彼此纠缠环抱着，却不因此以为自己迷失了'，这也是与社会空间划清界限。这不仅宣告男性统治的终结，也与'双人佳偶'（*dyade amoureuse*）之外的所有社交形式断绝往来。至于双人佳偶，其特性则是基本又不可分割的社交单位，具有抽象却又充分的自给自足能力。另外，我们平时总向'人间社会'中的不同体制单位以及大小仪式乞求各类祝福，双人佳偶则有理直气壮、可与之分庭抗礼的力量，俨然是上帝的在世替身。"③ 于是，在冠上数不尽的大写字母与引号之后，社会整体（totalité sociale）这个曾被涂尔干改装成科学的研究对象的东西，便不知去向了。

布尔迪厄之后便不再多言：这篇短文特殊的角色与其神秘不可测的意涵，与布尔迪厄的其他作品相比，都极不搭调。如此，我们也就只能总结说，这篇文章能够用来验证恋爱中的情感拥有广大无边的力量，或许也因此是脆弱的，仅为少数人的专利。毋庸置疑，在布尔迪厄脑海中的是异性恋关系，也正是在这一关系中，他看到了女性扮演着主动的角色，她们也是优秀的教化者，男性性欲中那只有杀戮战场的层面便灰飞烟灭了。他也提到"二元体"（dyade），就原则而言，便也排除了众人互惠、自给自足，并且可能涉及两个人以上的交际关系。他述及的情况，应当说是固有的爱情关系，接近十九世纪时的虚构小说，与当今年轻世代中可能存在的爱恋模式其实颇有差距。为了解释为何他跨足到感情这一研究领域，布尔迪厄曾在某场合中说，这是因为他对男性气质感到厌倦，尤其是他自己的阳刚气质。所

---

① Les aventuriers de l'île enchantée. Portevin, Pisanias. *Télérama*, n° 2536, 19 août 1998.
② Bourdieu. *La Domination masculine. op. cit.*: 151.
③ *Ibid.*, p. 152.

第八章　世人皆苦，凡人有爱

以，他这篇文章便是为了辩论两性间的新兴交际关系。该文过于简短，不足以衡量其社会学成分的确切含量。纯粹的爱恋是否为政治行动的替代品？尤其是，至少在成双配对这种不假外力的封闭关系中，纯粹的爱恋能够神奇地让支配关系的效应暂时停止作用，制造出解放自我的施为者？我们无从得知，究竟纯粹的爱恋的形式是如何被移植到社会空间中，甚至人际关系的塑造中，继而取得某种程度的重要性的。在这里，我们必须离开文学情境，并转进感情关系的社会史研究，这也正是伊娃·易洛斯采取的办法。当我们与那个追逐着橄榄球的布尔迪厄交手时，我们看到的是焕发着阳刚之气的布尔迪厄，犹如他自己在《自我分析纲要》中描述的一样，然而，除了这些深藏不露的魅力之外，（前述）借着感性研究转入文学天地后，到底还留下了些什么东西呢？那无疑就是将社会生活中内心感情的重要性列入研究清单。

　　探究痛苦与爱情这两大主题的好处就是，直截了当地点出了社会与心理现象交错相连的问题。可以确定的是，惯习理论也就这一问题提出了一个解答：涂尔干学派的社会学事先假定了社会因素的优先性，也排除了外在约束可内化到躯体的一举一动，却也因此导致了一些问题，惯习理论正可提出解决方法。也正是在精神分析领域内，布尔迪厄引借了某些资源，用以思索象征性支配关系的过程与效应。另外，精神分析与人类学间亦存在着一个交会点：男性特质的优先地位可被当作是一个区分成两大层次的研究对象。第一个层次是，去更新让男孩离开母亲的怀抱并建立起以性别为生活分化（division sexuée）原则的心理学研究。第二个层次则是，去观察那些让这一性别分化呈现出某些象征样貌的仪式性活动。针对这一点，我们可去探究一连串的研究对象；至于掌握这些研究对象的路径，则是或去重建隐秘不现的心理过程，抑或去解释公共仪式的意义。在《男性统治》一书中，虽然社会学与精神分析两者间关系究竟为何的问题并未成为被正视的主题，然而，正是"对于性别浑然未觉的生成社会学"[1]可让我们了解到个体的心理状态与社会结构之间的关联。单只是如此之生成社会学便能说明，在多重尺度的接口内，支配关系是如何水到渠成的：浑然未觉的状态必须能够扎根深入到多重社会空间内，方能自行复制。我们大可说，这是社会分化原则物我合一后的成绩。

　　和所有与布尔迪厄同一个时代的哲学家一样，布尔迪厄深受精神分析的洗礼：他也从精神分析借来好几个术语［力比多（libido）、否认（dénégation）、审查（censure）、逾越（transgression）、现实原则（principe de réalité）、压抑（refoulement）］，

---

[1]　Bourdieu. *La Domination masculine. op. cit.*：144.

并且使其研究成果套上了社会分析的外衣,宛如带着"社会学味道"的自我分析。因此,布尔迪厄一生的论著,总散发着一股精神分析的气息。将之比拟为气息,而非借用或是模拟,是为了衬托出精神分析的参考虽信手拈来,却往往是绘声绘色的。换言之,布尔迪厄与精神分析的关系,既是清楚明白的,却也是隐晦不明的。社会学是不是某种精神分析呢?这两大知识形式彼此竞争,以角逐社会生活之合法诠释的唯一发言权,尤其是当我们考虑到,弗洛伊德那几篇人类学主题之论文背后的企图时,究竟社会学与精神分析的共同特征是什么呢?对于布尔迪厄的做法,我们是否可论之为社会学式的疗法,或期待该疗法将可能带来解脱或解放效应,或就政治行动而言,将是另一种可能抑或是不可或缺的补充成分呢?即使详尽地去分析布尔迪厄一生的研究成果,也无法得到这些问题的最终解答。不过,我们却还是可以尝试其他途径的。

《区分》一开卷便让社会学栖身于精神分析的旗帜下:"当社会学与品味这个研究对象交锋时,它与**社会精神分析**(*psychanalyse sociale*)竟是那么类似,这样的例子是很稀少的。"① 这里指出的一个现象就是,矢口否认社会因素的存在(dénégation du social),我们对于品味的批评,就是这种否定社会因素自己却又浑然不觉的表现。社会施为者对自己的社会生活处境总是隐晦不言的,表达出来的就是这类品味鉴赏的行为,而未必是在艺术与文化上"单纯无瑕"的观点。因此,布尔迪厄的研究重心便是,在研究调查允许的客观化过程这一条件下,一是去揭露被排除在外的社会机制,如可让艺术作品以艺术之名站上舞台的原则;二则是去摊开层层区分逻辑,而我们平时往往仅意会到一些个人意见,或者是被抽离背景的主张。就其象征性的猛烈力量而言,这样的做法,其实属于精神分析的范围:这里牵涉到的问题是,将品味的判断从艺术天地里纯粹无瑕又高贵优雅等属性中连根拔起,并借此举向世人展示在品味判断这件事情上自一开始便被排除在外的社会本质。所以,《区分》犹如《梦的解析》,都是新的研究对象。布尔迪厄让品味摆脱向来将之幽禁在内的美学领域。而且,他以一种简约严谨的手法来完成此举,结果似乎是将美学经验的哲学彻底打倒在地。将艺术定义成是对社会体制的否认,甚至让那些始终相信文化精神之崇高,其实是随着社会阶级而有差别的人,也感到难堪。这样的定义严重打击了那些将一生都投资在文化物品的制造与经营上的人,更加深了其自怜自恋的创伤。例如,艺术家,还有博物馆员工、图书馆员工,以及媒体工作人员。

若说在布尔迪厄一些重要的人类学论文例如《实践之道》中,弗洛伊德的引言是

---

① Bourdieu. *La Distinction*. op. cit: 9.

第八章 世人皆苦，凡人有爱

相当少见的，在其理论建构中，其实也找不到弗洛伊德的影子。然而，我们依然可以指出《实践理论大纲》一书中参考歇斯底里（hystérie）这一概念之处。另外，这一参照也以更简约的样子出现在其他地方，也就是在《实践之道》一书中，只不过，相当矛盾的是，这一概念却显得更含糊不清。人的感性情怀，以及相对应的举止表现，非常吸引在卡比尔从事民族学研究的布尔迪厄，他都是以弗洛伊德的歇斯底里模式来思考。只不过，在布尔迪厄眼中，"弗洛伊德'以字面意思来解释该术语，故当说话对方以比喻的方式说到心痛之处或被打耳光时，就真的以为是这么一回事'"[1]。

另外，其实是在《海德格尔的政治本体论》（L'Ontologie politique de Martin Heidegger）一书中，布尔迪厄才更清楚地说明他在应用精神分析时的常规。他建议采用一种结合社会空间与心智空间的解读方式；这样的方式可让我们用当今的眼光来看待概念的演变过程，而且各种概念从来就不曾只存在于唯一一个特定空间内。他指出，在阿多诺的《原创性的术语》（Jargon de l'authenticité，1964）一书中，阿多诺"直截了当地阐述着，海德格尔哲学中的某些特征确实反映了某些阶级特有的面貌，尤其是海德格尔他自己所属的阶级"。布尔迪厄指出的这点批评是最敏锐关键的：他指责的是，阿多诺跳过了另一层中介。我们是否可以这么说：在这里，布尔迪厄有意点出的是一种诠释上的"短路"，也就是，刻意不去计较哲学论述中专有之意识形态的效应究竟是以哪种特定方式来运作的？布尔迪厄口中的哲学论述，就非常清楚地以精神分析的术语来做解释：海德格尔的哲学便可能是"受到哲学生产场域专有的审查压制后破茧而出的哲学升华"[2]。那些不能以政治语言来抒发的，皆以形而上学的用词来阐述。

布尔迪厄这一分析并没有说明为何他以精神分析概念的模拟使用来提出解释。毫无争议的是，这些精神分析概念可让社会学变得像是一门社会精神分析，更容易吸引新读者，故向来以严苛著称之社会学，就比较不那么难以接近。所以，精神分析概念的使用可让布尔迪厄的主张更容易被社会学圈子以外的人接受。但是，这样的解读方式使文本效应的问题（或者是，哲学写作本身的效应问题）成为其关怀焦点。若说海德格尔所有的论述都包括二元论，且上述文本效应也深深刻印在海德格尔所有的论述中，那我们便必须以双管齐下的解读方式来面对其二元论。至于这双管齐下的解读方式，它既可对海德格尔的著作作一般性解读（海德格尔著作中特有的意识形态效应，只有在读者也能自然而然地从某一空间跳跃到另一空间时才会发挥作用），但也能用来更深入解读布尔迪厄的思想著作。关于后面这一点，这是由于为了让自己在意识清楚

---

[1] Bourdieu. *Esquisse d'une théorie de la pratique*. op. cit.：290.
[2] Bourdieu. *L'Ontologie politique de Martin Heidegger*. op. cit.：11.

的状况下重复往返于二元空间的阅读，布尔迪厄为他自己配置了一套方法；虽说一般读者也是如此，但他们却是毫不自觉的。在此，布尔迪厄以反求诸己的省思手法复制了社会施为者的思路（在这里，指的就是海德格尔）。他同时也点出了所有最后造成哲学论述仅仅存在于一个隔离空间中的否定与查禁手法，至于使该隔离空间变得正当合理的解释，则必须去探究哲学论述的升华过程。综合这两大考虑，我们可总结出，毋庸置疑，他的整个作为与精神分析是非常接近的。

乔治·斯坦梅茨（Georges Steinmetz）曾建议，在布尔迪厄离世后，再次厘清存在于布尔迪厄的社会学与弗洛伊德的精神分析这两者间的关系。这就相当于，我们必须严格看待过去所有布尔迪厄推演出来的、可模拟精神分析的研究成果，还有在布尔迪厄的论著中，仅以断简残篇的形式存在着的可能关系，都必须加以处理，使之变得流畅一致。① 如此一来，布尔迪厄动辄讽刺雅克·拉康，这些言辞也常被当作儿戏，但现在，我们却可将这些戏言解释成是布尔迪厄自己都不自觉的某种否定心态。另外，布尔迪厄晚年之论述与精神分析的关系更直率坦白，也更接近一般社会大众的期待，《世界的苦难》《男性统治》等著作都是这类成绩的表现，其实也是这类否定心态的某种反映。不过，若只是布尔迪厄的告解，那是不够的。原因在于，乔治·斯坦梅茨也指出，布尔迪厄的理论中所有关于支配的社会关系实乃深入到举手投足程度的检讨，其实也都可用最严苛的弗洛伊德式术语来解读。然后，斯坦梅茨又补充，否定男性特征中的阴性成分是布尔迪厄的论证所推演出来的结论之一，这也正是将弗洛伊德的概念**视为理所当然**（taken for granted）之后又加以整合的结果。斯坦梅茨的论证是相当具有说服力的，不过，这只有在《男性统治》这本小书中才有效力。因为我们可以假定，弗洛伊德这一切入点已是众所皆知的常识，所以，应用时也无须再多费唇舌。总之，我们可以赞同斯坦梅茨的立场，因为不可否认，布尔迪厄总是拒绝明确点出他与弗洛伊德的关系。就这一点，他与相当亲近的友人弗朗辛·米埃尔-德雷福斯极不相同。弗朗辛·米埃尔-德雷福斯很明白地主张，社会学就是一门"社会空间的精神分析学"②。

---

① Steinmetz. Toward socioanalysis. The traumatic kernel of psychoanalysis and neo-bourdieusian theory//Gorski (dir.). *Bourdieu and Historical Analysis. op. cit.*：108 – 130.

乔治·斯坦梅茨可谓阿隆首创、布尔迪厄继之的欧洲社会学研究中心的海外友人，任教于密歇根大学，主要研究领域是殖民与帝国主义、社会学与精神分析、德国社会学理论、人文与社会科学史等。——译者注

② Muel-Dreyfus. *Le Métier d'éducateur. Les instituteurs de 1900, les éducateurs spécialisés de 1968.* Paris：Minuit，1983.

弗朗辛·米埃尔-德雷福斯也是欧洲社会学研究中心的研究员，主要研究领域是历史、精神、教育、人类等专题社会学，个案主题则囊括身份认同、政治与身体等。——译者注

第八章　世人皆苦，凡人有爱

若说布尔迪厄与精神分析的关系从未深入到这种程度，这很可能是因为他对弗洛伊德及其继承者持有非常保留的态度。前一段落中，针对《男性统治》所提出的解读内容，很明显，是将个体心理纯然视为社会空间结构深入到行为举止的结果。拉康与布尔迪厄间的互补性是斯坦梅茨提出的主张中非常独到的一点，尤其是因为，这样的想法与一般法文读者的直觉相差甚远。斯坦梅茨竭诚指出的布尔迪厄理论中的那些"微心理基础"(micro-fondations psychiques)，只有在我们认为布尔迪厄理论有所欠缺时，才可能成立。在这里，我要坚持的观点，却是另外一回事：我们必须试着澄清惯习这一黑盒子中所有平庸无奇的东西；而针对这一点，精神分析其实毫无贡献可言。斯坦梅茨重新提出的是，若要掌握社会过程，则务必从某一心理机制下手的老问题。针对这一点，无须多言，布尔迪厄的立场完全是涂尔干式的：社会力量的运行丝毫不需倚赖心理层次的个体。实际上，涂尔干曾写道："心理学……是注定，在受到（社会学研究）一定影响后，去更新它的内容。若说社会现象是从外在深入到个体内部，那么就会有一整个个体意识领域多多少少依赖着社会性的因果关系，若心理学不顾及这些社会性因素，其内涵就无法变得更清楚明了。"[①] 坚持贯彻这一立场将会产生什么样的困境，针对这个问题，贝尔纳·拉伊尔曾提出分析[②]，但最后不了了之。这也意味着，这般涂尔干与布尔迪厄都曾努力开创的社会学远景，实为徒劳无功之举。

在这场论争中，一个居关键地位的主题却被遗漏了，那就是无意识(inconscient)，而且，布尔迪厄往往是以涂尔干为参考对象，而非弗洛伊德。例如，他曾将《法国教育演进》中的某句话重新加以改编："历史，就是无意识的。"针对这一点，我们可质疑的是，在《实践理论大纲》与其他的理论论述中，无意识究竟有什么样的本质。在重新钻研布尔迪厄理论概念中的现象学基础后，布律诺·卡尔森堤提出的一个观点对于讨论这个问题颇有用处。那就是，惯习诉诸的，其实是一种无关乎任何论点的意识(conscience non thétique[③])，而未必是弗洛伊德理论中的无意识。与一般论文中所写、所宣称者完全相反的是，惯习并非严格定义中的无意识。惯习是**在意识之外的**(*infra-conscient*)，它是从**有知—不知**(*connaissance-méconnaissance*)来的，

---

① Durkheim. La sociologie et son domaine scientifique（1900）// *Textes*, *I. Elemens d'un théorie sociale*. Paris: Minuit, 1975: 35, note 5.

② Lahire. Sociologie, psychologie et sociologie psychologique. *Hermès*, 2005 (41): 151-157.

③ Thétique的一般哲学定义是，用来形容与某某论点相关的事物，通过某论点主张而得到肯定的东西；就某事物之本身来看待该事物，不需再求助外力。应用在现象学时，则专指不假思索的意识，与反思意识、自我反省相左，意识的存在与否端赖它本身，不需外求。因此，所谓没有三思而后行的举止并不是无意识的行为，相反地，完全体认到自身存在似乎少了根筋般，自身举动也是确确实实存在着的。——译者注

不知是某一类型之有知的条件,而惯习正是游走于如此之不知的自我矛盾中。① 在这里,再一次地,借着深含现实意味之知识技能的描述,梅洛-庞蒂比马克思与弗洛伊德都更胜一筹。因此,若想整合弗洛伊德与布尔迪厄,就等同是去创造一只哲学巨兽,他们两人笔下的无意识并没有相同意义,而弗洛伊德的主要关怀议题"自我(ça)、本我(moi)、超我(surmoi)",实在无法在布尔迪厄的应用理论中取得新意。

那我们该如何处理社会分析这一棘手的问题,以及似乎因此而激发出来的那些与弗洛伊德学派的研究取向的藕断丝连之处?我必须在此指出的是,所谓的社会分析其实是一些意念打算,而未必是研究程序。若说《世界的苦难》一书是置于这一分析旗帜之下的,可我们很难看出,何以这本书可说具有疗伤效果,或者说,可借着与某些社会施为者更长时间的互动而产生一些作用。书中对一些"受苦受难者"的访谈,是绝对无法与弗洛伊德的案例研究相比拟的。另外,我们也无法清楚得知,究竟这本书的解放效应是关系着那些身为受访者的施为者,还是也可将读者涵盖在内。唯一可让我们更深入这一主题的因素,而且比较清楚明白的,就是布尔迪厄的自我分析。但《自我分析纲要》一书并没有任何他自身之心理状态的成分,甚至也没有任何他与社会空间的第一次接触时的插曲:他选择让这纸自我告白的故事起点落在二十世纪五十年代——那时他二十多岁,原因则在于,他正是在那时候进入哲学这一场域,那也是他人生第一次面临种种可能的选择。该书的第二阶段,则是他十二岁时的寄宿生活,以及当时所受的创伤。他并没有回溯到更早期的人生阶段,读者仅能借着他与双亲的关系,或是他父亲的工作,来拼凑出他童年生活的片段。布尔迪厄只提出一些适合作为社会学描述的要点,所以,我们的立足点就始终无法与心理研究挂钩。精神分析的术语使用也是非常有限的。最关键的词便是"历史化",这也使得涂尔干式的无意识论点更坚固苗壮;《自我分析纲要》不过就是"历史条件的回溯,以及在这些条件下,究竟其研究工作是如何进行的"②。在这本书中,尽管其社会分析概念可与精神分析配套,也带来种种暧昧,但布尔迪厄依然是社会学者,并以自身作为点到即止的对象。他整个的研究志业,其实与精神分析毫无关联,而且自始至终都可用社会学术语来一一剖析。

对于这些贯穿《自我分析纲要》一书的只字词组,以及这些甚至也称不上是取自精神分析的概念性用语,我们能拿来做些什么呢?上述提出的假设包括:首先,一整个世代都已将精神分析视为理所当然,这也是属于这一世代的常识性的、不需再多费唇舌的知识技能。其次,精神分析中众所皆知的层面(原欲、超我、压抑、

---

① Karsenti. *D'une philosophie à l'autre. op. cit.*
② Bourdieu. *Esquisse pour une auto-analyse. op. cit.*:141.

否定都只是些陈词滥调式的应用，而且与弗洛伊德的理论基础不再有任何直接关联）；最后，不是就理论本身，而是基于种种必要性的全盘考虑而推出的解放主张，很难让人正眼相待。其实，后世学者不需要去补强布尔迪厄的理论，他们只需要去厘清其理论中的逻辑与可能矛盾之处。与精神分析的关系究竟为何，这是生成结构主义中最深奥的疑点之一，布尔迪厄本人也没有为读者做清楚说明。但这一点未必就是其理论的致命要害，也因此，我们可将精神分析中的形上架构重新放到它该有的位置。

　　论到自我分析这一点，便导出一个问题：身为社会学者的布尔迪厄，他的所作所为对知识界的影响，乃至于在其他社会空间领域的影响，究竟是什么？何以智者的一生能让我们更清楚明白其研究计划，并且让我们更深入了解其专门学科的重重疑点？这正是以下的讨论要点，我以此结束本书。

第九章　以英雄之名盖世？

　　如果说一个人经常唠叨着他对自传避之唯恐不及，这便显示出某种程度的抗拒。社会大众的认可，逐渐让布尔迪厄成为一名公众人物，而同时他从未停止去讲述他自己的故事。他一生的研究成果中所蕴含的自传成分是不可否认的。他的人类学研究也是与他的个人经历紧密相连的。卡比尔与贝恩亚都不是他自己选择的研究对象，然而却深深地影响着他。至于其社会学研究团队的核心，则是在阿尔及利亚与坚持进步思潮的年轻统计学者交往期间逐渐形成的：在阿尔及利亚战争结束后的二十多年间，这个团队深深影响着法国的国家统计机构的组成。若说所有人的作品都带着一些自传色彩，这实不足为奇。但在布尔迪厄的例子里，这些自传成分却重如泰山。这是因为社会学者之审视观点的敏锐程度，总是受制于社会经历之波折强度，布尔迪厄以贝恩亚乡间的小资产阶级之姿问鼎中原，状元及第后最终成为盖世学者。布尔迪厄小心翼翼、一字一行地爬梳出他的一生，然而，其转折处不无吊诡离奇：布尔迪厄是主张又详细说明究竟社会因素是如何决定一切的代表人物，甚至大唱反调的人也看得出来，他的研究成果中深埋着哲学决定论的精要。偏偏布尔迪厄他自己却成功地逃脱了原本注定的命运：如他常提到的，从小被选为祭品这一社会因素决定小我的例子。原本该祭品的一生是完全托付给教育机构的，更何况，这一机构从布尔迪厄进小学起就宠爱着他，但他随后一言不发即让教育机构成为他的瓮中物。

　　乔治·冈圭朗原先打算分配他到图卢兹，希望他走上哲学教师之传统道路，可是，布尔迪厄抗拒此途。这一背弃，以戈夫曼的话来说，正是某"角色距离"的先兆，而在往后的人生轨道上，这一距离也在不断地拉大。布尔迪厄拒绝向那一套外省精英将一生都奉献给体制的模式低头。他所属的是，在第二次世界大战结束初期舍我其谁的时代。阿尔及利亚战争牵连了诞生于一九三〇年左右的绝大部分得以缓

第九章 以英雄之名盖世？

召的大学生，该战事的确是极为艰难的时期，却又是非比寻常的，也因此让这些年轻人更成熟、更自信。维达尔-纳杰、德里达、皮埃尔·诺拉（Pierre Nora①）等等，都是典型的例子。第五共和国初期的蓬勃发展给当时的年轻人才提供了无穷契机。布尔迪厄采取同时踏好几艘船的做法，并没有给自己带来麻烦，反而成为一张王牌：那时的学术空间还相当宽敞，每个人都可无拘无束地开辟自己的道路，尚未完全制度化的社会学，也给每个过路学人创造了设帐立馆的可能性，所以布尔迪厄将不断累积优势，趁势出击。

他在《自我分析纲要》中写道："他的一生经历将现实中彼此抵触的诸多社会空间都串联起来。"② 在一个仍持续犒赏拥有文凭的专才而非讲究人际交往之本领的世界里，这种站在剃刀边缘的处境，实非社会污名之说法。他之广结善缘、四处受邀发表学说，正是个活生生的例子。支持他的人际网络里的那些人，都是与他同道者：往上晋升的外省小资产阶级对于学校制度的解放价值深信不疑。若说，特别是在他的自我分析一书中，他也坦承幸运女神对他爱护有加，尤其是结群飞来的高等师范学院精灵更赐予他不凡的自知之明，他对自己的人生历程写真，却有乌云满天之叹：这一过程并非神迹之挥洒，却也不是真的史无前例；这样的人生只有少数人才有，但如我之前所述，却也不是与他的同侪完全不一样的。这是为何他的挚友或忠诚弟子会对布尔迪厄自誉的正式传记感到惊讶不已，其字里行间欲言又止，又处处提防、步步为营。他的人生何以如此晦暗，或者如此深邃，以至于如此难以盖棺论定？

在其自传卷首，他如此写道："我实在不相信自己可以利用社会学工具来完成这一目标，我是打不赢这场战争的——读者可各自以其观点来看待我将娓娓道来的旅程经验。"③ 他的同侪——其中某些人之社会出身是极为相近的或甚至更低下，对于过往表现出来的是简明清爽的态度，而布尔迪厄的自我评价则完全不同。例如，保

---

　　① 皮埃尔·诺拉（Pierre Nora，1931— ），法国当代首屈一指的历史学家。如本书作者所言，这一代学者一生连逢国际与法国境内的大小战事与政治冲突，因此他相当重视历史事件，提倡史学家不妨将一己过往与国家发展串联成"自我历史"（ego-histoire，1987）。一九六一年他出版处女作《阿尔及利亚的法国人》（*Les Français d'Algérie*），即为现身说法。他著名的代表作是由他领导、编辑的集体著作《记忆所系之处》（*Les Lieux de mémoire*），三大册，近五千页，既是对莫里斯·哈布瓦赫（Maurice Halbwachs，1977—1945，请参见第五章批注）所提出的集体记忆这一概念的继承与发挥，让抽象的记忆落脚于具体的时间、空间与象征事物上，同时也开启记忆与历史撰述之间的论战。——译者注

　　②③ Bourdieu. *Esquisse pour une auto-analyse. op. cit.*：11.

罗·韦纳（Paul Veyne）的自传中，尽是悲惨的人生插曲①，或者是热拉尔·热奈特的自传，俯拾即是发人深省的琐事②。这两个人最后都能自我解嘲人生历程中的无端际遇。晚年的布尔迪厄则似乎与嬉笑怒骂完全绝缘。《自我分析纲要》一书的写作环境相当艰难，正是他与世诀别的前三个月，可是这并不足以用来解释为何他将自我封锁于沉重严肃的精神状态中。君特·格拉斯（Günter Grass）曾因《世界的苦难》一书与他有一场非常著名的对话，同时说道："这类书是没有幽默可言的。"③ 布尔迪厄随即回应："写作规则是尽可能猛烈地爆发出正面力量，以重现这些故事超乎寻常、几乎令人无法承担的冲击力。"然后，他总结道："每个人都跟我们说：你们实在很无趣。但是，时机是真的很没有趣！老实说，没有什么好开玩笑的。"尽管作家格拉斯再三游说，布尔迪厄依然一派正经，拒绝让幽默成为抵抗权势的武器，仿佛新自由主义的攻击已让玩笑变得更可疑不可信，抑或是当时保守意识形态的革命风潮，在击败所有的比较分析后，也让世纪交会之际遽变成人类史上最黑暗的时代。布尔迪厄从不以为，同理心社会学（sociologic empathique）洒下的无数悲情（pathos）很可能会带来更多的麻烦，也非他衷心期待以用来对抗劲敌的解药。格拉斯建议他采用的那种袭自恶汉文学④（littérature picaresque）与启蒙时期的嬉皮笑脸，又未尝不是悲情主义的另一出路。他已忘了，他之前与合作伙伴同进出时，总不时带着恶作剧似的眼神笑着说道："两个算命仙

---

① Veyne. *Et dans l'éternité je ne m'ennuierai pas*. Paris：Albin Michel，2014.

保罗·韦纳（Paul Veyne，1930— ），法国知名的历史学家，尤其擅长古代罗马史，曾任法兰西公学苑的荣誉教职；二〇一五年年底，曾专文评论叙利亚的帕尔米拉古城（Palmyre）遭摧毁一事。至于其社会出身则是，祖父母务农，父亲曾任职于银行，后转营酒类产品买卖；他出生即身残，但他不仅是家族中第一个通过高中会考的人，而且闯过层层关卡跻身高等师范学院。在自传中，他提到爱子自杀，继室先他而去的感伤，以及曾经伉俪两人与继室密友的三人家庭生活等。——译者注

② Genette. *Bardadrac*. Paris：Seuil，206.

热拉尔·热奈特（Gérard Genette，1930— ），法国文学理论家、文学评论家，以互文性（transtexualité）、叙事学（narratologie）等主张自成一家，亦是玩弄同音字、多义字的文字游戏高手。本书作者曾在第四章提及热拉尔·热奈特之父是在巴黎地区工作的纺织工人。另外，除了也毕业于高等师范学院、取得高级教师学衔等外，他与保罗·韦纳及其他不少学者相同的是，年轻时都曾效命法国共产党，也都曾在出版业或新闻业开拓了一片天地。——译者注

③ Günter Grass s'entretient avec Pierre Bourdieu. *Arté*，60 min，novembre 1999.

君特·格拉斯（Günter Grass，1927—2015），德裔作家，一九九九年诺贝尔文学奖得主，最著名的代表作是曾被改编为电影的小说《铁皮鼓》（*Le Tambour*，*Die Blechtrommel*）。身受德国纳粹诸事件的影响，其作品深具荒诞不经、夸张怪异之风，情节游走于历史、记忆与罪恶深渊之间，被誉为魔幻现实主义大师。——译者注

④ 原本这是指十五至十六世纪时的某类西班牙文学作品，往往以自传体为基本叙事形式，描述出身低下的无赖、骗子、服侍多主无法忠心不贰的仆役、乞丐或小偷等的流浪与冒险故事。后来这一文体除广传西班牙之外，也被后世引用来形容人类的道德生活与际遇。——译者注

对看时，哪能不开开玩笑？"① 布尔迪厄领导的研究中心里年资最长者常说，当年编写《继承人》的那两个人常躲在研究室内一边爬格子一边发出大笑的声音，外人却从未能得知为何他们不时捧腹大笑。在他人生巅峰时，他说道："玩笑结束了。"然而他那忧伤无语的态度，着实也无法替他憧憬中的全欧洲社会运动掀起什么风波。就在那时候，原本让他偏离学者路径的角色距离作用，全被抵消：在长年攻讦知识分子预言家似的身段后，他却披起同样的外衣，但无法从此采取自我反思的姿态。若我们要严肃思考布尔迪厄这般晦暗无光的幽默与禁止嬉笑怒骂的做法，那我们就得去探究，究竟是什么样的英雄模式让作为科学创建之父的社会学家摇身成为以反对自由主义思潮（antilibéralisme②）为己任的先知。

若要论英雄，那就得参考兰德尔·柯林斯针对社会学传统之发展而提出的类型说。③ 在柯林斯看来，社会学家的思想网络都是根据"传统"汇整出来的：不同的思想世界都因其各自的社会组织而产生独有特征。"即使是最离经叛道的社会运动也都有自身的集体组织模式，在所到之处也都发展出一己传统。"智识思想之传统并非以内容主张或经典圣籍来定义，而是以在一知识群体内部建立出来的人际关系类型来规范。一共可分成四大传统：忠诚型传统（traditions loyalistes，由英雄领军），非人际的或无名的传统（traditions impersonnelles ou anonymes），流产的传统（traditions avortées），逆反的传统（antitraditions，例如，后现代主义）。

由英雄领军的传统都是以一名创建者为焦点，在世代传承中，他不时监督门人虔诚不二。该传统的主要特征是：

- 以异端为主题的论战是非常重要的，因此使之与宗教不相上下；
- 随着时代变迁，这些传统的张力是有变化的（例如，当今可说有一股新韦伯主义，但严格说来，却无新涂尔干思想风潮）；
- 虔诚忠贞未必与发明创新相抵触——歌颂创建英雄之余，也可以同时去筛选汲取传统中矛盾不一致的成分。在发展一项研究传统的过程中，吸收传统里的杂质甚至可能孕育出创新发明。

---

① 原文是"*deux augures ne peuvent se regarder sans rire*"。Augure是古罗马时期以鸟禽占卜的技术，也用以形容从事该活动的占卜人。后来这一占卜技术沦为荒诞不经的行径，老加图（Caton，公元前二三四—前一四九年）笑之，因此发出此语，后来被西塞罗（Cicéron，公元前一〇六—前四三年）引述，故而流传后世。——译者注

② 尽管可提出不少代表人物，但这并不是一股思潮或是完整的主张，而无非是自现代时期种种反对自由主义的态度或立场。在当今，则多是以新自由主义下的经济自由主义为敌。——译者注

③ Collins. Les traditions sociologiques. trad. Jean-Louis Fabiani. *Enquête*, 1995（2）：11-38.

相反，无名传统则是围绕着一连串的主张与技术展开的，以至于英雄或是典籍无太多用武之地。当代社会学之例有理性选择的各类模式、民族学方法论、对话分析、网络分析等等。以理性选择而言，我们可点名詹姆斯·科尔曼、加里·贝克尔与乔恩·埃尔斯特（Jon Elster）① 等人，他们都有"出色卓越的个人成绩"（individualités remarquables），但无论如何，都称不上英雄豪杰。我们从未见过"科尔曼学派"，却可见大批研究者宣称深深受到布尔迪厄研究著作的启蒙。多元的基础与无数的个人经历都使得我们的焦点无法仅集中在一名嫡传的掌门人身上。一整个"传统"都得以维持，实乃归功于诸多争议的存在，这些争议犹如整个团体的组织动力。

兰德尔·柯林斯提出的问题是，就社会学的未来展望而言，这些不同传统各自的存活概率是多少？答案却不是很明确。如果我们考虑到这些学术团体的组成更容易以研究技术而非道统主张为中心聚点，那么我们就可推测，未来是无名传统的天下。不过，事情并非如柯林斯所暗示的那么简单。在二战后美国功能主义社会学的阵营中，标准化研究技术的优势地位最终丧失殆尽，使得新世代另辟蹊径，走向以英雄为指标的传统。在这里，我们重新面对着，以另一面孔表现出来的那些对个人创造力的敌视态度，以及对于官僚组织之非人性化作为的深恶痛绝。这类无名传统陷入流水账作业的现象，与该传统认定感情投入需多加限制的特征，是密不可分的。在当今，据柯林斯之见，我们可观察到更多元的研究技术［诸多研究流程被去标准化，或是被并列比较以见长短，或是使之更具体客观，以至使之具有反思性等等，都让社会学研究对象"失去原先本质"（dénaturalisent）］。尽管走向很可能是诸匿名象征比指标性创建人物更占上风，但是这些不同做法在未来依然同时存在并非不可能的。

如此这般的观察不免让我们质疑，在当今这个深受科学研究体制支配的世界，究竟是哪些条件让具图腾力量的创建人物得以继续维持其魅力（或是得以让魅力再现）？在当今世界，知识英雄又是如何呢？他是否只是其他领域，尤其是宗教领域的残余？若是如此，知识英雄是否拥有知识组织残留的属性之一？知识英雄是否有分身？为何在当今科学研究的世界里依然有人相信这些英雄是真的存在着的？在一个宣称民主作风的科学社群中，为何英雄人物仍可收买广大人心？社会学者很少质疑这类问题，但去处理这些问题则可让我们明白，布尔迪厄何以成为布尔迪厄。若

---

① 乔恩·埃尔斯特（Jon Elster，1922— ）是学成于法国的挪威籍社会、政治理论与哲学家，任教于哥伦比亚大学，除力陈理性选择模型之外，亦以马克思主义分析、新古典经济主义、公共政策理论等为研究专题领域。本书作者曾于第三章中提及科尔曼与贝克尔两人。——译者注

第九章 以英雄之名盖世？

要获得更多的澄清，那我们就必须动手研究魅力（charisme）与仰慕（admiration）的运作模式，而且也包括彼此仰慕（admiration mutuelle）的现象。在现代社会科学领域中，彼此仰慕这一现象在科学团体的组成上扮演着相当重要的角色。

社会学不具累积性的特质，其传统范例又往往缺乏稳定性，这些都使这门学科近一个世纪以来每隔一段时间便重新洗牌。作为专业学科而言，社会学最突出的特征之一就是，其多元基础——往往是不稳定的——从未停止重新锻造。尽管很可能溃不成军，打道回府沦为流产传统的败寇，但任何一个艺高胆大的新人都可试着挑战创业鼻祖。就认识论之层面而言，那种惶恐害怕一门专业知识沦为社会交际之其他不同形式（Vergesellschaftung①）的心态，刺激出了一个经常性的讨论空间。基于如此之焦虑不安，社会学者努力去钻研以辨识出社会交际之诸多类型的规则性、为何社会交际是再自然不过的事情，但也时时关注着新兴社会交际类型的产生与消长。另外，被激荡出来之经常性讨论空间的主题，则围绕着重量级的创建人物，研究对象的规范定义，以及观察与分析之流程规定，甚至包括了多多少少是明显可见的行动模式，尤其是那些可让我们去考察施为者与体制机构之动机的行动模式，或者是那些打破动机考虑但以某社会机制为优先的行动模式。在这诸多游移不定的选择中，我们可轻易辨识出究竟哪里才是社会科学的大本营。不时便掀起关于结构与能动性（agencéité②）各自之解释能力高低的争论，而在英语世界的社会学领域中尤为典型。另外，如帕斯隆不厌其烦指出的，我们都可观察到社会学理论是五花八门的，而这正是该学科之内在本质。

社会学这一学科不时就有新的开山祖师出现，不免令人万分惊讶。只要一名社会学者带着些野心，而且表现出读破万卷书的样子，那么向世人展示一己独有的范例似乎是社会学家"**状元及第**"（*cursus honorum*）前不可回避的功课。要成为社会学家，首先就要推出一套为了显示个人创意高低的词汇。没有一个伟大的社会学家

---

① 简言之，若以韦伯理论为基，社会学家往往将个体行动分成 Vergesellschaftung 与 Vergemeinschaftung 两大关系或是交际类型。Vergesellschaftung 指的是较大范围，即一般所谓的社会这一尺度的人际交往关系，包括以工具性考虑为目的或是以指针性考虑的价值标准为主轴这两类不同的理性行动。Vergemeinschaftung 指的则是较小范围内的交际关系，即一般所谓的团体或是社群之内，其行动性质则往往被称为传统的、感情的。——译者注

② 简单说来，法文中 agencéité 与 agentivité 这两个词常彼此混用或当作同义词般，最简单的英文翻译就是 agency。这两个词都是用来表达去确立目标并理性响应以达成目标的能力，且无论是个体还是集体的行动，都与其他个体或其他团体存在着某种交际往来。因此，两者都是目标性作为，也都指向潜在的或未来的行动可能——正是从这一点出发，这两个词可有不同：Agencéité 多半是在人文与社会科学的领域内，重点在于个体行动的目标性，且与他人密切关联；Agentivité 则常应用于认知科学内，重点在于动机、锁定的目标内容、行动过程等足以用来规范行动作为的成分与机制。——译者注

没有推出以专有名词组合而成的术语：默顿的中距理论（middle range theory）与借尸还魂现象、布尔迪厄的惯习—场域—资本、吕克·博尔坦斯基与罗朗·戴福诺口中的正当化—群体—终极价值（justification-cité-grandeur①），还有，布鲁诺·拉图尔，像是祭出一大册辞典似的，并在一整座令人瞠目结舌的形而上架构中，提出了丛生物与非丛生物（objets chevelus et non chevelus②）以及行动者-网络（acteur-réseau）等名词。值得注意的是，这些术语同时存在，却没有因此产生混浊不清的声音；即使每个主角表面上都凶狠地隔岸喊话，彼此却都心知肚明。这也是为何韦伯用语中关于正当合法性（légitimité）的用词经历了诸多彻底的改变，例如，布尔迪厄不仅大量使用也使之更加普及。若就此展开研究调查将具特别深意：布尔迪厄关于正当化（justification③）与艺术化（artification④）的诸多词语，都是相当忠于原著的改写，然而，这些应用例子的认识论参考架构却都是相当歧异的。

布尔迪厄一开始便通过超大手笔的方法论来建立其王国。他投入的专门学科是异常艰难的，而其投入方式更加艰辛。对《社会学家此职》一书的作者群而言，社会科学的世界里到处埋伏着礁石，故要求在趋步认识的过程中加紧防备；可是，即便如此，依然危机四伏。例如，民族中心主义总不时浮出水面，加以揭发者，实也不过是一丘之貉中青出于蓝者，这便是个最好的例子。其实应该是在布尔迪厄之人

---

① 若是以他们两人合著的 *De la justification-Les économies de la grandeur* 一书为根据的话，则 justification 一词指的是，该书以法庭诉讼事件为个案研究内容：法庭上的言辞、行为等似乎未必是理性的动机与行动所致，而是有不欲人知的目的或理由，但却以高声疾呼的原则、参考价值、其相等意义与价值的社会制度或作为，即所谓的 grandeurs（复数名词，但书名以单数之整体意义来代表多元之复数可能。又，这一名词以复数表达时也有"荣耀、荣誉"的意思）来据理力争。至于 cité 一词，则是来自 *cité de justification*：在这本书中，作者细分出六种不同的团体，其冲突形式、关怀的价值、舍弃的原则、参考团体等都大不相同。——译者注

② chevelu 是一个与人的头发相关的形容词，即毛茸茸或如杂草丛生般。这似乎是拉图尔取自德勒兹（本书作者亦多次提及此人）的词，但拉图尔在相关文章中指出，该词是为了点出，某某研究对象出现在不同的专门学科中，但实为同一物的现象；这并非旧瓶装新酒之意，而是同一研究对象往往也需要不同的学科或是同一学科的不同"变型"（例如，以形态、功能和等级分类为重点的传统生物学，以及以基因或是分子等为观察与操作对象的微生物学）携手合作，方能取得更完整的认识。——译者注

③ 名词 justification、动词（se）justifier，与名词 légitimité、动词 légitimer 等的中文往往都译为正当（化）、合理（化），主要差别在于前者有说明理由、自我辩护之意，后者则是以某正统、权威为由。对当代法国社会学而言，该词牵涉到的是由布尔迪厄开启的批判社会学（sociologie critique）这一典范下的支配与支配效应研究，后由吕克·博尔坦斯基与罗朗·戴福诺接手［为了与布尔迪厄分道扬镳，继而创造了批判社会学研究（sociologie de la critique）一词］，再有拉图尔接棒的社会学体系（système de sociologie）之争。——译者注

④ 这个字原是指不同于自然天造之物，是由人类制造出来的物品。在当代社会科学领域中，则用来指一件作品成为艺术品的过程。但在布尔迪厄揭示的研究典范中，此乃诸社会施为者彼此角逐圣杯的斗争场域。——译者注

生经历的深层之处去挖掘、探究，何以他投入的学科要成为一门与其他科学具相等地位的科学，是如此地艰难。所以，社会学的科学性这一问题，便被置于社会学的社会学（sociologie de la sociologie）这一牌坊下，规范知识分子这一国度的最佳运作条件，以及认识方法的控制中隐含的社会因素，也都因此与社会学之科学性这一议题相联系。若说这本具有方法论宣言意义的《社会学家此职》的其他两名作者，即帕斯隆与让-克洛德·尚博勒东，很快便闭口不提这一浩大工程之宣传口号，布尔迪厄自己则从未停止摇旗呐喊。我们总是可在现已出版的法兰西公学苑之讲纲中听到这些声音，其调子则类似于"以下我要向各位说明的是，从没有人尝试过的事情"，或者是"现在我要做的是一些非常困难的事情"。这并不只是一场表演前的声明，也不是夸口之论。布尔迪厄是真的相信他着手进行的工程是异常艰辛的，若其发表著作总是错综复杂，那是为了避免读者会错意，因而采用一而再再而三堆砌出来的措施所造成的结果。例如，在第三章已提及《帕斯卡尔式的沉思》这本不朽的著作，这本书一开卷便弥漫着这种箭在弦上不得不发的危机感。若说布尔迪厄决定多多少少以哲学家的角色自许，这是因为他别无选择。（"若说我决定提出几个实在应该留给哲学家去伤脑筋的问题……"①）

然而，正好相反的是，社会学并没有放弃其理论建构之抱负。布尔迪厄为社会学的理论建构打下的新立足点，使社会学之导向成为一种深刻强烈的哲学探究类型，犹如以其他方法撰写出来的哲学续篇。我们大可说布尔迪厄以哲学挽救了哲学，或至少，以其自身看似毫不相关的内容来补修哲学。这整个工程是非常浩大的，足可让布尔迪厄与史上最伟大的哲学家相提并论，特别是康德。"实际上，我想将学术论证的批判（即康德所谓的批判）推演到某种程度，也就是，提出来的问题仍能保留平庸事物的原貌……"② 我们可将《帕斯卡尔式的沉思》一书视为愈来愈激烈壮阔的乐章，作者由最卑微寡欢的姿态跃升到唯我独尊的境地，并鞭策他将整个西方哲学都扛在自己肩上。③ 于是一如过往，气盖山河之举成为他仅有的选择。而且，正是破损不堪的体制逼使他采取行动，以一人之躯抵万军之敌。就这一角度看来，《帕斯卡尔式的沉思》所掀起的哲学风暴，正是该政治动员旋流下的涟漪：这一哲学动员来自应被歌功颂德却已一败涂地的社会民主主义，这是否是布尔迪厄对其志业的最低

---

① Bourdieu. *Méditations pascaliennes. op. cit.*：9.
② *Ibid.*
本书作者亦曾在第三章引述过这段话。——译者注
③ Fabiani. *La sociologie comme elle s'écrit. De Bourdieu à Latour*. Paris：Edition de l'EHESS, 2015：chap. 1.

投入程度呢？而且既然险恶重重，那么这一揭竿也未必是成功的。在这一与哲学携手共进的大业里，双方实力是不等的：布尔迪厄必须对抗的是已尘封为黄土厚墙并对数百年历史浑然不觉的"巨大社会力量"①。故出师未捷身先死的说法，以各种不同的调子翻唱着，且无论是在哲学空间还是在政治空间都是如此。布尔迪厄似乎孤零零地站在整个体制前，甚至最终我们也不禁问：在这一场战斗中，他领导的团队扮演了什么角色？还有那个据他所言支持他发展出其研究计划的知识团体，究竟包含了哪些真切可靠的组合成分？

老年布尔迪厄是个悲剧布尔迪厄：若说他初期的作品都透露出气势如虹的认识论外貌，那他晚期的著作则都倒向某一反面哲学（philosophie négative）的阵营。这一反面哲学主张虽然足以威胁体制的运作，却也给那些奋起倡导以中立客观之姿来看待体制的人带来危险："我从未对自己的研究计划有过如此强烈的怪异感，就像某种可能自我毁灭的反面哲学。"② 布尔迪厄的英雄壮举取决于其批判社会学的研究计划中所存在的矛盾。该计划内容锁定了以下方面：一方面，应该揭发体制不为人知之物，以及隐藏在公平正义或是客观追求等主张背后的支配效应；另一方面，应告知世人，研究人员命中注定的那些在认识论上或有时在交际往来上的危险不安。这并非矫揉造作，也非杞人忧天，而是相反，对于那些鼓吹批判斗争者，我们其实也该评估其批判力量，这是因为客观中立的过程实在无法使揭竿起义者也全身而退。对于学术荣誉的急切追求，往往被一笑置之，但如果我们以布尔迪厄一生的角度来看待这一问题，那么事实是相当清楚明白的。但从另一个角度来看，或许这番热切的学术荣耀之追求，正是减少不安或避免滑铁卢的方法之一。更何况，布尔迪厄总觉得在社会出身与文化涵养之层面少了些安全感，他也因此更加焦虑。

布尔迪厄长期以来便对科学满怀憧憬，并以巴什拉哲学为律典，进而架构他自己的研究计划，也就是，让他手上那个"如收容所般""恰如贱民"的学科成为一门与其他学科有同等地位的科学，不需更高尚，但也不必受人欺。而且这门学科配置了稳当无误的研究流程，以一套专有语言来描述这个世界，并拥有一个管理验证的体制机关。有时候，布尔迪厄手上操作的社会学，甚至会让人以为比其他的科学更科学，宛如后设科学（méta-science）般。而且这一后设科学的反思能力还可让社会学网罗所有其他科学，更何况，其实布尔迪厄眼中的社会学是怀抱着成为科学的王中之王的企图心的。若说这一抱负从未被束之高阁，在布尔迪厄晚年，这一抱负则被另一企图取代，那就是成为一名作家。随着时光流逝，以文学来做社会分析逐渐

---

①② Bourdieu. *Méditations pascaliennes. op. cit.*：17.

成为可行之事，不过，在所有的方法论教科书中都彻底反对这种做法。所以，这一文学之心最终还是杳如黄鹤。即使布尔迪厄自己也告诫《世界的苦难》的合作伙伴，切勿咬着浮夸不实的笔杆子，以免失却了文学感性的撼人之力。不过，自一九九二年起，布尔迪厄便在《艺术的法则》一书中将作家与艺术家等人物推到舞台前方。

在关于马奈的研究一书的后记里，帕斯卡尔·卡萨诺瓦（Pascale Casanova）曾明确指出：

> 布尔迪厄与马奈有许多相同之处，布尔迪厄他一一点唱，渐进加成又若有似无的。布尔迪厄以马奈为偶像，偷天换日，又静静不语。他们有诸多我们第一眼看不出来的共同点。所有假借着研究马奈名义的课程与著作，对读者而言，都是以一种难以捉摸、置若罔闻且出其不意的手法，来描绘一幅另辟蹊径的自我写真……①

这是很让人惊讶的观点：布尔迪厄总是一再否认自传有任何价值，并讥之不过为转眼成空或自我夸耀的表现。帕斯卡尔·卡萨诺瓦主张布尔迪厄与马奈有相同点：马奈"优雅高贵"又"能言善道"；（较之布尔迪厄）他的"学业成绩优异"（这也是相当令人好奇之处，原因在于，预备课程与高等学院间是否有任何类似之处，关于这一点，其实很难找到可相比拟的原则来加以衡量）；马奈是"流派龙头"、魅力首领，一群人都唯他马首是瞻；他总是被"喝倒采"。马奈与布尔迪厄的相同点何在？他们各自都完成了一场"象征性革命"，与政治革命相较，也就是一场孤军奋战的革命，这是因为那些虔诚的追随者，也不过是一小撮没有任何资本的佣兵。但又因为革命的实践要求当事人掌握所有场域内的法则规定，所以这也是一项必须拥有相当多的资本才能进行的大业。因此，那个有幸能扳下场域常胜军的唯一挑战者，也是拥有与过往卫冕者相等资本的人，只不过，他能利用这些资本另起炉灶。

卡萨诺瓦以像是毫无收敛的过度诠释手法来描写两人之间的类似点，而且是带着欣羡神往的语气。对于长年听布尔迪厄讲述有意进行有关马奈研究的人而言，这类观点是相当合理的。只不过，其实存在着一个重大差异，而且她也忘了提出说明，那就是阶级出身与地理差异。事实上，马奈出身巴黎的上层资产阶级；与布尔迪厄完全相反的是，他的人生历程无任何坎坷：马奈从未在农村度过童年，没当过令人

---

① Casanova. Autoportrait en artiste libre, ou "Je ne sais pas pourquoi je me suis mêlé à ça" //Bourdieu. *Manet, une révolution symbolique. op. cit.*：737.

帕斯卡尔·卡萨诺瓦（Pascale Casanova，1959—2018）是师从布尔迪厄的法国文化社会学家、文学评论家，以世界文学、普世文学为主要研究领域，曾在法国文化电台主持将近十五年相关议题的节目。——译者注

垂头丧气的住宿生,也没踏进过那动辄就因社会出身而受气的预备班。布尔迪厄总是告诫他的学生:"千万别忘了父亲的社会职业类别!"正是因为马奈拥有各类不同的资本,所以,作为社会学家的布尔迪厄所完成之功业,实在比成为画家的马奈更卓越:他一举让原先的社会预言全部破功。他没有成为那种带着外省口音的哲学教师。例如,伯利耶老师(M. Beulier),他是普鲁斯特未完成的小说《让·桑德伊》(*Jean Santeuil*)里的哲学老师,在巴黎教书时依然保留了浓烈的西南口音,总是将 niaiserie 念成 niai-zeu-rie,不过,他还是很受学生敬仰,尽管他从没写过任何书。

卡萨诺瓦的论点并未因忽略了社会出身这一因素而失去说服力,只不过是需要稍作调整。对布尔迪厄而言,再三强调其社会晋升的过程是一种自我加分的手段。就如克里斯托夫·夏尔在关于马奈一书的介绍里所言①,马奈、福楼拜与波德莱尔这几个人物是极为类似的,相对于这等艺术家模式,布尔迪厄有着很大的先天限制,那就是他的社会出身。我们大可说,他是首位出身平庸的象征性革命家。以此论断的话,我们就可明白,为何他总再三强调其先天限制。其目的在于告知世人,他是法国高等教育史上的一个奇迹。如果布尔迪厄的命运是成为冈圭朗第二,他的雄心壮志则导致他把自己曾就各社会处境之不同而分析出来的"概率因果"斩草除根。谢绝图卢兹的教职,正是安排象征性革命的可能性,纵使在那时候,他根本不可能想到有朝一日竟会梦想成真:二十五岁时,他还在阿列省(Allier)穆兰镇给高中生上课,他为他们讲解《草地上的午餐》与《女神游乐厅的吧台》(*Bar aux Folies-Bergère*)两幅画作,而且提出让学生目瞪口呆的论点。要成为革命家,那就必须掌握场域内的游戏规则,并且要到那种可摆脱命运摆布的程度。革命只属于装备齐全的人,他曾在法兰西公学苑说道:"没有革命家是自学出身的,他们往往也不过是一群不知天高地厚的小子。"②

在《学术人》一书里,他已备妥主题,但并不因此就高嚷着革命。那时他提出的是体制再生产极圈(pôle reproducteur institutionnel)与"备受恩宠的异端分子"极圈(pôle des hérétiques consacrés)这两者的对立;尤其是"备受恩宠的异端分子"极圈这一反衬说法,可用来思考他自身的处境。另外,冈圭朗曾被布尔迪厄尊为"启蒙先知"或货真价实的"权威人物",但在前述的对立中,如果我们考虑到体制再生产类别的客观特征的话,那他便很自然地被归为教育部门的再生产者:

> 现世的支配者——以及暂时之支配者——这些掌握权力关键所在处的人,

---

① Charle. Opus infinitum. Genèse et structure d'une œuvre sans fin//Bourdieu. *Manet, une révolution symbolique*. op. cit.:538.

② Burdieu. *Manet, une révolution symbolique*. op. cit.:377-378.

尤其若是其立足点仅建立在体制基础上又完全受限于体制的人,例如,高等考试或是咨询委员会的评审人,若仅就在学术领域内登峰造极这一观点而言,尤其若以学术声望论之,他们都是被支配者(这些人的著作几乎都没被翻译成其他语言)。他们都是教育体制的桂冠得主(例如,他们往往是一般考试的状元,高等师范学院或是高级教师学衔的榜首等等),也都是摇摆于并最后完成登上体制峰顶与赢得世人认可这两大目标后的产物。正是这两大诱因间的妥协,吸引了那些迈向巅峰之途中最愿意去配合又最适合去复制这一目标的人,而且,他们还不会篡改扭曲此目标。一般而言,他们都是忠心不二地拥护着体制,其才能也因此严格受制于体制运作的制度性条件……对出身低下的俗人或是受惠于学校机制的供品(例如,教师的小孩)而言,他们都是应该努力报答体制的。[①]

冈圭朗曾是高级教师学衔考试的评审委员会主席;他热切拥护着体制;他的出身并不高贵。然而,他未必就是桌上的供品,即使,直到他辞世为止,他的论著还是没被翻译成任何其他语言。他的著作之一《正常与病态》(Le Normal et la Pathologie),深受二十世纪六十年代反抗体制之大将如福柯、阿尔都塞与其追随者等的赞赏,且不断再版[②],但冈圭朗本人却是倾右的。又若以结构的角度来看的话,他依然只是一名拥护体制与学科再生产的哲学教师。所以,冈圭朗这一人物让场域逻辑的游戏规则变得更复杂,但是也反映出,布尔迪厄在踏出教室讲台后想规避的人生,很可能他也不是真的有所准备的。

在卡萨诺瓦的评论中,她强调布尔迪厄与马奈两人的相似之处,对于"象征性革命"则一概不语。我们是否可宣称,他们都先后完成了真正的革命?我们之前已讨论过,现代艺术革命是集体革命,需要多项条件配合。因此,针对马奈的选择,亦如布尔迪厄的选择,都应该提出更精确的论证。"备受恩宠的异端分子"究竟所指为何?既然这些人倒向旁门左道,那么"异端分子"就被描述成是反对庙堂祭司的人。但被教会扫出门后,这些异端也没有走向另一世界的深渊,而这是因为在体制本身之中存在着其他成仙入圣的渠道,包括投入大学院校内无数的小编制单位、转向追求举世性的荣耀、投入出版业,以及选择处于边缘然而光辉耀人的学术机构,例如,法国社会科学高等研究院、法兰西公学苑。布尔迪厄正是在这两大机构中完成了主要的学术功课,而这两大机构也提供了相当安稳舒适的边缘人生活环境,因为在那里既不需批改作业,也不会受到官僚机关的骚扰。换言之,"异端分子"一词

---

① Bourdieu. *Homo academicus. op. cit.* : 112.
② 这原是冈圭朗二十世纪四十年代的论文,二十多年后增添补述,主旨是取医学中的正常或是不正常的病理现象作为哲学争辩的对象,最后一版本于二〇一三年付梓。——译者注

是很暧昧的，因为并非所有的旁门左道都拥有马奈或是布尔迪厄的优点。例如，在《学术人》一书的英文版序言中，颇受布尔迪厄轻视的罗兰·巴尔特便是这类资格不够等的知识分子之典型代表。这篇英文序言是掌握"异端分子"这一概念不可或缺的文章，皮埃尔·罗桑瓦隆（Pierre Rosanvallon）曾用以形容己身的研究，却饱受某些死忠于布尔迪厄表面立场之学人的抹黑污蔑。[1] 为了将"异端分子"的概念介绍给英语界读者，布尔迪厄写道："他们就像是宗教界的异端分子，或者，以其他的言词来说，像是寄身于大学系统中的**独立知识分子**（*intellectuels freelance*），又或者，若我冒昧套用一个像是德里达常用的双关语，那就是，躲避于正饱受自四面八方而来之蛮横攻击的学术殿堂的边缘地带或是**角落前哨**（*marginalia*）。"[2] 综合宗教异端与独立知识分子这两者的例子，说明了以宗教为比较对象的限制；倘若布尔迪厄相当坚持韦伯之理论要髓，那么在应用时便会相当轻松。

因此，异端分子变成了非常模糊的范畴，聚集了一些拥有诸多不同类型且资本基础雄厚的人，他们挺身反对既成权威，或甚至不惜掀起象征性革命。另外，这一范畴也包括了其他一些毫无资本的人，由于其社会结构特性是身处于体制的边缘地带，因此他们沉浮不定、漂流四处。不过，这两种类型的人都因为在大学机构外也有青云之路而谋得一席之地，所以，事情便因此变得模棱两可。若说就其定义而言，所有的异端邪说都可规避同侪之批评，那他们就应该以其他方式赢得社会认可：就这一点而言，被布尔迪厄点名的体制，只是这些相关机构的一部分。所谓大学机构以外（在法国以外的国家，或是在其他职业领域，乃至透过报刊与媒体等）的知名度，其实是很含糊的说法，也混杂着超重量级之正当评价类型（例如，法兰西公学苑），要么就是几乎毫无正当基础的形式（例如，《新观察家》杂志、电视媒体）。

所以，异端分子这一范畴的应用是很棘手的，道理也很简单。这是因为成仙入圣之逻辑这个再一次被布尔迪厄拿来作宗教模拟的概念，并没有成为任何历程分析的对象，并且也只是建立在一些相当有限的统计数据上。因此，知识分子之声望资本的种种成分便构成一个相当含糊的指标，综合了出版口袋书、应邀参加电视节目、编写文章或在《世界报》的专栏发言，乃至于专心投入学术期刊等殊异的情况。这

---

[1] Rosanvallon. Bref retour sur mon travail//Al-Matary, Guénard（dir.）. *La Démocratie à l'œuvre. Autour de Pierre Rosanvallon*. Paris: Seuil, 2015: 232.

皮埃尔·罗桑瓦隆（Pierre Rosanvallon, 1948— ）的学术生涯或可视为"奇葩中的异端"：毕业于法国高等商学院、从事商业活动，投入工会后又转战左派政治阵营，二十世纪八十年代起才进入巴黎七大等学界，主持劳动与社会等议题的研究。自二十一世纪以来，执教于法兰西公学苑。——译者注

[2] Marginalia 的字面意思是页面边缘上可撰写批注或是其他补充信息的地方，其微妙之处在于，自中世纪起，写作人纷纷在此发挥，或故意从此处着手、假戏真做，因此取得双关语义。——译者注

第九章　以英雄之名盖世？

些不同作为的共同独特之处就是，稀释淡化了场域的效应。这种结构背景使整体数据的说服力降低，也无法使人相信，这些不同的升迁渠道都能产生同一荣耀，更何况，我们也可假定，这些升迁渠道都因在场域内的立足点差异而有所不同。总之，异端分子这一概念并不易操作。

帕斯卡尔·卡萨诺瓦暗指却又不明言布尔迪厄乃"受诅咒的社会学家"[1]，但我们该如何评估这种想法呢？事实上，她并未顾及，布尔迪厄很早就自认才华过人，她也忘了，自从布尔迪厄入主高等研究应用学院后，便有源源不断的体制支持，还有他赢得社会好评这一可谓绝无仅有之现象，因为一般说来，只有哲学家才受法国舆论之青睐。这类不假思索的社会学论说（sociologie spontanée）在该分析国度内所带来的危险是不可轻忽的：这类论述将导致最善解人意的分析人员生产出几乎是违背事实的错误表象。然而，出其不意的是，随着时光流逝，我们可体会到布尔迪厄自一开始便很清楚自己要开天辟地的策略，以方便其子弟兵在学术再生产的世界里攻下诸多峥嵘山峰。我们总是说，所有继往开来的著作都注定被学术机构收编，并以一种僵硬呆板的形式，进入官方教学纲要与惯常的学校教育流程中。今天，若要论受诅咒的社会学家，那无疑是雷蒙·布东。他曾是布尔迪厄誓不两立的对手，但在社会学课堂上早已不见踪迹。

至于布尔迪厄是否真的完成了一场卡萨诺瓦暗示之象征性革命，去研究布尔迪厄一生著作的生产，或是学界与舆论的反应，都不足以提供明确的解答：就本书至今的分析看来，布尔迪厄手上玩弄的是一张告别王牌，将原本各置于一角的观察活动与数据处理这两项技术结合起来，然后，他又推出一系列直到今天国内外的社会学都仍采用着的创新做法。严格论之，一场货真价实的象征性革命产生的结果应该是，打乱旧有做法的等级次序，并使之一一消失殆尽。例如，从此每个研究人员都应该去撰写自我分析论，使用数据的几何分析技术，并将他们的研究工作导向攻讦新自由主义。很清楚的是，事实并非如此。就如同所有伟大的社会学家，布尔迪厄之所以伟大，在于他翻新锻炼出另一度活动空间，而且该空间同时为一杀戮战场。犹如《自杀论》与《新教伦理与资本主义精神》，《区分》成为全世界之文化社会学的试金石。这本书却也是一套复杂的机关，但其最可贵之处就是，挑战者也都头顶着科学论理，并因此开拓出比较性研究与后续之方法论工程。[2] 一旦高估革命贡献，我们便可能因此削弱生成结构主义的地位，并使之无法与其他分析类型结合，尤其

---

[1]　Casanova. Autoportrait en artiste libre. loc. cit. : 739.
[2]　这正是菲利浦·库朗容（Philippe Coulangeon）与朱利安·迪瓦尔（Julien Duval）两人所编的著作明确指出的要点：Coulangeon, Duval. Trente ans après La Distinction. Paris: La Découverte, 2013.

是那些可能就某些生成结构主义之限制而提出解答的分析方法。

卡萨诺瓦指出的象征性革命是否会让历史逆行倒退,使之成为只不过是挂满伟大人物肖像的艺廊？若说社会学也仅是如此,那实在也不需要再浪费时间了。对于英雄豪杰的溢美之词,应该点到为止。门人的热忱有时或为一把撒手锏。与其论之为自我分析,更应该将关于马奈一书视为一种尝试,唯该尝试内容之诸多面向并非一致和谐,且其目标在于使殊异的构想与多元的尺度都列入考虑。为何组成形态的转变能够与原先在艺术世界中不为人知之违逆空间的形成环环相扣呢？关于马奈的讲座中最精彩之处就是,布尔迪厄提出的那种偶尔像是截长补短的模型与艺术史学者的分析彼此针锋相对的地方：布尔迪厄或者肯定了艺术史学家的观点,或者怒言相对,他也就某些专题研究评长论短,以试着说服世人相信象征性革命之史实是存在着的。马奈一书仍深藏着许多社会学研究议题,不能都只是缩减为伪装的自我写真。

尽管如此,老年布尔迪厄沉重地以艺术家容颜来掩饰他自己时,总有些地方令人感到疑惑。首先,这一艺术走向有时会导致某种自我诋毁的结果。某天在法国文化电台受访时,他说道："如果我有托马斯·伯恩哈德的才华的话,那我就不必写《海德格尔的政治本体论》了。"[1] 其实,无论伯恩哈德是否写了一些极尽挖苦海德格尔的文章,以社会学方法来分析海德格尔的才华——他竟能同时游走于形上学与政治意识形态两大领域,布尔迪厄这一罕有贡献绝不会因此相形见绌。同样,当布尔迪厄在《论电视》一书中写道,相对于让-吕克·戈达尔（法国新浪潮电影导演）的"以画面来批判画面",他所做的,只不过是"滥竽充数"[2]。就这一点,相当令人不解的是,他向社会科学的经验研究这一要求告假了。若完全照字面意义来判断的话,那社会学系所早就可关上大门,从此让学生都去电影院学习就好了,但事实绝非如此。再者,科学研究与艺术创造总有共同之处,尤其是就认知层面而论的话,所以,学术中人与艺术家的社会策略往往是大同小异的。即使如此,我们还是必须承认,他们各自着手的是不一样的事情,且无论是就社会空间的分析还是就社会批评等,都是不同的。

两套社会学定义同时存在于布尔迪厄一生的论著中,这是确定的事实：他在六十多岁时走向艺术人,与之共舞时,并没有先脱下身上的学术道袍。而且直到他咽下最后一口气为止,都是如此,他在法兰西公学苑的最后一个讲座《科学之科学与反观性》便是一大例证。在这本书中,由于科学世界正面临着前所未有的消退局面,

---

[1]　Le bon plaisir de Pierre Bourdieu. *France Culture*, 1er janvier 1990.
[2]　Bourdieu. *Sur la Télévision*. op. cit.：7.

打击相对主义对他而言又是非常重要的一件事,所以,他便誓守一种巴什拉风格的认识论立场。也正因为这一作为,所以,他都没有警觉到,他所从事的,或是他相信他正着手进行的那种科学坚持与表达,以及他某些写作中流露出来的艺术气息,这两者间存在着矛盾。在诸多访谈中,他经常提到,社会学者这一活动可让人同时过着多种不同的生活;倘若这一于科学与艺术两者间的漫步,乃是这种社会学变形论(transformisme sociologique)的效应,那么也并非不可能的事情。

布尔迪厄意下的社会学英雄之所以格外突出,正是由于该英雄的反思能力,这也在法兰西公学苑的最后讲座中表露无遗。但究竟什么是反思呢?

> 反思被认为像是一种劳动,社会科学通过这一劳动而视自身为研究对象,更通过这番劳动进而利用一己之工具来理解并掌握自己的所作所为。在加强审查各类因素间的关系,以及可提出技术批评的法则之后,反思是增加迈向真理之路的机会时一个特别有效的方法,尤其是能更警惕小心地控制那些尽是误导着研究工作的因素。①

在此,涉及的是一种严格的认识论定义,这牵制着所有的科学,而不仅仅是社会科学。《社会学家此职》一书清楚地说明,社会学先天不良,故无法完成这类作为。原因则在于,社会学深陷社会空间中,于是社会学便比自然科学更不容易摆脱这些误导因素。若说社会学这一体质在《科学之科学与反观性》一书中毫无改善,而新兴气象却跃上枝头,并让社会科学中的社会处境所造成的负面效应消退无遗。所以,反思并非事先或**事后**(*ex post*)设定的控制系统,也不是以一张满载名目的列表或一套流程规则的样子出现的伎俩。反思应该成为"让科学惯习扎根的态度"。严格而言,是与那种毫无科学性却有满腔自恋情怀的反省完全不同。布尔迪厄提出的某些建议,来自探讨误导因素的典型研究。就社会学而言,这都不是实验条件控制不良的后果,更何况,社会学也无实验可言,而是在建立与诠释调查研究的方法中存在的一些毫无自觉的作为。这里要掌握的是,"与研究对象的那种主观关系",它左右着方法与分析的选择。在从事研究工作时,总是有个若隐若现的人类学影子,反思的目的就是把它揪出来。

若要知晓布尔迪厄是如何应用反思这一概念的,我们就应该去讨论这一概念的演变过程及其在社会学中的应用,而本章也将在此告结。这一概念深植于现象学哲学传统中,并可远溯至黑格尔哲学。它经历了许多不痛不痒的应用,最常见的就是在现象学大放光彩之后,尤其是在胡塞尔理论与其追随者不计其数却往往彼此矛盾

---

① Bourdieu. *Science de la science et réflexivité. op. cit.*: 173 - 174.

的开发应用中。美国社会学者比欧洲社会学者更早援用这一工具：或者直接继承自胡塞尔之传统，例如哈罗德·加芬克尔（Harold Garfinkel[①]）的民俗方法论；或者是在一批判马克思的传统中，如阿尔文·古尔德纳（Alvin Gouldner[②]）的例子。远在布尔迪厄将反思完全改造之前，古尔德纳便已再三强调"反思社会学"（sociologie réflexive）的概念。我们大可说，反思的社会学概念是义无反顾地（non réflexive）回收胡塞尔之后的现象学。于是，便兴起了反思的窘况（dilemme de la réflexivité）之说：反思是不是借着抑制作用（rétention）而构成的一种"回到过往经历"的心境，可让我们翻新记忆洪流，并从中过滤出些许成分（直至最后提炼出某知识类型）？或者相反，反思只不过是另一感性样式，那种在不假思索的我（moi irréfléchi）与反躬自省的我（moi réflexif）之间似乎毫无辗转的自我感伤？[③]

胡塞尔曾自交互主体性（intersubjectivité）这一概念设想出一套社会现象学（phénoménologie sociale）。不过，却是由加芬克尔及其学生继续此研究项目，而且，非常突出的是，将之重新导向《现象学研究》一书中加芬克尔所谓的误解（misreading）这一现象，也就是，那种虽然错误却主动积极的解读能力。[④] 不过，这一追随胡塞尔的系谱并非唯一的反思概念之研究，例如，梅洛-庞蒂也曾致力于此。加芬克尔意中的"反思性"究竟为何？约翰·赫里蒂奇（John Heritage）曾提出一项颇适切的定义："就如同所有其他的行动，反思之所以为反思，是因为能够保留或是改变活动意涵，并揭露出行动发生的当下背景。"[⑤] 人与人的互动很可能因为人们的考虑（account）而发生变化；同样，一旦旁观者把自己也视为互动过程中的一分子，对

[①] 哈罗德·加芬克尔（Harold Garfinkel, 1917—2011）被视为民俗方法论的肇始人，一举连贯二十世纪六十与七十年代的社会学、现象学与心理学三大领域精华。他自始最关心的便是社会施为者在具体而微的日常生活中，为了能有所作为或是为了解释自己的作为而表现出来或彼此对应而产生的方法技巧，以及施为者又如何能视之为正常合理，故日复一日地重复此系列性作为。当时也正掀起帕森斯著名的行动结构理论，哈罗德·加芬克尔自言深受其影响。——译者注

[②] 阿尔文·古尔德纳（Alvin Gouldner, 1920— ）任教于欧美数所大学，自生涯初期便身列批判社会学之林，主张反思社会学，强调社会学应走向知识的主观面，舍弃虚有其名的客观知识或具体真理的做法。他认为社会学知识与理论的生产往往依当下背景与情况而异，经常也是为了替在权者背书。基于这一西方社会学传统的危机，他的研究对象也逐渐由官僚体制、工业组织结构转向知识分子、意识形态等。——译者注

[③] Husserl. *Idées directrices pour une phénoménologie*. trad. Paul Ricœur. Paris：Gallimard，1950.

[④] Garfinkel. *Studies in Ethnomethodology*. New York：Prentice-Hall，1967；*Recherches en ethnométhodologie*. trad. Michel Barthélémy, et al.. Paris：PUF，2007 [1967].

[⑤] John Heritage. *Garfinkel and Ethnomethodology*. Londres：Polity Press，1984：140.
约翰·赫里蒂奇（John Heritage, 1946— ），英裔美国社会学家，集加芬克尔的民俗方法学与戈夫曼的互动论之大成。其绝大部分的研究对象集中于个体间、个体与体制间的对话分析（日常生活、政治演讲、医院内的对话等），对于最近兴起的论述心理学（discursive psychology）贡献良多。——译者注

于所见所闻，他便会提出不同的诠释。每个人借着语言表达而做出的所有决定，都很可能因此再三翻案。所以，反思的第一项定义是建立在互动弹性上，其特质就是，能够因为考虑到的理由而不断地改写。在此，反思之概念表达的是，（社会）客体回馈自身这一过程之回路。例如，一排正在等公交车或是电车的人：这时我们看到，其他人也正在做相同的事情。这些排队的人都应该会明白以下问题："您在排队吗？""排队是要做什么？"加芬克尔结合了反思与明了一项活动内容、以言语来表达这一活动的可能性（去体会到这项活动），于是，社会生活便是一连串的"顾及已顾及者"。所以，互动是反思的，因为它假定了言语/非言语表达与社会行为自然而然呈现出来的意义这两者间永无休止的调整关系。

至于阿尔文·古尔德纳，他则是在《西方社会学即将到来的危机》（*The Coming Crisis of Western Sociology*）这一巨著中，将**反思社会学**（*reflexive sociology*）的首要定义发扬光大[①]：关于社会空间的知识，不能再被视为与社会学者的知识毫无瓜葛，原因在于，社会学者的知识生产乃是基于他自己在社会空间中的立足点（观察者与被观察者是相附依存的，两者都因为回馈作用而有所调整）。犹如社会学者处理其观察对象惯有的作为，社会学者对于他自己惯有的作为，也应严谨看待，并有所作为。就如加芬克尔所言，社会学家是在金鱼缸中看着其他金鱼的一条金鱼。问题在于，他是否有所警觉，或是完全忽略了这个事实，或者他自以为是与金鱼完全不同的一条鱼（例如，白斑狗鱼[②]），要不就是，他根本忘了他也是一条鱼。

社会学之反思性的第三阶段，如我在前面章节已提出，是由吉登斯提出的"双重诠释学"概念开场，后来这一概念又由乌尔里希·贝克（Ulrich Beck）与斯科特·拉什（Scott Lash）在二十世纪九十年代通过"反思的现代性"（modernité réflexive）之反省而更上一层楼。[③] 反思性被认为以不同程度存在于各不同类型的社会中，然而当代社会的特征则是呈现出某种更强烈的自我意识，以及更真切的自我感怀与自我检验的能力：我们的生活世界充斥着各种接收器；我们的肉体存在也愈来愈常被扫描、检验——我们可用日新月异的尖端科技来端详自己的身体，对于我们自己的行为，我们也制造出愈来愈精致复杂的预期作为。反思的现代化是一个自我矛盾的历

[①] Gouldner. *The Coming Crisis of Western Sociology*. New York: Basic Books, 1970.
[②] 此鱼虽有数种，但在一般法国人的认知中，是可长达一米、重达十公斤的肉食鱼。——译者注
[③] Beck, Lash. *Reflexive Modernization. Politics, Tradition and Aesthetics in the Modern Social Order*. Stanford: Stanford University Press, 1994.
斯科特·拉什（Scott Lash, 1945— ）是相当活跃的社会与文化研究学者，多次访问中国，诸多著作都有中文译本。——译者注

程，原因在于它将过去启蒙时期所假定的未来一竿打翻：当我们创造出更多的知识时，未来世界也就更容易被事先预测出来，更容易掌握；知识是自我理解的泉源；知道得更多，我们就能更了解自己，也能制造出更多的确定性。然而相反，在反思的现代性中，我们每一个接收器的能力都被提高了，但是未来的不确定性并没有相对减少。而且，无论如何，我们总是相信未来是不确定的。吉登斯甚至题之为"**不确定性的制造工厂**（*manufacture de l'ncertitude*）"。① 毋庸置疑，偶然性总是一再浮上水面。在当今充斥着仿冒与粘贴作品的世界里，反思的现代性让我们眼睁睁看着传统的复苏伴同着传统的解体。贝克在《风险社会》（*La Société du risque*）一书中分析的生态危机，正是这类吊诡之反思现代性的最好说明。②

为何我离题，扯得这么远？布尔迪厄与社会科学中反思概念的演变过程有任何关系吗？答案是肯定的。在《科学之科学与反观性》一书中，加芬克尔的大名昭然若揭；顶着其光环，布尔迪厄严厉批判诸民俗方法论者都忘了社会学本身作为研究对象之过程中的第二阶段："若他们仍记得社会空间是被建造出来的，一来，他们忘了，建筑者本身也是在社会关系中被建造出来的，二来，他们疏忽了，他们的建树依赖着他们在客观中立之社会空间内的立足点，且此客观中立的社会空间，也必然是科学架构出来的成品。"③ 所以，布尔迪厄对于所有这一切研究成果是了如指掌的，只不过，他将自己定位成比去研究社会施为者乃至因此衍生出来的社会学知识都更高一等。这是由于，原则上他视反思为知识分子的专利，一般社会施为者则完全阙如。这样的主张也在日后造成严重后果。道理则是因为惯习是无法突破前反思性的。显然这是毫未考虑到现代艺术的创意。但是布尔迪厄却也曾在《艺术的法则》一书中指出，现代艺术将反思性引入创作中，还有作品如何被接受这两个面向。

实际上，我们也可以肯定，相较于在现代艺术领域的应用，反思可发展出更广泛的应用。就如传统的人类学者所揭示的，所有的文化都有一个反思层面。尽管西方现代艺术的确是将某种具普遍意义的、以生产的自我观照为主要特征的反思性作为其关注核心，但不可否认的是，反思空间仍然充满着象征性体制的空气。在阿维尼翁戏剧节（Festival d'Avignon）的参与观众中，笔者捕捉到的那股创造性的在场力量散发出来的那种有意保持距离的或持怀疑态度的情况，都可以在所谓的传统社会

---

① Beck, Lash. *Reflexive Modernization. Politics, Tradition and Aesthetics in the Modern Social Order*. Stanford: Stanford University Press, 1994: 184.

② Beck. *La société du risque. Sur la voie d'une autre modernité*. trad. Laure Bernardi. Paris: Aubier, 2001 [1986]; rééd. Flammarion, Champs, 2008.

③ Bourdieu. *Science de la science et réflexivité. op. cit.*: 182.

中找到痕迹。① 这也是为何热拉尔·朗克吕（Gérard Lenclud）重新探究艾德华·伊凡-普理查（Edward Evans-Pritchard）笔下的阿赞德人（société Azandé）这一典型案例，并且证明了，虽然阿赞德人的世界是无法摆脱驱魔者的存在的，但是对于这些驱魔者的怀疑，却是常情之一。② 若说当代人的生存冲突，特别是其文化冲突是特别明显的，但再三强调这一特征也无法得出这是专属于当代人的问题这一结论。也正是在此长远考虑下，我们应该重新将经验研究导向文化与文化活动，就此，布尔迪厄的社会学仅仅着重于其复制面向：将研究重心转向文化吸收过程中的社会认知层面，这不仅是正面有利的，也可更有效澄清，人类与文化物品的关系中确实存在着某些反思形式。正是就这一点而言，文化的意涵是狭义的，也就是"艺术的文化"，但这正可作为进入所有象征主张中之反思性的不二法门。

布尔迪厄为反思概念提出极为狭窄的定义，这便确实保障其自然主义倾向的认识论主张。这可让他以科学性的理由顺理成章地驳斥民俗方法论者与反思现代性的研究成果，只不过，该科学性往往流于某种保安作业而已。布尔迪厄的反思性，不过是完美地控制知识场域这一妄想的另一说法，犹如某一绝对知识的允诺般。也正是就这一观点而言，我们大可推论，布尔迪厄以知识社会学为核心的那本论著，其主要目的，正是去拆除具有与性别研究相等重要性、使社会科学研究改头换面的科学研究这一领域，但结果却不太理想。也因此，这本知识社会学专论最后只能以自我分析收场，而且这在后来的《自我分析纲要》中就可找到蛛丝马迹。似乎到头来，布尔迪厄仅将反思性缩减成纯个人经验，这样的做法当然有不可磨灭的价值，但是，反思若仅缩水成多少带着沮丧的自我控制，则实不符合当今我们对于反思性之反省所抱持的期望。

布尔迪厄在法兰西公学苑的告别讲座留下了无尽遗憾：那股把一己名声套在一封闭系统上的焦虑，以及独自成为某一象征性革命化身的梦想，都使布尔迪厄错失了社会学研究其他不同组织类型的可能。他最后的研究工作使其悲怆的呼声至善至美，但也只有他自己才听得到回音。象征性革命的大师从此孤零零地伫立于舞台上。

---

① Ethis, Fabiani, Malinas. *Avinon ou le pulic participant*. Montpellier: L'Entetemps, 2008.

② Lenclud. Croyances, culture, langage et réflexivité//*L'Universalisme ou le pari de la raison. Anthropologie, histoire, psychologie*. Paris: EHESS-Gallimard-Seuil, 2013: 196 - 197.

艾德华·伊凡-普理查（Edward Evans-Pritchard, 1902—1972），英国社会人类学家，以东非传统社会的田野研究与写作闻名二十世纪四十年代的人类学界，主要的研究对象是亲属关系、宗教与巫术、政治制度，以及人类学历史。后期的学术生涯重心在于教学，英国成为全球人类学研究重镇、殖民人类学研究的主要经费来源等等，其贡献卓著。热拉尔·朗克吕（Gérard Lenclud），已退休，曾长年任教于法国社会科学高等研究院，讲课妙语连珠，经常受邀出席本书作者主持的讲座，主要研究领域是人类学认识论、人类学与历史学的关系等。——译者注

结　　论

　　再来便是由读者决定本书之赌注是否成功。我的赌注有二：跳脱那种与布尔迪厄或敌或友的毫无意义的立场；把对布尔迪厄的评价写入知识生活的社会学研究篇章中，并且期待，相对于任何其他可能，这一做法能更具创意。布尔迪厄著作等身，我丝毫没有面面俱到的野心。本书用意也不是理论性的。就这一点而言，拙作也绝不同于所有以哲学观点来解读布尔迪厄研究的作品，我当然乐见这类观点，然而，它们往往疏漏了些什么，那就是，一项以经验研究来厘清社会事实的计划。《实践之道》一书所提出的教诲之一应该就是让为理论而理论的做法从此葬身鱼腹，并在社会调查的整体做法中浮现出概念化的力量。若说随着时间的流逝，布尔迪厄与当初订下的目标渐行渐远，但对所有认为社会学是值得花时间投入的人而言，布尔迪厄仍是伟大的巨人。

　　该如何平心静气地描绘一名骁战英雄，而且这名战将曾小心翼翼、一笔一刀地刻画自己的战绩？他的自我分析写作具双面性，其目的在于控制后世之解读，因为那必然是参差不一的，但伟大著作总不免掀起惊涛骇浪。布尔迪厄总是引领我们走向赞成他或反对他的道路：不知多少布尔迪厄的学生都曾想象保持君子之交，最后却都以绝交收场，仿佛布尔迪厄不愿给他们任何选择余地。他们的愤怒如鸿毛般化为寂静的声音，追求科学知识的热忱也灰飞烟灭。除了被牺牲或变节之外，别无他途！即使涂尔干也曾强调科学的某些成分来自宗教，但科学毕竟并非宗教。我们也不应该被布尔迪厄所谓的"模拟精灵"（démon de l'analogie）打败。他曾将他首项研究计划置于巴什拉认识论的范围内，而我们总还是可以去讨论此认识论的层层限制：布尔迪厄的首项研究计划旨在将社会学划入理性的国度，这便至少也是一笔贡献。在法国存在着一项悠久的理性传统，也被称为法兰西式的科学史，这并非纯粹是科

结　　论

学知识的历史，更与我们所能描绘出来的史实不一致，但其锻造的内容是最完善的，而布尔迪厄正是这一理性传统的继承人。若说知识分子的社会学拥有某一使命，那就是坚持将仍可继续被称为智识场域之内的权力关系视为客观中立的研究对象，因为，如果说多场域的整体理论已是英雄气短，那布满立足点之空间这一概念则仍大有远景。

布尔迪厄经常就雷蒙·阿隆以及阿隆在冷战打到高潮时所撰的《知识分子的鸦片》说道，知识分子的社会学往往就是瞄准社会学的敌人而提出的社会学。所以，为了让社会学能更上一层楼，布尔迪厄至少也以一种方法论神话的方式让社会学暂时走出战场。此外，也应该知道，不要总是说自我，而我这么说绝非戏言。自我是很可憎的：帕斯卡尔的教诲，布尔迪厄只领教了一半，这是由于他以为自己是那反对库尔贝的马奈，然后，他也反对全世界，以至于他最终相信，他是象征性革命里的唯一主角。自我分析是可能的吗？我相当怀疑。认识这个世界所需投入的注意力决定了，这必然是一个集体历程：当布尔迪厄宣称客观中立地看待自身存在条件，并且在确立其研究对象之际也将此条件列为先决因素的时候，其实不知多少事情仍继续在众多社会学者的指缝间流逝。布尔迪厄自以为找到了绝对自主的金锁，于是，便同场域内任一春蚕般的施为者一样，奔向作茧自缚之途，而这是十分显见的：他将理性主义化解成某股"悲情主义"，这相当符合他那万箭俱发却不知为何而战的苍凉，但与他最初的抱负极不吻合。对于这位始终诚挚满怀者，我绝无怀疑之心。那些心怀恶意的观点，总把布尔迪厄当作一名脱下道袍且正与名流权贵握别还乡的老书生，而我相信，反对这类看法是间接地向其理论建构致意，况且他大部分的作为都是具有自知之明的，如此的体会，终究说来，可令人感到欣慰：若说凭着社会方法论之助，个体便可能达到自我完全清澈明晰的境界，那么这是颇让人感到不寒而栗的事情。

就如其他与我同一世代的社会学研究人员一样，我曾经非常崇拜布尔迪厄。他的早逝带给我比想象中更深刻的悲绝，命运多蹇让我很早便奔向他方。那是在朗迪维肖（Landivisiau）的火车站，当时我结束了在甘冈（Guingamp）军营①那时候被称为"三大天"的兵役前训，我买了一份一九七〇年九月某一天的《世界报》，里面刊载着弗雷德里克·戈桑（Frédéric Gaussen②）针对《再生产》而写的非常有名的评论。这本书的两位作者油然之间便带给我无限的亲切感，宛如两位大哥，虽不高大却很壮硕，看来就是一副法国南方人的样子，他们受过严格的哲学训练，然后决定

---

① 朗迪维肖与甘冈都是位于法国西部不列塔尼半岛的城镇。——译者注
② 弗雷德里克·戈桑（Frédéric Gaussen, 1937—　），一名法国记者。——译者注

勇闯天涯，但绝不违背学院教诲的最高原则。后来让-克洛德·尚博勒东把我介绍给布尔迪厄。如我所期待的，他如灿烂的太阳，又如手足般亲切。这一相识原是可用社会学描述手法大书特书的。只不过，瞬间燃起的情谊毕竟只是与惯习对应的结果罢了。我们曾经多次戏谑着哲学、宗教，以及科西嘉岛[①]。

有一天，他收起笑颜，那正是他在君特·格拉斯位于吕贝克城（Lübeck）的工作坊录下那极有名的对话的时候，他很正经地解释他那新作风的严重性，理由则是新自由主义的瘟疫已四处传播，众人实在不能不因此感到悲哀。在那段时间，他花了很多时间自我纠正，或者，试着相信他正在摆脱那些学校制度灌输给他的智识主义：将近百页的《帕斯卡尔式的沉思》讨论的就是这个问题。这本书掀起的激烈论战，以及他在之后撰写的文章，个中矛盾都让我觉得难以承受，尤其是一些反对**闲暇**（skholè）这一深远传统的撰文，因为正是该传统促使某类型的休闲活动最后甚至成为学识活动的条件。我们是否可在城邦内要求最高限度的科学自主与认同，但同时又就科学基础这一层面，去抵抗思想自主的可能性，更何况，这 思想自主的活动，是多多少少在摆脱了社会生活的层层现实束缚后才有的可能？布尔迪厄愿意去锻造出一门"庄严慎重"的科学，并且从此可让社会学家坦言社会生活的真相，但另一方面，就道德与政治而言都可想而知的是，他那份焦躁不安，针对的是如何做个平凡人的愿望。他终究让这不可避免的对立升高到前所未有的紧张状态。对一个学院中人而言，这两种地位都似乎是不可能的。一名头戴着国王皇冠的社会学家却不停嚷着国王没穿衣服，可是在他内心深处，他并不真的相信自己像所说的那么悲惨，而这便是布尔迪厄晚年给人的印象。我由衷希望，能够再一次与他一起哈哈大笑。

---

① 本书作者是出生于阿尔及利亚的科西嘉岛人。——译者注

JEAN-LOUIS FABIANI
PIERRE BOURDIEU：Un structuralisme héroïque

© Éditions du Seuil，2016

本書中文譯稿由城邦文化事業股份有限公司麥田出版授權使用，非經書面同意不得任意翻印、轉載或以任何形式重製。

Simplified Chinese translation copyright © 2020 by China Renmin University Press Co.，Ltd.
All rights reserved.

图书在版编目（CIP）数据

布尔迪厄传/（法）让-路易·法比亚尼著；陈秀萍译.—北京：中国人民大学出版社，2021.1
（明德书系．大师传记馆）
ISBN 978-7-300-28795-9

Ⅰ.①布… Ⅱ.①让… ②陈… Ⅲ.①布尔迪厄（Bourdieu，Pierre 1930－2002）-传记 Ⅳ.①K835.655.1

中国版本图书馆CIP数据核字（2020）第225930号

明德书系·大师传记馆
布尔迪厄传
［法］让-路易·法比亚尼（Jean-Louis Fabiani） 著
陈秀萍 译
Bu'erdi'e Zhuan

出版发行	中国人民大学出版社		
社 址	北京中关村大街31号	邮政编码	100080
电 话	010-62511242（总编室）	010-62511770（质管部）	
	010-82501766（邮购部）	010-62514148（门市部）	
	010-62515195（发行公司）	010-62515275（盗版举报）	
网 址	http://www.crup.com.cn		
经 销	新华书店		
印 刷	涿州市星河印刷有限公司		
规 格	170 mm×240 mm 16开本	版 次	2021年1月第1版
印 张	15.25 插页1	印 次	2023年8月第2次印刷
字 数	262 000	定 价	59.80元

版权所有 侵权必究 印装差错 负责调换